아이의 뇌는
스스로 배운다

아이의 뇌는 스스로 배운다

교실과 가정에서의 육아 혁명

셀린 알바레즈 지음 이세진 옮김

LES LOIS NATURELLES DE L'ENFANT
by **CÉLINE ALVAREZ**

일러두기
• 각주의 경우, 옮긴이가 단 것은 〈옮긴이주〉로, 알바레즈 본인이 단 것은 따로 표시 없이 실었다.

이 책은 실로 꿰매어 제본하는 정통적인 사철 방식으로 만들어졌습니다.
사철 방식으로 제본된 책은 오랫동안 보관해도 손상되지 않습니다.

안나 비슈의 소중한 도움이 없었다면 이 책은 결코 나오지 못했을 것이다. 우리가 매일같이 서로 의견을 나누고 안나가 내 원고를 여러 번 읽어 준 덕분에 나는 이 책을 끝까지 쓸 수 있었다.

머리말: 배움의 현장을 다시 생각하다

나 자신부터도 아르장퇴유*의 낙후 지역에서 초등학교
를 다니고 청소년기까지 보냈기 때문에 내심 분개하곤
했다. 나는 한 해가 멀다 하고 우리의 교육 시스템이 수
많은 친구들의 독특한 재능과 빛을 죽이는 꼴을 보았다.
심각한 학습 부진을 겪는 친구들이 갈수록 늘어만 갔다.
그런 상황에 처한 아이들이 이미 말도 안 되게 많을 거
라고 짐작은 하고 있었지만 설마 2007년도 교육평가위
원회 보고서에 발표된 수준일 줄이야. 〈해마다 초등학생
10명 중 4명, 즉 30만 명이 심각한 학력 미흡 상태로 초등
학교를 졸업한다. 이들 중 20만 명은 읽기, 쓰기, 연산을
제대로 습득하지 못해 학업 수행이 원활하지 않다. 이러
한 영역에서 기본 능력조차 갖추지 못한 학생이 무려
10만 명이 넘는다. (……) 이 학생들은 초등학교 과정이
미흡한 탓에 중학교 학습을 정상적으로 따라가기가 힘들
것이다.〉[1] 이 비율은 2012년도 보고서에서 다시 한번 확

* 프랑스 북부, 센강에 면한 파리 근교의 도시 — 옮긴이주.

인되었다.* 그러니까 매년 우리나라 초등학교 졸업생의
40퍼센트는 학습 능력이 매우 취약한 상태로 중학교에
올라간다.

내 생각에, 이 놀라운 수치는 무엇보다 우리네 교육 시
스템이 인간의 자연스러운 학습 메커니즘을 외면하고 있
는 현실을 고발한다. 우리의 학교는 전통, 제도, 가치를
주로 강조하고 학습 법칙에 대한 지식은 거의 고려하지
않든가 아예 관심 밖이다. 학교는 자기실현의 가장 중요
한 원칙들마저 무시한다. 하기야, 인간이 학습하고 자기
능력을 발휘하는 방식을 연구하는 인지심리학과 신경과
학이 상대적으로 뒤늦게 등장했으니 그럴 법도 하다. 우
리는 정보 부족으로 많은 과오를 범했다. 우리가 아이들
에게 요구하는 것, 우리가 아이들에게 조성해 주는 학습
환경은 대부분 아이들이 활동하는 방식과 맞지 않는다.
그래서 아이들은 별 어려움 없이 학습할 수 있게 자질을
갖추고 태어났는데도 교실에서 힘들어하고 자꾸만 자신
감을 잃는다. 아이들을 잘 돕겠다고 작정한 의욕적인 교
사들도 지치고 힘 빠지기는 마찬가지다.

우리가 아이들 정신의 자연스러운 수단을 무시하는 학
습 시스템을 고수하는 한, 아이들은 심히 고통스러운 상
황에 처할 수밖에 없다. 교사들도 계속 극악의 근무 조건
에서 일해야만 할 것이다. 의욕도 없는 아이들 등을 떠미
느라 매일매일 진이 다 빠질 것이다. 핸드 브레이크를 올

• 아동의 25퍼센트는 읽기, 쓰기, 수학에서 학력 부진을 보였다. 특히 15퍼
센트 정도는 이러한 기본 영역의 기초조차 되어 있지 않은 것으로 나타났다.

린 상태에서 기어를 5단에 놓고 운전을 한다고 상상해 보라. 차는 앞으로 나아가지 못하고 괴이한 소음만 토해 낼 것이다. 정비사를 이 사람 저 사람 불러 수리를 맡겨 봤자 소용없다. 명백한 사실을 빨리 깨달아야 한다. 이 차는 〈조작이 잘못됐기〉 때문에 역량이 발휘되지 못한 것이라는 명백한 사실을. 핸드 브레이크를 내리면 운전자는 엔진의 힘과 승차감에 깜짝 놀라게 되리라. 이와 마찬가지로, 우리는 자꾸만 아이들의 뛰어난 학습 능력에 부적절한 방법들로 제동을 걸고 있다. 그러니 아이들은 배움이 힘들다. 우리는 외적 도움이 필요하다고 생각해서 학습이 부진한 아이들을 전문가들에게 보이곤 한다. 전문가들은 전문가들대로 돌봐야 할 아이들이 자꾸만 늘어나니 감당이 안 된다. 아이들에게 적합한 교실 환경을 제공해 보라. 그러면 아이들 대부분은 깜짝 놀랄 만큼 쉽고 빠르고 재미있게 공부할 것이다.

학습과 자기실현의 주요 원칙에 근거해 교육 시스템을 다시 생각하자는 제안은 학습 부진을 겪는 40퍼센트만을 위한 것이 아니다. 나머지 60퍼센트도 생각해 보자. 그들이 실패라는 딱지는 달지 않았다고 해서 진정 자기 능력을 발휘하고 있을까? 그 아이들은 행복할까? 그 아이들에게는 학교가 기쁨과 해방의 장소일까? 학교가 그 아이들의 자신감, 자율성, 자기주도성, 자유로운 느낌, 자연스레 샘솟는 우애를 끌어냈을까? 물론 우리의 교육 시스템은 자유, 평등, 박애라는 아름다운 가치에 입각해 있다.

그럼에도 불구하고 이 시스템은 아이가 동기 부여가 되는 경험을 많이 하고 사회성 넘치는 생활의 이점을 누려야 한다는 학습 및 자기실현의 자연 법칙과 손잡지 않고 있기 때문에, 그러한 가치가 아이들의 정신으로 파고들기 어렵다.

우리는 유치원에서부터 아이들에게 일방적으로 우리 의지를 받아들이게 한다. 그런 속에서 아이들이 〈자유〉라는 관념을 이해하길 바라고 우리 의지에 아이들이 얼마나 잘 부응하는지를 평가한다. 아이들을 순하고 말 잘 듣는 양처럼 만들어 놓고서 그 아이들이 자유로운 기분을 느끼면 좋겠다고? 우리는 아이들이 〈평등〉을 지향하기 바란다면서 세계에서 가장 불평등한 교육 시스템 중 하나를 강요하고 있다. 이 시스템 안에서는 학생들의 수준 차이가 금세 불거진다. 3년마다 교육 시스템이 각기 다른 OECD 가입국들의 학력을 측정하는 피사(PISA) 국제학력평가도 2012년에 그러한 문제점을 확인해 주었다. 〈프랑스는 학력 편중이라는 면에서 기록을 세웠다. 프랑스 학교는 만인을 위한다고 하나 실상은 엘리트가 우선이요, 취약 계층 자녀를 사회적으로 성공시킬 수 없는 것으로 밝혀졌다.〉[2] 2013년도 12월 3일 자 『르몽드』 기사의 내용이다.

사실, 바득바득 아이들을 갈라놓으려 드는 우리 어른들이 염치가 있다면 어떻게 아이들의 가슴속에 〈박애〉의 씨를 뿌리고 있노라고 말할 수 있을까? 전통적으로 우리는 유치원에서부터 아이들을 상품 제조 일자대로 분류하듯 태어난 해 기준으로 갈라놓는다. 자기보다 나이가 많거나 어린 친구들과 함께 지내면서 긍정적으로 맞붙어 보기도 하고 자연스럽게 힘을 합치기도 하는 다채로운 사회적 생활을 박탈하는 셈 아닌가? 아이들이 단지 나이가 같다는 이유로 비교와 경쟁에 내몰리기 십상인 지금의 학급 체계에 박애가 들어설 자리가 어디 있는가? 개인주의와 몰이해가 조성되기 딱 좋은 조건을 제시해 놓고서 어떻게 아이들이 우애가 철철 넘치기를 바라나?

나는 일찌감치 교육이 인간 능력의 계발에 대한 〈지식〉을 근거로 삼는다면 학업 실패율을 신속하고 확실하게 줄일 수 있을 뿐만 아니라 아름다운 가치들까지 힘들이지 않고 자연스럽게 꽃피울 수 있으리라 직감했다. 교육 문제를 낳은 원인을 직접 공략하지 않는 한, 새로운 교육 프로그램이나 근사한 디지털 장비를 제아무리 동원해도 문제는 효과적으로 해결되지 않을 것이다. 우리네 교육 시스템은 아이의 자연 법칙을 짓밟으면서 자신의 법칙을 마구 들이민다. 학교는 우악스럽게 돌아가면서 스스로 문제를 일으켜 놓고 나중에 개혁으로 그 문제를 바로잡겠다고 용쓴다.

2009년에 나는 내 직감을 검증해 보기로 마음먹었다. 자연스러운 학습 메커니즘에 적합한 환경은 과연 아이와 교사 모두의 어려움을 덜어 줄 수 있을까? 이 의문에 답하려면 실제로 내가 실험할 수 있는 한 학급이 있어야 했

다. 학력 불평등이 아주 어린 연령대부터 자리를 잡고 점
차 심화된다는 연구 결과는 명백했기 때문에 나는 유치
원에서 실험을 진행하고 싶었다. 또한, 사립 유치원에서
실험을 했다가는 지극히 타당하고 참작할 만한 반론이
나올 게 뻔했다. 〈그런 주장은 애초에 아이들이 선별되었
거나 잘사는 집 아이들이 다니는 유치원에서나 통합니
다. 공교육의 조건과는 거리가 멀어도 한참 멀다고요.〉
그래서 나는 우선교육지대(ZEP)*에 위치한 공립 유치원
에서 실험을 진행하기로 결심했다. 마지막으로, 나는 실
험 결과를 객관화하기 위해서 매년 과학적인 검사가 실
시되기를 바랐다. 아이들이 매년 소위 〈표준화된〉 검사
를 받아야 평균 대비 학력 신장이 얼마나 이루어졌는지
확인할 수 있을 터였다. 그렇게 해서 내가 바라는 결과가
나오면 자명한 사실을 인정하기 싫은 사람도 더는 발뺌
할 수 없을 테니까.

　이 아이디어는 그 후 상당히 요긴한 역할을 했다. 당장
첫해부터 객관적 측정을 하지 않았다면 믿기 어려울 만
큼 — 적어도 그 아이들을 곁에서 지켜보지 않은 사람들
은 믿을 수 없을 만큼 — 범상치 않은 성과가 있었다. 그
같은 환경에서 아이들의 인지 지능과 사회 지능이 얼마
나 폭발적으로, 얼마나 심도 깊게 발달했는지 우리도 갈
피를 못 잡을 정도였다. 이유는 분명하다. 우리는 학습 메

* 학업 실패 비율이 높은 지역에 선별적으로 교육 활동을 강화함으로써 사
회적 불평등을 시정하려는 제도. 프랑수아 미테랑 대통령 정부하에서 처음 실
시되었고 수정과 보완을 거치면서 지금까지 시행되고 있다 — 옮긴이주.

커니즘을 등한시함으로써 인간 지능의 역량과 위대함을 무시하고 짓밟고 있다. 우리의 잠재력은 발달하고 싶어 안달하건만 부적절한 환경에 끊임없이 발목을 잡힌다. 그래서 우리의 능력은 가능성의 최소치밖에 발휘되지 못하건만 우리는 그 〈최소치〉가 정상이려니 생각하고 산다. 그런데 젠빌리에 실험은 증명해 주었다. 아이들의 역량은 우리의 생각 이상이라고, 아니 우리의 상상조차 훌쩍 뛰어넘는다고 말이다.

　이 실험을 진행하려면 내가 시스템 안으로 들어가 교원 임용 시험을 치러야 했다. 나는 2009년에 시험을 통과했다. 자주 받는 질문이 있다. 〈아니, 교육부가 웬일로 그렇게 빨리 교수법 전권 위임, 별도 비용이 드는 학습 교구, 매년 학생을 대상으로 하는 학력 검사까지 허가해 줬답니까?〉 내 대답은 간단하다. 아무것도, 정말이지 그 무엇도, 나를 내 목표에서 벗어나게 할 수 없었노라고. 인간의 잠재력을 망치고 있다는 분노와 슬픔은 그토록 내 가슴속에 사무쳤다. 내 앞을 가로막을 장애물들의 성격은 중요치 않았다. 그런 것들은 하나하나 돌아서 갈 수 있으리라 확신했다. 돈, 사람, 위계질서나 행정 절차, 뭐가 문제가 됐든 해결책은 반드시 있었다. 생의 놀라운 우연들이 절실한 도움을 주기도 했다. 이따금 나는 딱 좋은 위치, 딱 좋은 시기를 차지할 수 있었고 그런 상황에서는 몸사리지 않고 냉큼 기회를 잡았다. 무엇보다, 난 잃을 것이 없었다. 어차피 나는 한번 시험해 보겠다고 이 시스템에 걸어 들어온 사람이었고, 보전해야 할 경력도 없었다. 그래서 절차를 뛰어넘는 게 두렵지 않았으므로 곧바로 제일 높은 사람들에게 요청서를 올렸다.

젠빌리에에서의 전권 위임

초등 교원 시험에 합격한 지 2년 만에 나는 교육부 지원을 따냈다. 교육부는 2011년 9월부터 3년간 나에게 우선 교육지대이자 〈폭력 방지 정책〉 지대인 젠빌리에*의 유치원 한 학급의 교육 전권을 맡겼다. 게다가 협력 연구진의 도움을 받아 아이들의 학력 증진을 확인하겠다는 내 뜻도 허락하고 격려해 줬다.

만 3세와 4세(유치원 첫해 과정과 두 번째 해 과정) 아동 25명을 데리고 실험을 시작했다. 우리는 에두아르 세갱 박사나 마리아 몬테소리 박사가 개발한 교구들을 주로 사용했다. 교실도 아이들이 완전히 자율적으로 활동할 수 있게끔 재정비했다. 교구는 아이들이 쉽게 꺼내거나 정리할 수 있게 아이들 키에 맞게 비치했다. 책상을 상당수 치워 놓고 바닥에 매트를 깔고 활동을 할 수 있게 했다. 교사는 교구를 제안만 해주고 혼자 활동하든 두세 명이 모여서 활동하든 아이들의 자율에 맡겼다. 아이들은 원한다면 하루 종일 자기들끼리 얘기를 나눌 수 있었고 어떤 활동에 꽂히면 하루 종일 그것만 붙잡고 늘어지다가 집에 갈 수도 있었다. 우리 반은 오전 8시 20분부터 오

* 파리에서 북동쪽으로 10킬로미터쯤 떨어진 소도시. 이슬람 이민자 가구 비율이 높은 곳이다 — 옮긴이주.

14

후 4시까지 그렇게 돌아갔다. 물론 점심시간이나 매일 함께 모여 하루를 정리하는 시간은 따로 있었다. 모두가 교실에서 나가는 쉬는 시간도 있었지만 딱 정해져 있지는 않았다. 우리는 아이들이 밖에 나가 노는 시간을 필요로 할 때, 아이들에게 필요한 시간만큼만 밖에 나갔다.[3]

내가 진심으로 고맙게 생각하는 베르사유 학교 재단 덕분에 나는 이 실험적인 틀 안에서 나를 도와줄 사람을 선발할 수 있었다. 그렇게 해서 안나 비슈가 유치원 보조교사(ATSEM) 역할을 맡았다. 안나는 아동 자율성에 기초한 학급 운영에 자기 역할을 잘 맞춰 주었다. 보조교사가 보건 위생 관리보다 훨씬 더 광범위하고 교육적인 차원에 속하는 직무들을 구현해 주는 것이 중요했다. 이 모든 조건들을 얻어 냈음에도 불구하고 실험을 무탈하게 진행하기 위하여 나는 여전히 성배(聖杯)를 찾아 헤매야 했다. 우리 반이 〈실험〉 학급임을 인증하고 실험 조건을 명시하되, 중간에 장관이 바뀌더라도 실험 기간 3년은 보장한다고 약속하는 교육부의 공식 문서가 꼭 필요했다. 신임 장관이 전임자가 개시한 프로젝트를 계속 지원하지 않을 수도 있기 때문이었다. 이 문서는 기본 중의 기본이었지만, 내가 끈질기게 애를 썼는데도 정말로 얻어 내기가 힘들었다. 실험이 시작되어야 할 2011년 9월까지도 서명이 들어간 공식 문서는 감감무소식이었다.

교육학적 유산

짚고 넘어가야 할 부분이 있다. 자연스러운 학습 메커니즘을 기초로 한다는 내 방식이 대단히 혁신적으로 보이겠지만 실은 이미 18세기에 장 이타르가 밝혔던 횃불을 이어받은 데 지나지 않는다.* 이타르의 연구를 계승하고 발전시킨 사람이 바로 그의 제자 에두아르 세갱이다. 세갱 박사의 연구는 다시 마리아 몬테소리를 거쳐 더욱 발전되었다. 몬테소리 본인이 강연에서 세갱의 교수법 자료를 유산으로 삼아 독일 실험심리학의 성과를 접목했다고 여러 차례 밝힌 바 있다. 이타르, 세갱, 몬테소리, 이 세 의사는 각기 다른 시대를 살았기 때문에 자기 앞 사람의 연구를 당대의 과학적 지식과 독자적인 경험으로 더욱 풍부하게 발전시켰다. 마리아 몬테소리는 1907년에 〈아이들의 집Casa dei Bambini〉을 창설하고 3세에서 6세까지의 아동 40여 명을 받아들였다. 생활 공간이자 학습 공간이었던 이곳의 기본적인 교육 원칙은 짜임새 있으면서 보조가 갖춰진 자율성이었다. 다양한 유산과 기여를 바탕으로 이루어진 마리아 몬테소리 박사의 작업은 오늘날 과학적 연구를 통해서도 실효성이 폭넓게 검증되었다.

* 장 이타르는 프랑스의 의학자이자 교육자로서 농아 교육의 선구자다. 1799년에 사냥꾼들이 아베롱 숲에서 우연히 짐승과 비슷한 모습으로 생활하는 12세 남짓한 소년을 발견했는데 이타르 박사는 1801년부터 6년간 이 야생 상태의 아이를 헌신적으로 교육하여 어느 정도 사회화하는 데 성공했다. 1970년 프랑수아 트뤼포 감독이 이 일을 소재로 「야성의 아이L'Enfant sauvage」라는 영화를 만들어 큰 호응을 얻기도 했다 ─ 옮긴이주.

그렇지만 마리아 몬테소리는 자기 작업을 변함없이 보전하기보다는 자신이 선진들의 작업을 수정하고 보완했듯이 다음 세대도 인간발달학의 발전에 발맞추어 그렇게 해주기를 바랐다. 그는 자기 작업이 인간의 잠재력을 온전히 실현하는 데 공헌한다고 보았고, 그렇기 때문에 이 공헌은 당연히 후대가 계승하고 발전시킴이 마땅하다. 몬테소리가 죽기 2년 전에 발표한 마지막 저작의 첫 문장에서 그러한 의지는 더 이상 분명할 수 없으리만치 명쾌하게 드러난다. 〈이제 나는 여러분을 돌아보면서 제 길을 계속 걸어가야 할 한 가족으로 여깁니다.〉 안타깝게도 몬테소리의 뜻은 열렬한 신봉자들에게조차 받아들여지지 않았다. 몬테소리 생전에 그들은 이미 정반대의 길로 갔다. 몬테소리의 연구를 신성시하고 〈경직된〉 교육학으로 변질시켜 토씨 하나 건드릴 수 없는 교조적 원칙 비슷하게 만들어 버린 것이다. 마리아 몬테소리의 손녀 레닐데 몬테소리는 할머니가 생애 말년에 이런 혼잣말을 중얼중얼했다고 회고한다. 〈그 사람들은 정말 아무것도 이해 못해. 아무것도 못 알아먹었어.〉

나는 마리아 몬테소리의 저작들을 처음 접하고는 바로 그 교조적이지 않으면서 변화에 열려 있는 방식에 단박에 매료되었다. 게다가 그 저작들은 혀를 내두를 만큼 적절하면서도 예지적이고 근본부터가 인간적이었다. 그래서 나는 7년 넘게 매일같이 몬테소리의 저작을 연구하면서 이 시대의 인간발달학과 프랑스어 언어학의 성과들을 접목해 보려고 궁리했다.

나는 이러한 바탕에서 이 연령대 아동에게 특히 두드러지는 〈실행 능력compétences exécutives〉에 대한 고찰(이 부분은 뒤에서 다시 자세히 다루겠다), 프랑스어의 특성에 초점을 맞춘 언어 활동, 기초를 다지는 데 필수적인 전체 모임 시간을 축으로 삼아 연구를 개진했다. 무엇보다도, 사회성을 가장 우선시하고 강화하기 위하여 아이들에게 제안하는 활동들의 수를 제한했다. 그리고 딱딱하고 교육적인 활동보다는 아이들이 활기차고 정답게 마주하는 시간이 될 만한 활동 위주로 채워 갔다. 아이들이 실제로 유대감을 느끼고, 웃고, 의견을 나누고, 자기표현을 하고, 서로 돕고, 더불어 활동하고 살아갈 수만 있다면 우리는 뭐든지 다 했다. 이러한 사회적 〈연결reliance〉*은 학습과 자기실현의 진정한 촉매였다.

최초의 성과

첫해에는 공식 방침은 주어지지 않았지만 교육부 장관실과 학교 재단에서 아이들의 향상을 측정할 추적 조사를 허락해 줬다. 이 과학적 추적 조사는 그르노블에 위치한 국립과학연구센터(CNRS)에서 맡아 주었다. 과연, 놀랍다고 하지 않을 수 없는 결과가 나왔다. 그전에 나는 전문가들에게 첫해부터 긍정적인 효과를 볼 수는 없을 거라

* 〈연결하다relier〉의 명사형처럼 보이지만 원래는 프랑스어에 존재하지 않는 신조어다. 그러나 이 신조어가 제안될 때부터 〈연결〉 혹은 〈연결 작업〉의 의미로 쓰였기 때문에 〈연결〉이라는 역어를 택했다. 자세한 내용은 이 책 4장을 보라 ― 옮긴이주.

는 말을 많이 들었다. 그렇지만 첫 학년이 마무리되는 6월에 이미 검사 보고서는 그런 전망을 무색케 했다. 〈한 명을 제외한 모든 학생이 표준보다 빠른 향상을 보이며 상당수는 대단한 진전을 이루어 냈다. 표준 이하를 기록한 한 명은 이 학년에서 결석이 가장 잦았던 학생이다.〉[4] 어떤 아이들은 학년 초 검사에서 또래보다 몇 달, 심하게는 몇 년이나 뒤처진다는 결과를 받았는데도 1년 만에 표준까지 치고 올라왔을 뿐 아니라 어떤 기본 인지 능력들은 표준을 뛰어넘을 만큼 발전했다.

　일례로 한 아이는 학년 초에 작업 기억이 표준보다 8개월 뒤떨어지는 것으로 나왔다. 뒤에서 또 보겠지만 작업 기억은 곧잘 성공적인 학업의 예측 지표가 되는 능력이다. 학년 말 검사는 이 아이가 그러한 지체를 만회한 정도가 아니라 표준보다 28개월이나 앞서게 되었음을 보여 주었다. 더욱이 만 4세 아이들 상당수가 글을 읽을 수 있었고 CP(Cours préparatoire, 초등학교 1학년에 해당) 〈위험 수준〉까지 넘어섰다. 문맹 방지 전문가들에 따르면 초등학교 첫해를 반쯤 보낸 1월 기준으로 최소한 이 수준은 넘어서 있어야 이후의 학업을 무리 없이 따라갈 수 있다고 한다. 그런데 3년 과정 유치원에서 2학년을 마친 아이의 57퍼센트가 이미 그 수준을 넘어섰다는 얘기다. 이러한 습득이 대부분 재미있고 수월하고 신속하게 이루어졌다는 점이 무엇보다 경이로웠다.

　학부모들도 엄청난 변화를 확인했다. 아이들이 침착하

고 자율적인 모습으로 변했다고들 했다. 누가 시키지 않았는데도 아이들은 자제심을 발휘하거나 본능적으로 다른 아이들에게 살갑게 굴었고 언제라도 필요하다면 도움에 나설 준비가 되어 있었다. 아이와 다른 사람들의 관계도 놀랄 만큼 평화로워졌다. 우리가 찍어 놓은 동영상 인터뷰[5]를 보면 긴 말이 필요 없다. 학부모들은 이 실험이 처음에는 내키지 않았지만 아이의 행동이 실제로 변하는 것을 보면서 자기들도 자세가 바뀌었노라고 고백한다. 모두가 아이들이 차분해지고, 빨리 배우고, 유치원을 좋아하고, 깔끔하고, 자기 할 일을 스스로 하고, 언어 수준이 높아지는 변화를 확인했다. 특히 타인에게 너그러운 태도와 공감 능력의 발달은 주목할 만했다. 학부모들은 외려 당황하는 듯했다. 아이가 예전만큼 텔레비전을 보지 않고 자꾸 책을 찾는다거나, 아이가 알고 싶은 것, 배우고 싶은 것이 많아지면 때때로 예상치 못했던 문제가 생기는 모양이다. 가령, 어떤 아이는 거리의 간판이나 광고판을 다 읽고 가려고 해서 부모가 아이를 데리고는 도무지 전진이 안 된다고 했다. 또 어떤 집은 아이가 매일 저녁 새로운 책을 읽고 싶어 해서 그 독서욕을 채워 주느라 공립 도서관을 문턱이 닳도록 드나들어야 한다고 했다.

나는 가슴이 벅찼다. 내 생각은 틀리지 않았다. 아동의 자연스러운 메커니즘에 근거해 학습 조건을 바꿔 주기만 해도 읽기, 쓰기, 숫자 세기는 재미있게 금방 배울 수 있었다. 그리고 〈비인지〉 능력으로 분류되는 공조, 협동, 공감 능력은 일부러 계발하려 하지 않아도 자연스럽게 무르익는다. 사람에게는 이처럼 예상치도 못한 잠재력이 있다. 진가를 발휘할 때를 기다리는 잠재력이.

두 번째 해

2012년에서 2013년까지 진행된 두 번째 학년에 첫해 우리 반이었던 아이들은 그대로 올라왔다. 전년에 유치원 1, 2학년에 해당했던 이 아이들은 한 학년씩 올라갔다. 그래서 이 해에 우리 반은 유치원 2학년, 3학년이 함께 지냈고 새로 들어온 신입생도 추가로 받아들였다. 이렇게 해서 유치원 3년 과정을 한 학급으로 묶었다. 긍정적인 성과들이 이어지면서 놀라운 상승 곡선이 그려졌다. 형님들이 동생들을 잘 끌어 주었고 서로 다른 연령 간의 대결 의식도 요긴하게 작용했다.

그렇지만 교육부의 제도적 방침을 명시한 공식 문서는 그때까지도 내려오지 않고 있었다. 나는 계속 쉬지도 않고 독촉을 했지만 이번에는 학교 재단이 행정적인 절차가 규정에 맞지 않는다는 이유로 검사를 지원해 주지 않았다. 나는 이 막다른 골목도 좋은 방향으로 돌파할 수 있기를 바라며 밀어붙였다. 그러나 안타깝게도 두 번째 학년이 끝날 때까지도 상황은 해결되지 않았고 우리는 아이들의 향상을 객관적으로 측정할 도리가 없었다.

이런 시나리오는 상상할 수도 없었다. 내가 매일같이

목격하는 작은 기적들은 반드시 객관화되어야만 했다. 그래서 나는 학부모들의 도움, 그리고 개인으로 활동하는 어느 심리학 전문가의 도움을 받아 학교 과정 외부에서 검사를 추진하기로 결심했다. 나중에 이 결심의 대가는 혹독하게 돌아왔다. 우리는 시간이 별로 없었고 우리 반에서 2년을 보낸 4세, 5세 아이들에게 검사 우선순위를 두었다. 그래서 이 두 번째 해에 검사를 받은 아이들은 열다섯 명 남짓밖에 되지 않는다.

그래도 검사 결과만큼은 대단히 좋게 나왔고 시사하는 바가 많았다. 가령 심리학 전문가 보고서에는 유치원 5세 아이들이 〈방금 읽은 본문에 대하여 적어도 CE1(초등학교 2학년) 수준의 이해력을 보인다〉고 했다. 숫자 부호 전반에 대한 이해 검사에서도 〈두 번의 시험에서 최고점을 얻지 못한 아이는 단 두 명이었다. 숫자를 보고 바로바로 읽는 검사는 5세 아이 전원과 4세 아이 1명이 통과했다. 그런데 이 검사는 CE2(초등학교 3학년) 표준검사다. 이 검사에서 12점 만점에 12점을 획득한 아이들은 자기 연령대는 물론 초등학교 3학년 기준으로도 최고점을 받은 셈이다〉. 서로 다른 수를 비교하는 검사에서도 〈여기서도 우리는 모든 아이가 연령에 비해 큰 수도 상당히 잘 다룬다고 짐작해도 좋을 만큼 두 가지 시험을 잘 치르는 모습을 보았다〉.

마지막으로, 전반적 소견은 다음과 같았다. 〈읽기와 산수, 학교에서 결코 피해 갈 수 없는 이 두 학습 영역에서 이 학급 아이들은 곧잘 또래 학년을 훌쩍 뛰어넘는 능숙함을 보인다. 특히 아이들의 읽기 능력은 매우 훌륭하다고 평가하지 않을 수 없다. 일반적으로 6세 아동에게 그 정도 수준까지 기대하기 어렵지만, 이 학급 아동들은 실제로 독서를 즐기는 독자로서 간주될 만하다. 글을 읽고 그 뜻을 파악하지 못한 아이가 4세 중에 딱 한 명 있긴 했지만 이 아이도 글자는 읽을 줄 안다. 아이들은 산수에서도 놀라운 능력을 보인다. 여기서 그들은 우리가 품을 수 있는 기대치를 뛰어넘었다. 모든 아이가 일반적인 기대치보다 적어도 한 해는 앞서 있다고 봐야 한다.〉

이 두 번째 해에는 여러 연구자들이 우리 학급을 방문했다. 그중에는 콜레주 드 프랑스 실험인지심리학 교수이자 국제적 명성을 지닌 인지심리학자 스타니슬라스 드앤도 있었다. 그는 동료이자 역시 뛰어난 연구자인 마누엘라 피아자와 함께 우리 반 아이들을 보러 왔다. 그들의 방문은 근사한 추억을 남겼다.[6] 그리고 얼마 후 스타니슬라스 드앤은 우리 학급을 둘러본 소감을 이메일로 교육부에 전달해 주었다.

동료 마누엘라 피아자와 나는 그 학급의 오전 수업을 줄곧 지켜보면서 참으로 놀라운 진전들을 관찰했습니다. 이 실험은 모든 연령대(유치원 과정의 가장 어린 아이들, 중간 연령 아이들, 가장 나이 많은 아이들)를 한 반에 묶었습니다. 아이들은 굉장히 명랑하면서도 집중력이 좋고,

활동을 열심히 하며, 자기들이 사용하는 교재에서 좋은 자극을 받으면서 딱히 정해진 격식 없이 서로 모르는 것을 가르쳐 주었습니다. 특히 이 아이들의 절반 정도는 초등학교 입학이 아직 1, 2년이나 남았는데도 이미 글을 잘 읽습니다. 아이들은 십진법, 위치 기수법, 네 자릿수 더하기 네 자릿수를 이해하고 있습니다. 나는 전통적인 학교가 아이들의 잠재력을 과소평가한다고 진즉부터 자주 말해 왔는데, 그런 생각은 이 학급을 방문하고 나서 의심의 여지없이 확고해졌습니다.

국립보건의학연구소(INSERM) 소장이자 파리 학제간 연구소 소장인 프랑수아 타데이도 우리 반을 보고 간 후 교육부에 이메일을 보냈다. 장니코Jean-Nicod 연구소 소장 조엘 프루스트도 마찬가지였다.

나 또한 그 학급을 방문하면서 몹시 즐거웠고 스타니슬라스와 그의 동료와 마찬가지로 깊은 인상을 받았습니다. 학생 수가 꽤 많은 데다가(27명) 사립 유치원 아이들과는 분명히 다른 환경에 있는 아이들입니다. 그런데 아이들은 차분하면서도 명랑하고, 호기심이 많고, 서로 자연스럽게 돕는 분위기였으며, 혼자 혹은 여럿이 모여 어린이 책을 재미있게 읽었습니다. 학교의 기반을 다시 닦고 정부의 바람대로 모두의 성공을 도모하려면 내가 그 학급에서 관찰할 수 있었던 모습을 전체 일반으로 확대해

야 할 것입니다. (프랑수아 타데이)

바로 오늘 있었던 셀린 알바레즈 선생의 학급 방문 보고 차원에서 메시지를 드립니다. 나는 오늘 서른 명 남짓한 아이들이 차분하게 행동하고, 유치원 생활을 행복해하며, 스스로 선택한 인지 활동에 열심히 참여하는 모습을 보았습니다. 아이들은 혼자서, 혹은 두세 명이 모여서, 활동이 끝날 때까지 자기 의지로 몰두했습니다. 마리아 몬테소리에게서 영감을 받은 알바레즈 선생의 작업은 풍부하고 짜임새 있으며 의욕을 고취하는 활동들로 환경을 조성하여 아이들이 그러한 활동들을 자기 것으로 만들게 합니다. 이로써 아이들은 읽기, 쓰기, 연산 같은 기본적인 학습 능력을 갖출 뿐 아니라 앞으로의 학업에 도움이 되는 주의력이나 메타 인지 능력까지 습득합니다. 인지적 목표에 집중하는 능력, 자신의 오류를 자율적으로 평가하는 능력, 만약을 위해 대안적 방법을 생각해 보는 능력 등이 다 그러한 메타 인지 능력에 해당하지요. 아이들에게는 또한 각별한 사회성 학습도 이루어집니다. 이 학급 아이들은 학습 상황에서 어떤 과제를 수행할 때는 다른 친구의 자율성을 존중하지만 또 다른 과제를 수행할 때는 서로 협력할 줄 압니다. 유치원에서 가장 큰 아이들은 동생들을 도와주고 자기가 아는 것을 시범을 보여 전달합니다. 젠빌리에 유치원을 방문하고서 유치원에서부터의 교육 혁명이 정말로 중요하다는 확신이 생겼습니다.

학교가 장차 책임감 있고 잘 교육받은 시민들의 인지 설계에 온전한 제 역할을 하려면 이 근본적인 원리를 시급히 고려해야 하지 않나 생각합니다. (조엘 프루스트)

언어학자이자 CNRS 명예 연구소장 릴리안 슈프렝어샤롤도 우리 학급을 방문하고 며칠 후 나에게 이런 메시지를 보내왔다.

방문은 지난 월요일이었지만 주말을 이용해 이렇게 연락드립니다. 내가 보았던 광경, 특히 면학적이면서도 정이 넘치는 교실 분위기에 깊은 인상을 받았다고 다시 한번 말하지 않을 수 없네요. 형편이 어렵기로 소문난 동네 유치원에서, 27명이나 되는 아이들이, 오전 내내 잡음 한 번 없이 그런 분위기를 유지할 수 있다니! 선생과 아이들이 나누는 대화, 아이들끼리 나누는 대화의 질적 수준에도 놀랐습니다. 제일 나이 많은 아이들(혹은 그 분야에서 가장 뛰어난 아이들)이 가장 어린 아이들(혹은 실력이 조금 떨어지는 아이들)의 개인교사 노릇을 하더군요. 지금은 은퇴했지만 나도 빈곤 지역에서 아이들을 가르쳐 보았습니다. 이런 게 가능할 거라고 나는 상상도 못 했네요. 정말 잘 해내셨습니다.

마지막 해
세 번째 해는 여전히 그놈의 제도적 방침 문서를 요청하면서 실험 학급을 행정적 규정에 맞춰 보려고 애쓰느라 대부분의 시간을 보냈다. 나의 노력은 보상을 거의 받을 뻔했다. 조르주 포랑주뱅 여사가 교육 성공 책임장관직에 있을 때 우리 실험을 지원하기로 약속했기 때문이다. 장관이 공식 방문을 하고 2014년 2월에 문서에 서명을 하기로 계획이 다 잡혔다. 그러나 약속 날짜를 얼마 안 남기고 방문은 취소되었다. 포랑주뱅 여사는 그 자리에 얼마 있지도 못하고 다시 해외교민부장관 임명을 받아 떠났다. 내가 상대하던 사람들도 다 다른 데로 발령을 받았다. 모든 것을 처음부터 다시 해야 했다.

행정 절차가 해결되지 않았으니 학교 재단은 당연히 이번에도 검사를 지원해 주지 않았다. 그런 와중에 스타니슬라스 드앤이 우리 반 아이 10여 명을 대상으로 MRI 검사를 해보자고 제안했다. 그의 연구진은 아이들이 읽기를 배우는 동안 뉴런 연결이 어떻게 변화하는지를 MRI 장비를 이용하여 추적하는 데 익숙하다. 이 흥미로운 연구는 인간이 읽기를 배우는 메커니즘을 이해하는 데 큰 도움을 주었다. 우리 반 아이들에게 이 검사를 한다면 자연스럽게 읽기에 입문한 만 3, 4세 아이들의 읽기 회로 〈배선câblage〉이 나중에 초등학교에 들어가 읽기를 배운 아이들과 비교해 어떤 차이가 있는지 확인할 수도 있을 터였다.

이 검사 결과는 글을 일찍 배워도 완벽하게 정상적인 읽기 회로 배선이 — 단지 남들보다 일찍 — 자리 잡는다는 것을 보여 주었다. 아이들이 읽기를 초등학교 입학 전에 반드시 배워야 한다는 얘기가 아니다. 다만, 아이들이 자발적으로 읽기를 배우고 싶어 하면 얼마든지 배우고도 남을 능력이 있다는 말을 하려는 것이다.

젠빌리에 이후

세 번째 해를 마무리할 때까지도 나의 실험은 여전히 행정적인 문제가 해결되지 않았다. 2014년 7월, 교육부는 실험 중단을 결정했다. 교구를 모두 거둬들이고 연령대 혼합 학급도 폐지할 거라는 통보를 받았다. 교육부 관할 내에서 내 연구를 계속할 수 없음은 자명했기에 나는 밖에서 내 길을 가기로 결심했다. 그래서 2014년 7월 중순에 사직서를 제출했다. 그건 아주 잘한 일이었다. 아이들에게서 비범하고도 장래성 넘치는 결과를 보고 난 후, 나는 이토록 긍정적 효과가 있는 이론적 내용과 교육학적 도구를 널리 공유하는 일이 시급하다고 생각했다. 교육부가 제공할 수 있는 선보다 더 자유롭게, 더 신속하게 그래야만 했다. 나는 다른 교사들이 마음만 있다면 우리의 노하우를 낱낱이 알 수 있기를 바랐다. 누구나 젠빌리에 유치원에서 실시된 방식을 접할 수 있고 다른 데서 쉽게 재현할 수 있기를 바랐다.

그래서 우리 교실에서 실제로 했던 활동 동영상이나 내가 토대로 삼았던 이론적 내용을 블로그[7]에 꾸준히 올렸다. 이 콘텐츠를 공유해야 한다는 나의 절박함이 자기 학급을 변화시키기 원하는 수많은 유치원 교사들의 절박함과 만났다. 이 만남의 결과는 놀라웠다. 2년 사이에 유치원 교사 수백 명과 공립 유치원 수십 곳이 이 콘텐츠에서 영감을 얻었다. 교사 생활이 긍정적으로, 나아가 근본적으로 달라졌다는 교사들의 증언을 얼마나 많이 받았는지 모른다. 교사들은 아이들이 한결 수월하게 배우고 자기 능력을 잘 찾아간다고 확인해 주었다. 교사들 자신도 새로 태어난 기분이라고 했다.

여러분이 읽고 있는 책도 우리 실험의 콘텐츠를 공유하려는 의지의 일환이다. 이 책은 (내가 기초로 삼았던) 연구로 확인된 학습의 주요한 생물학적 원리들과 그 불변적 요소들을 보여 준다. 우리는 우선 가소성(可塑性)이 현저히 뛰어난 아동 지능의 중요성을 살펴볼 것이다. 그렇기 때문에 아이가 아주 어릴 때 풍부하고 역동적이며 복합적인 양질의 환경을 제공해야 하고, 아이가 적극적으로 자기가 하고 싶은 활동을 하게 해야 한다. 2장에서는 아이가 외부 세계에서 지각하는 모든 정보를 — 특히 적절한 교재를 통해 지리, 음악, 언어, 수학의 기본을 구체적으로 제시함으로써 — 조직화하고 자기 것으로 삼을 수 있도록 도와야 할 필요성을 다루겠다. 3장에서 살펴볼 핵심은 다음과 같다. 아이가 맹아 상태로 지닌 잠재력을 계발해야 할 때는 기본적으로 아이가 계발을 원하는 〈바로 그때〉다. 이보다 앞서 나가도 안 되고 너무 늦어져서도 안 된다. 마지막 4장은 환경 조건의 핵심, 즉 인간관계의 중요성을 다룬다. 다양하면서도 정겹고 공감과 친절이 오가는 사회적 상호작용이야말로 인간 지능을 활짝 꽃피워 주는 가장 중요한 원동력의 하나다.

이 다양한 사항들은 교육학에서 변하지 않는 요소다. 원칙적으로 이 요소들은 〈달라지지〉 않고 모든 인간에게 공통적으로 적용되기 때문에 방법론적 견해를 초월해 있다. 이 요소들이 인간의 온전한 잠재력을 존중하고 실현시키기 원하는 온 세상 모든 교육적 제안들의 공통분모가 되어야 할 것이다. 이 주요 원칙들은 인간의 자연스러운 활동을 억압하지 않고 존중한다. 생의 순리를 으레 습관적으로 자신의 의지, 이념, 신념에 〈종속시켰던〉 낡은 세상을 박차고 나가자. 자연의 법칙들을 인식하고 〈함께 협력하는〉 길로 들어가자. 겸손을 택하고 우리의 습속을 다시 돌아보며 내일의 세계를 건설하자. 생각지도 못했던 경이가 우리를 기다린다.

연구자들에게 감사하며

나는 걸출한 과학자와 국제적 연구소의 연구와 종합에 의거해 학습의 주요 원칙을 도출했다. 인간의 발달 법칙을 규명하려 애쓰는 전 세계 연구자들에게 마음에서 우러나는 감사를 표하고 싶다. 이루 말할 수 없는 고마움이다. 그들이 정말로 고맙다. 기본적인 정보가 매년 조금씩 더 정확해지고 있기에 인간은 장차 온전한 자기실현을 지원하는 환경 속에서 발전할 수 있을 것이다.

그중에서도 특히 스타니슬라스 드앤에게, 콜레주 드 프랑스에서의 명쾌한 강의에 감사드린다. 마티외 리카르와 자크 르콩트에게, 인간의 선의와 이타성에 대한 그들의 저작에 감사드린다. 카트린 게갱 박사는 고맙게도 정서와 사회성에 관하여 신경과학이 지금까지 밝혀 낸 바를 공유해 주었다. 하버드 대학교 아동발달연구소의 흥미로운 이론 콘텐츠에도 감사를 표한다. 모두의 도움으로 나는 다양하고 귀중한 정보를 접할 수 있었다.

차례

1
인간 지능의 탁월함

오랜 통념과 달리 우리의 건강, 지적 능력, 사회적 능력을 결정하는 것은 유전자가 아니다. 우리네 인생이라는 영화에서 유전성은 작은 배역을 차지할 뿐이다. 우리 존재는 본질적으로 환경이 결정한다. 주로 우리가 섭취하는 물리적 양식과 정신적 양식이 — 우리가 자주 만나는 사람들, 우리가 듣는 말, 우리가 하는 말, 우리가 스트레스를 관리하는 방식, 우리의 경험, 우리가 먹는 음식물의 질, 우리가 신체 운동에 할애하는 시간 등 — 우리의 지금 모습을 만들었다.

　여러분도 다 알고 있는 후생 유전학˙의 놀라운 한 예, 환경이 어린 시절의 발달에 미치는 중요성을 완벽하게 보여 주는 이 예를 나는 굳이 한 번 더 언급하겠다. 꿀벌의 애벌레들은 장차 일벌이 될 자질을 타고난다. 이 애벌레들의 유전적 자산은 모두 동일하다. 그런데 원래는 다 같은 애벌레였어도 로열 젤리를 먹고 자란 놈은 여왕벌이 된다. 인간의 아이가 최선의 존재가 되기 위해서는 사랑이 넘치고, 생생하고, 풍부하고, 질서가 있으며, 탐색과 자발적 활동을 돕는 환경이 필요하다. 아주 어릴 때부터 아이는 타자와 만나고, 정겨우면서도 차분하게

　˙ épigénétique. 그리스어 épi(~의 위에)와 유전학 génétique이 합쳐진 낱말로서 유전적 자산이 어떻게 콘텍스트에 따라 달리 발현되는지 그 메커니즘을 연구하는 학문이다.

상호작용을 하고, 공조하고, 공감하고, 너그럽게 대할 수 있어야 한다. 이러한 환경적 요소들에 대한 관심이 이제 선택이 아니라 필수가 되어야 한다. 이 요소들과 어린아이의 관계는 로열 젤리와 꿀벌 애벌레의 관계와 같다. 그만큼 직접적으로, 그만큼 적극적으로 아이를 최선의 모습으로 키워 준다는 얘기다.

선각자 마리아 몬테소리는 누구보다도 먼저 이 환경적 비법을 꿰뚫어 보았다. 몬테소리는 어른이 아이의 발달을 돕기 위해 가장 신경을 집중해야 할 요소가 환경이라는 것을 〈알고〉 있었다. 사랑으로써 그러한 환경을 마련하는 것이 얼마나 중요한지 온전히 의식하고 있었고 지식도 있었다. 그녀는 끈질기고 용감하게 외쳤지만 자신의 가장 열렬한 신봉자들에게조차 이해받지 못할 때가 많았다. 몬테소리 지지자들이 본질을 망각하고 교구 개발에만 초점을 맞추었기 때문에 하는 말이다. 그녀는 아이들이 사용하는 공간을 지칭하는 이탈리아 단어로 〈암비엔테ambiente〉를 썼는데(이 단어는 프랑스어에서 〈분위기ambiance〉로 잘못 번역될 때가 많다), 이 단어의 참다운 의미는 〈환경(프랑스어로 environnement)〉이다. 몬테소리의 연구에서 놓쳐서는 안 될 부분은 이것이다. 어른은 달리 뭘 할 게 아니라 아동 발달에 이롭게 작용하는 환경 조건을 만드는 데 주력해야 한다. 그런 면에서 마리아 몬테소리 박사는 교육에서 후성설이 얼마나 중요한지 예감했다고 하겠다. 아동의 환경은 지능을 꽃피우기에 적합한 생태계라는 의미로 고려되어야 한다. 이 책의 목표도 다르지 않다. 아이에게 이로운 환경적·교육적 불변 요소들을 규명하는 것이 그 목표다.

1 뇌의 가소성: 아이의 뇌 이해하기

인간이 세상에 태어날 때의 뇌 조직은 백지 상태가 아니다. 성인의 뇌에서 관찰되는 주요한 뉴런 회로들은 신생아의 뇌에서도 그 얼개를 볼 수 있다. 나는 늘 속으로 예감하고 있었다. 아기는 맹아적인 잠재력을 타고나고 그 잠재력은 세상에서의 경험으로 활짝 피어날 날만 기다리려니……. 그리고 갓난아이의 뇌 신경회로를 뇌 영상 촬영 기법으로 정확히 알게 되고는 더없이 기뻤다. 과연 그랬다. 인간은 장차 인간다운 특성을 계발할 수 있게끔 애초에 밑 배선이 이루어진 상태로 태어난다. 우리는 소통하고, 정확하고 짜임새 있는 언어를 구사하며, 기억하고, 논리적으로 추론하고, 〈창작〉하고, 발명하고, 상상하고, 오만 감정을 다 느끼면서도 필요에 따라 조절할 수 있게끔 기질을 타고난다. 심지어 우리는 공감 능력, 도덕적 직관, 뿌리 깊은 정의감마저도 어느 정도는 타고난다. 인간이 이렇게 지능과 인간다움의 기약을 한 아름 안고 세상에 태어난다는 것이 뭐 그리 이상한가?

그럼에도 불구하고 이 밑 배선이 매우 미숙하다는 바로 이 지점에서 환경의 중요성이 부각된다. 인간은 잘 말하고 잘 추론할 수 있는 자질을 타고났지만 세상에 나오자마자 말을 하거나 추론을 전개하지는 못한다. 아이는 일종의 〈때 이른prématuré〉 상태로, 뇌의 형성을 다 마치지 못한 채로 세상에 덩그러니 나온다. 따라서 아이의 타고난 잠재력은 환경의 질이 아무런 여과 없이 조건화할 것이다. 이러한 뇌의 미성숙은 굉장히 충격적으로 받아들여질 수 있다. 척박하고 유해하고 폭력적인 환경에서 자라면 인간의 뇌는 망가지기가 너무 쉽다는 얘기도 되기 때문이다. 왜 인간은 다른 포유류들처럼 어미의 따뜻하고 친밀하고 믿음직한 배 속에서 두뇌 형성을 다 마치고 나오지 않을까? 그런 동물들은 태어난 지 불과 몇 시간 만에 소통을 하거나 제 발로 걷거나 자기 위치를 파악하지 않는가? 으레 잘 조율되어 돌아가던 자연이 우리 인간에 대해서만큼은 머리가 회까닥 돌기라도 했나?

천만의 말씀이다. 인간 두뇌의 미성숙은 꼭 필요한 요소다. 그 이유는 인간이 그 어떤 포유류보다 추론하고 상상하고 창조하는 능력을 풍부하게 갖고 태어나기 때문이다. 신생아가 무르익은 지능을 가지고 태어난다면 다른 포유류들처럼 〈완료〉 상태로 세상에 나온다는 말밖에 안 된다. 그러한 지능은 이미 마무리가 된 것이므로 가소성이 거의 없을 것이고, 이전 세대의 비약적 변화들을 흡수할 수도 없을 것이다. 그러한 인간은 태어나면서 이미 결정된 존재요, 그러한 인생은 평온하고 안전할지는 몰라도 발전이라고는 없을 것이다. 그런데 자연은 인간이라는 선천적 발명가를 미처 성숙하기도 전에 세상으로 내침으로써 〈인류〉에 편승하지 않을 수 없게 했다. 그 대신, 생애 초기 몇 년 동안은 양육자의 문화를 미성숙한 신경 섬유로써 힘들이지 않고 구현하는 능력 역시 선물해 주었다. 인간은 때 이르게 태어나기 때문에, 아이의 선천적 기질은 아이의 출생 이전에 있었던 언어, 행동 양식, 문화의 변화들을 직접적으로 끌고 들어오면서 형성된다. 그런 변화들이 뭐가 됐든 간에, 아이는 배울 필요조차 없다. 아이의 지능은 그 변화들을 그냥 〈자료 삼아〉 구축될 테니까!

따라서 인간의 때 이른 출생은 그야말로 신의 한 수다. 이 한 수가 진화적 연속체를 보장한다. 인간의 아이는 신경 섬유를 통하여 부모의 유산을 직접적으로 〈구현〉한다. 아이는 이런 식으로 무리 없이 수월하게 인류의 길고 긴 진화의 사슬 속으로 편입된다. 틀림없이 〈자연〉 부인께서는 뇌의 미성숙이 인간에게 끼치는 위험은 뇌의 가소성이 인간에게 제공하는 어마어마한 기회에 댈 것이 못 된다고 보시는 게다.

아이의 뇌는 성숙되지 않았다

이제 우리는 왜 환경이 유전자보다 아이의 맹아적 잠재력을 계발하는 데 더 큰 영향을 미치는지 이해할 수 있다. 뇌의 배선이 환경을 자료 삼아 이루어지기 때문에 환경이 (긍정적으로든 부정적으로든) 지능과 인간성 발달에 영향을 미칠 것이다. 이게 참 희소식이기도 하고 고약한 소식이기도 하다. 유전적으로 타고난 숙명 따위는 없다 생각하면 기쁜 소식이다. 어떤 유전자를 물려받았는지와 상관없이 모두가 세련되고 확실한 지능과 사회성을 발휘할 수 있다는 얘기니까. 그렇지만 아이가 성장하게 될 초기 환경이 최선의 것이든 최악의 것이든 그 아이의 신경 섬유에 빼도 박도 못할 영향을 미친다고 생각하면 이 소식이 결코 반가울 수만은 없다. 달리 말해, 자연은 갓난아이에게 인간의 잠재력을 실어 줌으로써 큰길을 닦아 놓았지만 이 선천적 잠재력이 얼마나 잘 계발되느냐는 〈환경〉에 달렸다. 타고난 잠재력은 환경이 제공하는 가능성에 따라 발휘될 수도 있고 영영 묻힐 수도 있다. 이 부분에서는 전 세계 유수의 대학 아동발달연구소들이 의견을 같이한다. 특히 교육학적으로 태도가 명확하고 권위가 있는 하버드 대학교 아동발달 센터의 견해도 그렇다.

따라서 인간은 언어, 추론, 공감 능력, 그 밖의 모든 잠재력을 발휘하게끔 〈미리 결정된prédéterminé〉 것이 아니라 〈소질만 미리 갖췄다고 prédisposé〉 보아야 한다. 이 차이는 어마어마하다. 맹아 상태로 품고만 있는 지능을 실제로 발휘하게 된다는 보장은 없으니까. 인간은 그렇게 될 수 있다는 〈가능성〉만 안고 태어난다. 그러니 환경이 제공하는 것을 가지고 그 가능성을 실현해야만 할 것이다.

언어를 예로 들어 보자. 앞에서 이미 말했지만 인간은 고상하고 조리 있게 언어를 구사할 수 있는 〈소질〉만 타고났다. 아기는 충분히 그렇게 할 수 있게끔 밑 배선을 깔고 세상에 나온다. 그러나 환경이 그러한 언어를 〈만들〉 수 있게끔 조건을 제공하지 못하면 인간은 영영 말을 못할 수도 있다. 언어 구사의 가능성이 구체화되려면 언어 형성의 결정적인 시기(출생으로부터 초기 3년 동안)에 다양하고 풍부한 언어 체제를 기반으로 지속적인 자극을 받아야 한다. 이게 전부다. 따로 가르칠 필요는 없다. 어린아이는 생생하고 역동적인 언어에 계속 노출되기만 해도 미성숙한 두뇌 회로를 완성할 수 있다. 역으로, 아이가 이 초기 3년 동안 부적절하고 척박한 언어 환경에 계속 노출된다면 그의 언어적 소질은 온전히 실현되지 못할 것이다.

〈초기 파국The Early Catastrophe〉이라는 딱 들어맞는 제목의 흥미로운 연구[1]는 이 현상의 파급력을 제대로 보여 주었다. 사회경제적 스펙트럼을 총망라하는 42개 가정을 대상으로 아이와 어른의 상호작용 시간을 조사해 보았다. 조사 기간은 생후 7개월에서 만 3세까지였다. 연구자들은 아이가 구사하는 어휘의 86~98퍼센트는 부모에게서 직접

온다는 점을 확인했다. 하지만 그게 다가 아니다. 아이는 대화의 길이나 스타일이라는 면에서도 부모를 닮는 양상을 보였다. 빈곤층 가정 부모는 〈그만 해라〉, 〈내려가〉 식으로 짧게 용건만 말하는 경향이 있는 반면, 부유층 가정 부모는 좀 더 복잡한 구조의 문장을 즐겨 사용하고 아이들과도 다양한 주제를 두고 대화다운 대화를 나누는 빈도가 높았다. 연구자들은 이 때문에 부유층 자녀가 만 4세까지 접하는 단어 수가 빈곤층 자녀가 같은 시기에 접하는 단어 수보다 약 3천만 개나 더 많다고 보았다. 언어 노출이 잘 이루어지지 않은 아이들의 지능은 한창 계발되어야 할 시기에 충분한 자양분을 얻지 못한다. 말하자면, 일종의 정신적 영양실조에 걸린 셈이라고 할까. 이 아이들은 명백히 불리한 상황에 처한다. 발달에 박차를 가해야 할 시기를 놓쳤기에 나중에 이 부실을 메우려면 훨씬 더 막중한 노력과 엄격성이 필요하다.

게다가 이 같은 환경의 차이가 전반적인 지능 발달의 차이를 몰고 온다. 이 연구에서 잘사는 가정에서 태어나 품위 있는 언어에 계속 노출되었던 아이들은 이미 만 3세 때부터 그렇지 못한 아이들에 비해 지능 지수(IQ)가 더 높은 것으로 나타났다. 그리고 9세, 10세가 되어서도 학업 성적이 매우 우수하게 나타났다. 실제로 오늘날 만 3세의 언어 수준을 보면 만 5세 때의 읽기 수준과 만 8세 때의 텍스트 이해 수준을 예측할 수 있다.[2]

생애 초기 몇 년이 지능의 기반을 닦고 이 기반의 질은 환경이 결정한다. 좋은 집안에서 태어났든 척박한 환경에서 태어났든, 모두에게 이 원칙은 유효하다. 물질적으로 안정되어 있고 집안이 대대손손 기품 있는 언어를 구사하는 환경에서 출생한 신생아가 태어난 지 얼마 안 되어 빈곤하고 천박하며 통사론적으로 맞지 않는 언어를 구사하는 환경으로 옮겨진다 치자. 조상 중에 빼어난 연설가들이 수두룩할지라도 그는 상스럽고 빈곤한 언어를 구사하게 될 것이다. 그의 언어 지능은 환경이 제공해 주는 것에서만 출발하여 자기 언어를 만들어 나가기 때문이다. 환경이 제공하지도 않은 것을 〈저 혼자〉 뚝딱 만들어 내지는 못한다. 반대로, 아주 열악한 환경에서 출생한 아기라도 태어난 지 얼마 안 되어 좋은 자극을 주는 환경으로 옮겨진다면, 이 아기는 생물학적 부모가 전달할 수 없었던 언어 구사력과 고도의 능력을 발휘할 것이다. 우리는 두뇌 회로의 배선과 소질을 확보하고 세상에 태어나지만 우리의 지능 형성은 순전히 환경에 달렸다. 우리 모두는 이 진실 앞에서 평등하다. 아무도 환경의 창조주적 역량을 피해 갈 수 없다. 얼마나 단순하면서도 흥분되고 드라마틱한 일인가. 갓 태어난 인간에게는 뭐든지 가능하다. 최선도, 최악도 그에게는 열려 있다. 이러한 뇌의 미성숙은 범상치 않은 기회인 동시에 유별난 취약점이기도 하다.

교육이라는 영역에서 이건 아주 중요한 정보다. 지능 형성에 유전적 숙명 따위는 없다. 불평등은 유전자가 아니라 환경이 만든다. 따라서 교육 격차를 해소하기 원한다면 모든 관심을 환경적 조건에 기울여야 한다. 교육 방법만 수정할 게 아니라, 가정과 학교를 망라하는 아이들의 성장 환경에 긍정적인 영향을 제공함으로써 수많은 아이들이 처한 상황을 바꿀 수 있다. 우리는 아이들을 위하여 영양가 있고 그 잠재력에 걸맞은 환경을 마련할 크나큰 책임이 있다. 뇌이이쉬르센 같은 부촌에서 태어난 아이는 풍부하면서도 정련된 언어를 배워 가게 마련이므로 학업도 잘해 낼 확률이 높은 반면, 내가 가르쳤던 젠빌리에의 아이들은 대부분 속어 중심의 빈약한 언어에만 노출됨으로써 자기표현과 자기실현 가능성이 심각하게 제한될 터이기 때문이다.

일상이 아이의 뇌를 구조화한다

그래서 뇌가 아직 덜 성숙한 이 시기에 긍정적이고 풍부한 자양분을 지능에 공급하는 것이 무엇보다 중요하다. 아이가 우리들 곁에서 체험하는 모든 것은 뉴런 연결로써 코드화된다. 아이가 태어나 만 5세가 될 때까지 1초에 700~1,000개꼴로 새로운 뉴런 연결이 발생한다는 것을 아는가.[3] 이미지 하나하나, 상호작용 하나하나, 사건 하나하나가 — 지극히 일상적인 것이어도 — 뉴런과 뉴런을 연결시키면서 아이의 뇌에 고착된다. 뇌의 민감도가 높은 이 시기에 아이는 방대한 양의 정보를 받아들이고 지능이라는 사원의 주춧돌을 놓기 시작한다. 석공이 집터부터 닦고서 그 위에 멋들어진 집을 지어 올리듯 인간의 뇌는 뉴런 연결부터 잔뜩 만들어 놓고 구조를 잡아 간다.

늘 그렇지만 자연은 여기서도 절묘하다. 뇌가 왕성한 뉴런 연결로 구조화를 준비하는 이 시기에 아이는 이것저것 탐색하고 싶어 가만히 있지 못한다. 아이가 아무거나 만지고 잡아챌 때, 우리를 부르고 요모조모 살필 때, 세상을 열심히 관찰할 때 아이의 뇌는 형성된다. 어른들이 안위나 편의에 치중해서 — 〈만지지 마〉, 〈가만히 있어〉, 〈앉아 있어〉, 〈기다려〉, 〈조용히 해〉 등 — 이 건설적 욕구를 철저히 억압하는 일이 있어서는 안 된다. 우리가 그렇게 하면 아이 자체가 아니라 지금 막 건설되어 가는 아이의 지능이 구속을 받는다. 아이에게 충분한 탐색을 허락하라. 아이가 세상과 타자들과 관계를 맺도록, 아이의 뉴런들이 수십억 개의 연결을 이뤄 낼 수 있도록.

그렇다, 수십억이다. 실제로 어린아이의 뇌에서는 뉴런 연결이 굉장히 빨리 일어나 정점까지 치닫는다. 티파니 슐레인이 잘 말해 주었듯이,[4] 아이 뇌 속의 뉴런과 뉴런 사이의 연결을 인터넷 웹페이지와 웹페이지의 연결에 비교한다면 이해가 더 쉬울까. 뉴런과 뉴런의 연결을 시냅스라고 한다. 웹페이지와 웹페이지의 연결은 하이퍼링크라고 한다. 우리는 아무리 그래도 아이나 어른의 뇌보다는 전 세계 인터넷 네트워크가 더 고도로 연결되어 있을 거라고 상상하기 쉽지만, 무슨 말씀을. 전 세계 인터넷 하이퍼링크의 수가 10조 개쯤 된다. 성인의 뇌에는 대략 그 세 배, 즉 30조 개의 시냅스가 있다. 그리고 아이의 뇌에는 전 세계 하이퍼링크 수의 열 배나 되는 시냅스가 있다. 100조 개라는 얘기다! 이제 어린아이들의 시냅스 연결이 얼마나 활발한지 감이 좀 잡히는가. 아이가 환경에서 지각하는 모든 것이 — 완전히 모든 것이 — 연결을 빚어낸다. 이렇게 뇌의 가소성이 풍부한 시기에는 아이가 자유롭게 탐색할 수 있게만 해주어도 학습이 빠르게 이루어진다. 요컨대, 어린아이는 〈배우지 않을 수가 없는〉 존재다. 어린아이에게 배움은 숨쉬기만큼이나 자연스러운 일이다. 아이는 자기도 모르게, 1초당 700~1000개의 새로운 시냅스를 만들면서 자연스럽게 배운다.

이 시기를 환경이 받쳐 주지 못하면 아이의 뇌 구조에 비극적인 결과가 초래될 것이다. 뇌는 받아들인 것을 바탕으로 구축된다. 따라서 받아들인 것이 별로 없다면 발달이 미흡할 수밖에 없다. 이런 식의 결핍이 아이의 잠재력을 심각하게 훼손한다는 말은 굳이 할 필요도 없으리라. 기초 공사가 허술하면 주택의 안전성이 의심스러워지듯이 영유아기의 허술한 신경 회로는 성인이 되었을 때의 뇌 구조에 확실히 영향을 미칠 것이다.

부쿠레슈티 고아들의 안타까운 사연이 그 증거다. 독재자 니콜라에 차우셰스쿠가 실각한 후, 루마니아 고아원들의 충격적인 실태가 세상에 드러났다. 아기들은 돌봐 주는 사람 하나 없이 다닥다닥 붙은 창살

침대에 누워 지냈고 하루 종일 햇빛 한 번 못 볼 때도 있었다. 이 아이들은 어른들과 최소한의 접촉밖에 누리지 못했다. 어른 한 명이 스무 명이나 되는 아이를 혼자 먹이고 씻겼을 뿐, 상호작용이라고 할 만한 것은 없었다. 그래서 이 아이들은 어른과의 애착 관계는 물론, 환경적 자극까지 박탈당했다. 이 비극적인 조건이 아이들의 두뇌 발달 저하, 매우 제한된 두뇌 활동을 초래했다. 실제로 이 아이들의 뇌는 평균보다 작았고 정상적으로 기능하지도 않았다.[5] 인간의 뇌는 한창 자라야 할 때 세상을 접하지 못하면 제대로 발달할 수 없다. 질적 발달은 고사하고, 정상적인 크기에조차 도달하지 못한다. 부쿠레슈티 고아원의 아이들은 신체적인 면에서 매일 충분한 영양을 공급받았지만 심각한 정신적 기근의 후유증을 톡톡히 겪었다.

아이의 뇌는 어마어마한 양의 시냅스를 마련함으로써 지능의 기초 공사를 한다. 하지만 이 시냅스를 그대로 다 보존하지는 않는다. 사용 빈도가 아주 낮은 시냅스, 다시 말해 좀체 반복되지 않는 경험을 코드화하는 시냅스는 점점 퇴화된다. 반대로 가장 자주 동원되는 시냅스, 아이의 규칙적 경험을 코드화하는 시냅스는 점점 강화된다. 이것을 〈시냅스 가지치기élagage synaptique〉라고 부른다. 이러한 가지치기가 계속 일어나면서 우리는 뛰어난 적응력과 어떤 분야에 특화된 능력을 갖게 된다.

경험의 빈도에 따라서 시냅스 연결의 창조, 강화, 제거가 일어나는 이 역동적이고 연속적인 과정을 〈뇌의 가소성〉이라고 한다. 뇌의 가소성은 아이가 만 5세가 되면서부터 줄어들기 시작해 사춘기가 되면 확 떨어진다. 그렇지만 성년의 뇌에서도 가소성은 완전히 사라지지 않는다. 어른의 뇌도 여전히 새로운 회로를 만들 수 있고 경험 빈도에 따라 어떤 회로는 제거하고 어떤 회로는 튼튼히 할 수 있다는 얘기다. 따라서 어른의 뇌 구조도 여전히 반복적 경험에 영향을 받는다. 그런데 아동의 경우는 반복적 경험이 비단 뇌 구조에 영향만 미치는 게 아니라 아예 직접적으로 형성을 좌우한다. 여기서 기억해야 할 점이 있다. 뇌는 자기가 없애거나 보존하는 시냅스의 〈질qualité〉을 따지지 않는다. 단순히 가장 〈빈번한〉 경험을 강화하고 그렇지 않은 것은 제거한다. 이 점을 잘 알고 이해해야 한다. 어린아이의 뇌는 유연하지만 비판적 감각이 없다. 뇌의 가소성은 그저 주어지는 환경 그대로와 결합할 뿐, 판단을 개입시키지 않는다.

한 아이 곁에서 지낸다는 건
그 아이의 뇌를 특화하는 데 참여하는 것이다

아이가 평소 속어를 많이 듣고 자란다면, 자기 의사를 고상한 언어로 표현하는 사람들을 이따금 접한다 해도 시냅스 가지치기가 빈도의 법칙에 따르기 때문에 아이의 뇌는 속어의 흔적을 강화할 것이다. 부모, 교사, 도우미 선생님, 유치원 보조교사, 형제, 자매, 삼촌, 사촌, 그 누가 됐든 한 아이 곁에서 지낸다는 건 그 아이의 두뇌를 특화하는 데 직접적으로 참여하는 것이다. 일상에서의 우리 모습, 우리가 말하고 반응하는 방식, 우리가 아이 앞에서 하는 행동이나 아이와 함께한 일 전부가 말 그대로 뇌의 〈배선〉에 한몫한다.

그러니 우리의 책임이 얼마나 무거운가. 어느 날 아침 문득 아이가 우리와 꼭 같은 행동을 하고, 꼭 우리처럼 말을 하고, 꼭 우리처럼 움직이거나 반응하는 모습을 보면 웃음이 난다. 그런 순간은 우습고 재미날 수도 있고, 충격적이거나 견디기 힘들 수도 있다. 아이는 우리가 함께 살면서 부지불식간에 가르친 행동이나 태도를 그대로 비추는 거울이기 때문이다. 우리는 아이가 우리를 〈모방〉한다고 생각하지만, 엄밀히 말하면 아이는 〈내면에서〉 코드화된 것을 〈외부로〉 드러냈을 뿐이다. 그러므로 우리가 원하든 원치 않든, 우리가 별 생각 없이 하는 사소한 일들이 일말의 여과 없이 직접적으로 아이의 능력과 행동을 구조화한다는 이 사실을 명심해야 한다. 우리의 태도가 아이의 태도를 예비한다. 이 사실을 거듭 말하고 언제나 경청해야 한다. 이제 우리에게는 그 경청의 결과다운 행동이 학교에서나 가정에서 꼭 필요하다.

우리의 일상 행동, 일상의 메커니즘은 어떤 것인가? 그런 것들이 우리가 아이에게 바라는 행동이나 태도와 일관성이 있는가? 요컨대, 여기서부터 시작하자. 부모든 교사든, 아이와 지내는 사람은 자기의식이 있어야 한다. 자기 행동과 태도를 의식 있게 관찰할 수 있어야 한다는 얘기다. 여러분의 아이가 편안하면서도 사려 깊게 자기 생각을 표현하기 원한다면, 예쁘게 행동하기 원한다면, 혹은 공감 능력을 보여 주기 원한다면 골치 아프게 여러 방법을 모색할 필요 없다. 첫 단계는 무조건 여러분 자신이 그렇게 행동하는 것이다.

따라서 아이에 대한 요구는 무엇보다 자기 자신에 대한 요구를 의미한다. 젠빌리에 유치원 교실에서도 이 으뜸가는 황금률은 적용되었고, 숨김없이 고백하건대 스물다섯 명 넘는 아이들을 데리고 언제나 허둥지둥하면서 가장 지키기 힘들었던 규칙이다. 그래도 아이의 두뇌 메커니즘이 가공할 만한 흡수력을 지녔고 아이의 뇌가 지각으로써 구조화된다는 것을 아는 한, 게다가 내가 그 아이들과 매일 평균 6시간이나 함께 보내는 한, 나의 노력은 선택이 아니라 필수였고 내가 마땅히 져야 할 책임이었다. 우리의 행동, 우리의 언어, 우리의 반응이 아이에게 모범이 되어야만 한다.

우리는 젠빌리에 유치원에서 일단 학급 내에서 오가는 언어의 수준을 깐깐하게 따졌다. 앞에서 지적했듯이 우수한 언어 구사력은 지능 발달과 어깨를 나란히 하는 듯 보인다. 그러나 안나와 나는 아이들의 언어 발달을 생각하기에 앞서 먼저 우리들 자신이 구사하는 언어에 각별히 신경을 썼다. 우리는 늘 문법적으로 정확하고 이치에 맞는 문장, 문맥에 적절하게 들어맞는 어휘로 말을 하려고 주의를 기울였다. 가령 부정문으로 말을 할 때에도 부정어들을 생략하지 않고 표준 문형을 준수했다.* 또한 논리적이면서 어느 정도 복잡한 구조를 지닌 문장을 선호했다. 가령 〈눈이 올까요?〉라는 질문을 받으면 나와 안나는 절대로 〈아닐 걸Je crois pas〉 하는 식으로 대충 대꾸하고 다른 화제로 넘어가는 법이 없었다. 우리는 반드시 이런 식으로 대답했다. 〈나는 그렇게 생각하지 않아Je ne crois pas. 오늘 아침에 라디오에서 일기예보를 들었는데 기상 캐스터가 눈은 오지 않겠지만n'allait pas 날씨는 매우 추울 거라고 했거든. 하늘을 보렴. 눈이 올 만큼 구름이 많이 끼어 있진 않아n'est pas assez.〉 그리고 의미를 뭉뚱그린 일반 주어 〈on〉의 사용을 삼가고 꼬박꼬박 〈우리nous〉를 쓰려고 노력했다. 〈애들아, 오늘 오후에 점심 급식하고 수영장 간다〉라고 말하는 대신, 〈애들아, 오늘 오후에 우리는 급식소에서 점심 식사를 하고 나서 수영장에 갈 거예요〉라고 했다. 또한 〈것〉, 〈거시기〉, 〈그거〉 같은 단어를 가급적 삼가고 지칭 대상을 밝히려고 신경 썼다. 우리에게도 힘든 일이었지만, 늘 아이들에게 입에서 튀어나오는 대로 곧바로 말하지 않고 어떻게 말할지 시간을 들여 생각

* 예를 들어 프랑스어에서 부정문을 만드는 대표적인 표현 〈ne ~ pas〉는 구어에서 ne를 생략하고 쓸 때가 많다 — 옮긴이주.

을 했으며, 아이들에게도 그렇게 설명을 했다. 〈잠시만 기다려요. 내가 생각은 났는데 여러분에게 어떻게 얘기할지 적당한 말을 찾고 있답니다.〉 우리는 쉽지만 딱 맞지 않는 표현보다는 아이들이 좀 어려워하는 한이 있더라도 적절한 표현을 쓰려고 애썼다.

사실, 아이들은 고상하고 유식한 말을 아주 좋아한다. 평면구형도, 남아메리카, 유럽, 정육면체, 원뿔, 원기둥 같은 낱말들. 늘 〈초록색 식물〉이라고 뭉뚱그려 말하는 것보다는 스파티필럼(식물명), 크라슐라(식물명), 고무나무, 치자 같은 이름을 가르쳐 주면 재미있어 한다. (〈동그라미〉보다는) 원반, (그냥 〈신발〉보다는) 모카신, 샌들, 반장화, 발레리나 슈즈, (여자 말이라고 하기보다는) 암말, (아기 말이라고 하기보다는) 망아지라고 말해 주는 것이 좋다. 우리는 늘 될 수 있는 대로 정확한 용어를 쓰려고 했다. 이런 어휘들이 한창 발달하는 아이의 지능을 흥분시키고 자극했다. 아이들은 처음 접하는 단어에 심취하고 즐겁게 받아들였다.

우리 반에는 지구상의 대륙들이 표시된 평면구형도 퍼즐이 있었다. 아이들은 언제라도 이 퍼즐을 흐트러뜨렸다가 다시 맞출 수 있었다. 대륙마다 색깔이 달라서 어렵지도 않았다. 가령 아시아 대륙은 노란색이었다. 가끔, 어린아이들이 자기보다 한두 살 많은 아이들에게 〈나는 빨간 대륙에 살아〉라고 말하곤 했다. 그러면 이 형님들은 좀 더 정확하게 말해야 한다는 듯이 〈빨간 대륙이 유럽이야. 《빨간 대륙》이라고 하지 말고 《유럽》이라고 해야지! 너는 유럽에 사는 거야〉라고 정정해 주었다.

우리의 언어적 요구는 상당했고 타협이라곤 없었다. 우리는 아이들이 하루 중 언제라도 자기가 하고 싶은 말을 충분히 시간을 들여 정확하게 하게 될 때까지 기다렸다. 아이가 화장실을 가고 싶다고 할 때든, 아이가 친구에게 십진법의 기본을 가르쳐 줄 때든 언어 구사에 필요한 시간은 늘 넉넉히 할애했다. 편안하면서도 조리 있게 구어(口語)를 구사하는 것이 그만큼 우리 반에서는 우선 과제였고, 아이들도 그 점을 잘 알고 있었다. 그래서 자기 의사를 잘 표현하지 못하는 친구가 있으면 아이들도 친구가 제대로 말할 수 있을 때까지 참을성 있게 기다려 주었고, 자기들이 나서서 적당한 낱말을 제시해 보기도 하면서 기꺼이 도와주었다.

아이들의 전반적인 언어 수준이 빈곤한 편이었기 때문에 언어에 대한 주의는 정말로 중요했다. 젠빌리에 실험 바로 전년도에 이름난 부촌(뇌이이쉬르셴) 유치원에서 근무를 했기 때문에 뇌이이 아이들의 언어적 풍요와 젠빌리에 아이들의 언어적 빈곤 사이에 얼마나 큰 격차가 있는지 나는 몸으로 느꼈다. 뇌이이의 만 5세 아이들은 대부분 이미 상당히 고상하게 말할 줄 알았다. 문장을 말하면서 부정어를 생략하지 않았고, 더러는 영어에 더 적합한 단어가 있으면 그 단어를 인용했고, 〈외투 놓는 거〉 대신 〈옷걸이〉라는 단어를 사용했다. 그런 부분이 정말 인상적이었다. 그 어린아이들은 이미 언어 구사에 상당한 정확성을 기하고 있었다. 그랬기 때문에 이듬해에 젠빌리에의 정반대 상황이 더욱 충격적으로 다가왔다. 이 아이들은 〈그거〉, 〈저거〉, 그 밖의 몇 가지 속어적 표현 없이는 말을 못 할 정도였다. 어떤 아이들은 〈셸린, 나 쉬 쌀 거야〉 같은 말을 아무 거리낌 없이 건넸다.*

아이들은 고작 세 살밖에 안 됐는데 성질내고 씩씩대면서 〈셸린……

* 나중에 저자가 밝히겠지만 젠빌리에 실험 학급에서는 〈선생님〉이나 〈학생〉이라는 말 자체를 쓰지 않았고 어른과 아이들은 서로를 이름으로 부르며 반말을 했다. 국내 정서에는 맞지 않게 보일 수도 있으나 이 실험에서 〈선생과 학생〉이 아니라 〈어른과 아이〉라는 개념은 대단히 중요하다—옮긴이주.

야신이 날 엿 먹였어〉, 〈오늘 급식은 뭘 처먹나?〉, 〈아빠는 집에서 짖어
요[고함질러요]〉, 〈형이 어젯밤에 돼지게 토했어요〉 같은 말을 했지만
그게 왜 문제가 되는지는 전혀 모르고 있었다. 내가 저속한 표현을 듣
고 충격 받은 표정을 지어도 아이들은 내가 왜 놀라는지 이해를 못 했
다. 그들에게는 그런 언어 구사가 지극히 정상이었으니까. 가정에서
지속적으로 그런 언어를 접하는 아이들도 적지 않았기 때문에 이미 입
력되어 있는 방식을 해제하기가 쉽지는 않았다. 하지만 우리는 〈언제
나〉 극도로 모범적인 언어 구사의 본을 보임으로써 결국 해냈다. 아이
들이 교실에서 좀 더 적절한 어휘와 어조를 구사하게끔, 죄의식을 조
장하지 않고 친절하게, 그러나 단호하게 밀어붙였고 아이들이 그런 단
어를 모를 때에는 우리가 적당한 단어를 제시해 주었다. 정말 바로잡
기 힘든 아이들에게는 딱 부러지게 말해 주었다. 「안 돼, 나는 그냥 넘
어갈 수 없어. 네가 반에서 그런 식으로 말하는 걸 용납할 수가 없단다.
방금 한 말을 다시 한번 고쳐서 해볼까?」 아이가 못하겠다고 하면 내
가 예시를 하나 제안하고 그 말을 그대로 따라하게라도 했다.

　그렇게 몇 달이 지나자 아이들은 대부분 말투 자체가 바뀌었다. 아
이들은 이게 얼마나 큰 승리인지를 실감하지 못했다. 「셀린, 빅토르가
나를 자꾸 못살게 굴어. 여러 번 말했는데도 들은 척도 하지 않고 계속
그러네. 빅토르에게 그러지 말라고 한마디 해줄래?」

　가소성을 지니는 두뇌 메커니즘의 힘을 의식했기 때문에, 게다가 아
이들끼리도 늘 대화가 오가는 상황이었기 때문에, 나는 가장 나이 많
은 아이들의 언어 수준에서만큼은 한 치도 양보하지 않았다. 이 아이
들은 자기 의사와 상관없이 동생들의 본보기가 되기 때문이다. 나는
아이들끼리 얘기하는 중이라도 행여 용납할 수 없는 표현이 들리면 그

대화를 끊고 고상한 표현을 써서 제대로 다시 말하게 했다. 그러니 아이들도 자기네 입에서 나오는 언어의 질이 우리에게 굉장히 중요하다는 점을 의식할 수밖에 없었다. 우리 교사들끼리 얘기할 때도 바른 말을 썼고, 아이들도 바른 말 고운 말을 쓰게끔 충분한 시간을 두고 습관을 들여 주었다.

그 결과는 가정에서도 금세 가시적으로 나타났다. 학년이 시작되고 불과 몇 달 만에 학부모들에게서 이런 말을 들을 수 있었다. 〈우리 집에서 욕을 쓰지 않는 사람은 아들뿐이죠.〉 〈얘는 자기가 바른 말 하는 걸로도 모자라서 우리가 아무렇게나 말을 하면 아주 질색을 해요.〉 뒤에서 보게 되겠지만 자유로우면서도 적확하게 말을 하는 요령은 사회 편입을 보장할 뿐 아니라 복합적이고 논리적이고 풍부하며 정확하고 구조적인 사유를 계발하는 수단이기도 하다. 이 아이들은 논리정연하게 말만 한 것이 아니라 논리정연하게 〈생각하고〉 있었던 것이다. 게다가 자기 뜻을 잘 표현하고 생각을 끝까지 밀고 나가는 습관이 들다 보니 생각을 논리적으로 정리하는 동안 정보를 기억에 붙들어 놓는 훈련까지 되었다. 또한, 적확한 단어를 찾지 못하는 동안 아이들은 좌절을 스스로 관리하고 온전히 집중해야만 했고 상대가 자기 말을 이해하지 못하면 스스로 교정해야 했다. 달리 말하자면, 우리는 아이들에게 정확하고 명쾌하게 말하도록 노력하게 함으로써 언어적·문화적 능력만 키워 준 것이 아니었다. 성공적인 학업, 직업, 감정, 인간관계를 IQ보다 더 확실하게 예고하는 주요 인지 기능들까지 발달시킬 수 있었다. 작업 기억, 자제력, 끈기, 인지 유연성이 바로 그러한 기능들이다. 이 주요한 인지 기능들, 이른바 〈실행〉 기능들은 뒤에서 자세히 살펴보겠다. 지금은 아이가 풍부하면서도 조리 있고 적확하게 말하도록 이끌어 주면 인지 발달에 큰 도움이 된다는 사실만 기억해 두자.

우리 교사들은 우리 자신의 행동에도 주의를 기울였다. 침착하고 차분한 분위기를 조성하려면 우리부터가 조용조용히 움직이고 차분한 목소리로 말해야 했다. 한 아이가 교실 반대편에 있는 친구를 부른답시고 큰소리로 고함을 질러도 우리가 덩달아 〈조용히 해! 모두에게 방해가 되잖아!〉라고 외치는 일은 없었다. 그랬다가는 교실만 더 어수선해질뿐더러 아이들이 우리 행동을 보고 소리를 질러도 된다고 배울지도 몰랐으니까. 우리는 그런 경우 고함을 지른 아이에게 직접 다가갔고, 목소리를 조금 낮춰서 말하라고 차분하게 권했다.

하지만 교실 전체가 흥분해서 정신 쏙 빠지게 난리를 칠 때에는 단호한 구령조의 지시로 주의를 환기할 필요도 더러 있었다. 특히 첫해 처음 몇 달은 아이들이 자율성과 거리가 멀었기 때문에 그런 상황이 자주 발생했다. 우리는 그때마다 모두 둥그렇게 둘러앉으라고 하고 집중과 이완 훈련을 실시했다. 우리가 쉬는 시간 운동장에 나갈 때도 있었다. 하지만 어떤 경우에도 아이들에게서 보고 싶지 않은 행동은 우리 교사들부터 스스로 삼갔다.

우리는 교재를 다루는 일상적 행동에도 신경을 썼다. 사실, 아이들이 보고 듣는 것은 뭐든지 엔그램engram, 즉 뉴런 네트워크상의 흔적으로 남기가 쉽다. 우리는 하다못해 바닥에 널브러진 매트를 둘둘 말아서 정리할 때에도 — 이런 순간에도 한두 명은 선생님을 주시하게 마련이다 — 아이들이 매트를 정리하는 요령을 보고 배울 수 있게끔 의식적으로 군더더기 없이 효율적인 동작을 실행했다.

그로써 우리는 이 창조적인 시기에 지리, 음악, 읽기, 쓰기, 수학, 그림 그리기, 채색 등의 영역에서 매우 다양한 활동을 제안할 수 있었다.

활동은 늘 아이들이 분명하게 알아들을 수 있게, 아이들을 자극하는 방식으로 소개하고 설명했다. 그러한 문화를 아이들과 공유하면서 정말로 즐거웠다. 아이들이 그 모든 것을 접할 때 우리는 진심으로 행복했다. 우리의 열성이 아이들의 의욕에 불을 댕겼다. 우리는 일단 각자의 수준과 관심사에 맞춰 주기 위해서 개인 혹은 서로 잘 맞는 두세 명 모둠 단위로 활동을 제시했다. 그 후에는 모둠 내에서의 자유로운 상호작용이 지식을 빠르게 확산시킨다는 점에 기대를 걸었다. 우리 반 아이들은 자율적이었고 연령도 각기 달랐다. 큰 아이들은 동생들에게 자기가 아는 것을 가르쳐 주거나 시범 보이기 좋아했다. 큰 아이들은 다른 사람을 가르치면서 자기 지식을 더 강화하고 심화할 수 있었다. 동생들은 동생들대로 친한 형이나 누나가 전달하는 기초 원리를 빠르게 흡수했다.

서로 다른 연령대 아이들끼리의 지식 전달은 아주 쉽고 자연스럽게 이루어지기 때문에 아무리 수완 좋은 교사라도 상대가 안 된다. 세 살 아이 눈에는 다섯 살짜리 형이나 언니가 아주 특별하고 대단해 보이기 때문이다. 도움이 필요한 친구를 기꺼이 돕고 싶어 하는 자연스러운 열의도 여기에 한몫한다. 그래서 아이들끼리는 지식이 엄청 빠르게 확산된다. 사회적 유대에서 비롯된 열의는 학습의 탄탄대로였다. 게다가 아침부터 오후 끝날 때까지 모든 아이가 자율 활동을 했기 때문에 원한다면 하루 종일이라도 자기들끼리 뭔가를 가르쳐 주거나 함께 해결책을 궁리할 수 있었다. 아이들은 몹시도 다양한 대화와 가르침을 수 없이 주고받았다. 그래서 놀랄 만큼 빠르고 신명나게 언어와 문화를 자기 것으로 만들었다.

우리는 그렇게 아이들의 아직 미숙한 지능을 긍정적으로 왕성하게 고양할 만한 환경 조건을 만들었다. 언어, 우리의 몸가짐과 행동, 우리의 반응 방식, 유치원에서의 활동들이 제공하는 지식은 극도로 신속하고 효과적인 방식으로 아이들에게 확산되었다.

가정에서 환경 조건이 받쳐 주지 않을 때 유치원은 대단히 확실한 역할을 해줄 수 있다. 아이들은 매일 6시간 이상을 유치원에서 보낸다! 따라서 교육 기관도 가정 못지않은 지능 특화의 장이다. 학교가 제공하는 조건이 충분히 바람직하고 풍부하다면 사회 계급 간의 격차를 상당 부분 줄여 줄 수 있다. 우리는 그렇게 할 수 있다. 얼마든지 가능한 일이다. 아이가 아니라 환경을 직접 다룸으로써 아동 발달에 긍정적 영향을 미쳐야 한다. 아이가 아직 어릴 때 그렇게 하는 것이 중요하다. 실제로 인간의 지능은 생애 초기에 토대가 놓이기 때문이다. 그 토대가 견고하든 부실하든, 미래의 지능은 그 위에 건설될 것이다.

그러므로 젠빌리에 실험의 으뜸 원리는 이것이다. 출생 이전부터 잠재된 소질을 끌어내고 특화하고 실현시키는 것은 환경 조건이기 때문에 우리는 환경적 요인에 주의를 모조리 집중했다. 우리의 행동, 언어, 몸가짐, 반응을 조심했고, 범상치 않은 결단력을 가지고 엄격하고 까다롭게 그 과정을 수행했다. 우리는 이 어린아이들에게 최선의 것을 주고 싶었다. 유치원 3년 동안 아이들의 눈과 귀와 손에 흥미롭고 야심 찬 활동과 언어가 미치게끔 최선을 다해 환경을 마련했다.

처음 두 해라는 결정적 시기

아동 발달 전문가들은 이 점에 있어서 명쾌하다. 출생 후 처음 두 해는 아주 중요하다. 이 시기에 인간의 지능은 토대가 닦인다. 두 돌을 맞은 아기는 이미 그동안 언어, 사회, 인지, 감각, 운동 분야에서 상당한 성취를 이뤄 냈을 것이고 장차 이를 바탕으로 지능을 전개할 것이다. 아이의 뇌는 지식과 노하우를 습득하기 위해서 특화라는 까다로운 창(窓)들을 통과하는데 이 과정의 핵심은 결국 가지치기다. 어떤 시냅스는 견고하게 강화되겠지만 또 다른 시냅스는 냉정하게 제거될 것이다. 가령, 언어 능력만 봐도 그렇다. 생후 9개월 된 아기는 세상의 모든 언어를 있는 그대로 들을 수 있다. 그러나 3개월만 더 자라도 사정은 달라진다. 만 1세 아기는 자기 모국어에 존재하는 소리밖에 듣지 못한다. 아이의 뇌가 그새 자기 환경의 소리로 특화되었기 때문이다. 이제 아이는 세상의 모든 언어를 곧이곧대로 듣지 못하는 대신 모국어를 특히 잘하게 된다.[6]

　요컨대, 인간의 뇌는 세상의 온갖 흔적을 양껏 모아들인 다음에 정리를 한다. 인간이 성장하는 동안 100조 개에 달하던 시냅스가 30조 개로 대폭 줄어든다는 사실을 잊지 말자. 성장한다는 것은 자기가 지닌 가능성의 3분의 2는 버리고 나머지 3분의 1에 주력하는 것이다. 성장은 특화를 의미한다. 어른의 지능은 아이 때보다 떨어진 것이 아니라 〈특화된spécialisé〉 것이다. 자기 언어, 자기 문화, 자기 생각, 자신의 사회 행동에 특화된다고나 할까. 겨우 두 번째 생일을 맞이한 아기가 이미 엄청난 양의 경험을 쌓고 그중 가장 빈번한 경험이 추려지기까지 한다니, 상당히 놀랍고 너무 이르다는 감이 들지도 모르겠다. 전문가들은 이 결정적 시기를 놓치면 지적 토대의 일부는 어느 정도 굳어져서 나중에 리모델링하기가 점점 더 어려워진다고 말한다.

　부쿠레슈티 고아원 아이들에 대한 연구도 그 점을 잘 보여 준다. 이 아이들은 딱한 상황에서 발견되었으나 나중에는 정 많고 아이의 욕구에 잘 부응할 수 있는 양부모를 만나곤 했다. 연구자들은 만 2세 이전에 입양된 아이들의 발달과 좋은 양부모를 만나긴 했지만 입양 시점이 만 2세가 넘었던 아이들의 발달을 비교해 보았다. 결과적으로, 명약관화한 차이가 있었다. 만 2세 이전에 입양된 아이들은 친부모 슬하에서 자란 또래 아이들과 비교해서 인지적·사회적 차이가 없거나 있더라도 미미했다. 이 아이들이 만 8세가 되었을 때의 뇌 전기 활동은 완벽하게 정상적이었다. 뇌의 가소성이 가장 뛰어난 생후 2년이 지나가기 전에 지적으로 영양가 높고 풍부한 환경을 마련해 주는 것이 핵심이요, 그래야 뇌의 회복 탄력성이 높아진다.

반면, 만 2세 이후에 입양된 아이들은 8세가 되어서까지도 심각한 후유증에 시달리고 있었다. 앞에서 말했듯이 2세가 지나면 뇌의 기본 토대는 이미 다 놓였기 때문에 리모델링이 쉽지 않다. 물론 사람의 뇌는 평생 변화하고 새로운 시냅스를 만들어 내기 때문에 〈너무 늦은 때〉란 없다. 그러나 하버드 대학교 아동발달센터에서도 명시하고 있듯이 〈생애 초기에 건실한 두뇌 회로를 형성하는 편이 나중에 그렇게 하거나 《보수 작업》을 하는 것보다 훨씬 쉽고 수고가 덜 든다〉.[7] 토대가 탄탄한 뇌를 설계할 작정이라면 빨리 착수할수록 좋다. 따라서 이 중차대한 시기, 다시 말해 아이의 뇌가 지나치게 특화되기 이전에 각별한 관심을 쏟는 것이 기본이다.

사랑이 넘치는 환경의 필요성

지능의 토대가 탄탄하려면 뭘 어떻게 도와야 할까? 간단하다. 유별나게 굴 것도 없다. 아이를 사랑해 주고, 함께 있어 주라. 아이를 고립시키지 말고 자연스레 우리 삶에 들어오게 하라. 아이를 지나치게 자극하지 말고 그저 상호작용의 욕구에만 잘 호응해 줘라. 아이에게 말을 걸고, 아이가 스트레스를 많이 받으면 스트레스 호르몬이 아직 덜 자란 작은 뇌를 망칠 수 있으니 잘 달래 주고 보듬어 줘라. 아이가 탐색하게 내버려 두고 아이의 리듬을 존중하라. 그리고 아이에게 필요한 만큼의 영양과 수면 리듬을 제공함으로써 생리적 욕구를 존중해 주어야 한다. 마지막으로, 우리가 이미 아이에게 자연스럽게 내어 주는 경향이 있는 모든 것을 내어 주어라.

사실 우리는 이미 무엇을 해야 하는지 안다. 그럼에도 이러한 정보를 들먹이는 이유는 그만큼 일상에서의 행동이 중요함을 환기하고 싶어서다. 갓 태어나 두 살이 될 때까지 아기를 잘 키우고 싶은 부모에게는 그들의 자연스러운 뒷받침*이 얼마나 근본적으로 중요한지, 노래를 함께 부른다든가 하는 소소한 상호작용들이 얼마나 필수적인지 알려 주고 앞으로도 그렇게 하라고 격려하는 것으로 충분하다. 부모는 늘 그래 왔듯이 목욕을 시키면서 아기와 이런저런 얘기를 하고, 누르면 물줄기가 쭉 솟아오르는 플라스틱 장난감 따위로 놀아 주고, 아기가 손가락으로 가리키는 음식물이나 사물의 이름을 가르쳐 주고, 아기에게 바르고 고운 말을 들려주고, 노래를 불러 주고, 이야기책을 읽어 주고, 함께 음악을 듣거나 춤을 추고, 그림 그리고, 찰흙이나 밀가루 반죽을 주물러 뭔가를 만들어 보고, 아기가 혼자 먹을 수 있게 도와주고, 아기가 스트레스나 감정을 가누지 못할 때 마음을 진정시켜 주고, 아기에게 뭔가를 하라고 강요하지는 않되 아기가 해낸 일을 칭찬함으로써 의욕을 북돋아 주어야 한다.

* 발달심리학자 제롬 브뤼너Jérôme Bruner는 〈뒷받침étayage〉 개념을 〈아이가 처음에는 혼자 해결할 수 없었던 문제를 스스로 해결하기 위해 자기 행동을 재편하는 법을 배우는 동안 이를 지원하는 어른의 상호작용 일체〉로 정의한다.

요컨대, 만 2세 이전 아기에게 적합한 환경을 조성하려고 새로운 실험이나 교수법을 고안할 필요는 없다. 자연의 순리를 따르면 그것으로 족하다. 아기는 부모나 가족 같은, 자기를 사랑해 주는 사람들의 존재를 무엇보다 필요로 한다. 그리고 친절과 호의 넘치는 상호작용, 지원, 보호, 격려를 필요로 한다. 아기에게는 인간적 유대가 그 무엇보다 필요하다. 사막에서 길 잃은 여행자가 오아시스를 찾는 간절함으로, 아기는 그러한 유대를 추구할 것이다. 아직 문명화되지 못한 채 자연에 가까운 생리학적 삶을 사는 아기는 자기와 연령대가 다른 세 살, 여섯 살, 열 살, 열다섯 살짜리 존재들과 더불어 성장하고 필요에 따라서는 그 밖의 어른들의 존재도 발달의 자양분으로 삼는다. 내가 생각하기에 아침 일찍 어린이집에 맡겨지는 아이에게는 이 주위 사람들의 다양성이 심하게 결여된다.

사회적 관계 다음으로 내가 중요하게 보는 것은 환경과의 관계다. 〈실질적〉 환경과의 관계를 말하는 것이다. 아이에게 주어진 과제는 자기 환경에 특화되는 것이니만큼, 아이에게 제공해야 할 것은 환경, 그것도 최선의 환경이라야 한다. 아이가 양질의 언어를 듣고 배울 수 있는 공간을 만들어 주자. 자기가 속한 집단의 일상생활을 관찰할 수 있고, 어른들이 요리하고 밥 먹고 청소하고 대화하는 모습을 바라볼 수 있는 공간을. 그러면서도 아이가 자기 경험을 통하여 자연과 세상을 발견할 수 있어야 한다. 물론, 이 모든 일은 필요한 만큼 충분히 시간을 들여야 한다. 다시 말해, 따뜻하고 호의적이며 사랑이 넘치지만 세상과 단절되지 않은 지극히 〈현실적인〉 환경이다. 하지만 누가 이 환경을 아이에게 제공할까!

지금은 많은 어린이집이 이러한 방향으로 운영되고 있거니와, 이 노선을 계속 따라가야 할 것이다. 두뇌 발달이 가장 왕성한 시기를 보내는 어린아이들에게 생생하고 개방적이며 가족적이고 따뜻하고 친밀한 장소들을 마련해 주자. 풍요, 사회적 관계, 질적으로 좋은 것, 문화, 자연을 제공하자. 차분함, 넉넉한 시간을 내어 주자. 어린아이들의 집은 아름답고 친밀하고 〈신성한〉 곳이어야 한다. 인류의 지능이 기반을 마련하고 형성되는 곳이 신성한 곳이 아니라면 뭘까.

아이는 그저 살면서 배운다

첫돌을 맞은 아기는 아직 제대로 걷지도 못한다. 하지만 이 아기가 유연한 학습 메커니즘에 힘입어 얼마나 많은 것을 힘들이지 않고도 할 줄 알게 되는지 생각해 보면 놀랍다. 현재의 과학이 밝혀 준바, 아기와 신생아는 우리가 어린아이를 얼마나 과소평가했는지 보여 주는 산 증거다. 유치원도 못 갈 만큼 어린 아이도 이미 고도의 인지 과정을 일상적으로 감당하고 있다.

라이프치히의 막스플랑크 연구소에서 실시한 실험[8]은 생후 4개월밖에 안 된 아기들의 두뇌 활동을 측정함으로써 아기들이 〈15분 만에〉 문장의 통사론적 오류를 — 그들이 한 번도 들어 본 적 없는 외국어 문장인데도 — 파악할 수 있다고 증명해 보였다. 연구자들은 아기들에게 외국어로 된 단순한 문장들(〈누나가 노래한다〉, 〈형은 노래를 할 줄 안다〉 등)을 3분간 들려주었다. 그다음 단계에서는 아기들에게 들려주는 외국어 문장에 문법적으로 틀린 문장(〈형은 노래된다〉, 〈누나는 노래할 안다〉)을 추가했다. 아기들이 틀린 문장을 들을 때에는 뇌파가 달라졌다. 아기들이 뭔가 잘못됐다는 것을 감지한 것이다. 요컨대, 아기의 뇌는 남들이 말하는 것만 듣고도 언어의 암묵적이고 복잡한 규칙들의

〈그 무엇인가를〉 번개처럼 잡아 낼 수 있다.

파리 데카르트 대학의 인지신경과학 전문가 쥐디 제르뱅은 『내셔널 지오그래픽』과의 인터뷰에서 이렇게 설명한다. 〈우리는 오랫동안 학습을 선형적으로 생각했지요. 아기가 먼저 소리를 배우고, 그러다 낱말을 이해하고, 낱말들의 묶음으로 나아간다는 식으로요. 그러나 최근의 연구에 따르면 처음부터 다 한꺼번에 발달하기 시작한다고 합니다. 문법 규칙도 말을 좀 배우고 나서 이해하는 게 아니라 그냥 처음부터 배우는 거예요.〉[9]

아이가 언어적 〈오류〉를 범할 때 — 아이의 뇌는 의지와 무관하게 언어의 암묵적 규칙을 찾는다 — 이 오류는 대개 언어의 불규칙성을 고발한다.* 아이들은 주위에서 문법적으로 불규칙한 말을 흔히 듣는데도 그들의 뇌가 규칙성을 사랑한다는 이유로 논리적으로 더 그럴싸해 보이는 형태를 취하곤 한다. 이러한 오류는 아이의 언어적 재능과 우리 언어의 일관적이지 않은 부분을 동시에 드러낸다.

마찬가지 맥락에서, 어린아이들이 주요한 물리 법칙을 직관적으로 도출할 수 있다는 연구 결과도 있었다. 생후 3개월 아기도 물체를 던지면 떨어진다는 것을 독자적 경험으로 안다. 그래서 만약 허공에 내던진 물체가 떨어지지 않으면 아기는 깜짝 놀라는 표정을 짓는다. 비공식적인 경험에 비추어 지금까지 틀림없었던 근본 법칙이 눈앞에서 어긋나 버렸기 때문에 지적 충격에 빠진 것이다. 공을 던졌는데 그 공이 벽을 통과해 버린다면, 사물이 눈에서 멀어질수록 더 크게 보인다면,

* 〈그들은 떠나고 없었다Ils étaient partis〉라는 말을 〈Ils sontaient partis〉라고 잘못 말한 아이의 뇌는 동사의 반과거가 직설법 현재형에 /ai/를 첨가한 형태라는 규칙을 이미 파악한 것이다. 예를 들어 ils mangent라는 직설법 현재는 반과거에서 ils mangeaient가 된다. ils marchent/ils marchaient, ils sourient/ils souriaient, ils voient/ils voyaient도 마찬가지다. 따라서 이 규칙대로라면 ils sont/ils sontaient에 아무 문제가 없다. 〈ils étaient〉는 불규칙에 해당한다.

책상 위에서 달리던 장난감 자동차가 책상을 벗어나 허공에서도 계속 수평을 유지하고 달린다면, 아직 돌도 안 된 아기도 놀라움을 표한다.

웃을 일이 아니다. 국제적인 연구소들은 생후 3~11개월 아기들을 대상으로 이런 유의 실험을 더없이 진지하게 실시했다.[10] 아기들은 늘 사리에 맞지 않는 일에는 어이없다는 표정으로 반응했다. 이 연령대 아기들은 〈엄마〉, 〈아빠〉처럼 간단한 말도 할까 말까지만 몇 가지 기본적인 물리 법칙은 직관적으로 알고 있었다.

한 돌 된 아기가 사물의 궤적과 빠르기까지 예측할 수 있다는 것을 보여 준 당황스러운 연구들도 있었다.[11] 연구자들은 아기들 앞에서 공을 굴려 보았다. 공은 굴러가면서 가림막 뒤로 들어간다. 아기들은 공이 가림막 밖으로 다시 나올 법한 바로 〈그때〉, 〈그 지점〉으로 고개를 돌렸다. 아기들은 언제 어디서 공이 다시 등장할지 예측할 수 있었던 것이다. 공이 다시 나오지 않거나, 말도 안 되게 늦게 나오거나, 전혀 엉뚱한 위치에서 튀어나오면 아기들은 당황해하면서 원래대로라면 공이 나와야 할 법한 지점을 자꾸 눈으로 확인하곤 했다.

나는 비단 아이들에게 얼마나 재능이 있는지 상기시킬 목적으로만 이런 얘기를 하는 게 아니다. 사실, 우리가 이미 다 아는 얘기니까. 나는 아기들이 학습 프로그램, 교구, 선생님 없이도 이 모든 현상을 잘만 배우고 익힌다는 이 사실에 여러분이 주목해 주기 바란다. 아기들도 그렇고 우리들도 그렇고, 사람은 모두 일종의 선천적 자동 교육 autoéducation 소프트웨어를 장착하고 세상에 태어난다. 아기들은 단지 세상 속에서 활동하고 예측 오류에서 배우기만 해도 외부 세계의 진실에 꽤나 정확하게 접근할 수 있다. 아이가 습득한 문법 규칙, 물리적 법칙, 사회 규칙 등의 모든 지식은 어른에게 대단히 훌륭한 수업을 받아서가 아니라 생생하고 역동적인 자신의 실제 경험을 매개로 도출된 것이다.

세 살짜리 아이를 책상 앞에 앉혀 놓고 〈잘 들어, 네가 꼭 알아야 할 일이야. 굉장히 중요한 거란다. 이 사과를 봐. 사과가 아래로 떨어지지? 모든 사물이 마찬가지야. 이걸 중력의 법칙이라고 해. 내일은 문장 안에서의 동사 위치에 대해서 가르쳐 줄게. 그리고 모레는 사회성 있게 반응하는 법에 대해서 알아보자. 자기가 좋아하는 사람들에게는 어떻게 말을 걸어야 하는지 설명해 줄게. 그다음에는 신맛, 쓴맛, 단맛, 짠맛의 차이에 대해서 토론하는 걸로 마무리를 하자꾸나〉라고 하면 무슨 소용이 있을까? 우리는 이러지 않는다. 잘된 일이다. 우리에게는 기력 낭비, 시간 낭비가 될 테고 아이에게도 흥미를 반감시킬 뿐이니까. 우리는 그저 아이와 더불어 지냈고 아이의 환경 안에서의 적극적 경험에 동행했으며 어쩌다 필요한 경우에 한두 마디 설명만 보탰다. 아이는 물건을 던져 보고, 모래를 만져 보고, 맨발로 물에 들어가고, 풀밭이나 타일 바닥도 걸어 봤다. 우리는 아이와 함께 웃었다. 햇볕이 내리쬘 때 뜨거워지는 모래에 아이의 관심을 끌어당겼고, 아이가 공 잡기를 힘들어 하면 어떻게 잡고 던지는지 설명해 줬고, 생선 비린내를 잡으려고 탁자 한구석에 놓아 두었던 레몬 조각을 아이가 덥석 집어 먹으면 〈그거 엄청 시지 않니?〉라고 물어봐 주었다. 아이는 탐색도 하지만 주의 깊게 관찰도 할 것이다. 우리는 아이 앞에서 남 얘기를 할 때도 있을 것이고, 아이의 형제자매가 한 행동에 반응하기도 할 것이다. 아이는 그렇게 다양한 사회적 상황에서 우리의 행동 양식, 반응 양식을 받아들일 것이다.

아이가 주의 깊게 관찰하거나 탐색할 때마다 아이의 뇌는 재조직되고 새로운 시냅스가 만들어지거나 기존 시냅스가 퇴화된다. 이전에 습득한 지식들은 새로운 발견에 비추어 활성화된다. 아이는 거창하고 형식 갖춰진 설명을 필요로 하지 않는다. 아이는 〈살아야〉 하고 세상 속에서의 경험이 제공하는 충격들과 부단히 마주해야 한다.

나는 스페인에서 살 때 비(非)프랑스어권 아동들을 대상으로 프랑스어를 꽤 오랫동안 가르쳤다. 나는 규칙적으로, 그리고 열성적으로 이 아이들을 가르쳤지만 똑같은 비프랑스어권 가정이어도 스페인어는 모르고 프랑스어만 하는 오페어au pair와 한집에서 지내는 아이들이 따로 프랑스어 수업을 듣지 않아도 훨씬 더 프랑스어를 잘했다. 거창한 수업, 교사의 존재는 환경의 무시무시한 효과 앞에 명함도 못 내민다. 나는 이렇게 질문하는 이메일을 많이 받는다. 〈어린아이들에게 외국어를 어떻게 가르쳐야 할까요?〉 내 대답은 단순하다 못해 곧잘 당황스러울 정도다. 언어는 가르쳐서 될 일이 아니다. 아이의 뇌가 새로운 언어를 스스로 힘들이지 않고 분석하고 습득할 수 있는 몰입 조건을 만들어 주면 모를까. 아이에게 적절하면서도 어김없는 뒷받침을 보장하면서 말이다. 그게 전부다. 가소성이 뛰어난 아이의 지능은 그 언어의 암묵적 규칙을 파악하는 데 힘쓸 것이요, 머지않아 그 언어는 아이에게 더 이상 낯설지 않을 것이다.

인간의 자연스러운 학습 메커니즘, 생애 초기에 특히 유연하고 적응력이 뛰어난 이 메커니즘은 복잡다단한 세상을 힘든 기색 없이 포용하고 분석한다. 오늘날 세계 최고의 공학자들이 이러한 학습 메커니즘을 연구하고 있다. 그들은 이 메커니즘만큼 강력하고 자율적인 인공지능을 만들어 내겠다는 꿈을 꾸지만 아직 갈 길이 멀다.

2 학습의 자연 법칙: 뇌는 탁월한 배움꾼

오늘날의 신경 과학은 사람의 뇌가 어떻게 이토록 일찍부터 복잡한 기초를 빠르게 학습하는지 좀 더 잘 알게 되었다. 아이가 능동적 경험을 반복하는 동안, 아이의 가소적 지능은 방대한 양의 정보를 축적하고 코드화한다. 그리고 이 데이터들에서 개연성을 도출해 낸다. 그래서 아이는 완전히 무의식적으로 어떤 사회적, 언어적, 물리적 사건이 일어나거나 그렇지 않을 〈확률〉을 〈예측할〉 수 있다.

우리는 생후 4개월밖에 안 된 아기가 단지 몇 분 들은 외국어 문장들에서도 언어학적 통계와 확률을 도출하고 그 다음번 문장 청취에 적용할 수 있다는 것을 보았다. 앞에서 여러 실험 연구를 통해 살펴보았듯이, 아기는 자기 예측이 현실과 어긋나면 깜짝 놀라는 모습을 보인다. 아기는 이 같은 현실 세계에서의 괴리를 경험하면서 강력한 탐색의 의지를 보인다. 자기가 직접 그 사건을 재현해 보고 무엇을 놓쳤는지 확인함으로써 자신의 앎을 재조정하는 것이다.

아는 것과 알지 못하는 것의 괴리를 조정하려는 이 강력한 충동, 이게 바로 〈호기심〉이다. 따라서 이러한 태도는 절대로 몹쓸 흠이 아니다. 오히려 우리의 학습 메커니즘에서 아주 건설적인 기본 요소로 보아야 할 것이다. 호기심과 알고 싶다는 의욕에 불타는 아이는 위험을 무릅쓰거나 금지를 무시하는 일도 서슴지 않는다. 자기 안의 모델을 수정하고 외부 세계의 진실에 다가가는 것이 더 우선이기 때문이다. 이해와 자기개선은 아이가 〈해야 할 일〉이다. 그래서 연구자들이 중력 법칙 같은 기본적인 물리 법칙에 위배하는 현상들을 연출해 보였을 때, 아기들은 자기 생각대로 움직이지 않은 장난감 자동차나 공을 다짜고짜 잡고 보았다. 아기들은 세상 없이 진지한 얼굴로 그 사물들을 살펴보면서 도대체 어떻게 된 일인지 이해하려고 애썼다.

　아이가 새로운 사건을 이해하기 위해서 재현할 때 아이의 뇌는 바쁘게 재편되면서 자기가 아는 바와 확률론을 조정하기 시작한다. 이렇게 아이가 생생하고 현실적이고 역동적인 온갖 실험을 하는 동안, 뉴런 연결은 무서운 속도로 재편되면서 외부 세계의 진실을 최대한으로 파악한다. 우리에게는 늘 이 자율적인 학습 메커니즘이 있다. 우리 어른들도 늘 소소한 충격을 바탕으로 기존의 앎을 점검하고 때로는 인생이 선사하는 중대한 교훈을 얻는다. 그렇지만 아이들과 달리 어른들은 내면의 모델과 현실 사이의 모순이 관찰되는데도 그 모순을 감안하여 기존의 앎을 재고하지 않을 때가 많다. 참 안타까운 노릇이다. 이렇게 유연성이 모자란 탓에 우리 어른들은 종종 이데올로기에 매몰된다. 반면, 아이들은 독단적인 태도에 결코 오래 머무는 법이 없다. 유아 학습의 세계적인 전문가 앨리슨 고프닉은 이렇게 말한다. 〈아이들의 앎은 잠재적으로 언제나 재검토될 수 있는 태세에 있다.〉[12]

　아이들은 그저 세상에서 살아가고 세상과 부딪히면서 놀라운 속도로 배우고 지식을 좀 더 명확하게 다듬어 나간다. 매일 아침, 아이는 전날보다 더 많은 것을 아는 상태에 있다. 그리고 그날 하루 동안에도 아이의 앎은 야무지게 불어난다. 네 살배기는 두 살배기보다 아는 게 많고, 두 살배기는 갓 돌을 맞은 아기보다 아는 게 많다. 이제 아이들이 왜 그리 잠을 오래 자는지 이해가 가지 않는가! 아이들은 자주 피곤해하는 게 정상이다. 우리가 몰라서 그렇지, 우리가 아이들에게 말을 하거나 아이들이 그냥 우리 옆에서 노는 것처럼 보일 때에도 그들은 물리 법칙, 문법 규칙, 관계의 요령을 분석하고 도출하느라 바쁘다. 게다가 아이들이 이런 과정을 처리하는 속도와 효율성은 노벨 물리학상, 노벨 문학상 수상자들이 다함께 덤벼들어도 당해 낼 수 없을 정도다.

이 학습 메커니즘의 비범한 지능에 주목하자. 자연은 아이에게 상상할 수 있는 가장 강력한 방식의 배움을 마련해 주었다. 아이에게는 언제나 더 많이 알고 싶다는 의욕이 〈내재해〉 있다. 실제로 아이는 자기 예측이 어긋날 때마다 호기심을 느끼는데 이때 아이의 뇌에서는 도파민이 분비된다. 도파민은 쾌락과 보상 회로를 활성화하는 성분으로서 아이가 앎과 무지의 간극을 계속 좁히도록 부추기는 역할을 한다. 아니, 여기서 끝이 아니다. 도파민은 기억 회로도 활성화한다! 다시 말해, 뭔가를 알고 싶은데 아직은 알지 못한다고 느낄 때, 혹은 자신의 오류를 알아차릴 때 아이는 배움을 재미있어 할 뿐 아니라 배운 내용을 두뇌에 붙잡아 놓는 능력도 최적화된다. 그래서 아이가 관심, 호기심, 충동, 열광을 보인다 싶을 때 아이가 그 지적 탐색을 끝까지 밀고 나가도록 돕는 법을 배워야 한다. 아이는 의욕을 느끼고 자발적으로 탐색을 추진할 때 가장 확실하게 배운다. 신경 과학자들도 명쾌하게 단언한다. 호기심이 왕성할수록 기억력이 활발해지고 학습 성과도 높아진다고.[13]

우리는 젠빌리에서도 놀라운 점을 하나 발견할 수 있었다. 아이들은 자기 흥미에 맞게 스스로 선택한 활동에서 배운 것을 여름방학이

지난 후에도 잘 기억했다. 나아가 그런 지식이 〈강화된〉 모습까지 볼 수 있어서 얼마나 놀랐는지! 예를 들어, 2월 방학 직전에 〈내생적〉* 의욕에 힘입어 낱말 읽는 법을 조금 익혔던 — 요컨대, 자기가 배우고 싶다고 해서 배웠던 — 아이들은 방학을 마치고 돌아와서도 그 방법을 까먹기는커녕 훨씬 더 능숙하게 구사했다! 그들의 얇은 뿌리를 단단히 내렸을 뿐 아니라 그새 더욱 심화되었던 것이다.

능동적 경험으로 배운다

사람은 능동적 경험을 통해 이런저런 예측을 하면서 배운다. 지능은 주의와 관심을 기울일 때 추측과 현실 사이의 괴리에서 놀라움을 느낄 수 있다. 이때 뇌는 시냅스와 확률론 조정에 들어간다. 그런데 적극적으로 관심을 두거나 참여를 하지 않으면 애초에 예측이 나올 일도 없고 예측을 재조정할 일도 없다. 학습이 거의 이루어지지 않는다는 얘기다. 쥐를 미로 속에 풀어놓고 출구를 찾게 하는 실험이 있었다. 어떤 쥐는 작은 수레를 타고 출구까지 올바른 길을 통과할 기회가 있었다. 반면, 어떤 쥐는 미로 속을 헤매면서 스스로 시행착오를 겪을 기회가 있었다. 그 후, 이 쥐들을 다시 미로 속에 풀어놓았더니 수레를 타고 곧바로 정답 코스로 갔던 쥐들보다 실수를 경험했던 쥐들이 출구를 더 빨리 찾았다. 후자는 적극적으로 미로 속에서 어느 길이 맞을까 예측을 했기 때문에 효과적인 학습이 이루어진 반면, 전자는 그렇지 못했던 것이다.

여기서 으뜸가는 원리가 나온다. 배우려면 적극적으로 참여해야 한다. 자기가 틀렸다는 것을 바로바로 감지해야 앎을 바로잡을 수 있다.

* endogène. 외부의 기여 없이 구조 자체에서 발생했다는 뜻으로 쓴 말. 〈외생적exogène〉의 반대 개념이다.

그런 면에서 아이들이 어떤 활동에 자발적으로 참여하는 동안은 자기 실수를 즉각적으로 바로잡는다는 점에 주목하기 바란다. 아이는 어른에게 의존하지 않고 혼자서도 자기 예측을 정정한다. 그래서 이때는 학습이 아주 빠르다.

아무리 빼어난 교사나 달변가도 말의 힘에만 의존해서 직접적으로 지식을 제자들의 뇌에 전달할 수는 없을 것이다. 아이가 능동적으로 예측을 세우고 실수를 알아차리고 앎을 조정하고 더욱 정확성을 기하는 학습 메커니즘을 가동할 수 있어야 한다. 남들의 실수와 경험으로 배우려고 하면 어렵고 힘이 든다. 실수도 경험도 우리 것이라야 배움이 쉽다. 공자가 말하기를 〈경험은 촛불이요, 그 불빛은 촛불을 든 그 사람만을 밝혀 준다〉고 했다. 따라서 교육은 반드시 능동적이어야 한다. 사람은 뭔가를 직접 하면서 배우지, 듣기만 해서는 배울 수 없다. 아직도 이 주장이 의심스럽다 싶은 사람들에게 220건 이상의 연구를 다룬 메타 분석을 소개한다. 전통적 수업 방식과 학생의 자율과 능동적 참여를 장려하는 교수법을 비교한 이 메타 분석은 후자의 학습 효과가 월등히 높다는 것을 아주 명쾌하게 보여 주었다. 생물학, 화학, 심리학, 컴퓨터 공학, 지질학, 수학, 물리학, 공학 등 어느 과목을 조사해도 결과는 마찬가지였다.[14] 이론에서나 실제에서나 학습에 의욕과 능동적 참여가 중요하다는 사실은 현재 공인되었다.

그렇지만 곧바로 짚고 넘어가고 싶다. 아이의 자율 활동이 학습에서는 최선의 선택 사양이라는 연구가 있지만, 아이가 순전히 발견에만 의존해서 혼자 개념을 파악하는 교육법을 삼가야 한다는 연구도 분명히 있다. 리처드 마이어는 10여 건의 연구를 비교 조사하고[15] 어느 분야(컴퓨터 프로그래밍, 알파벳의 원리, 수학 등)를 지배하는 규칙을 아이 혼자 찾게 내버려 두면 아이가 너무 어려워하기 때문에 결국 효과적인 학습을 할 수 없다는 결론을 내렸다. 수십 년에 걸쳐 이루어진 이 연구들은 흥미로운 거리 두기를 제안한다. 사람은 자기가 직접 해보면서 배우게끔 소질을 타고났지만 그렇다고 해서 모든 도움을 물리치고 혼자서만 학습하게끔 태어난 것은 아니다. 이 점은 더없이 역설적이다. 아이는 타인의 도움을 받으면서 스스로 배워야 한다.

타자의 길잡이는 꼭 필요하다

인간 발달학은 학습에 필수불가결한 이 사회적 측면을 잘 규명해 주었다. 아이는 고성능 학습 소프트웨어를 장착했지만 그 소프트웨어를 작동시키려면 자기보다 앞서 있는 길잡이를 필요로 한다. 앞으로 발전하기 위해서 반드시 고려하거나 준수해야 할 기본 사항을 아이에게 알려 줄 누군가가 필요하다.

어른은 아이의 이러한 욕구에 부응하기에 적합한 듯 보인다. 어른은 아이가 태어나자마자 자연스럽게 교육적인 자세를 취한다. 자기도 모르게 가르치는 입장에 서고, 사실 그러지 않을 수가 없다. 일례로, 꼭 자기 자식이 아니어도 아기에게 말을 걸 때는 말투가 확 달라지지 않는가? 〈안녀어엉, 안녀엉, 아유, 귀여워라! 너 차아암 귀엽다!〉 갓난아기들은 〈아기에게 말 거는 법〉, 즉 본능적으로 바뀐 말투와 낱말의 반복 사용을 어른들끼리 말할 때의 화법보다 훨씬 좋아하는 것처럼 보인다. 연구자들은 이렇게 모음을 강조하는 말투가 아기가 모국어의 음조, 규칙, 울림을 더 잘 감지하는 데 도움이 된다고 생각한다. 심지어 아이들도 자기보다 어린 아기에게 말을 걸 때는 자연스럽게 말투가 바뀐다! 갓난아기만 빨리 배우는 소질을 타고난 게 아니라 타자들도 아기의 학습을 돕는 소질을 타고났다고나 할까. 우리는 곧잘 아기의 일거수일투족을 말로 설명하면서 자기도 모르게 세계를 조직화하고, 아이에게 행동 계획을 세워 주고, 아이의 언어를 다듬어 주는 방향으로 도움을 제공한다. 〈됐다! 그 정육면체를 집어서 다른 정육면체 위에 쌓는 거야. 아이고, 떨어졌다! 옳지! 그렇게 다시 주워서 올려놓으면 돼!〉

아기 쪽에서도 어른의 자연스러운 교육적 자세를 특히 주시한다는 연구 결과가 나와 있다. 아기는 어른이 자기에게 뭔가를 전달하려고 하는 상황을 금방 알아차리고 이때 아기의 주의력은 최적화된다. 아기는 배우는 자세로 들어가 어른이 전달하는 내용을 진지하게 받아들이고 신뢰한다. 어른이 아기와 눈을 마주치고 다정하게 말을 걸거나 주위의 사물을 손가락으로 콕 집어 가리키거나 하지 않으면 아기는 학습 기회를 완전히 놓칠 수도 있다. 아이에게 눈맞춤, 손가락으로 가리키기, 정다운 목소리는 이제부터 중요한 걸 가르쳐 줄 거야, 라는 이른바 〈공공연한 사회적 신호들〉이다. 이 신호들이 있어야 아기가 주의력을 집중하고, 유연한 학습 메커니즘이 정보를 받아들일 채비에 나선다.

반대로 아이가 이 신호들을 감지하지 못하면 주의력이 쏠리지도 않을 것이고 환경 속의 한 요소, 혹은 뚜렷한 변화를 무심히 흘려보낼 것이다. 어른과 아이가 이처럼 〈함께〉 주의력을 모으지 않는 상황에서는 학습이 — 가령, 어린아이의 언어 습득이라든가[16] — 거의 이루어지지 못한다고 현재 알려져 있다. 아이들은 어떤 낱말이 나올 때 어른이 그 낱말에 해당하는 사물을 손가락으로 가리키거나 그쪽으로 주의력을 끌어당겨 주지 않으면 새로운 낱말을 배우지 못한다. 안타깝게도 만화영화는 이런 이유로, 교육적이라고 인정받은 작품조차도, 아기들이 말을 배우는 데 도움이 안 된다. 만화영화 DVD에 진짜 어른을 한 명 끼워 팔면(그럴 리야 없겠지만) 모를까, 교육 효과는 전무하거나 아주 미미하다. 어린아이가 혼자 만화영화만 들여다보고 있어 봤자 교육적인 면에서 남는 것은 거의 없다.

아기들의 언어 습득을 전문으로 연구하는 신경 과학자 패트리샤 쿨의 연구는 특히 그런 면에서 인상적이었다. 기억을 떠올려 보자. 앞에서 우리는 생후 9개월부터 첫돌까지가 시냅스 가지치기의 〈결정적〉 시기라고 했다. 그래서 생후 9개월까지는 세상 모든 언어를 실제 소리 그대로 들을 수 있지만 첫돌을 맞은 아기는 자기가 자주 노출되었던 소리들밖에 못 알아듣는다고 했다. 아기의 뇌는 그만큼 특화된 것이다. 패트리샤 쿨과 그 연구진은 아기가 이 결정적 시기가 끝나기 전에, 즉 생후 12개월 이전에 모국어 아닌 언어에 규칙적으로 노출된다면 그 흔적을 유지할 수 있는지 알아보고자 했다. 그래서 영어를 쓰는 부모에게서 태어난 생후 9개월 아기들에게 규칙적으로 중국어를 들려주었다. 이 아기들은 25분씩 도합 12회에 걸쳐 중국어를 청취했다.[17]

이 실험이 정말 흥미로워진 것은 그다음부터다. 이 아기들은 세 집단으로 나뉘어 있었다. 한 집단은 진짜 중국인 어른이 가끔 책도 읽어 주고 중국어로 말을 걸기도 하면서 아기들과 상호작용을 했다. 두 번째 집단은 똑같은 어른이 똑같은 책을 읽어 주고 똑같은 말을 걸긴 했지만 아기들은 이 어른을 동영상으로 만났다. 세 번째 집단 아기들은 영상 없이 음성 파일만 들었다. 연구자들은 적어도 첫 번째 집단과 두 번째 집단은 12개월 후에 중국어의 소리를 인식할 수 있으리라 예상했다. 그러나 놀랍게도 결과는 예상을 벗어났다. 실제로 중국 사람과 상호작용이 있었던 아기들은 중국인 아기들에게도 뒤지지 않을 만큼 중국어의 소리를 잘 알아들었다. 그러나 두 번째 집단, 세 번째 집단 아기들은 그렇지 않았다. 소리만 들었거나 동영상을 보고 들었던 아기들은 학습 효과가 없었다. 아무리 잘 만든 비디오가 있어도 진짜 사람의 존재가 없으면 아기들에게는 남는 게 없다. 패트리샤 쿨은 『내셔널 지오그래픽』과의 인터뷰에서 이렇게 고백했다. 〈우리도 어안이 벙벙했어요. 그 실험으로 우리가 뇌를 바라보는 시각이 근본적으로 달라졌답니다.〉[18] 어른이 자연스럽게 취하는 교육적 자세, 손가락으로 가리키는 몸짓, 어른과 주의력을 함께 모으는 상황이 없으면 아이의 고도로 뛰어난 학습 메커니즘도 감각 정보로 〈뭔가를 만들어 내지 못하는〉 무용지물이다.

바로 이런 유의 실험을 근거로 신경 과학자들은 아이의 언어, 인지, 감성 발달이 〈사회적 수단〉으로 이루어진다고 말하는 것이다. 어른은 아이의 시선을 따라가 아이가 바라보는 사물을 손으로 가리키면서 이름을 가르쳐 줘야 한다. 아이는 사실상 어른의 이 즉각적 대답에서 말을 배운다. 게다가 아이가 받아들이는 정보의 양이 방대하기 때문에 어른이 뒷받침을 해줘야만, 요컨대 뭔가를 가리키거나 지그시 바라보거나 다정하게 말을 걸면서 주의력을 끌어 줘야만 아이는 이 정보를 서열화하고 가장 중요한 것에 집중할 수 있다. 아이의 주의력은 신호가 떨어져야 최적화되고 아이의 유연한 메커니즘이 학습에 들어갈 준비를 한다.

우리는 아이에게 뭔가를 보여 주고 싶을 때 본능적으로 아이와 〈주의력을 합치려고〉 애쓴다. 이 자연스러운 본능에 귀를 기울이는 것이 중요하다. 그리고 확실히 해두고 싶다. 학습에 필수불가결하고 결코 양보할 수 없는 이 사회적 뒷받침은 어른과 아이의 상호작용이 〈개인적일〉 때 더욱 효과적이다. 어른 한 사람이 아이 여럿을 상대하면서 모든 아이와 눈을 맞추고 적절한 뒷받침을 제공하기는 어렵다. 이제 정말로 우리의 교육 답안을 다시 들여다볼 때다. 인간의 지능이 온전히 실현되기 위해 필요로 하는 바로 그것, 즉 좀 더 개인에게 맞춰진 길잡이를 제공할 때가 왔다. 인간은 사회적 존재이고, 따라서 우리의 학습은 무엇보다도 사회적이다. 여기에는 의혹의 여지가 없다. 아이들은 생애 초기에 대단한 학습 능력을 지니지만, 그 능력은 아이들이 세상을 능동적으로 경험하는 동안 우리가 어떤 식으로 빛을 밝혀 주느냐에 좌우된다.

어른 입장에서는 지능 가소성이 뛰어난 시기의 아이들에게 스마트폰 앱이나 인터랙티브 DVD 형태의 ― 교육 〈효과〉 인증 마크나 〈몬테소리〉 라벨을 달고 나오는 ― 교육 게임을 통하여 어휘, 수학, 외국어 등에 대한 경험과 학습을 제공하고 싶은 마음이 들 수도 있다. 그런 사람들은 아주 어린 아이들에게는 동영상이나 게임이 학습 효과가 거의 없다는 사실을 알아 두기 바란다. 게다가 내가 보기에 그런 디지털 도구는 국민 건강 차원에서 두 가지 문제점을 야기한다.

첫째, 컴퓨터와 스마트폰은 아이들의 학습에 꼭 필요한 인간적 접촉의 기회를 빼앗는다. 화면 앞에서 보내는 시간은 낭비된 시간이다. 열의를 불러일으키는 인간관계를 통해 뭔가를 실질적으로 배울 시간을 그만큼 잃어버렸다고 보면 된다.

둘째, 컴퓨터와 스마트폰은 아이들의 질서에 대한 욕구를 존중하는 게 아니라 완전히 교란시킨다. 아이들이 눈을 동그랗게 뜨고 최면에 걸린 것처럼 푹 빠지니까 우리는 동영상이나 게임이 집중력을 하나로 모으고 잘 끌어당긴다고 생각하기 쉬운데 천만의 말씀이다. 아이들의 휘둥그레진 눈은 그들의 주의력이 학습에 적합한 양상이 아니라 〈경계〉 양상에 있음을 나타낸다. 뇌가 예사롭지 않은 이미지들의 홍수에 놀라서 여차하면 공격이나 방어 태세로 전환 가능한 주의력 상태에 들어간 것이다. 현실에서는 아이가 이 경계 체제를 몇 초 이상 유지할 일이 없다. 그런데 장시간 동영상을 시청하면 아이의 신경계는 피로를 느끼고 나중에 진짜 중요한 것을 배워야 할 때 집중력을 발휘할 수 없다. 아이가 어른의 교육적 자세에 관심을 기울이지 못하면 문제가 심각해진다. 아이가 어른과 주의력을 합치는 능력은 장차 아이의 언어 발달과 사회성 발달을 예측할 수 있는 중요한 지표다.[19]

따라서 텔레비전, 컴퓨터, 스마트폰 등의 화면은 악순환의 시발점이 될 수 있다. 얼마나 많은 교사와 언어 치료사들이 이런 현상을 보고 있을까? 아이가 그런 화면에 너무 일찍 노출될 때의 문제점들을 여기서 상세히 다루지는 않겠으나, 나도 내가 직접 겪은 얘기는 해야겠다. 우리는 실제로 그런 도구가 아이들의 능력 발휘를 저해한다는 사실을 확인했다. 텔레비전을 제일 자주 보는 아이들은 — 심지어 텔레비전을 보면서 잠드는 아이도 있다고 했다 — 학년을 시작한 지 며칠밖에 안 됐는데도 행동으로 표가 났다. 이 아이들은 어떤 수행 과제나 우리가 눈빛, 손가락, 목소리로 주의력을 모으려 하는 대상에 집중을 잘 하지 못했다. 그들의 주의력 체계는 몹시 불안정한 듯했다. 지나치게 들떠 있는 것 같기도 하고 축 처져 있는 것 같기도 하고, 종잡을 수가 없었다. 학부모들과 얘기를 나눠 보니 과연 내 감이 틀리지 않았다. 이 아이들은 하루 4시간 이상을 텔레비전, 스마트폰, 컴퓨터와 보내고 있었다. 유치원에서 6시간을 보내고 와서 매일 그러고 있다고 생각해 보라. 어떤 아이들은 돌도 되기 전에 만화영화를 봤다나. 이 아이들의 주의력, 언어, 운동, 사회성 체계는 그 때문에 자못 변질되었을 것이다.

부모들이 나쁜 마음으로 그랬던 것은 아니다. 아니, 그 반대였다. 그들은 교육 방송이나 유아 대상 프로그램은 적절한 교육적 도움이 될거라고, 특히 언어 능력을 키워 줄 거라고 생각했다. 실제로 일부 유아용 프로그램은 그러한 효과를 표방한다. 〈몬테소리〉 마크를 달고 나오는 일부 어플리케이션들은 애초에 유아용으로 개발되었다. 그러니 자식에게 각별히 신경을 쓰는 부모들조차 그런 것들이 교육적으로 훌륭한 선택이라고 생각할 만하지 않은가. 유아 학습을 전문으로 연구하는 인지심리학자 앨리슨 고프닉의 말을 들어 보자.

과학이 정말로 무슨 말을 하는지 알 때의 좋은 점은 일종의 회의주의를 보호책으로 쓸 수 있다는 것이다. 합리적 의심을 품은 사람이라면 아기를 더 영리하고 똑똑하게 만들어 준다는 모든 시도, 이를테면 가짜 교육용 게임, 모차르트 카세트테이프, 미래의 영재를 키운다는 기관 따위를 아주 수상쩍게 봐야 할 것이다. 우리가 아이에 대해서 아는 모든 것으로 미루어 보건대, 그런 식의 인위적 개입은 쓸모만 없으면 그나마 다행이고 더 나쁘게는 어른과 아이의 정상적인 상호작용을 방해할 것이다.[20]

이 문제에 대하여 국가가 아무 입장도 취하지 않는 것은 비난을 면치 못할 만큼 크나큰 손실이다. 현장에서 수많은 전문가들이 이 손실을 확인하고 있다. 아직 검증된 연구가 없어서 입장을 취할 수 없다는 변명도 통할 수 없다. 이미 세계적으로 수백 편의 연구들이 우리에게 경고하고 있기 때문이다.[21] 화면에 장시간 노출되면 아이의 주의력 체계가 완전히 헝클어진다는 사실은 다들 알고 있다. 게다가 매일 몇 시간씩 화면 앞에서 멍하니 보내는 시간은 어른과의 상호작용에 적극적으로 참여하고 자기 의욕에 맞게 능동적 활동을 하면서 또 다른 주의력 체계 — 소위 〈실행 능력〉 — 를 계발할 수도 있을 시간이다. 그래서 아이는 주의력을 흐트러뜨리는 디지털 도구에 노출될수록 현실에서 집중력을 발휘하기가 점점 더 어려워진다.

젠빌리에서도 아침 8시에 유치원에 오기 전에 30분쯤 만화영화를 본다는 아이가 있었다. 이 아이는 뚜렷한 피로의 표시들을 드러냈다. 아이는 유치원에 오자마자 학급 도서가 비치된 곳에 가서 자기보다 한두 살 많은 친구가 이야기책을 읽어 주는 동안 꾸벅꾸벅 졸든가, 아니면 지나치게 붕 떠서 한 가지 활동에 집중을 하지 못했다. 1분 이상 의자에 차분히 앉아 있지 못했던 어떤 아이도 기억난다. 이 경우도 아이의 온전한 주의력을 5초 이상 붙들어 놓기란 불가능했다. 주의력 결핍의 결과는 어김없이 나타난다. 학습이 거의 이루어지지 않는다는 결과 말이다. 우리는 2년 가까이 이모저모로 이 아이를 도우려 노력했다. 안나는 매일 제법 긴 시간을 할애하면서까지 흥미진진하면서도 충실하고 적확한 활동으로 이 아이의 주의를 끌려고 했다. 헛수고를 2년 하고 나서야 자명한 사실을 인정해야 했다. 아이의 주의력 체계가 여전히 하루 몇 시간씩 교란당하고 있는 상황에서 주의력을 복원하고 안정적인 태도를 심어 줄 도리는 없었다. 그 아이는 사랑스럽고 생기발랄했지만 하루 종일 다른 친구들에게 성가시게 굴거나 큰소리로 떠들었고 자제력이라고는 찾아볼 수가 없었다. 나는 몇 번이나 그 아이 부모님에게 우려를 표했고, 다만 몇 주 만이라도 텔레비전 시청을 제한해 달라고 부탁도 했다. 나의 부탁은 아무 소득이 없었다. 아이는 계속해서 하루에 꼬박꼬박 몇 시간은 텔레비전과 함께 보냈다.

2년 후, 내가 그 아이에게 해줄 수 있었던 최선은 최대한 간곡하면서도 친절한 어조로 그 아이 부모님께 두 분이 협력하지 않으면 교사인 나는 아무것도 할 수 없다고 고백한 것이었다. 다른 아이들은 모두 벌써 눈에 띄게 능력을 계발한 상태였고 하루하루 쉽고 재미있게 공부를 하고 있었다. 그때는 그 아이 부모님도 불안했는지 내 말을 새겨들었다. 「죄송합니다. 제가 할 수 있는 건 다 했어요. 지난 두 주 동안은 하루 6시간을 두 분 아드님만 붙잡고 있었을 정도예요. 어떻게든 한 가지 활동에 집중하는 자세를 길러 주려고 애써 보았습니다. 무슨 활동이든 아이의 흥미를 끌 수 있는 거라면 아이의 집중력 향상에 도움이 될 테니까요. 하지만 제 노력은 헛수고였다고 말씀드릴 수밖에 없네요. 우리가 함께 원인을 바로잡지 않는 이상, 증상만 고쳐 보겠다고 저 혼자 아등바등해도 소용없을 겁니다. 제가 두 분의 자녀를 맡아 잘 가르쳐 보려고 애쓴 지도 2년이 됐는데요, 두 분도 제가 할 수 있는 건 다 했다는 걸 아시리라 믿어요. 그런데 이렇게 2년을 보내 보니 아이가 계속해서 텔레비전에 과도하게 노출되는 이상 뭘 해도 소용없다는 확신이 생깁니다. 두 분의 아이는 단순히 시청 시간을 줄이는 정도로 안 될 겁니다. 아예 텔레비전을 못 보게 해야 한다고 생각해요.」

그 부모들은 사려 깊고 친절한 사람들로 이미 2년간 나를 보아 왔고 내가 얼마나 아이들에게 정성을 다하는지 잘 알고 있었다. 그래서 우리는 서로 신뢰하고 존중하는 사이였다. 부모들은 내가 개인적 판단 때문이 아니라 자기 자식을 잘 가르치고 싶어서 그런 말을 한다는 것을 알아주었다. 그제야 부모들은 내 부탁을 제대로 들어주었다. 나는 딱 석 달만 해보자고 했다. 부모들은 당장 그 주 주말에 텔레비전을 지하실로 치웠다. 하지만 우리도 텔레비전을 끊은 지 겨우 3주 만에 가시적인 성과가 나올 줄은 상상도 못했다. 그 아이는 조금씩 차분해졌고 집중력도 좋아져서 자기 또래 아이들처럼 글을 읽을 수 있게 되었다. 내가 알기로 그 집 텔레비전은 지하실에서 두 번 다시 올라오지 않았다.

아이가 자기를 둘러싼 세상에서 충분히 배우고 앎을 특화하려면 우리 어른들이 필요하다. 텔레비전 앞에 앉아서는, 혹은 자기 혼자 되는 대로 환경을 무분별하게 탐색하기만 해서는 배우지 못한다. 세상을 배우는 아이를 돕기에 가장 적합한 어른의 태도는 그렇게 복잡하거나 까다롭지 않다. 우리의 자연스러운 성향을 좇기만 하면 되는데 스트레스, 스마트폰, 우리 사회의 조급증 때문에 우리는 자칫 그 성향을 잊곤 한다. 아이와 함께 지낼 때 그냥 느긋하게 시간을 들이고 아이의 놀라움, 아이의 물음에 함께 잠시 멈춰 서 있어 주기만 하면 된다. 예쁜 꽃 한 송이, 나비 한 마리, 어떤 친구의 태도, 음식의 맛 하나하나가 아이에게는 놀랍고 궁금한 것이다. 아이가 물어보면 간단하지만 성의 있게 답해 주고, 아이가 자기 생각을 표현할 여지도 주자. 우리가 관계에 온전히 임하고 늘 대화에 열려 있다면 아이의 지능 계발에 이 세상 최고의 교육적·기술적 지원 — 친절하고 개인적인 뒷받침 — 을 하는 셈이다. 어른은 아이의 주의력이 쏠리는 방향을 결정하는 데 굉장히 중요한 역할을 하기 때문에 학습 시스템에서도 핵심 요소로 간주된다. 어른과 아이가 똑같이 본능적으로 자연스레 취하는 학습 자세를 연구한 과학자들은 이 현상을 〈자연 교육법natural pedagogy〉[22]이라고 일컬었다. 나는 특히 이 용어를 부각시키는 것이 좋다고 본다.

아이와 어른의 주의력 공유는 지식 전달의 자연스러운 경로처럼 보인다. 이 경로를 통하여 아이는 주위 세상에 대한 중요한 지식을 빠르게 습득한다. 우리의 젠빌리에 실험도 아이와 어른의 이 자연스러운 자세를 최대한 존중했다. 특히 우리는 아이의 활동을 보조할 때 완전히 개인적으로 다가가려고 애썼다. 각 활동, 교실 환경에서 중요한 각 요소는 반드시 한 명 한 명에게 설명해 주거나 두세 명으로 구성된 모둠 단위로 설명했다. 그래야 교사가 아이 한 사람 한 사람에게 제대로 주의력을 기울일 수 있고, 아이의 관심과 욕구에 적절하고 다정하게 반응할 수 있기 때문이다. 환경과 개인적 관계 맺기가 가능했던 이유는 교사가 한 아이에게 신경을 쓰는 동안 다른 아이들이 자율적으로 활동을 했기 때문이다. 우리 반 아이들은 그날그날 제시된 활동들 중에서 마음에 드는 것을 자유롭게 골라서 혼자, 혹은 두세 명 친구들과 자기가 하고 싶은 만큼 했다.

따라서 어른의 뒷받침은 반드시 필요하다. 하지만 주의하자. 어른의 뒷받침이 너무 노골적이면 아이의 자발적 탐색을 저해한다는 연구 결과도 있다. 제 힘으로 발견할 것이 남아 있지 않으면 아이는 의욕을 잃을 것이요, 따라서 적극적으로 활동에 임하지도 않을 것이다. 그러므로 그때그때 필요에 따라서, 아이의 자율성을 침해하지 않는 한에서 길잡이 노릇을 하는 것이 중요하다. 어른이 열쇠는 줄지언정 문은 아이가 직접 열어야 한다. 읽기 학습을 예로 들어 보겠다. 어른은 어떤 글자가 어떤 소리가 나는지 정도만 가르쳐 주면 된다. 아이가 스스로 문자를 탐색하고 해독하게 내버려 두자. 가령, 아이는 친구들과 함께 문자들의 특정 배열이 어떤 낱말을 의미하는지를 놀이하듯 알아낼 수 있다. 글을 이런 식으로 배우는 방법은 〈파닉스〉*를 먼저 배우고 그 후 교과서에서 의미 없는 음절들의 배열을 고도의 구조화된 학습을 통해 해

* Phonics. 소리와 철자를 통해 언어를 이해하는 학습법 — 옮긴이주.

독하는 방법보다 백 배 천 배 효과적이다. 후자의 학습 방법에는 아이의 적극적 탐색, 열의, 발견이 끼어들 여지가 없기 때문이다.

그러므로 아이의 학습을 효율적으로 보조하기 원하는 어른은 균형을 잘 잡아야 한다. 아이를 돕되, 너무 나서면 아이의 열의를 망칠 위험이 있다. 이 균형 잡힌 자세는 시행착오를 통해서만 얻을 수 있다. 이번에는 내가 지나치게 간섭했구나, 이번에는 내가 충분히 도와주지 못했구나, 라는 그때그때의 깨달음으로 균형을 찾아야 한다. 어른은 이렇게 경험적이고 점진적인 방식으로 자신의 실제 행동을 아이의 현실에 맞게 다듬어 간다. 정말로 아이와 함께하기 시작한 어른은 자기 자신도 너그럽게 바라보고 스스로에게 실수를 허락해야 한다. 오직 실수만이 그의 실제 행동을 아이에게 적합한 방향으로 조율해 주기 때문이다. 어른이나 아이나 기본적으로는 이 실수 아닌 〈실수〉를 함부로 판단하지 않는 주위 사람들이 필요하다. 우리는 〈실수〉라고 하면 부정적으로만 생각하는데 이 실수 아닌 실수야말로 지식과 전문성으로 나아가는 유일한 문이다. 진정한 지식은 수많은 실수를 토대 삼아 우뚝 솟아오른다. 배운다는 것은 실수하는 일, 자신의 잘못된 예측을 인지하고 수정하는 일이다. 현실과 계속 부딪히고 깨져야만 발전이 있다. 실수하지 않는 생명체는 아무것도 배우지 못한다. 그 생명체는 언제나 똑같은 지적 수준에 정체되어 있을 것이다.

연령 다양성은 꼭 필요하다

연령이 서로 다른 아이들이 어울릴 때에도 이 자연스러운 교육적 자세가 나오는 것으로 밝혀졌다. 아이들은 저마다의 세상 탐색에서 중요하게 참작해야 할 요소를 서로 가르쳐 주면서 서로 이끌어 준다. 아이들끼리는 경험과 지식을 서로 비슷한 눈높이에서 자연스럽고 점진적인 방식으로 교환한다. 그렇게 서로 가르쳐 주면서 자기도 모르게 학습의 자세로 자연스럽게 이동하는 것이다. 연구자들은 특히 형제자매 사이에서 이러한 현상이 두드러진다는 사실을 발견했다.[23] 손위 형제는 어떤 주제를 형식에 얽매이지 않고 가르치고 동생은 이 가르침을 매우 진지하고 주의 깊게 받아들여 효과적으로 제 것으로 만든다. 형제가 여럿인 집안이나 여러 연령이 함께 지내는 교실에서 아이들은 자율적으로 행동하면서 하루 종일 피차 이 비공식적인 가르침의 수혜를 입고 아주 특별한 열성으로 앎을 흡수한다.

유치원 과정 3년의 모든 연령대를 모아 놓은 젠빌리에 교실에서 우리 눈으로 그 점을 확인했다. 학습에 필요한 뒷받침이 확대되었고, 아이들이 형이나 누나와 상호작용을 하다 보니 자기 실수를 깨달을 기회도 훨씬 더 많았다. 교사가 아무리 애를 쓴다 해도 다수의 아이들에게 개인화된 뒷받침과 정보의 상호성을 제공하려면 한계가 있다. 다연령 학급은 아이에게 언제라도 허물없이 객관적으로 실수를 깨닫게 해주는 교사 스무 명이 더 생기는 효과가 있다. 아이들은 서로의 잘못된 부분을 바로잡아 주면서 놀랄 만큼 빠르게 배웠다. 교사가 한 번도 가르친 적 없는 지식을 아이가 제법 알고 있어서 깜짝 놀라는 일이 하루가 멀다 하고 있었다. 오히려 내가 아이들의 학습 진도를 따라가기 힘들 때도 있었다. 요컨대, 완전히 뒤집힌 상황이었다. 나는 아이들에게 공부하라고 등을 떠밀기는커녕 종종 아이들을 따라잡기도 벅차서 내 쪽에서 집중력을 발휘해야 했다! 어른이 이렇게 이쪽 극단에서 반대쪽 극단으로 입장이 바뀌면 무척 당황스럽다. 그렇지만 이 전격적 변화는 행복했다. 우리는 아이들의 약동하는 생명력을 목격한 증인이다. 그 생명력에 떠밀리면서 얼마나 신이 났는지 모른다. 아이들은 원래 자기보다 한두 살 많은 아이들에게 곧잘 매료된다. 이 마력이 그들에게 날개를 달아 준다. 큰형을 우러러보는 동생처럼, 그들은 형, 누나가 가르쳐 주는 거라면 뭐든지 열심히 배웠다. 고작 한두 살 더 많은 아이들은 동생들을 자극하되 좌절시키지는 않는 방식으로 — 비고츠키가 근접 발달 영역Zone of Proximal Development이라고 불렀던 것과 흡사하게* — 가르침을 주었다. 이 점이 아이들의 의욕 고취에 크게 작용했다.

　나이가 많은 아이든, 적은 아이든 자기 지식을 동무들과 나누면서 확고하게 다진 것은 분명하다. 남에게 자연스레 뭔가를 가르치면 그 지식과 연관된 뉴런 회로가 재활성화되기 때문에 지식은 더욱 공고해진다. 따라서 다연령 학급은 동생뻘 아이들에게만 이로운 게 아니다. 큰 아이들도 동생들을 가르치면서 자기가 어떤 부분을 잘 설명하지 못하는지 알아차렸고 명쾌하게 단계적으로 알려 주는 법, 유연하고 인내심 있는 태도, 상대에 대한 감정이입을 배운다. 앎을 공고히 하고 정확성을 기하다 보면 자기실현과 학업 성공에 꼭 필요한 능력들도 길러진다. 자기통제력, 기억력, 계획성, 인지 유연성이 그러한 능력들이다.** 어디 그뿐인가. 타자의 욕구에 부응하면서 감정을 이입하는 법도 배울 수 있다. 게다가 아이들은 곤란에 빠진 친구를 도울 때면 유독 머리가 기발하게 잘 돌아가는지, 그때그때 경우에 맞게 창의적인 해결책을 생각해 내곤 한다.

　아이들은 자기가 가르치기 좋아하는 활동에 한해서는 전문가도 되고 교육자도 된다. 그들은 예민하면서도 친절하고, 유연하면서도 참을

---

* 아동의 근접 발달 영역 안에 위치하는 학습은 아동이 혼자 성취할 수 없고 약간의 도움을 계기로 성취 가능한 학습이다.
** 다른 말로 〈실행〉 능력이라고 한다. 실행 능력에 대해서는 3장에서 자세히 다룬다.

성 많고 창의적인 자세를 보여 준다. 사람은 자신의 진정한 사회적 본성과 조우할 수만 있다면, 답답한 수직적 압박에서 풀려날 수만 있다면 심중에서 우러나는 찬탄과 존경을 얻는다.

아이들이 자연스레 취하는 교육적 자세가 다연령 학급의 필요성을 주장하는 유일한 기준은 아니다. 다연령 학급은 어린아이들이 자기보다 큰 아이들의 행동, 자기에 비해 약간 더 발달한 능력(특히 언어 능력)을 본보기로 삼을 수 있다는 이점도 있다. 신속하고 자연스러우며 무의식적인 이 침투가 전통적인 동일 연령 학급에서는 일어날 수 없다. 일단 봐도, 자기보다 딱히 더 자율적이지도, 더 능숙하게 언어를 구사하지도 않는 또래 집단과의 접촉에서 더 나은 자율성과 언어 수준을 〈흡수할〉 리가 없지 않나. 자연이 너무 위험하거나 너무 한계가 많다고 판단한 것을 인간의 제도는 무식하게 밀어붙인다. 현 교육 제도는 교사라는 한 인간에게 너무 많은 것을 맡긴다. 좀 과장하자면, 유치원 아이가 〈흡수하는〉 것은 주로 교사라는 한 개인에게 달려 있다. 한창 자양분을 차고 넘치게 받아들여야 할 아이의 뇌를 봐서도 용납할 수 없는 일이고, 어른의 건강에도 위태로운 조처다. 교사는 혼자서 경험에 굶주린 아이들을 스무 명 넘게 감당하느라 진이 빠진다.

어른에게는 소모적이고 아이에게는 별 영양가가 없는 이 에너지의 수직적 흐름을 뒤집어 보자. 아이들의 자율성을 향상시켜 에너지가 수평적으로 흐르게 하자. 이렇게 하면 어른과 아이가 모두 해방된다. 아이들은 동갑인 친구들하고만 부딪힐 때보다 훨씬 더 풍부한 사회적 관계의 톱니바퀴를 자연스레 코드화하고 이해할 것이다. 젠빌리에 우리 반에서도 사회 지능의 놀라운 발달을 볼 수 있었다. 아이들은 서로 돕고 소통하는 법을 배웠다. 형이나 누나의 다양한 정신적 과정들이나 사회적 습득에 자연스레 젖어 들었고, 그 덕분에 또 다른 친구들의 욕구에 정서적으로나 사회적으로 적절하면서도 세련되게 반응할 수 있었다. 학부모들에게 그런 얘기를 얼마나 많이 들었는지 모른다. 아이들이 사람을 겁내지 않는다고, 붙임성이 좋지만 예의도 바르다고, 친구를 적절한 방법으로 도울 줄 알고 때로는 곤경에 빠진 어른도 그냥 지나치지 않는다고 말이다. 따라서 〈다연령〉 학급은 〈학교에서의 학습〉을 촉진하는 데 그치지 않고 감성 지능과 사회 지능 발달의 촉매 역할까지 한다. 아이에게 주로 동갑인 친구들만 접하며 살라는 강요는 인지적으로 상당한 박탈일 뿐만 아니라, 사회적·정서적으로도 만만찮은 박탈인 셈이다. 젠빌리에의 우리 반에서는 만 3~5세 아이들이 하루 종일 함께 어울려 지냈다. 우리는 그 이상까지 가지는 못했지만 우리 실험의 연장이라는 기본 얼개 안에서는 더 다양한 연령대를 한 반으로 묶을 것이다.

우리는 사회적 다양성이 결속력과 안정감을 더해 준다는 점에도 주목했다. 가장 어린 아이들은 손위 아이들을 듬직하게 여기고 꽤 열성적으로 따랐다. 유치원에 처음 오는 만 3세 아이들은 학년 초에 엄마 아빠와 떨어지지 않으려고 울곤 한다. 하지만 우리 반의 경우는, 신입생들도 교실에 들어오자마자 형들이나 언니들이 벌써 뭔가를 하고 있거나 재미있게 서로 노는 모습을 보고 호기심이 발동해서 언제 슬펐냐는 듯 돌변했다. 신입생들은 형님들이 하는 일 구경에 푹 빠졌다. 우리는 특별한 기대 없이 아이들이 구경하고 싶은 만큼 구경하게 내버려 두었다. 그 아이들은 꼭 무슨 활동을 해야 할 의무도 없었고 우리가 임의로 정한 시간표를 따를 필요도 없었다. 그들은 그렇게 자기보다 나이 많은 같은 반 친구들을 관찰하면서 천천히 이 새로운 환경에 적응했다.

아이들끼리의 이 훈훈함은 무엇으로도 대신할 수 없다. 아이들은 이 분위기에서 기분 좋은 안정감을 느꼈기 때문에 자신 있게 탐색에 나서고 학습에 뛰어들 수 있었다. 나이가 같은 아이들만 모아 놓았다면 안정감과 자연스럽게 서로 밀어 주고 끌어 주는 태도가 그렇게 쉽게, 그렇게 확실하게 나오지 않았을 것이다. 나부터도 우리 반에서 일어나는 일에 감동할 때가 많았다. 특히 아이들이 자발적으로 서로 돕는 모습을 보여 줄 때가 그랬다. 단순히 아이들이 너그럽고 애정 넘치는 행동을 해서가 아니라 남을 위하는 참을성 있고 착한 행동이 — 일부러 유도한 것도 아닌데 — 너무 당연하고 자연스러워서 감동했다. 우리는 아이들의 자연스러운 경향이 〈드러날 수 있는〉 조건만 만들어 주려고 했다. 그리고 그 첫 번째 조건은 나이가 각기 다른 아이들이 함께 성장하고 발전해야 한다는, 단지 이것뿐이었다. 두 번째 조건은 안나와 내가 먼저 아이들이 무의식적으로 본받을 만한 친사회적 행동을 보여야 한다는 것이었다. 우리는 항상 차분하고 참을성 있게 행동하려고 최선을 다했다. 이해심 있게 굴고, 남이 하는 말을 잘 듣고, 도울 수 있는 부분은 친절하게 도왔다. 아이들에게만 그렇게 한 게 아니라 우리 교사들끼리도 그렇게 했다. 그렇지만 뭔가가 필요하다 싶을 때는 우리만큼 단호하고 고집스러운 사람들이 없었다. 인간의 지능을 혼돈과 무질서로 바로 세울 수 없음은 너무나 명백하니까.

그 외에는 늘 차분하고 상대 입장을 헤아리는 태도를 취함으로써 아이들에게 사회적으로 바람직한 태도를 길러 주려고 노력했다. 앞에서 말했듯이 아이들은 뇌의 가소성이 뛰어나서 교사의 일상적인 태도와 행동을 머릿속에 남긴다. 그러니만큼 우리는 우리 자신의 행동과 반응을 아주 엄격하고 깐깐하게 따지지 않을 수 없었다. 우리는 아이가 감정을 주체하지 못하고 말할 때에도 절대 재촉하는 기색 없이 충분히 시간을 들여 귀를 기울였다. 아이가 자기를 이해시킬 수 있게끔 말하도록 도와주었고, 함부로 판단하지 않고 가장 적절한 답을 주려고 애썼다. 친구와 싸웠거나 감정이 많이 상한 아이들을 대할 때에는 그 감정들의 이름을 하나하나 찾아 주는 방법으로 조금 거리를 둘 수 있게 도와주었다. 주요한 감정들이 확인된 후에는 아이에게 그런 감정들을 유발한 친구에게 직접 가서 말로 표현해 보라고 했다. 친구에게 감정을 말로 표현하는 방법에는 크게 두 가지 이점이 있다. 공격을 당한 아이는 말로 풀면서 마음을 가라앉힐 수 있고, 공격한 아이는 감정이입 능력이 계발된다. 감정이입 능력이 충분히 계발되면 누가 입장 바꿔 생각해 보라고 말하지 않아도 자기 행동이 친구에게 미친 결과에 생각이 미친다. 또한 차분하게 감정을 표현함으로써 자기감정을 친구가 알게 하는 이상 이 아이들은 ─ 비록 대판 싸웠을지라도 ─ 서로 연결되어 있었다. 우리는 항상 아이들의 인간관계가 풀어지기보다는 좀 더 탄탄해지게끔 일했다. 사실, 처음 몇 주 동안은 아이의 성향에 따라 불화 속에서도 이 감정이입의 유대를 이어 나간다는 것이 무척 힘들었다. 그러나 시간과 신뢰와 규칙성이 그런 문제를 해결해 주었다.

친구를 괴롭히거나 귀찮게 한 아이들에게 중요한 것은 〈미안하다고 말하기〉가 아니라 상대의 감정에 귀 기울이기다. 그러면 〈미안해〉는 자연스럽게, 더없이 진실한 울림으로 따라 나온다. 어떤 아이들은 자기가 친구를 속상하게 했다는 것을 깨닫고는 당장 닭똥 같은 눈물을 흘렸다. 이 아이들은 어른이나 다른 친구들에게 심판당한다고 느끼지 않았다. 그래서 딱히 자기방어적인 입장이 아니었기 때문에 상대의 감정을 받아들이기가 더 쉬웠다. 아이들의 유연한 메커니즘이 지닌 위력을 굳게 믿는 나조차도 갈등을 겪은 아이들이 금세 너무나도 자연스럽게 상대의 마음을 헤아리고 입장을 바꾸는 모습을 볼 때면 놀랍기도 했고 감동받기도 했다. 실험이 시작되고 불과 며칠 만에 어떤 아이들이 위로가 필요한 친구에게 다가가 ─ 자기가 나이가 더 많은 것도 아닌데 ─ 가끔씩 우리 교사들이 했던 말, 우리 교사들의 태도를 그대로 본떠서 열심히 달래 주었을 때, 그 모습을 보는 우리 마음이 얼마나 벅찼던지! 제일 어린 아이가 자기보다 나이 많은 아이를 달래 주는 모습도 볼 수 있었다. 얼마나 소중한 광경인지! 얼마나 큰 기쁨인지! 아이들 사이에 오가는 호의와 정, 나의 실험에서 내가 가장 귀히 마음에 품은 이미지다. 정이 우러나는 모습은 보는 이에게 감동을 주고 인류에 대한 믿음을 새삼 굳건히 다져 준다.

나는 이 특별한 실험을 해보고 다음 단계에서는 아이들이 실생활에서처럼 자기보다 한참 나이가 많은 어른들의 경험과 가르침은 물론, 아주 어린 아기의 모습까지 접할 수 있는 환경을 만들어 보고 싶었다. 함께 살아가게끔 태어난 우리 인간들이 분리되지 않고 〈다시금〉 모여 사는 실제 삶의 공간을 궁극적으로는 재건해 보고 싶었다.

다연령 학급은 교육에서 선택이 아니라 필수가 되어야 할 것이다. 유치원이 아니면 만 3세 아이들 20명, 30명을 한꺼번에 모아 놓고 그 애들이 다 같이 사이좋게 뭔가를 배우기를 바랄 일은 없다. 이건 아니다. 아이들에게는 자기보다 나이 많은 사람의 존재도, 반대로 자기보다 나이가 적은 사람도 필요하다. 아이에게 같은 해 태어난 친구들하고만 집단생활을 하라고 하는 것은 심각한 인지적·정서적 절식(絶食)이다.

인간은 서로 나이가 다른 사람들과 어울려 가며 배우게끔 타고났다.

아이들이 규정이나 절차에 얽매이지 않고 자기들끼리 뭔가를 알려 주고 배우면서 느끼는 즐거움이나 평온함은 과연 이것이 자연의 순리로구나 싶을 정도다. 이때 교실은 건전한 대항 의식, 자유, 집단적 해방의 장이 된다.

내생적 동기 부여 •

능동적 참여, 타자의 뒷받침, 다연령 학급은 어린아이의 학습에 기본적인 3대 특징이다. 하지만 분명히 말해 두겠는데, 이걸로 다는 아니다. 내가 여러분에게 뜨개질을 가르친다면 여러분이 직접 뜨개질을 해야 할 것이다. 이 경우, 내가 몇 가지 기본만 가르쳐 주면 여러분이 배운 것을 바탕으로 실제로 뜨개질을 하면서 나의 뒷받침을 그때그때 받을 수 있겠다. 하지만 여러분이 뜨개질에 전혀 흥미가 없다면 직접 뜨개바늘을 잡고 나의 도움을 받는다 해도 솜씨가 그리 늘지 않을 것이다. 실제로 우리의 기억력은 개인적 호기심이 없으면 잘 활성화되지 않는다. 그러므로 우리가 참여하는 활동에 관심이 있어야 기억력도 잘 돌아가고 마음에서 충동이 일어나야 멀리까지 얼른 갈 수 있다.

나는 학교 공부에 아무 흥미를 느끼지 못하다가 결국 일찌감치 학업을 그만둔 어른들을 많이 보았다. 그들의 경우는 정보가 뉴런 네트워크에 자리를 잡지 못한 것이다. 그들은 자기가 바보 같고 공부와는 담 쌓았다고 생각했다. 하지만 개중 몇몇은 뒤늦게 어떤 주제에 열성적으로 달려들었고, 그제야 자신은 학습 능력이 남에게 뒤지지 않을 뿐만 아니라 잠깐 사이에 엄청나게 많은 것을 머리에 담을 수 있음을 깨닫고 놀라워했다.

• 유기체에서 비롯된, 자발적 충동과도 흡사한 의욕의 고취를 뜻한다.

나는 동기 부여가 〈내생적〉이어야만, 즉 본인에게서 비롯해야만 실제로 효과가 있다는 말을 해두고 싶다. 이런 유의 동기 부여는 우리의 소관이고, 우리를 받쳐 주고, 우리의 중심을 잡아 주며, 우리에게 열의를 불어넣는다. 내생적 동기 부여가 되어 있는 사람은 똑같은 활동을 시간 가는 줄 모르고 수십 번, 수백 번 되풀이할 수 있다.

사실, 다른 유형의 동기 부여, 즉 외부에서 오는 〈외생적〉 동기가 있을 수 있다. 뭔가 보상을 받고 싶어서 열심히 공부를 하는 경우가 여기에 해당한다. 어떤 과목에 흥미가 가서 파고들 수도 있지만 좋은 성적을 받으면 새 운동화를 상으로 받기 때문에 공부를 열심히 할 수도 있다. 이렇게 외적 동기가 부여된다면 아이가 엄밀히 말해서는 공부에 의욕이 없어도 좋은 성적을 거둘지 모른다. 그러나 이런 식으로 획득한 지식은 새 운동화를 곱게 싼 포장지처럼 금세 기억에서 버려질 것이다.

아이가 자기 마음에 드는 활동을 자유롭게 선택하면 수학, 역사, 지리처럼 〈아카데믹〉하거나 〈학교 교육과 관련된〉 지식은 다루지 않을 거라고 생각들을 하는데, 결코 그렇지 않다. 교양도 구체적이고 생생한 방식으로 소개되기만 하면 아이들이 대단한 흥미를 보였다. 아이들의 정신은 교양을 통합적이고 현실적인 모양새로 받아들인다. 젠빌리에 실험도 그 예를 보여 준다. 유치원 아이들에게 자기가 하고 싶은 활동을 마음대로 고르게 했더니 읽기, 수학, 지리, 기하학, 음악 활동도 흔히 인기 있는 자유 활동인 그림 그리기나 색칠하기 못지않게 인기를 끌었다. 왜 그럴까? 이 교양 활동들이 모두 구체적이고 통합적이며 아이들의 구미를 당길 법하게 제시되었기 때문이다. 이 활동들 중 일부는 이 책 2장에서 본격적으로 다루어 보겠다. 물론 어떤 아이들은 유독 어느 한 분야에만 매달렸다. 우리 반에서도 몇몇은 유치원에 도착해서부터 집에 갈 때까지 책만 읽었고, 또 다른 몇몇은 꽤 복잡한 대륙 맞추기 퍼즐을 하면서 나라 이름을 외우느라 하루를 보냈다(아프리카 대륙에 속한 나라들의 이름을 전부 외우고 정확한 위치까지 아는 아이들도 있었다). 그림 그리기, 종이접기, 식물 이름 외우기, 토론하고 생각하기에 유난히 오랜 시간을 할애하는 아이들도 있었다. 핵심은 그렇게 각자 어떤 과목의 기본을 익히면서 자기 내면에서 우러난 흥미를 북돋우고 잘 키울 자유를 누리는 것이다. 이 상태에서 아이들은 다양한 사람, 다양한 수준을 문제 삼지 않으면서도 자기만의 고유한 개인성, 독자적인 인격을 계발할 수 있다. 저마다 자기 본연의 모습으로 산다. 잘하는 것, 못하는 것은 저마다 각기 다르다. 이 같은 환경 속에서 다양성은 완전히 당연하고 정상적인 것으로 느껴진다. 환경 자체에 다양성이 있는 그대로 존재하기 때문이다.

실수의 중요성

실수는 필수 코스, 되풀이해야만 하는 것, 현실과의 당연하고도 꼭 필요한 충돌이다. 실수를 겪어 봐야 우리의 지식과 예측을 바로잡고 정확성을 기할 수 있다. 연구자들도 공식적으로 천명한다. 〈개인은 어떤 사건이 자기 예측을 침범할 때에만 학습을 한다.〉[24] 따라서 실수는 학습에 절대적으로 필요한 구성 요소다. 그런데 실수가 무조건 〈잘못〉으로 치부될 때가 너무 많고, 우리는 가급적 실수를 피하려고만 한다. 이러한 회피는 학습 과정을 심히 저해한다. 더욱이 흔히 유치원에서부터 실수를 용납하지 않고 제재를 가한다. 벌점을 주거나 하지는 않지만 부정적인 판단이나 평가가 그러한 제재 역할을 하는 것이다. 실수를 긍정적으로 평가하는 것도 실수에 적합하지 않은 위상을 부여하기 때문에 바람직하지 않다. 실수는 중립적이어야 한다. 아무 판단 도 필요하지 않은, 그저 예측을 재조정해야 한다고 알려 주는 정보일 뿐이다. 실수하지 않는 아이를 다른 아이들보다 더 예뻐하고 다정하게 대해서는 안 된다. 그런 아이는 현재 상태에 지루해하고 자기를 남들과 비교하느라 에너지를 낭비할 위험이 있으므로 지금 하는 활동보다 좀 더 어려운 다른 활동으로 빨리 이동할 필요가 있다. 우리는 실수에 으레 제재를 가하고 실수하지 않는 아이를 칭찬함으로써 학습의 과정 자체를 — 모든 아이들에게 — 차단하고 있다.

　전통적인 교육 시스템은 인간의 학습을 저해하는 바로 그것을 되레 부추기는 경향이 있다. 학교는 아이들이 동기 부여가 안 되어 있는 활동을 일방적으로 시키고, 정작 아이들이 그 활동에 열심히 참여하면 그들의 불가피한 실수를 다짜고짜 판단한다. 판단을 당하면 위험을 무릅쓰려는 정신은 마비되고 이때 차단당하는 것은 더도 덜도 아닌, 자연스러운 학습 메커니즘 그 자체다. 권태, 좌절, 자기 비하, 나아가 분노까지 이어지는 악순환이 시작된다. 그런데 우리가 양질의 풍요로운 환경을 마련해 주고, 세심하게 선택한 다양한 활동을 제공하며(어른은 미처 생각지 못했지만 아이의 흥미에 맞는 새로운 활동을 아이가 제시할 수도 있어야 한다), 아이의 실수를 〈정보 제공에 초점을 맞추어 중립적으로 지적〉한다면 어떨까. 아이들은 자신의 관심을 이끄는 활동을 선택할 뿐만 아니라, 자기 실수를 〈나쁘게〉 생각하지 않고도 스스로 깨달아 바로잡을 수 있다. 또한 완벽에 도달하고 싶은 욕구가 충족될 때까지 몇 번이고 연습할 수 있다. 게다가 이 자발적 반복은 학습의 강화와 자동화를 돕는다. 이러한 틀 안에서라면 아이가 많은 것을 신속하고 확실하게 배울 것이다.

현실 세계의 풍부함

뇌는 세계 안에서의 생생하고 역동적인 경험을 자양분 삼아 성장한다. 이 때문에 아이를 다채로운 〈현실〉 세계로부터 격리한다면 큰 손실을 입을 확률이 높다. 척박하고 판에 박힌 환경, 즉 새로운 활동의 여지가 별로 없고 사회적 상호작용과 자연스러운 신체 활동과 흡사한 운동을 거의 제공하지 않는 환경이 얼마나 지능 계발에 해로운지 보여 주는 연구들이 많이 나와 있다. 그러한 환경은 뇌의 가소성을 봉쇄한다. 어린아이뿐만 아니라 어른에 대해서도 마찬가지다. 반면에 〈자연 환경〉과 흡사한 환경, 다시 말해 다양한 사회적 상호작용, 정상적 신체 활동, 다채로운 인지적 외력(外力)이 있는 환경은 뇌의 가소성을 활발히 하고 우리의 학습 능력을 되돌려 준다.[25]

그러므로 아이를 위하여 혁신적이거나 자극이 과다한 환경을 조성해 봤자 소용없다. 그저 아이가 세상과 동떨어지지 않게, 세상의 현실과 풍부함을 모르고 살지 않게만 하면 된다. 아이에게 〈자연스럽고 생생하며 역동적인〉 환경을 제공하는 것이 중요하다. 그 안에서 아이는 자기 소양대로 살아간다. 일상적 활동에 참여하며, 다양한 연령대의 사람들과 대화를 나누고, 다채로운 상호작용을 한다. 밖에 나가 뛰놀고 주위의 자연을 관찰하면서 매일매일의 신체 활동 욕구가 개인적 흥미를 만족시킨다. 아이에게 신체 활동이 필요하다고 교육적으로 마련된 체육이나 무용 수업에 보낼 필요는 없다. 그냥 자유롭게 나가서 놀고, 나무도 타고, 그루터기에 올라가 보기도 하고, 야트막한 언덕이나 돌무더기를 오르면 되는 거다. 아이들이 수시로 밖에 나가 놀기만 해도 운동 능력이 향상된다는 점은 이미 입증되었다. 특히 신체 균형 감각, 협응력, 민첩성이 발달한다. 또한 밖에서 많이 노는 아이들은 자기

능력치에 걸맞게 위험을 무릅쓸 줄 안다.[26]

기발한 장치들을 고안하려고 하지 말자. 삶이 곧 어린아이가 자기를 실현하는 곳이 되게 하는 것으로 만족하자. 우리 아이들이 찾는 것은 혁신적인 교수법이 아니라 〈이미 존재하는 있는 그대로의 세상〉이다. 아이들은 밖에 나가서 뛰놀고, 식물도 키워 보고, 동물도 돌보면서 자기네들의 환경 보존에 참여해야 한다. 우리 이전의 인류가 습득한 지식과 교양을 아이들은 수업식이 아니라 구체적으로 살아 움직이는 방식으로 배우고 싶어 한다. 말하기, 수 헤아리기, 읽기, 쓰기, 지리의 발견, 우주의 신비, 음악, 수학적 기호 체계, 생물, 역사, 공룡 등등을 그렇게 배우기 원한다. 우리가 아이들이 쉽게 이해하는 조건 안에서 그런 현실을 제시하려는 수고만 기울인다면 아이들이 얼마나 순순히 장난감을 내팽개치고 학습에 달려드는지 우리 눈으로 보고도 믿기지 않을 것이다. 장난감은 곧잘 진짜 중요한 과제를 망각하게 만든다. 아이들의 진짜 과제란 그들이 태어나 살아가는 〈실제〉 세계를 연구하고 이해하여 그 세계의 전문가가 되는 것이다.

그런데 교육 실무진들의 헌신적인 노력에도 불구하고 지금의 학교는 여전히 세상의 다양성, 역동성, 풍부함과 심하게 괴리되어 있다. 교사들은 종종 상당한 자기희생을 불사하면서까지 다채롭고 새로운 활동을 제안하려고 애쓴다. 하지만 이 말을 꼭 해야겠다. 교사가 아무리 노력을 해도 자연 환경에 숨겨진 활동들만큼 유익한 활동들을 제안하기는 어렵다. 자연 환경은 아이가 자유롭게 행동하면서 세상을 발견하는 〈참〉 환경이기 때문이다. 전통적인 교육적 활동이나 근사한 사진 자료는 결코 실제 삶의 질감, 복잡다단함, 위대함까지 전달할 수 없을 것이다. 살아 움직이는 이 복잡한 세상을 학습하게끔 타고난 아이들의 뇌가 인위적 활동과 자료에는 쉽게 지친다.

우리가 수립한 제도적 환경은 아이들의 비범하고 유연한 지능을 쫄쫄 굶긴다. 아이들 입장에서는 배를 곯지 않는 것만도 감지덕지이기 때문에 차차 닥치는 대로 먹는 습관이 든다. 그러면 어른들은 또 짜증을 낸다. 〈애들이 뭐든지 나서고 봐요.〉 〈애들이 말이 너무 많아요.〉 〈하여간 엄마가 등만 돌렸다 하면 구시렁대든가 말썽을 부리지!〉 우리는 이렇게 불평하지 않는가. 하지 말라는 일을 굳이 해보는 아이들은 생명력이 남다르다. 만족하지 못한 이 아이들의 지능은 체념하지 않고 무슨 수를 써서라도 만족을 얻으려 든다. 필요하다면 〈우리〉 어른의 뜻을 거슬러서라도 말이다. 어른이 하지 말라고 한 일을 하면 벌을 받기 십상이지만 위반으로 얻는 것은 그와 비교할 수 없을 만큼 크다. 아이들이 버릇이 없어서 어른 말을 무시하는 게 아니다. 그런 아이들의 태도를 생명력의 표현과 저항으로 보아야 한다.

우리 집 바로 앞에도 초등학교가 있다. 길가에서 바라보면 운동장밖에 눈에 들어오지 않는다. 칙칙한 회색 콘크리트 건물에는 좁고 네모진 창들이 나란히 나 있다. 운동장에 덩그러니 서 있는 나무 두 그루가 이 삭막한 공간에 조금이나마 생기를 더해 줄 무거운 책임을 지고 있다. 안전 정책이랍시고 교내의 수목을 다 밀어 버렸기 때문이다. 이 광경에서 찾아볼 수 있는 색감은 건물 정면에서 나부끼는 프랑스 국기뿐이다. 저 훌륭한 이념들이 회색 건물 아래서 이렇게 음산하게 보였던 적은 일찍이 없었을 것 같다. 자유, 평등, 박애…… 엄격성. 이렇게 생긴 학교 앞을 지나칠 때마다 나도 모르게 한숨이 나온다. 한창 발달할 시기의 아이들을 어쩌자고 저렇게 무미건조한 환경에 몰아넣을 수 있담? 어느 날 오후, 나만 그런 생각을 하는 게 아니라는 것을 알고 놀랐다. 교육 기관의 외관 자체가 자아실현의 장소처럼 보이지는 않는다는 생각 말이다. 오후 6시쯤이었나? 집으로 돌아가는 길에 그 학교 앞을 지나가게 되었다. 두 살 반이나 될까 말까 한 어린아이가 아빠와 함께 내 옆을 지나가다가 학교 건물을 보고 눈살을 찌푸리더니 이렇게 말했다. 「아빠, 저거 뭐예요? 감옥이에요?」 「아니야, 저곳은 학교란다.」

모든 학교가 그 학교만큼 삭막하게 생기지는 않아서 천만다행이지만 솔직히 정 떨어지게 생긴 학교가 이미 많아도 너무 많다.

나는 최근에 불우한 환경에 있는 청소년들을 열심히 가르쳐 보고 싶어 하는 사람에게 이메일을 받았다. 이 사람이 알려 준 바에 따르면, 교육부 협력 단체인 모 비영리 단체가 2016년 신학기를 맞아 〈2년간 크레테이 학교 재단에서 우선교육네트워크Réseau d'éducation prioritaire 중학교 기간제 교사로 자원할 모범적인 그랑제콜 학위 소지자 25명〉을 선발하기로 했단다. 구체적인 내용을 인용하자면 이렇다.

몇 년 전에 시앙스포(Sciences Po, 국립정치학교)에서 학위를 받은 저는 프랑스어 과목 교사로 지원을 했습니다. 여러 가지 동기가 있습니다만, 학교에서의 불평등을 근본부터 이해하고 싶었고 프랑스 학교 시스템이 어떻게 돌아가는지 분석하고 이미지 중심의 교수법을 실험해 보고 싶었기 때문입니다.

그의 이메일은 이미지 중심의 교수법에 대한 내 견해를 구하는 것으로 마무리되었다. 나는 이렇게 답장을 보냈다.

내가 지나치게 솔직한 감이 있더라도 양해 바랍니다. 어쨌든 내 생각은 이렇습니다. 귀하는 자기가 원하는 만큼 이미지를 활용할 수도 있을 겁니다. 하지만 그 아이들이 자기 능력을 계발하고 잘 배우기 위해 필요로 하는 것은 사랑, 자유, 유대, 의미입니다. 그 아이들에게 이미지가 부족해서 문제는 아닌 거죠. 우리는 상상할 수 있고 실제로 가능한 온갖 구조적·교육적 개혁을 추진할 수도 있을 겁니다. 시청각 교육 설비를 왕창 마련한다든가, 지구상에서 가장 멋진 학교 건물을 지을 수도 있을 겁니다. 그러나 우리가 아이들과 현실 세계 사이의 간극을 메우려는 노력을 하지 않는 한, 그 간극은 계속 넓어질 거예요. 저 자신도 그런 낙후 지역에서 성장했고, 저 또한 그런 청소년들 중의 하나였습니다. 우리를 위한답시고 급조한 교육 조치들일수록 유독 실망스러웠고, 솔직히 말해 진짜 짜증났습니다.

나는 어떤 효과적인 이미지, 인물, 고심해서 작성한 글, 나아가 수천 대의 컴퓨터로도 현실 세계와 개인적 경험을 대신할 수 없다고 굳게 믿는다. 2015년 9월에 발표된 피사 보고서도 이렇게 말한다. 〈교육 분야에서 TIC*에 엄청난 투자를 한 국가들은 문장 이해, 수학, 과학 분야에서 실질적인 학력 신장 효과를 전혀 보지 못했다.〉 인정하자. 해법은 시스템 개선이 아니라 시스템의 전면적인 재구성에 있다. 바뀌어야 할 것은 교육 환경 전체다. 어린아이든 청소년이든 사람은 원래 현실 세계의 온기, 역동성, 복합성 속에서 〈살면서〉 배우게끔 타고난 존재다.

자연과의 관계 회복
아이들을 현실 세계와 다시 연결한다는 것은 자연과 다시 연결하는 것

* Technologies de l'information et de la communication. 인터넷, 컴퓨터, 태블릿 PC 등의 정보 커뮤니케이션 기술.

이기도 한다. 우리 아이들은 실내에서 보내는 시간이 너무 많다. 풍요로운 자연과 격리된 채 화면에 시선을 고정하고 보내는 시간이 많다 보니, 수천 개 브랜드 로고 중 하나는 귀신같이 알아보면서 자기 지역에서 자라는 식물 이름은 열 개도 모르는 아이들이 널리고 널렸다.[27] 우리 아이들을 그들이 속한 자연과 이어 주자. 자연이 없으면 그들은 살아갈 수가 없다. 어릴 때 우리 지구의 중요한 법칙들을 직관적이고 감각적으로 이해하면서 자라야 일단 어른이 된 후에도 지구의 천연자원을 존중하고 지속 가능한 방법으로 활용하면서 살 수 있다.

예를 하나만 들어 보자면, 나는 아이들이 흙의 힘과 가능성에 기대어 식물을 차츰 제 손으로 키워 보는 것이 중요하다고 본다. 만 7세쯤 되면 무, 감자, 토마토 따위를 길러서 수확하고 손질해서 먹을 줄도 알아야 할 것이다. 학교 운동장에 식물과 생명을 다시 도입하는 것부터 시작해야 한다. 과일이 열리는 나무, 채소, 허브, 흙, 꽃, 물, 자연광, 동물이 있는 학교가 되어야 한다. 아이들에게 커다란 정원이나 텃밭을 내어 주자. 아이들이 오만 가지 곤충과 생명체를 관찰할 수 있고, 나무에서 과일을 수확할 수도 있고, 채소를 기르거나 동물을 기르며 함께 지낼 수 있도록.

우리 아이들은 대부분 계절과 절기도 학교에서 외국어 배우듯 배운다. 맥락이고 뭐고 없이 배운다는 뜻이다. 아이들도 추위, 더위, 습기 같은 특정 요소들은 감지하지만 그런 요소들의 깊이, 섬세한 차이, 특징적인 냄새와 소리는 모르고 넘어간다. 그러니 사시사철의 성질을 파악하기 힘들어 하는 것도 당연하다. 아이들은 계절을 부분적으로만 경험하고 있으니까. 내가 사정을 잘 알아서 하는 얘기다. 나 또한 초등학교 이후로는 계절이 갈마드는 리듬과 표식을 도시민으로서의 경험 말고 다른 방식으로 감지하게 되었다. 그전에는 나도 여느 도시 아이들처럼 가을 하면 새 학년 스트레스 정도밖에 떠오르지 않았다. 겨울 하면 크리스마스와 산타클로스, 봄 하면 드디어 겉옷을 벗고 운동장에서 뛰어놀 수 있다는 생각, 여름 하면 더위와 자유였다. 계절이 자연에 드러내는 표시들 — 꽃, 과일, 나뭇잎 — 을 우리는 알 수가 없었다. 우리가 직접 보고 느끼지 못했기 때문이다. 근사한 사진이나 영상은 아무 효과가 없었다. 나는 계절의 색채를 뒤늦게야 발견했다. 8년간 영어를 근사한 사진과 영상 자료로 배웠어도 잘 몰랐던 영어권 문화의 깊이와 뉘앙스를 영국에서 고작 한 달 살아 보고 어렴풋하게나마 이해했듯이 말이다. 인간의 뇌는 자기가 살아 보지 않은 것을 잘 이해하지 못하게끔 생겨 먹었다. 어떻게 설명을 하고 어떤 이미지를 제시해도 자연이 제공하는 생생하고 위대한 감각적 수업은 대신할 수 없다.

젠빌리에 유치원도 대부분의 유치원이나 학교와 마찬가지로 운동장 바닥은 풀 한 포기 자라지 않는 삭막한 콘크리트였다. 하얀 벽은 오래되어 페인트칠이 다 갈라졌다. 공화국 삼색기가 휘날리는 건물 정면은 매연에 찌들어 칙칙한 색을 띠고 있었다. 그래서 유치원 아이들이 공해 없는 상쾌한 자연을 일상적으로 접할 방법이 없었다. 에둘러 말하지 않겠다. 그것이 우리 실험의 가장 큰 한계였다. 우리는 얼마나 그 점에서 미흡한지, 그 점이 보완되면 아이들이 얼마나 더 좋아지고 얼마나 더 새롭게 변할지 느끼고 있었다. 현재 수많은 연구들이 자연과의 접촉은 정신을 차분하게 안정시키고 활력을 불어넣어 주며 사회 및 환경 스트레스에 산성화된 신체를 알칼리화한다고 보고한다. 또한 운동 능력과 인지 능력을 발달시키고 기분을 안정시키며 부정적 감정을 조절하고 창의성 발달에까지 긍정적 영향을 준다고 한다.[28] 젠빌리에 유치원 아이들은 이 자연과의 육체적인 접촉, 이 이로운 접촉을 분명 충분히 누리지 못했다. 텃밭을 직접 건사할 기회도 없었고, 가을에 땅바닥에 쌓이는 낙엽을 매일매일 볼 일도 없었다. 봄에 꽃이 만발한 나무 아래서 향기를 느끼지도 못했고, 여름날 무성한 가장귀를 일상적으로 관찰하지도 못했다. 흙이나 수풀에 자리 잡은 다양한 곤충들을 관찰할 기회가 있었다면 교실에서 함께 이야기해 보았을 텐데 그러지 못했다. 그렇지만 우리는 아이들이 곤충을 보거나 잡을 때 얼마나 탄성을 지르고 신나 하는지 잘 안다! 그러한 기쁨은 이제 막 뭔가를 발견한 인간 지능이 폭발적으로 드러내는 만족감이다. 아이의 지능은 세상과 맞닿아 있기를 갈구한다. 우리가 세상을 이야기하는 것만으로는 안 되고, 자기가 직접 세상을 살고 탐색하면서 구체화해야 한다.

내가 이 글을 쓰는 지금, 비가 그친 지 얼마 안 됐다. 날씨는 무덥지만 하루 종일 비가 퍼부었다. 운 좋게도 주위에 수풀이 무성하다 보니 아까 밖에 나가서 근사한 풍광을 감상할 수 있었다. 물기 어린 초록빛 숲이 다시 햇살을 머금고 있었다. 나무 냄새, 흙냄새가 짙고 순수했다. 달팽이들이 사방에 기어 나와 있었다. 젠빌리에 유치원에서 3년을 보내는 동안 비 오는 날은 축축한 바닥, 흠뻑 젖은 운동장 벤치의 불쾌한 기억밖에 없었다. 비가 휩쓸고 간 자리에서 풍기는 이 향긋하고 기분 좋은 느낌, 이 순간의 아름다움과 밀도를 어떻게 내가 그 아이들에게 느끼게 할 수 있었겠는가?

우리는 교실 안에 약간의 자연이나마 마련하려고 할 수 있는 대로 노력했다. 교실에 초록 식물 화분을 들였다. 키 큰 식물 화분, 조그마한 식물 화분 등이 있어서 아이들은 직접 누렇게 마른 잎을 잘라 주거나, 흙을 뒤적거려 주거나, 물을 줄 수 있었다. 학부모들도 집에서 키우는 식물을 유치원에 보내어 교실을 꾸밀 수 있게 도와주었다. 물론, 자연을 충분히 누릴 환경은 못 되었지만 그게 중요하진 않았다. 우리 반에서 자연과의 접촉은 매우 제한되어 있었지만 화분 가꾸기도 아이들에게는 중요한 한 걸음이었다.

풍부하되 너무 번잡하지는 않은 환경

환경의 〈풍부함〉이라는 개념은 절대로 뭔가 넘치는 환경을 뜻하지 않는다. 특히 아이를 둘러싼 환경의 풍부함은 환경이 제공하는 활동이 양적으로 많은 게 아니라 〈질적으로〉 충실하다는 의미로 이해해야 한다. 아이가 받는 자극이 너무 적어도 해롭지만 과도한 자극도 똑같이 해롭기 때문이다. 지나친 자극은 아이의 정보 뉴런에 부담을 주고 상당한 스트레스를 유발한다. 그러니까 알록달록하고 수시로 정신 사납게 삑삑 울리고 서로 다른 질감이 너무 많이 짜깁기된 장난감들은 〈퇴출〉시키자.[29] 텔레비전과 태블릿 PC, 이미지들이 속사포처럼 쏟아져 나오는 만화영화와도 작별하자. 아이가 동영상을 볼 때 눈을 동그랗게 뜨고 심장이 빨리 뛴다면 동영상을 시청한다기보다는 겁에 질린 것과 비슷한 상태에 있는 것이다. 나중에 이 아이가 소리를 지르거나 무엇에도 만족할 줄 모른다 해도 놀랄 것 없다. 이 아이는 뇌가 과도한 자극에 길들여져서 어느 하나에 주의력을 집중시키기가 무척 힘들 것이다.

최근에 피츠버그의 카네기멜론 대학교에서 〈좋은 것이 과해서 나쁘게 될 때〉[30]라는 연구를 내놓았다. 예를 들어 교실이 지나치게 잘 꾸며져 있어도 어린아이들은 쉬이 산만해져서 인지 능력에 그 직접적 영향이 나타난다고 이 연구는 말한다. 아이들은 시각적으로 과도하게 자극을 받으면 집중력에 문제가 생겨서 학교 공부를 잘 하려야 잘 할 수 없다. 반면, 교실 벽에 장식이 별로 없으면 아이들이 덜 산만해지고 학교에서 하는 활동에 더 많은 시간을 쏟기 때문에 학습 효과도 좋다고 한다. 지나친 장식과 아무 장식도 없는 삭막함 사이에서 아이들의 집중력에 도움이 될 만한 균형을 찾는 것은 우리의 몫이다.

나는 젠빌리에서 공간 구성에 대한 생각으로 많은 시간을 보냈다. 나는 단순하고 정갈한 공간을 원했다. 꼭 필요하지 않은 것은 다 치우고 내가 중요하다고 생각하는 것을 부각시켰다. 벽에도 정말 도움이 될 만한 자료만 붙였다. 지리 코너에 세계지도 한 장, 길쭉한 숫자표(그 아래에 숫자를 어디까지 셀 수 있는지에 따라 아이들 사진을 여기 붙였다 저기 붙였다 할 수 있게 되어 있었다), 개인 그림판 위의 (수시로 바꾸는) 사진, 투박한 형태의 알파벳 스물여섯 자 도표, 그리고 벽에 철끈을 딱 하나만 달아서 아이들이 교실에 걸고 싶어 하는 자기 그림을 걸게 했다.

킴 존 페인은 『단순함의 양육』에서 우리 아이들은 할 일이 너무 많고, 선택의 여지도 너무 많고, 받아들이는 정보도 너무 많고, 삶을 너무 정신없이 보내고 있다고 지적한다.[31] 이 모든 요소들이 아이의 주의력 체계를 망가뜨리는 데 일조할 것이다. 그래서 저자는 주의력 결핍 과잉 행동 장애(ADHD)가 있는 아이들의 환경을 바꾸어 그들의 실제 생활을 단순화하는 실험을 해보았다. 장난감을 줄이고, 과외 활동도 줄이고, 텔레비전이나 스마트폰을 덜 쓰게 했다. 자유롭게 뛰어노는 시간은 늘리고 어른이 인솔하는 활동은 줄였다. 자연을 접하는 시간, 혼자서 멍하니 공상에 잠기는 시간은 늘렸다. 넉 달 만에 이 아이들의 68퍼센트는 주의력 결핍 장애가 사라졌다. 한편, 인지적 태도나 학교에서의 수업 태도는 37퍼센트 향상되었다. ADHD 치료제라는 리탈린으로는 이런 긍정적 성과를 거둘 수 없다. 약물은 아이들을 진정시키는 데에만 목적이 있다. 그런데도 미국에서 아동 8명 중 1명꼴로 이 약물을 복용하고 있다는 사실을 우리는 알아야 한다.

결국은 시간, 자유, 현실 세계와의 연결, 나아가 자기 자신과 다시 연결될 수 있는 가능성을 우리 아이들에게 돌려주는 것이 중요하다. 아이들의 생활을 좀 더 단순화하라. 활동을 이것저것 너무 많이 시키지 말고 질적으로 더 낫고 풍부한 생활을 영위하게 하라.

아무것도 안 하고 느긋하게 공상만 하는 시간

아무것도 안 하는 시간을 가질 때, 가령 먼 곳을 멍하니 응시하거나 햇살 아래 드러누워 있을 때에도 우리 뇌는 신경 과학자들이 〈디폴트 모드〉라고 부르는 양태로 활동을 한다.[32] 이 디폴트 모드는 과거의 경험을 재생하고 분석하고 기본 개념들을 도출한다. 휴가를 즐기거나 샤워를 하다가 문득 기발한 아이디어가 떠오르곤 하는 것도 아마 이 때문일 것이다. 집중이 필요한 수행 과제에서 해방된 뇌가 드디어 그동안 받아들인 정보를 정리할 짬이 난다고나 할까. 그러므로 이 휴식 시간은 — 화면 따위는 들여다보지 않는 — 수면 시간과 마찬가지로 대단히 생산적인 시간이자 뇌의 원활한 활동에 꼭 필요한 시간이다. 아이들이 부담 없이 뭔가를 관찰하거나 관조하거나 푹 쉬는 시간을 존중하는 것은 여러모로 이롭다.

우리 교실에는 가볍고 예쁜 버들가지 의자가 하나 있었다. 우리는 그 의자를 선명한 노란색으로 칠하고 쿠션까지 비치해 안락함을 더했다. 아이들은 언제라도 자유롭게 그 의자에 앉아 〈아무것도 안 하고〉 멍 때리거나 다른 친구들을 구경할 수 있었다. 어떤 아이들이 학급 도서 책꽂이 옆에서 쿠션으로 머리를 받치고 쉬기도 했다. 그 밖에도 딱히 하는 일 없이 친구들을 지켜보는 아이들이 더러 있었다. 우리 반 아이들은 남에게 보이기 위해 뭘 해야 할 필요가 없었다. 아이들이 하루에도 몇 번씩 〈아무것도 안 하고〉 싶어 할지라도 우리는 가급적 그 욕구까지 존중해 주려고 했다.

수면의 중요성

우리는 앞에서 아이의 뇌가 세상에 태어난 바로 그해부터 경험을 바탕으로 엄청나게 많은 시냅스를 만든다고 했다. 또한 그와 함께 시냅스 가지치기도 활발하게 일어나 가장 자주 활성화되는 시냅스들이 강화된다는 것도 알았다. 인간은 이 가지치기에 힘입어 학습하고 앎을 특화한다. 오늘날의 연구는 아주 중요한 정보를 하나 더 알려 주었다. 이러한 뇌의 재조직은 주로 우리가 잠자는 동안 이루어진다고 한다. 실제로 낮 동안에는 아이의 시냅스 밀도가 상당히 높아졌다가 하룻밤 잠자고 난 뒤에는 다시 줄어드는 현상이 관찰되었다. 아이가 수면을 취하는 동안 뇌가 선별과 정리 작업을 하기 때문이다. 아기나 어린아이가 뭔가를 배우고 나서 수면욕을 충분히 채운 후 깨어나면 새로 배운 것이 더 확실하게 남는 현상을 보여 준 연구들도 있었다. 반대로 뭔가를 배우고 나서 잠을 충분히 자지 못한 경우(더 자야 하는데 깨웠거나 수면의 질이 낮아서 아이가 깨어난 후에도 피곤하다는 표시를 낼 때), 재조직 단계가 제대로 수행되지 못해 앎이 충분히 강화되지 못한다.[33] 이런저런 연구에 따르면, 피로의 징후를 보이지 않고 평소 낮잠을 자지 않는 아이들은 새로운 정보를 잘 기억하기 위해 굳이 잠을 잘 필요가 없다. 그러나 피곤한 기색이 역력한 아이, 졸려 하는 아이는 반드시 재워야 한다. 아이의 뇌가 하루 동안 받아들인 새로운 정보를 선별해서 입력하고 강화할 시간을 요청한다고 생각하면 되겠다.

잠은 학습 메커니즘에 내재하는 핵심 요소다. 아이는 어른보다 훨씬 더 많은 시냅스를 만들기 때문에 어른보다 자주, 어른보다 길게 수면을 취해야 정신없이 초고속으로 받아들인 정보를 선별하고 정리할 수 있다. 이 때문에 어린아이들, 특히 아기들은 수면 시간이 압도적으로 많다. 아이가 〈꾸벅꾸벅〉 졸기 시작한다면 이제 더 이상은 머리통에 뭘 집어넣을 수가 없으니 머릿속을 정리해서 빈자리를 만들겠다는 뜻이다. 생생하고 역동적인 자극으로 꽉 찬 하루를 보내고 나면 우리 아이들은 금세 곯아떨어진다. 잠을, 그리고 아이들 한 사람 한 사람의 〈수면 시간〉을 절대적으로 존중해야 한다. 수면과 휴식은 결코 지나칠 수 없는 뇌의 성숙 국면에 해당하기 때문이다.

젠빌리에 유치원에서 우리가 철두철미하게 따랐던 원칙이 하나 있다. 〈피곤한〉 아이는 반드시 쉬게 한다는 것이었다. 아이의 연령이나 하루 중 시간대는 상관없었다. 아침 8시 20분에 유치원에 도착한 아이가 아직도 눈이 반쯤 감겨 있으면 — 겨울에는 이 시각도 저녁처럼 어둑어둑하다 — 이미 교실이 아이들로 분주해도 한쪽 구석에 매트를 깔고 조금 자라고 했다. 낮잠 시간에도 잠을 자기 원하는 아이는 누구나 — 낮잠이 권장되는 만 3세보다 더 큰 아이들도 — 잘 수 있었다. 수면욕은 그만큼 절대적으로 존중해 줘야 한다.

주의력 결핍이나 학습 장애로 고생하던 아이들이 그저 수면의 질을 개선한 것만으로도 다른 아이들과 비슷한 학습 수준에 도달했다는 연구를 주목할 가치가 있겠다.[34] 잠자리에 일찍 들고 잠자기 직전에는 텔레비전을 보지 않는다는(아이의 신경계를 활성화하여 깊은 수면을 방해하기 때문에) 단순한 건강 수칙으로 아이의 집중력 문제를 해결하고 학습 능력도 신장할 수 있다.

아이는 자기에게 의미 있는 것을 남긴다

하지만 기억해 두자. 양질의 수면을 취하더라도 뇌는 자기가 강화할 것을 일단 걸러 낸다. 뇌는 자기에게 의미가 없는 것은 제쳐 놓는다. 한 연구에 따르면, 아이가 멜로디에 주의를 기울일 수 없는 상태로 건반 치는 법을 배울 때 아이의 뇌는 손가락 운동 시퀀스를 기억하지 못한다. 멜로디를 모르니까 건반을 두드리는 일이 쓸데없고 임의적이며 무의미하게 다가오는 것이다. 반면, 아이가 건반을 칠 때마다 어떤 음이 나오고 그 결과 어떤 멜로디가 되는지 주의를 기울이면 이 손놀림을 기억할 수 있다.

이 중요한 사실을 우리 어른들은 이미 맞았지만 한 번 더 맞아야 하는 예방 주사처럼 받아들여야 하지 않을까 싶다. 뭘 배우고 뭘 들었는지 잘 기억도 못 하는 아이들이 한 반에 수두룩하다면 먼저 우리의 가르침을 전면적으로 재고해 봐야 한다. 우리의 가르침이 아이들에게 정말 의미가 있나? 솔직하게 인정하자. 우리는 학습 내용을 잘게 쪼개다 보니 큰 그림, 의미, 깊이, 그리고 아이들의 관심사를 놓치기 일쑤다. 아이의 개인적 차이라고 치부하지 말자. 사람은 자기에게 의미 있게 와닿는 것만 기억하게 마련인데 어쩌란 말인가.

알파벳 학습만 봐도 그렇다. 나는 아이들이 문자의 이름은 잘 기억하지 못해도 소리는 얼마나 금방 기억하는지 내 눈으로 수차례 보았다. 왜 그럴까? 소리는 짧고 쉬운 낱말에 바로 적용해서 그 낱말을 (뜻은 몰라도) 읽는 법으로 연결된다. 반면, 각 문자의 명칭은 자의적·문화적 용어일 뿐 아이들에게 의미가 없고 읽기와 연결되지도 않는다. 알파벳 부호의 명칭을 알면 단지 자의적인 부호를 명명할 수 있게 될 뿐, 아이가 문자를 더 잘 이해하게 되지는 않는다. 나는 유치원에서 만 5세 아이들이 알파벳 스물여섯 자의 정확한 명칭을 잘 알지 못하는 경우를 많이 보았다. 뇌이이쉬르센 유치원에서도 언어 구사력이 뛰어나고 어휘력이 풍부한 아이가 알파벳 부호 명칭은 잘 모르고 있어서 깜짝 놀란 적이 있다. 어째서 이 스물여섯 자의 이름을 모두 외우기가 그토록 어려운 걸까? 아이들의 뇌는 교실 벽에 걸려 있는 문자 부호들의 이름에 흥미가 없기 때문이다. 이 부호들은 의미도 없고 깊이도 없다. 유치원 3년 동안 이 스물여섯 자의 이름을 못 외우는 아이도 같은 반 친구 29명의 이름을 전부 다 기억하는 데에는 일주일이 채 안 걸린다. 젠빌리에에서 우리는 어린아이들이 형, 누나처럼 책을 읽고 싶어서 이 글자는 어떻게 읽는 거냐고 물어보면 그 글자의 소리만 가르쳐 주었다. 아이들은 빨리 알고 싶어 발을 동동 구르면서 〈셀린, 이 글자는 어떻게 소리가 나요?〉라고 물어봤다. 어떤 아이들은 이 방법으로 며칠 만에 모든 문자의 음가를 완벽하게 익혔다. 아이들은 이 소리들이 흥미진진하고 〈마법적인〉 활동의 문을 열어 준다는 것을 알고 있었다. 예를 들어 어떤 친구가 아무 말 없이 쪽지에 뭐라고 써서 동생뻘 되는 친구에게 건넨다 치자. 그 글자들을 해독하면 쪽지를 쓴 친구가 무슨 생각을 했는지 입 한 번 벙긋하지 않고 알 수 있는 게 아닌가. 아주 어린 아이들에게는 이런 것도 마법 같은 소통 방식이다.

배움이 아이를 지치게 하는 게 아니다. 아이는 배우려고 태어났다. 아이를 지치게 하는 것은 굳이 지능을 동원해야 할 필요가 있나 싶은 이런저런 과제들이다. 우리의 학교가 새겨듣기를 바란다. 인간의 뇌는 경이롭다. 뇌는 의미, 삶, 지성, 깊이를 추구한다. 뇌는 아름다운 것, 위대한 것, 살아 있는 것, 역동적인 것, 영감을 주는 것을 기억하게끔 만들어져 있다. 아이들의 뇌에 바로 그런 것을 주자.

그래서 나는 젠빌리에 유치원 실험에서 급진적인 선택을 감행했다. 어떤 활동이든 그 활동의 목표가 아이들에게 의미가 없으면 폐기했다. 아이들이 좋아하는 활동인지, 그 활동을 빨리 하고 싶어서 안달을 하는지만 보면 틀림없이 판단이 섰다. 시험적으로 조금 해봐서 아이들이 열의가 없거나 빨리 하고 싶어 안달하는 기색이 없는 활동은 프로그램에서 뺐다.

자유 놀이의 중요성

지금은 자유 놀이 — 아이들끼리 뛰고, 땅에서 구르고, 펄쩍펄쩍 돌아다니는 활동 — 가 두뇌 발달을 돕는다는 주장이 정설로 통한다. 포유류의 놀이를 전문으로 연구하는 자크 판크세프는 놀이가 아이의 두뇌 발달과 정서적 균형에 이로운 생리학적 수단에 해당한다고 보았다. 따라서 아이들이 놀고 싶을 때 어른의 지시에 얽매이지 않고 자유롭게 놀 수 있는 공간을 제공하는 것은 기본 중의 기본이다. 물론, 교실 안에서 이 욕구를 충족시키기는 어렵다. 이 욕구를 이상적으로 충족시키려면 주 공간(교실) 외에도 자유 놀이 공간들이 있어서 아이들이 그곳에 자유롭게 드나들 수 있어야 하지 않을까. 그러면 어떤 아이들은 교실에서 집중력을 요하는 활동을 하고 다른 아이들은 다른 공간에서 자유롭게 블록 쌓기 놀이도 하고, 소리 내어 웃고, 재미있는 이야기를 함께 만들고, 보드 게임도 할 수 있을 것이다.

젠빌리에에서는 운동장에 나가서 노는 시간을 완전히 아이들의 자유에 맡겼다. 필요에 따라 날씨만 허락하면 아이들이 노는 시간을 늘려 주었다. 아이들은 이 자유 놀이 시간을 참 좋아했다. 하지만 이 방법이 최선이었다고 생각하지는 않는다. 아니, 천만의 말씀이다. 아이들이 개인적 욕구에 따라 자유 놀이 시간을 자기가 원할 때 자기가 원하는 만큼 갖는 게 더 바람직했으리라. 하지만 이미 여러 번 말했듯이 우리 자신을 너무 압박하지 않고 우리가 동원할 수 있는 방법과 가능성을 잘 조합하는 것이 중요하다. 완벽한 모범에 도달하는 것보다 우리가 할 수 있는 최선을 다해 적합한 조건을 점진적으로 지향하는 것이 중요하다. 무엇을 추구해야겠다는 의도만으로도 아이들에게는 큰 차이가 생긴다.

나아가 아이들이 실내 활동과 실외(운동장, 정원) 활동도 자유롭게 오갈 수 있었다면 좋았을 것이다. 자기가 필요하면 밖에 나가 바람을 쐬면서 뛰놀 수 있고, 실외에 차양이나 천막이 있어서 거기에 매트나 책상을 가져다 놓고 화창한 날씨와 상쾌한 바람을 느끼면서 공부할 수 있다면 얼마나 좋을까. 지금의 학교 구조는 그런 것을 용납지 않으니 안타까운 일이다. 그렇지만 아이들은 — 우리들과 마찬가지로 — 각자의 리듬에 맞게 활동 중간중간 휴식 시간을 가져야 한다. 아이들은 놀고 싶을 때 자연광과 바람을 맞으며 신나게 놀아야 신진대사 균형이 잘 유지된다.

스트레스의 유독성

스트레스는 원래 우리의 머나먼 조상들의 생존에 크게 이바지한 지극히 정상적이고 유용한 신체 반응이다. 위험이 임박했을 때, 이를테면 맹수가 불쑥 나타났을 때, 우리의 뇌와 부신(副腎)은 코르티솔과 아드

레날린 분비를 지시한다. 그러면 심장 박동이 빨라지고 동맥압이 높아진다. 근육은 수축되고 소화 작용은 느려지며 혈당 수치가 올라가면서 에너지가 생긴다. 여차하면 잽싸게 도망치든가 정면으로 싸워 적을 제압할 수 있도록 몸 전체의 역량이 경이롭게 동원되는 것이다. 그러니까 새롭게 맞닥뜨린 상황, 경쟁을 하거나 시험을 치르는 상황에서 일시적 스트레스는 우리를 더 민첩하게 하고 신체 기량을 끌어올려 주기 때문에 나쁘지 않다.

그러나 현재 우리 일상의 스트레스 요인은 포악한 맹수가 아니라 도시 환경, 사회적 압력, 개인적 고민, 직장에서의 어려움 등이다. 이런 요인들에는 투쟁-도피 반응이 적합하지 않다. 지금은 맞서 싸우거나 도망치거나 둘 중 하나를 선택하기보다는 다소 거리를 두고 자기감정을 분석하고 상황을 너무 심각하게 보지 않으려고 노력하면서 해결책을 구해야 할 것이다. 이렇게 한 걸음 사태에서 물러나 있으면 스트레스 호르몬 수치가 떨어지고 신체가 안정화된다.

어른은 이런 식의 스트레스 관리가 가능하다. 분석, 거리 두기, 자기 조절 등을 관장하는 전전두피질(이마 뒤에 위치한 부분)이 성숙해 있기 때문이다. 그런데 아이들은 사정이 다르다. 아이도 불안, 스트레스, 극도의 부정적 감정에 노출되면 뇌에서 곧바로 스트레스 호르몬 분비 명령이 떨어지기는 마찬가지다. 하지만 아이는 자기 상황에 거리를 두거나, 자기를 다스리거나, 상황을 분석하거나, 극적 요소를 걷어 내고 사태를 담백하게 볼 수가 없다. 어른과 달리, 아이는 저 혼자서 안정을 찾을 수 없다. 전전두피질이 성숙해 가면서 차차 그런 요령도 생기겠지만 이 부분이 다 자라려면 한 25세는 되어야 할 것이다!

그러므로 아이는 자기가 대처할 수 없는 스트레스 상황에 직면하면 — 자기가 가지고 놀던 장난감을 친구가 냅다 빼앗아 가서 두려움, 슬픔, 분노 등의 감정이 확 올라온다든가 — 그 스트레스를 저 혼자 해소하지 못한다. 아이는 금세 감정에 사로잡힌다. 두려움도, 불안도, 걱정도, 분노도 수그러들기는커녕 확 불어난다. 이때 아이들은 이른바 〈감정의 폭풍〉에 휩쓸린다. 감정의 폭풍이 몰아칠 때에는 스트레스 호르몬이 조절도 없이 계속 분비된다. 그래서 스트레스는 〈독〉이 될 수 있다. 다량 분비된 코르티솔이 아이의 뇌를 직접 공격해서 중요한 뇌 구조의 뉴런들을 파괴한다. 기억을 관장하는 〈해마〉가 가장 먼저 피해를 입는 영역 중 하나다. 이 때문에 아이가 수시로, 혹은 장기간 스트레스 상황에 노출되면 기억 장애가 생길 수 있다. 스트레스는 학습 능력에도 직접적 영향을 미친다. 추론, 거리 두기, 자제력, 의사 결정, 공감을 표하는 능력을 다루는 전전두피질도 스트레스에 일차적으로 피해를 입는 영역이기 때문이다. 이 모든 기본적 능력들의 발달에 지장을 겪을 것이다.

반복적 혹은(그리고) 장기적 스트레스는 아직 미성숙한 아이의 두뇌 회로 상태를 변질시킨다. 여기서 입은 손상은 악순환을 낳는다. 아이가 스트레스를 많이 받을수록 전전두피질의 성숙은 더뎌지고, 전전두피질이 미숙할수록 자신의 스트레스를 관리하기 힘들어지며, 그에 따라 아이는 점점 더 제어하기 힘든 극심한 스트레스에 시달릴 것이다. 그러므로 아기나 어린아이가 감정을 주체하지 못해 엉엉 울 때 혼자 추스르는 습관을 길러 준답시고 그냥 내버려 두어서는 안 된다. 기대와는 정반대되는 결과를 얻게 될 테니까. 전전두피질 발달이 저해된 아이는 점점 더 감정을 혼자 다스리기 힘들어질 것이고, 어른이 되어서도 감정 조절과 스트레스 관리 능력에 문제가 생기기 십상이다. 게

다가 감정의 폭풍에 자주 혼자 맞서야만 했던 아이는 결국 말수가 적어질 것이다. 아이가 속내를 잘 드러내지 않고 혼자 삭이는 것을 자율성이라고 오해하지 말라. 아이는 감정이 자기를 삼켜 버릴까 봐 어떻게든 자기 건강을 지키기 위해서 본능적으로 감정을 아예 차단한 것이다. 이 아이가 훗날 어른이 되어 다시 감정을 제대로 느끼려면 상당히 어려움을 겪을 것이다.

아이의 뇌를 유해한 스트레스에서 보호하려면 어떻게 해야 할까? 일단은 아이가 〈반복적이거나 오래 지속되는 스트레스 상황〉에 노출되지 않게 해야 한다. 예를 들어 아이에게 자주 고함을 지르거나 아빠 엄마가 싸우는 모습을 수시로 보인다면 아이는 만성 스트레스에 시달릴 것이고 뇌에 상당한 영향을 입을 것이다. 갈등을 지켜보는 아이의 신체에서는 자기가 직접 갈등을 겪을 때와 똑같이 스트레스 호르몬이 분비된다는 연구 결과도 있다.[35] 학교에서나 가정에서나 우리 어른들이 먼저 — 정말 참기 힘든 경우에도 — 우리 자신의 감정을 다스리는 법을 배워서 아이를 이 유독한 스트레스에서 지켜 주자. 아이 앞에서 부정적 판단이나 모욕적인 말을 하지 않는 것도 중요하다. 언어폭력, 욕설, 창피를 주는 말은 언어 네트워크에 관여하는 시냅스들에 악영향을 미치는 스트레스를 유발한다. 말이 실제로 아이를 상처 입힐 수 있다.[36] 전통적인 학교의 평가 체계, 즉 통제와 채점도 우리 아이들이 늘 노출되어 있는 엄청난 스트레스 요인이다. 규제와 스트레스가 많은 이 수직적 상황들을 아이들이 가급적 피할 수 있게 하는 것이 중요하겠다.

그와 동시에, 강렬한 감정과 스트레스를 아이 스스로 해결하는 힘을 조금씩 길러 주는 것이 기본이다. 어떻게 하느냐고? 맨 먼저 해야 할 일은 자명하지만 아무리 강조해도 지나치지 않다. 아이가 분노, 고통,

슬픔, 불안 같은 감정을 주체하지 못할 때 우리가 바로 달려가 곁에 있어 주고 안아 주고 달래 주는 것부터 시작해야 한다. 우리가 우는 아이를 안아 주기만 해도 아이의 뇌에서 옥시토신이라는 특별한 물질이 분비된다. 〈사랑의 호르몬〉이라고 부르는 옥시토신은 코르티솔 분비를 중단하는 어마어마한 장점이 있다. 우리의 애정과 친절은 옥시토신 분비를 끌어내고 이로써 스트레스의 악순환 대신 엔도르핀, 세로토닌, 도파민으로 이어지는 〈선순환〉이 시작될 수 있다. 이 호르몬들은 행복, 차분함, 기쁨, 열의, 약동감, 평온을 불러온다. 그러니까 사실 간단한 얘기다. 사랑은 우리의 가장 내밀하고 기본적인 뇌 구조를 보호하고 활기를 더해 준다.

사랑으로 불쾌한 감정들을 일단 해소했다면 그다음은 아이가 감정을 〈명명하도록〉 도와주자. 자기가 느끼는 것을 언어화하면 좀 더 쉽게 안정을 찾을 수 있다. 신경 과학은 실제로 감정의 명명이 비상사태의 뇌를 진정시켜서 아이에게 안정감을 되찾아준다는 것을 입증해 주었다. 그다음에는 아이가 〈상황을 분석하고 뒤로 물러나 거리를 취할 수 있도록〉 하자. 이렇게 하면 아이의 전전두피질 발달을 돕는 효과가 있다. 어떻게 보자면 우리가 아이에게 〈신체 밖의 전전두피질〉 역할을 해줌으로써 아이의 전전두피질을 보호하고 잘 자라게 하는 것이다. 아이가 차츰 스스로 감정을 다스리면서 우리가 도울 일은 줄어들 것이다. 이 같은 뒷받침이 자기 조절 능력과 전전두피질 회로의 발달에 이롭다는 연구도 이미 발표되었다.

우리가 젠빌리에서 사용한 방법도 다르지 않았다. 일단은 아이에게 다가가 다정한 목소리로 위로하든가 손을 잡아 준다든가 하면서 달랬다. 그다음에는 아이가 감정을 명명할 수 있도록 거들어 주었다. 화가 난 거니? 슬퍼서 그러니? 실망했니? 이렇게 감정을 제대로 짚고 나면 아이가 빠르게 진정되는 것을 볼 수 있었다. 경계 체제가 풀어지고 코르티솔 분비도 중단된 것이다. 이때부터 아이는 좀 더 편안하게 감정을 표현할 수 있게 된다. 아이가 다른 친구에게 공격을 당했을 때에는 그 친구에게 직접 감정을 표현하고 필요하다면 회복의 방법까지 제안하게끔 격려했다. 어린 시절에 이런 유의 감정 교육을 받은 사람들은 어른이 되어서도 경계 상태에서 비약하는 감정을 남들보다 더 잘 다스린다는 연구 결과가 있다. 이들은 스트레스 관리도 잘하기 때문에 스트레스의 유해한 결과에도 덜 노출되는 편이다.[37]

아이는 미성숙의 시간 동안 이해심 많고 성숙한 어른의 든든한 뒷받침을 받는다. 이 후원에 힘입어 아이는 위기 상황에서도 정신을 수습하고 자기 조절 자세를 구축해 나간다. 그러므로 아이의 다 자라지 못한 뇌는 주위 어른들의 뇌에 의존해 있다. 역설적으로 보일지 모르지만 이것이 근본적인 진실이다. 우리는 타자의 도움 없이는 제대로 성장할 수 없고, 자율성을 획득할 수도 없다. 안정적이고 자기실현적이며 균형 잡힌 탄탄한 자율성은 타자의 현존, 사랑, 인내심이 있어야 비로소 구성될 수 있다.

애정과 인내심으로 뒷받침하는 자세는 젠빌리에 유치원에서 교육의 기본 토대였다. 아무리 아동 지능의 가소성에 적합한 양질의 풍부한 환경이 주어진들, 그 환경이 스트레스로 점철되어 있으면 무슨 소용이 있을까? 스트레스가 눈에 띌 때 즉시 관리하는 것이 교사들의 최우선 과제 중 하나다. 갈등 혹은 슬픔의 상황 하나하나가 우리에게는 아이들을 감정적 자율로 이끌고 전전두피질의 발달을 도울 기회였다. 물론, 이 감정적 자율이 어느 날 갑자기 튀어나오지는 않는다. 아이의 전전두피질이 발달함에 따라서, 충분한 시간과 한결같은 규칙성이 확보되어야만 비로소 얻을 수 있는 자율이다. 그래도 몇 달 만에 우리 반 아이들은 친구와 싸움을 해도 어른의 개입 없이 자기들끼리 화해할 수 있는 수준까지 갔다. 아이들은 자기감정을 확인하고 친구에게 말로 표현하면서 화해의 방법을 모색할 수 있었다.

연구자들은 자연과의 일상적인 접촉도 아이들의 스트레스를 줄여 준다고 말한다. 여기에는 기억력, 집중력, 정서적 안정감이라는 긍정적 결과들이 따라온다. 자연을 수시로 접할 수 있는 아이들은 다른 아이들과의 사회적 상호작용도 좀 더 안정적인 편이다.

친절

교육에서 친절이 바람직하긴 하지만 필수가 아닌 선택일 뿐이라고 생각하는 사람들에게 말해 주고 싶다. 그런 생각은 완전히 잘못됐다. 사람들 사이의 긍정적 사회관계, 감정이입, 너그럽고 이타적인 행동은 새로운 뉴런을 발달시키고 시냅스 연결을 늘려 준다. 그것도 친사회적 행동을 하는 아이와 그 행동의 수혜를 입는 아이 양쪽 모두가 말이다. 여러분의 학습 능력을 향상시키고 싶은가? 그렇다면 사람들을 사랑하라. 그리고 여러분을 사랑하는 존재들에 둘러싸여 지내라. 아이들의 학습 능력을 키워 주고 싶은가? 아이들을 사랑해 줘라. 그냥, 사랑해 주기만 해도 된다. 늘 살갑게 대하고, 예뻐해 주고, 마음을 읽어 주고, 정을 듬뿍 느끼게 해줘라. 어른의 친절이 아이의 두뇌를 놀랍게 발달시킨다. 우리가 따뜻하고 정답고 친절한 태도를 취하면 아이의 해마 뉴런들이 새로운 연결을 잔뜩 만들어 낸다. 이로써 아이의 기억력과 학습 능력이 놀랍게 향상될 것이다.[38] 하지만 이걸로 끝이 아니다.

앞에서 말했듯이 전전두피질의 회로가 성숙함에 따라 분석, 추론, 자기 통제 능력도 강화된다. 감정이입, 의사 결정, 도덕적 감각 관련 회로들이 주로 분포하는 안와전두피질에서도 새로운 신경 연결이 활발하게 이루어진다. 달리 말하자면, 어른의 친절한 태도가 아이의 도덕적 소양과 감정이입 능력까지 발달시킨다는 얘기다. 친절은 또한 아이의 뇌에서 옥시토신 분비를 촉진시킨다. 옥시토신은 감정이입, 애착, 관계, 신뢰를 돕는 호르몬이다. 카트린 게갱 박사가 설명한 대로[39] 일단 옥시토신이 분비되면 도파민, 세로토닌, 엔도르핀처럼 다른 유익한 호르몬들도 연속적으로 왕성하게 분비된다. 도파민은 기분 좋은 흥분, 의욕, 열광, 쾌감, 창의적 영감을 불러일으킨다. 세로토닌은 기분을 안정시키고 엔도르핀은 행복감을 고양한다. 이런데도 친절이 교육에서 선택 사양에 불과할 수 있을까? 자기실현의 진정한 촉매임이 분명한데도?

젠빌리에 유치원에서 아이들은 유독 친절의 탁월한 효과를 누렸다. 안나와 나 같은 어른들뿐 아니라 아이들도 상대 입장을 헤아리고 이해하면서 살갑게 행동했기 때문이다. 우리 반 아이들의 명랑한 모습은 눈에 확 들어올 만큼 인상적이었다. 이 부분에 대해서는 이 책 4장에서 상세히 다뤄 보겠다.

3 자율이 만든 기적의 교실

우리는 교실에서 학습과 자기실현을 지배하는 주요 법칙들에 부응할 만한 조건을 우리 힘닿는 대로 아이들에게 제공하려고 했다. 어떤 부분은 깨끗이 양보하지 않을 수 없었고, 또 어떤 부분은 제도나 학교 방침에 따른 제약 — 시간표, 건물의 설계 구조, 채광, 공간 — 을 감안하여 계획을 짜야만 했다.

일례로, 나는 어린아이들이 자율적으로 원활하게 움직이려면 기존의 유치원 교실보다는 더 큰 공간이 필요하다는 것을 일찌감치 깨달았다. 우리 반 교실이 55제곱미터로 대부분의 프랑스 유치원 교실보다는 꽤 널찍했는데도 어른 두 명과 자율적인 어린이 스물일곱 명이 하루 6시간을 함께 지내기에 충분한 공간은 아니었다. 아이들은 하루 동안에도 이쪽에서 저쪽으로 오갈 일이 많았고 때로는 거추장스러운 교구도 들고 다녀야 했다. 앉아서 하는 활동만 있는 게 아니라 서서 하는 활동도 있고 바닥에 누워야 할 때도 있다. 그래서 우리는 아이들의 이동과 움직임을 원활히 하려고 꼭 필요하지 않은 집기나 교재는 전부 교실에서 치웠다. 교사용 책상, 여러 명이 앉을 수 있는 긴 의자, 아이 손이 닿지 않는 키 큰 장, 커다란 화이트보드는 교실에서 맨 먼저 퇴출되었다.

우리는 아이들이 하루 중 언제라도 자유롭게 바람을 쐬고 자연 속에서 놀거나 자연을 돌볼 수 있는 공간, 다시 말해 흙, 풀, 나무, 텃밭, 동물이 딸린 정원을 제공할 수가 없었다. 아이들이 자기가 원하는 활동에 따라 이동할 수 있는 별도의 보조 공간이 없었고, 외부 강사가 진행하는 모둠별 체험 등을 마련할 장소도 없었다. 또한 내가 보기에 우리 반은 다연령 학급이기는 했지만 연령 혼합이 너무 제한적이었고, 시간표도 좀 경직된 감이 있었으며, 교실에 자연광이 좀 더 잘 들었더라면 아이들의 전반적 건강 상태에 긍정적 효과를 미쳤으리라 생각한다.

그럼에도 불구하고 우리는 자율, 3년에 걸쳐 있는 다연령 구성, 긍정적이고 우호적이며 감정이입을 기반으로 하는 사회적 관계라는 큰 가닥들은 놓치지 않았다. 게다가 기하학, 지리, 감각 발달, 음악, 수학, 언어 등을 망라하는 흥미롭고 야심적인 문화 활동을 다수 제시했다.

유치원 1학년부터 3학년까지에 해당하는 아이들은 한 반에서 자율적으로 행동해 주었다. 교실을 언어, 수학, 감각 발달, 지리, 기하학, 음악, 식물학이라는 서로 다른 영역들로 나누어 놓았기 때문에 아이들은 자유로이 소통하고 각자 자기가 원하는 영역에 가서 자신의 희망 활동을 했다. 우리는 장 이타르, 에두아르 세갱, 마리아 몬테소리가 단계적·병합적으로 개발한 감각 교구를 주로 활용했다. 이 교구들에 대해서는 뒤에서 다시 설명하겠다. 그리고 조형 활동 공간도 한쪽에 마련해 놓았다. 여기에는 그림을 그리거나 색칠을 하거나 만들기를 할 수 있는 개인 작업대가 비치되었다. 모든 활동에는 아이들 키에 맞게 야트막한 집기와 정리장을 사용했다. 우리 반에서 가장 높이 위치한 정리장도 바닥으로부터 60센티미터를 넘지 않았기 때문에 키가 제일 작은 축에 속하는 아이들도 마음대로 교구를 꺼내 쓸 수 있었다. 교실

공간을 최대한으로 활용하기 위해 정리장은 모두 벽에 딱 붙였다.[40]

교실 한가운데에는 개인 책상들을 갖다 놓았다. 여기서는 각자 조용히 자기 할 일을 했다. 두 아이가 함께 활동하고 싶을 때는 책상 두 개를 맞붙이거나 책상 하나에 보조 의자를 하나 더 가져와 놓고 썼다. 이외에는 책상 하나를 두 명이 쓰는 경우가 없었다. 매트를 깔고 하는 활동도 있어서 바닥 공간을 확보해야 했기 때문에 책상 수는 학생 수보다 〈적게〉 비치했다.

전형적인 하루

아이들이 유치원에 오는 시각에 안나는 현관에 서서 아이들을 맞았다. 학부모들과 인사도 나누고 간식, 급식, 출결 확인 같은 행정적 업무도 맡아 주었다. 나는 그동안 교실에서 아이들을 한 사람 한 사람 따로 맞을 채비를 했다. 아이들은 복도 긴 의자에 앉아 신발을 실내화로 갈아 신었다. 사소하지만 아이들이 교실에 들어오기 전에 좀 더 차분하고 질서 정연하게 행동할 마음의 준비를 간접적으로 하는 시간이라는 점을 지적해 두고 싶다. 신발을 갈아 신으면서 따뜻하고 정겨운 교실의 일원다운 마음가짐을 다잡는다고 할까. 그다음에 아이들은 〈꼭〉 안나에게 아침인사를 했다. 교실 문턱을 넘어서는 순간, 그들은 조용하고 평온한 분위기 속으로 들어온다. 친절과 호의를 누릴 수 있고 자기 마음대로 할 수 있는 것도 참 많은 곳. 나는 아이들 한 명 한 명과 따로 인사를 나누었다.

「안녕, 샤이마!」

「안녕, 셀린.」

나는 한 명 한 명에게 오늘 기분이 어떤지, 간밤에 잠은 잘 잤는지 물어보았고 아이가 나에게 하고 싶어 하는 말을 귀담아 들었다. 아이가 표현을 잘 못하면 좀 거들어 주기도 하면서 아이의 감정과 기분을 파악했다. 이렇게 아침에 잠시 안부를 주고받으면서 나는 아이들이 피곤해하지는 않는지, 감정과 기분이 어떠한지를 바로바로 참고할 수 있었다.

그 후에는 아이들에게 오늘 아침에는 뭘 하고 싶은지 골라 보라고 했다. 아이들의 발전을 따라잡고 단계에 맞는 조건을 제공하려면 아이에게 이미 제시된 바 있고 무엇을 해야 하는지 아이들도 알고 있는 활동이라야 했다. 어떤 활동은 교사가 제시한 적 없어도 같은 반 형이나 오빠가 가르쳐 줘서 아이가 이미 알고 있기도 했다. 어떤 아이들은 어른이 조금 도와줘야 활동을 선택할 수 있었다. 이럴 때는 내가 아이와 함께 교구장을 쭉 훑어보았다. 그러면 아이가 그제야 며칠 전이나 바로 어제 재미있게 했던 활동들을 떠올리곤 했다. 아이의 구미를 당기기에는 그 정도로 충분했다. 아이가 정말로 뭘 해야 할지 모르면 ─ 특히 초기에는 그런 아이들이 제법 많았다 ─ 다른 아이들이 뭘 하는지 구경하거나 친구와 얘기를 나누거나 잠시 앉아서 생각해 보라고 했다. 어떤 아이들은 늦게 일어나 정신없이 유치원으로 와서 아직도 잠이 덜 깬 것처럼 보이기도 했다. 그런 아이들은 학급 문고 옆이나 책상에 앉아 좀 더 쉴 수 있게 했다.

학부모들은 학년 초 모임에서 이러한 방식에 대해 미리 설명을 듣고 받아들였다. 그들은 이 아침 시간이 완전히 개인 맞춤형 교육 안내 시간에 해당한다는 것을 알고 있었다. 심지어 유치원에 들어와서는 자기 아이하고도 너무 크게 말하지 않으려고 신경을 썼고 중요하게 전할 말이 있으면 꼭 안나를 통해서 전해 주었다. 내가 일단 그들의 메시지를 전달받으면 방과 후에 학부모를 만나 얘기하는 시간을 따로 낸다는 것을 알고 있었으니까.

아이들이 모두 교실로 들어오면 안나도 교실로 와서 아직도 뭘 할까 고민하는 아이들을 도와주었다. 편의를 위해 벽에 작은 표를 붙여 놓고 선택을 힘들어하는 아이들에게 특히 인기가 좋았던 몇 가지 활동을 표시해 두었다. 안나가 그들의 선택을 보조하는 동안, 나는 새로운 활동을 소개받을 필요가 있는 아이들을 한 명씩 따로따로 맡았다. 그날 그날 사정에 따라 달랐지만 하루에 적게는 3회, 많게는 10회까지 활동 소개와 설명을 했다. 이렇게 한 번 활동을 제시하고 나면 해당 아동의 진도표에 점을 찍어 표시했다. 이렇게 해서 한 명도 빠짐없이 모든 활동을 개인적으로 배울 수 있게 했다. 언어나 수학 활동의 경우, 아이가 활동 목표를 완벽하게 성취한 것으로 보이면 점을 초록색으로 덧칠했다. 이 평가는 완전히 비공식적인 것이어서 아이는 어른이 평가를 한다는 사실 자체를 〈절대로〉 알 수 없었다. 이건 순전히 학습 목표가 잘 성취되었는지 그렇지 못한지, 난이도를 좀 더 높여야 하는지 그대로 가야 하는지 알기 위해 나 혼자 참고하는 지표였다. 나는 이따금 아이에게 내가 옆에 앉아서 조금 구경해도 괜찮은지, 혹은 나도 그 활동을 함께 해도 되는지 물어보았다. 아이가 어제까지만 해도 잘 못하던 것을 해내는 모습을 봤을 때는 함께 기뻐해 주고 난이도를 높이거나 다른 활동에도 도전해 보라고 격려했다. 이게 전부다. 활동 소개 시간에도 뭐가 잘 안 되어 끙끙대다 못해 풀이 죽은 아이를 발견하면 나는 그 아이 옆에 가서 함께 활동을 재개하고 교실 분위기와 시간이 허락하는 한 계속해서 맞춤형 도움을 주었다.

아이들은 오전 내내 자기가 선택한 활동을 했다. 한 가지 활동을 마치면 교구는 각자 잘 정리했다. 어떤 아이는 바로 다른 활동으로 넘어갔고, 어떤 아이는 잠시 아무것도 안 하거나 다른 친구들을 구경했다. 어떤 아이들은 학급 문고에서 언니 오빠가 책 읽어 주는 것을 못 말리게 좋아해서 이미 그 주에만 열 번도 더 읽어 준 동화책을 또 읽어 달라고 조르곤 했다. 아이들은 교실을 자기 마음대로 왔다 갔다 했지만 차분하고 질서 정연하게 움직였다. 책상에 앉아서 뭘 하든, 매트에 앉아 있든 쪼그려 있든, 자세도 다 자기 마음대로였다. 어떤 아이들은 아예 드러눕기도 했는데 교실 분위기를 해칠 정도만 아니면 그런 자세도 내버려 두었다. 이러한 신체의 자유는 아주 중요하다. 몸이 한 가지 자세에 고정되어 있지 않아야 뇌의 학습과 발달이 더 좋아진다는 연구도 있으니 말이다.*

나는 가급적 한 명씩만 데리고 활동을 소개했고 아이가 활동을 개시하면 도움을 필요로 할 때 바로바로 반응할 수 있게끔 한동안 옆에서 지켜보았다. 물론 그때그때 좀 더 본격적인 뒷받침이 필요해 보이는 아이는 충분히 시간을 들여 보조했다. 안나도 활동에 들어간 아이들을 이런 식으로 돕는 한편, 수시로 교실의 정리 정돈 상태에 신경을 썼다. 안나는 3세 아이들을 모아 놓고 간단하고 재미있는 음운 놀이들을 하기도 했다. 그 외 아이들은 대부분 개인 활동에 몰두했다. 매트에서 두세 명이 함께 뭘 하기도 했고, 개중 몇몇은 동생들의 시선을 받으며 책을 읽어 주느라 바빴다. 어떤 아이들은 자기 자리에 앉은 채 다른 친구들의 활동을 구경하거나 내가 활동 소개를 하는 동안 옆에 와서 구경했다. 자기들끼리 귓속말을 주고받으면서 킬킬대는 아이들도 물론 있었다.

아이들은 자기 흥미가 가는 대로 활동을 하거나, 뭐가 재미있을까 자유로이 탐색하거나, 실수를 범하거나, 똑같은 활동을 자기에게 필요

* 이러한 현상을 〈체화된 인지embodied cognition〉라고 한다.

한 시간만큼 충분히 되풀이하거나 할 수 있었다. 그래서 나는 이런 말을 참 자주 들었다. 〈한마디로, 그 반은 애들이 자기들 하고 싶은 대로 하죠.〉 정말 그랬다. 그렇지만 이런 말에서 얼핏 짐작되는 분위기, 다시 말해 무질서하고 혼란스럽고 제멋대로인 분위기는 전혀 아니었다. 정확히 말하자면, 아이들은 〈하고 싶은 것〉을 한다기보다는 자기들이 하는 활동을 〈좋아하게〉 됐다. 우리는 아이들이 이 진정한 자율과 해방의 길을 찾아가게끔 도와주었다. 실제로 뭔가 영양가 있는 활동을 찾게 도와주었고, 이 자발적이고 창조적이며 개인적이고 창의적인 과정이 — 유치원에 입학할 즈음이면 이 생물학적 학습 프로그래밍에서 벌써 벗어나 있었지만 — 그들이 본디 거쳐야 할 것임을 일깨워 주었다.

그러니까 우리 반 아이들이 아무거나, 아무렇게나 한 게 아니다. 오히려 그 반대다. 우리는 짜임새 있는 틀 안에서 자유를 주되 늘 곁에서 아이들을 보조했다. 그리고 우리 반에는 모두가 분명히 아는 규칙들도 있었다. 그래서 아이들은 안전, 자유, 질서를 확보한 상태에서 차츰 자기네들의 뿌리 깊은 생명력을 되찾았던 것이다. 아이들이 이 자연스러운 자세를 되찾자 집단 속에 조화가 생겼다. 모두가 제자리가 있고, 개인성이 잘 실현되면서도 놀랍도록 〈질서가 잘 잡힌〉 풍요로운 공동체라는 중심은 흔들리지 않았다. 저마다 집단 안에서 제자리를 찾았고, 자신의 개성과 독자성으로 조화롭게 집단에 기여했다.

우리 반은 행복한 벌집과 비슷했다. 모두가 자기 의욕, 자기 리듬, 자기 방식대로 목표를 추구했지만 집단생활의 유일한 규칙은 틀림없이 지켰다. 이 규칙은 아주 명시적으로 알려 주었고 필요하다면 몇 번이고 주지시켰기 때문에 모르는 사람이 없었다. 어떤 식으로든, 상대가 아이가 됐든 어른이 됐든, 〈다른 사람 하는 일은 절대로 방해하지 말

것〉이라는 규칙이었다.

안정감을 얻고 각자 개인적 욕구에 집중하게 된 아이들은 놀라운 목표를 스스로 세우곤 했다. 어떤 교사도 아이에게 도전해 보라고 권하기 어려운 그런 목표 말이다. 며칠에 걸쳐 1,000개의 구슬을 일일이 세어 사슬로 꿰었던 네 살 아이가 생각난다. 처음에 이 아이는 구슬을 200여 개까지 꿰었다. 아이가 다음 날도 그 활동을 계속하려는 것을 보고 나는 급히 매트를 더 준비해서 800개 구슬을 마저 꿸 수 있도록 했다. 구슬 1,000개를 다 꿰면 그 길이가 7미터가 넘기 때문이었다. 좁은 매트 여러 장에 걸쳐 있는 이 소중한 숫자 세기 교구가 며칠 내내 우리 반 교실 바닥을 차지하고 있었기 때문에 아이는 자기 목표를 달성할 수 있었다. 같은 반 친구들은 각자 자기가 할 일을 하느라 교실을 오가면서 그 긴 사슬을 넘어가야 할 때가 많았지만 아무도 불편해하지 않았다. 어떤 아이들은 응원을 보내거나 잠시 구경을 하다 갔다. 〈과연 성공할 것인가?〉 아이들의 관심 어린 눈빛은 그렇게 말하는 것 같았다.

글씨 쓰기에 푹 빠졌던 다른 여자아이도 생각난다. 이 아이가 어느 날 나에게 쪼르르 달려와 자신의 쓰기 공책을 내밀었다. 「이거 봐, 셀린.」 아이는 수줍게 말했다. 네 살밖에 안 된 그 아이가 동화책 한 권을 처음부터 끝까지 필사한 게 아닌가. 정작 나는 그 연령대 아이에게 그런 식으로 쓰기 연습을 시킬 생각은 꿈에도 없는데…….

꼬마 케빈의 모습도 눈에 선하다. 그때 막 네 살이 되었던 케빈은 혼자서 종이접기 책을 보고 요령을 터득해서 책에 나와 있던 종이접기 10가지를 해냈다. 그 애는 며칠 동안 다른 일은 아무것도 안 하고 종이접기만 파더니 결국 해내고 말았다. 하지만 그 활동은 난이도가 만만치 않았다. 그중 몇 가지는 나도 못 접을 정도였으니까. 다행스럽게도 케빈이 나에게 그것들을 어떻게 접는지 가르쳐 주었다. 게다가 이 과정에서 그는 대단히 인내심 있는 태도까지 보여 주었다. 케빈은 자기가 직접 실수를 많이 해보았기 때문에 그때그때 종이를 어느 방향으로 접어야 하는지 정확하게 꿰고 있었다.

이 책 3장에서 아이들이 스스로 목표를 정하고 달성할 때 발달하는 인지 능력들, 즉 지능의 기반 능력들을 살펴보겠다. 이 기반 능력들이 갖춰져야 사람은 자기가 원하는 것을 뭐든 할 수 있고, 배울 수 있다. 앞에서 소개한 세 아이는 모두 자발적으로 읽기 학습에 들어갔고, 단 몇 주 만에 자기가 원하는 동화책을 마음대로 읽을 수 있을 만큼 실력이 늘었다. 구슬을 1부터 1,000까지 세어 가면서 꿰어 본 아이, 동화책 한 권을 다 베껴 쓴 아이, 며칠 내내 종이접기를 연구해서 완성을 본 아이라면 또 다른 목표를 끝까지 밀고 나가는 일이 어렵지 않다.

오전 활동을 11시 전후로 마무리하고 〈모두 함께〉 모이는 시간을 잠시 가졌다. 우리는 아이들에게 이제 그만 활동을 마무리하고 — 필요하다면 교실 정리도 좀 하고 — 모두 한가운데에 둘러앉으라고 했다. 어떤 아이들은 자기가 하는 일에 너무 푹 빠져서 교사들이 큰소리로 부르는데도 듣지를 못했다. 그런 경우, 그 극도의 몰입을 억지로 중단시키지는 않았다. 몰입이 아이 안에서 뭔가를 만들어 낸다는 것은 의심의 여지가 없으니까. 우리는 그 아이는 내버려 두고 그 옆에서 전체 모임을 진행했다. 그런 아이는 하던 일을 마치고서야 고개를 들고 우리가 벌써 둥그렇게 둘러앉은 모습을 보고 놀라곤 했다. 그러고는 그제야 정신을 차리고 허겁지겁 우리 옆으로 왔다. 만약 우리가 당장 그만두고 오라고 강압적으로 나갔다면 아이는 자기 의지를 침해당한다고 느꼈을 것이고, 그 아이 안에서 형성되고 있던 그 무엇도 저지당하고 말았을 것이다. 나는 아이들을 모아 놓고 20분에서 30분 정도 대화를 끌고 나갔다. 우리는 아이들이 지루해하지 않고 관심을 유지할 수 있도록 아주 다양한 토론 주제를 오갔다. 처음에 한 3분 정도는 내가 어느 친구가 가위 쓰는 법을 익혀서 기쁘다든가, 어느 친구가 어려운 활동을 포기하지 않고 끈기 있게 하는 모습을 봐서 좋다든가 하는 얘기를 한다. 그러면 대개 자연스럽게 다른 아이가 이런 식으로 맞장구를 친다. 「셀린, 내가 아까 봤는데 유네스가 물을 쏟았어. 그런데 자기가 직접 닦았고, 주마나도 유네스를 도와줬어.」 규칙적이지만 틀에 딱 박혀 있지는 않은 이 짧은 시간이 신뢰와 친절을 조성하고 건전한 대항 의식도 북돋아 주었다. 아무리 작은 성공이라도 우리에게는 전부 중요했다.[41]

그 후 아이들은 급식소나 집에 잠시 돌아가 점심을 먹었다. 점심시간이 끝나면 만 3세 아이들은 낮잠을 잤다. 4세나 5세도 원하는 아이는 낮잠을 자게 했다. 앞에서 거듭 얘기했지만 피곤한 아이는 나이에 상관없이 반드시 휴식을 취해야 한다. 그래서 나는 5세 아이라고 해도 피곤한 기색이 보이면 스스럼없이 휴식을 권하곤 했다. 「케빈, 피곤해 보이는구나. 너도 좀 누웠다 일어나런? 하던 거는 그대로 두고 가도 좋아. 아무도 못 만지게 할 테니까 좀 쉬었다 와.」 아이들은 대부분 이 제안에 따랐다. 낮잠은 한 시간이 될 수도 있었고 15분이 될 수도 있었다. 낮잠을 얼마나 오래 자느냐는 상관없다. 각자 필요한 만큼 자면 된다. 그 대신, 수면욕은 생리학적 기본 욕구이기 때문에 열일 제쳐 놓고 충족시켜야 한다. 반대로, 만 3세 아이라도 낮잠을 자기 싫어하면 ─ 그리고 눈에 띄게 피곤해 보이지 않으면 ─ 낮잠을 자지 않고 그냥 교실에 있어도 상관없었다.

낮잠 자러 간 아이들 때문에 인원이 줄어드는 것 말고는 오후 활동도 오전 활동과 별 차이가 없었다. 아이들은 자기가 원하는 활동을 하고 나는 또 몇몇을 개인적으로 접촉하면서 교구 활동을 설명해 주었다. 일대일 활동 제시는 늘 만남, 나눔, 기쁨의 시간이었다. 우리는 자주 함께 까르르 웃음을 터뜨렸다. 나는 아이들을 한 명씩, 혹은 소그룹으로 만나는 이 특별한 시간을 얼마나 좋아하는지 감정을 감추지 않았다. 정겹고 재미있을 때가 많아서 우리는 그런 순간들을 아주 즐겼다. 그러고 있다 보면 3세 아이들이 교실로 돌아왔다. 그렇게 전원이 다 교실로 돌아온 후에는 으레 — 시간표로 정해져 있지는 않았지만 — 운동장에 나가서 놀았다. 이 시각이 보통 오후 3시 전후였다. 이 시간에 아이들은 여럿이 함께 하는 놀이를 하든가, 자전거를 타든가, 공놀이를 하든가 각자 원하는 야외 활동을 했다. 젠빌리에 실험 초기에는 운동장에 오전, 오후 두 번을 나갔다. 그런데 아이들이 교실에서 각자 하는 활동에 차차 재미를 붙이면서부터 밖에 나가고 싶은 욕구가 좀 시들해졌다. 그래서 실외 활동을 오후 한 번으로 줄였는데도 어떤 아이들은 밖에 나가자고 하면 자기가 하던 활동을 못 끝냈다고 투덜거리곤 했다. 하지만 매일 운동장에 나가야 한다는 규칙은 없었고, 우리는 아이와 날씨 사정을 봐서 진행을 했다. 확실한 것은, 햇살이 좋은 날은 밖에서 노는 시간을 연장했다는 것이다. 파리 근교 지역은 그런 날이 많지 않기 때문에 아이들도 그렇고, 우리도 그렇고, 좀 더 누릴 필요가 있었다.

대개 하루를 마무리할 때는 반 전체가 다시 잠깐 모였다. 이 시간에는 함께 노래를 부르거나, 어린아이에게 적합하게 개발된 명상과 이완 훈련을 했다. 지금은 이런 유의 수련이 마음의 평온, 자신감, 평정심,

감정이입 능력, 그리고 그로 인한 이타성과 공감 능력까지 계발하는 데 큰 효과가 있다고 신경 과학적으로 분명히 검증되어 있다. 그래서 우리는 그런 수련의 기회를 놓치고 싶지 않았다.

앞에서도 언급했지만 교실에서의 생활에서 언어가 아주 중요한 위치를 차지한다는 얘기를 또 한다. 우리는 하루 종일 아이들에게 풍부하고 마르지 않는 언어의 샘을 제공했고 화법이나 어휘 구사에 상당히 깐깐하게 굴었다. 우리는 교실에서 속어나 엉터리 줄임말을 쓰는 것을 용납하지 않았다. 누가 그런 말을 쓰면 그 자리에서 어떻게 고쳐 말해야 하는지 가르쳐 주고 제대로 된 표현을 따라하게 했다. 나는 이 부분에 한해서는 매우 엄격했고 아이들의 화법을 더 나은 방향으로 이끌 만한 기회라면 절대로 놓치지 않았다. 나는 자기 생각을 분명하게 표현하는 말이 얼마나 중요한지 수시로 강조했다. 이를 위해서라면 아이들에게 하던 일을 모두 멈추게 할 수도 있었다. 그 정도로 나는 언어를 우선시했고, 아이들도 그 점을 여실히 느끼고 있었다. 가령 전체 대화를 나누는 중에 어떤 아이가 자기 생각을 잘 표현 못 하면 아이들은 으레 또 시간이 좀 들겠구나, 하지만 저 아이도 결국은 이 말하기 시험을 잘 치러 낼 거야, 라는 식으로 생각했다. 나는 아이가 자신감을 잃기 전에 먼저 적합한 낱말들을 몇 개 제시해 주고 자기 생각을 말로 완성할 때까지 끈기 있게 기다렸다. 그동안 다른 아이들도 차분하게 기다려 주었다. 아이들은 내가 모두를 위해 이렇게 시간과 공을 들인다는 것을, 자기 차례가 아니어도 말하는 친구를 존중해야 한다는 것을 알고 있었다. 이 책 3장에서는 아이들의 자제력이 이처럼 놀랍게 발달한 이유들을 짚어 보겠다.

전체 모임에서 종종 함께 책을 읽기도 했다. 책 읽어 주기 〈선물〉 같은 개념이어서 한 쪽씩 넘어갈 때마다 아이들이 이해를 잘했는지 알아보거나 하지는 않았다. 그냥 잠시 현실에서 벗어나 이야기에 귀 기울이는 순간을 교사가 〈선사했다고〉 보면 되겠다. 나는 아이들이 새로운 낱말을 한꺼번에 너무 많이 접하지 않도록 주의했고, 새 낱말을 가르쳐 줬을 때에는 당분간 일부러 그 낱말을 반복 사용하려고 애썼다. 동화책을 읽어 주다가도 아이들이 모르는 낱말이 너무 많겠다 싶으면 몇 개는 즉석에서 좀 더 쉬운 낱말로 대체했다. 아이들은 당장은 눈치채지 못했다. 하지만 큰 아이들은 가끔 내가 읽어 줬던 책을 혼자서 다시 읽어 보고는 생소한 낱말을 확인하러 왔다. 「셀린이 아까 이 책을 읽어 줬을 때는 이 낱말이 안 나왔는데? 셀린, 〈수여하다〉가 무슨 뜻이에요?」

한 주가 늘 이런 식으로 흘러갔다. 가끔 유치원을 벗어나 소풍이나 현장 학습을 갔고, 외부 강사가 와서 진행하는 무용, 음악, 연극 수업도 간간이 있긴 했지만 말이다. 우리는 일반적인 체육 수업은 따로 하지 않았다. 나는 아이들을 한 명씩 평균대에서 걷게 한다든가 훌라후프를 통과하게 한다는 생각이 불편했다. 그리고 운동 능력을 길러 주는 전통적인 수업 방식에서는 개인 활동 시간이 너무 짧다. 어른이 인솔하는 비중이 지나치게 높고 뭔가를 가르치는 티가 나는 활동은 내키지 않았다. 아이들이 나무를 타거나 자기들끼리 운동장 바닥에 동그라미를 그리고 폴짝폴짝 뛰는 놀이만 해도 운동 능력은 충분히 길러진다. 개인적으로, 아이들에게 신체 단련 코스는 없어도 되지만 지금의 학교 운동장에서보다 조금 더 위험을 무릅쓰는 놀이와 자연은 필요하다고 생각한다.[42] 나만 이렇게 생각하는 게 아니라 현재 전문가들의 의견도 비슷하다. 아이들은 살아 있는 환경 속에서 자유로이 행동할 때 체육 수업을 받을 때보다 더 나은 효과를 거둔다. 모든 것을 방부 처리하는 문화가 아이들이 뛰어노는 환경마저 매끈하게 밀어 버려서는 안 된다. 아이들은 풀밭에서 뛰고, 매달리고, 크게 다치지 않을 정도로 넘어져 보기도 해야 한다. 어른이 일방적으로 아이들에게 〈자, 이제 균형 감각을 훈련할 시간이에요. 한 명씩 이 평균대 위에서 끝까지 걸어간 다음에 저 훌라후프 안으로 뛰어내리는 거예요〉라고 지시하지 않아도 된다.

나는 그런 방법보다는 쉬는 시간에 죽마, 킥보드, 자전거 등을 타기 좋아하는 아이들에게 그런 것을 실컷 탈 수 있도록 시간을 좀 더 내어 주는 편이 낫다고 생각한다. 킥보드를 탈 준비가 안 되어 있는 아이들은 나중에 준비가 됐을 때 우리가 타는 법을 알려 주고 도와주었다. 우리는 아무것도 강요하지 않았다. 생후 10개월 아기의 운동 능력을 일부러 키워 줘야만 그 아기가 걸음마를 할 수 있나? 그렇지 않다. 아기는 그냥 내버려 뒀다가 제 발로 걸을 준비가 웬만큼 됐을 때 가끔 손이나 잡아 주고 따뜻하게 격려해 주면 자연스럽게 걸음을 뗀다.

물론, 시간표와 활동이 딱 정해져 있을 뿐 아이에게 맞춰 주지는 않는 전통적인 교육 시스템 안에서 체육 시간은 꼭 필요하다. 아이가 〈압박감을 풀고〉 다시금 자유롭게 움직이는 시간이니까. 젊은 교사들은 그렇게 확 터져 나오는 아이들의 에너지를 제어하려면 얼마나 힘이 드는지 잘 알 것이다. 하지만 자율에 근거한 교육 안에서는 아이들이 교실에서 스스로를 억압했다가 쉬는 시간이나 체육 시간에만 확 터뜨릴 필요를 별로 느끼지 않는다. 그 때문인지 우리 교실에서는 쉬는 시간에 아이가 다치거나 싸움이 나는 일이 극히 드물었다.

탄탄한 사회적 유대

하루는 어떤 기자가 이런 질문을 했다. 교사가 아이들을 개인적으로 보조하면 집단 교류가 저해되지 않느냐는 질문이었다. 나는 비슷한 질문을 곧잘 받는다. 그리고 그런 질문을 받을 때마다 충격을 받는다. 아니, 오히려 반대로 물어봐야 하는 거 아냐? 모든 아이가 동시에 똑같은 활동을 하게끔 강요하는 집단적 교육이야말로 비교와 경쟁을 조장하기 때문에 남의 입장을 헤아릴 줄 아는 사회적 연대를 방해하지 않나? 아이들이 다 같은 시간에, 다 같은 일을 해야만 〈함께〉하는 거라고 생각하는가? 물론 집단적 교육 안에서 아이들은 교류를 나눈다. 하지만 그들이 정말로 서로 연결되어 있다고 할 수 있을까? 나는 그렇게 생각하지 않는다. 개인성을 존중하지 않는 교육 상황 안에서는 아이들이 자신을 차별화함으로써 개인성을 추구하려는 경향이 있다. 이 때문에 자기를 남들과 비교할 일도 많고 판단할 일도 많다. 이와는 반대로 세상과 개인적으로 관계 맺기를 장려하면 아이들은 자기 모습 그대로 존중받는다고 느낀다. 그래서 저마다 독자적인 개인성을 실현하고 저마다 자기 리듬대로 살아가는 것을 아주 당연하게 여긴다. 이때는 누가 앞서가고 누가 뒤처지는지가 궁금하지도 않다. 모두가 자기 생긴 대로 살고, 모두가 자기에게 딱 맞는 단계에 있다. 이러한 다양성은 모두의 자기실현에 이롭다. 개인으로서 존중받으면 그다음에는 자연스럽게 타자에게 마음을 열고 타자도 있는 그대로 받아들이게 된다. 자기 존재를 확인하기 위해서 자기와 남을 그악스럽게 구분할 필요가 없기 때문이다. 아이들은 매일매일 그렇게 함께 지낸다. 그들은 저마다 자기 내면을 충분히 계발할 수 있었지만 그와 동시에 건실하고 개성 넘치는 대인 관계를 영위했다.

유치원 3년 과정을 함께 보낸 우리 반 아이 10여 명은 초등학교로 올라가 각기 다른 반에 배정되어야 했다. 학부모들이 먼저 마음 아파했다. 그들은 관계의 힘이 아이의 도덕적·사회적 자질 계발에 놀랍도록 긍정적인 효과를 미치는 것을 지켜보았다. 아이가 전혀 다른 체계에 들어가 이 모든 것을 잃게 되는 걸 바라지 않았다. 초등학교 입학을 앞둔 학부모들과 장학사가 만났던 자리가 생각난다. 장학사는 학부모들에게 아이들을 〈명문 학교〉에 보낼 준비를 하라는 식으로 말했다. 별나기 이를 데 없는 우리 반에는 참 어울리지 않는 얘기였다. 장학사는 우리 반 아이들이 그만큼 공부를, 특히 읽기를 잘한다고 부모들을 안심시키고 싶었으리라. 장학사의 걱정은 단 하나, 학부모 전원이 자녀의 월반을 요청하면 어쩌나 하는 것이었다. 그래서 월반 요청이 나오기 전에 먼저 학부모들에게 괜히 걱정할 필요 없다, 교사들이 잘하는 아이들에게는 알아서 차별화된 교육을 제공할 것이다, 아이들이 학교에서 지루해하지 않을 것이다, 다 잘될 것이다, 라는 식으로 주저리주저리 장광설을 늘어놓았다. 한 아버지가 장학사의 말을 중간에 끊었다. 그러고는 그런 건 아무래도 좋다고, 선생님들이 알아서 잘하실 것으로 믿는다고, 학부모들이 부탁하고 싶은 건 따로 있다고 단호하게 말했다. 그는 아이들이 초등학교에 올라가서도 같은 반이 됐으면 좋겠다고, 우리 학급에서의 이타적인 원동력을 그대로 가져가기 원한다고 말했다. 이 부탁은 받아들여지지 않았다. 학부모들이 몹시 분개했음은 말할 필요도 없겠다.

이듬해에 학부모들을 통해서 그 아이들은 초등학교에 올라가서도 쉬는 시간에는 늘 같이 모여서 논다는 얘기를 들었다. 초등학교에 입학하고 몇 달 지났을 때, 그중 한 여자아이가 팔이 부러졌다. 유치원 동창들이 학교 끝나면 모두 그 아이에게 가서 책가방도 들어 주고 함께 집에 갔다고 한다. 그 아이들은 같은 반도 아니면서 숙제를 도와주겠다고 나서기도 했다. 그 아이들의 관계는 여전히 굳건했고 매사에 서로 도우려는 마음이 흘러 넘쳤다.

그래서 나는 〈아이들을 개인적으로 보조하면 집단 교류가 위축되지 않나요?〉라는 질문에 그렇지 않다고 한 점 의심 없이 대답할 수 있다. 아이가 환경과 맺는 관계가 개인적일 뿐이다. 일상생활은 되레 더 집단적이다. 게다가 아이들을 개인적으로 가르치고 도와주면 진정한 인간적 만남이 이루어진다. 오히려 집단 교육이 인간 대 인간으로서의 만남을 저해한다.

어른의 해방

자율과 개별화에 바탕을 두면 아이뿐만 아니라 어른도 해방된다. 우리가 앞에서 살펴보았듯이, 어른은 아이들과 개인적이면서도 정겹고 진정한 관계를 자연스럽게 맺으려는 경향이 있다. 그런데 기존의 교실 운영 방식에서는 어른이 수직적으로 — 때로는 강제적으로 — 아이들 집단을 〈휘어잡아야〉 한다. 그러한 방식은 피곤하기도 하려니와 어른의 자발적 성향에도, 아이의 자발적 성향에도 맞지 않는다. 결국 모두가 마지못해 견디는 방식인 것이다. 아이는 자유롭지 못해 괴롭고, 어른은 아이들을 휘어잡아야 해서 괴롭다. 이 수직적이고 통제적인 운영 방식은 누구에게도 이롭지 않다. 우리가 자세를 바꾸면, 자연 법칙에 협력하기로 작정하고 자율과 다연령 학습을 도입하면 아이들이 차츰 알아서 잘 하기 때문에 속박이 별로 필요하지 않다. 나는 유치원 교사들에게 이메일을 정말 많이 받는다. 그들은 특유의 섬세한 시선과 감정으로 이 점을 증언해 준다.

9월부터 색칠 공부나 프린트를 나눠 주고 완성하게 하는 교사 주도의 수업을 모두 없앴습니다. 그러고는 확실히 알게 됐지요. 학년 초 학부모 모임에서 선생님의 학술 자료를 바탕으로 어떤 방법으로 아이들을 가르칠 계획인지 설명했습니다. 그날 모임을 마무리하면서 유치원 교사가 되고서 처음으로 학부모들의 뜨거운 박수갈채를 받아 봤네요! 그래서 의욕이 생기고 용기가 났습니다. 조금은 두렵고 걱정도 됐는데 그런 마음은 싹 사라졌어요. 지금이 2월입니다. 만 4세 아이 10명 중 4명은 이미 글을 읽을 수 있고 나머지 6명 중에서도 두세 명은 학년이 바뀌기 전에 읽기를 확실히 뗄 것 같습니다. 또한 10명 중 4명은 제법 큰 수까지 셀 수 있고 학년이 바뀌기 전에 큰 수의 덧셈도 가능할 것으로 보입니다. 사실 우리 반에는 작년까지만 해도 애가 빠릿빠릿하지 못하고 늘 풀이 죽어 보인다고 원장님이 걱정할 만큼 유치원 생활에 의욕이 없었던 여자아이가 한 명 있었습니다. 지금은 그 아이가 호기심도 제일 왕성하고 수학, 읽기, 그림 등 뭐든지 흥미를 가지고 하는 아이가 되었답니다. 작년에 우리 교사들이 〈각별히 우수하다〉고 생각했던 아이가 두 명 있는데 지금은 이 여자아이가 그 아이들도 뛰어넘었습니다. 학부모들의 호응도 제가 바랐던 것 이상입니다. 아이가 자율적이고 개인을 존중하며 호기심이 풍부해졌다고 다들 만족해합니다. 저도 개인 생활과 직장 생활이 확 달라졌습니다. 일단, 아이들에게 뭘 시킬 때의 긴장감에서 해방되었지요. 〈자, 빨리 하자〉, 〈얼른 해, 얼른〉을 하루 종일 입에 달고 살지 않아도 됩니다. 이제 〈걱정하지 마, 나중에 마저 하면 돼. 내일 와서 또 하자〉라고 말해 줄 수 있어요. 야외 학습을 어떻게 할까, 외부 강사는 어디서 부를까, 계획대로 수업을 운영해야 하는데 예기치 못한 변수가 발생하면 어쩌나, 하면서 머리를 쥐어짤 필요도 없죠. 얼마나 마음이 편해졌는지 몰라요! 누구 부모님께 부탁해서 아이들에게 외국어로 동화책을 읽어 달라고 해볼까? 너무 부담 갖지 마시고, 언제든 시간 날 때 오시면 된다고. 그 아이가 과연 주제를 소개하겠다고 나설까? 토론이 되기나 할까? 이제 그런 고민을 하지 않아도 됩니다. 아이들의 눈빛에서 느껴지는 자부심이 이 일을 계속하게 하는 힘인데 지금 저는 아주 힘이 넘친답니다!

덕분에 집에서 제 아이들과도 더 많은 시간을 보낼 수 있게 됐어요. 아이들과 더 많이 놀아 주고 시간을 느긋하게 누릴 수 있지요. 업무일지 업데이트를 하루 미루는 건 어쩔 수 없지만…… 머릿속이 가벼우니까 나중에 해야 할 일도 부담스럽지 않네요! 같이 일하는 보조교사가 참 고마워요. 저를 맹목적으로 따라주고 제가 과연 잘 하고 있는 걸까 회의에 빠질 때마다 격려해 준답니다. 그 친구도 공교육이 바뀌길 원해요. 그래서 저와 한 해 더 이런 방식으로 일해 보고 싶어 해요. 이런 수업 방식을 처음 발견하고 저에게 알려 준 남편도 고마운 사람이죠. 제가 자신 없어 할 때마다 저를 뿌듯하게 바라보는 남편의 눈빛이 큰 힘이 됩니다. 남편이 저 보고 직장 일에 시간을 너무 많이 빼앗긴다고 뭐라고 하지 않은 것도 올해가 처음이네요(아, 그렇다고 제가 교재 개발을 게을리하는 건 아니랍니다!).

오드센 방브에서, 오렐리 구르멜롱 드림

알바레즈 선생님, 선생님의 소중한 시간을 제가 좀 빼앗더라도 부디 양해해 주십시오. 하지만 선생님께서는 저의 직장 생활을 얼마나 과감하고 절묘하게 바꿔 놓으셨는지요. 그래서 선생님의 월권 행위에 대한 저의 입장을 알려 드리면 어떨까 생각했습니다. 간략하게 설명하죠. 제 나이는 36세. 철학을 오래 공부했고 10년간 여러 학교에서 기간제 교사로 일했습니다. 그러다가 2015~2016년도에 르아브르의 우선교육네트워크 유치원에서 5세 반을 맡게 되었습니다. (……) 10년이나 〈땜빵 선생〉(저속한 표현을 써서 죄송합니다) 노릇을 했으니 공교육이 사회적 결정론을 극복할 수 있는 가능성에 대해서는 거의 체념하고 있었지요……. 저는 양심적이고 성실하고 상냥한 선생님들을 정말 많이 보았습니다만 교사의 노력으로 안 되는 애들이 늘 30~40퍼센트는 있었습니다. 새 학년이 시작되고 보름 정도 지나서 선생님의 작업에 대해서 알게 되었습니다. 빵! (아직도 그 충격에서 못 벗어났어요!) 믿기지가 않았죠. 저는 〈쉽게 속지 않는 사람〉인지라 일단 〈이건 페이크다〉라고 생각했습니다. 누가 이런 데 속을 줄 알아? 어라? 진짜인가? 진짜네! 그 후, 저의 성실성과 지능이 한바탕 논쟁을 벌였고 5분 만에 결론이 나왔습니다. 이 작업을 그대로 시도해 보지 않는다면 범죄나 다름없다! 내일로 미룰 일이 아니다. 당장 해보자.

제가 이렇게 편지를 드리는 이유는 크나큰 감사를 표하고 싶어서입니다. 매일매일 우리 반에서 경험하는 은혜로운 순간들에 대해서(안타깝지만 보조교사가 없어서 증인은 저 하나뿐입니다), 생각지도 못했기에 더 벅찬 하루하루의 행복에 대해서, 매일 아침 교실로 들어오는 아이들의 기쁨으로 빛나는 얼굴에 대해서 정말로 감사드립니다.

선생님을 알게 된 후로 제 직업을 재발견했고 무슨 향정신성 약물을 맞은 것처럼 강력한 지적 행복을 느끼게 되었습니다. 네, 당연히 어떤 날은 바닥을 닦거나, 흘딱 젖은 아이들 옷을 갈아입히거나, 깨진 유리를 치워야 합니다. 고백하죠, 그럴 때는 선생님을 저주했습니다……. 하지만 얼마나 큰 기쁨이 기다리고 있는지 그때만 해도 몰랐답니다. 물론, 아직은 모든 면에서 부족합니다(예산도 없이 시작한 일이니까요). 그렇지만 선생님의 자취를 따라온 것을 후회한 적은 단 한순간도 없습니다. 너무 큰 변화를 생각하면 고맙다는 말 한 마디가 부족하게 느껴집니다. 수천 번 말해도 충분하지는 않을 테지요……. 이미 짐작하셨겠지만 선생님의 작업이 여기저기서 진짜 반향을 일으키고 있습니다. 선생님 덕분에 유치원에 희망으로 가득한 새로운 바람이 ─ 반드시 태풍이 되고 말 바람이 ─ 부는 것을 느낄 수 있다고요.

센마리팀 르아브르에서, 쥘리앵 메르탕스 드림

셀린 선생님, 저는 유치원 교사로서 몹시 힘든 한 해를 보냈습니다(만 3세, 4세 합쳐서 31명이나 맡았고 그중 한 아이는 심리 질환 수준의 문제가 있었거든요……). 개인적으로 정신 건강도 피폐한 상황이었습니다. 신앙을 잃었거든요. 그러던 중 어쩌다 선생님의 젠빌리에 실험을 접하고서 얼마나 행복했는지 모릅니다. 2016년 4월 말, 그러니까 부활절 방학이 끝나자마자 기존 방식을 다 엎어 버렸습니다. 마음이 급해서 도저히 9월 새 학년까지 기다릴 수가 없었어요.

　얼마나 큰 변화가 있었는지요! 저는 저돌적으로 밀고 나갔습니다. 아직도 10주나 함께 지낼 어린아이들의 잠재력을 더 이상은 〈망치고〉 싶지 않다고 생각했어요. 아이들은 많이 놀랐지만 모두 〈좋다는 의향〉을 보여 주었어요. 4세 아이들, 심리적 문제가 있는 그 아이도 새로운 유치원 생활에 힘을 내주었습니다.

솔직히 저는 아직도 모색 단계를 면치 못했습니다. 하지만 31명이나 되는 우리 반이 차분하고 평온한 분위기로 변한 것만은 분명합니다(얼마나 마음이 편한지요). 정말 숨통이 트인 것 같습니다.

모젤 델므에서, 엘렌 페렉 드림

어른의 자세

이러한 환경 속에서는 어른의 역할이 달라진다. 이제 어른의 주요한 역할은 아이들 무리를 〈휘어잡는〉 게 아니라 집단적·개인적 역량 계발과 학습에 적합한 조건을 만들어 주는 것이다. 어른은 아이에게 잘 맞고 지적으로 이로운 활동들을 선별하고 준비한다. 또한 아이가 청결하고 질서 잡힌 환경에서 생활할 수 있도록 살핀다. 어른은 아이의 활동을 완전히 개인적으로 뒷받침하고 아이가 좌절하지 않으면서 적당히 자극을 받을 수 있도록 활동의 난이도를 조절한다.

인지 과학은 어떤 수행 과제가 아이의 의욕을 불러일으키려면 웬만큼 난이도가 있어야 하지만 난이도가 지나치게 높으면 역효과가 난다는 것을 증명해 주었다.[43] 말이 나온 김에 덧붙이자면, 아이들은 이미 대부분 자연스럽게 자기 난이도를 찾아간다. 그들은 늘 자신의 〈근접 발달 영역〉에 가까운 활동에 끌리고 이 영역 이상으로 향하는 일은 드물다.

개별화는 어른이 아이의 개인적인 관심, 성격, 자신 없어 하는 부분과 어려워하는 부분을 파악하고 거기에 맞춰 줄 수 있게 한다. 업무일지나 도표로 아이들의 개인적인 진전을 표시해 교사의 보조를 최적화할 수도 있겠다.[44] 교사는 한 아이도 좌절하고 포기하지 않게 내버려 두어선 안 된다. 교사가 아이를 개별적으로 뒷받침해 주는 시간은 정서적인 면이 촉매로 작용하는 귀중한 시간이다. 아이는 이 시간에 존중, 사랑, 배려를 받는다고 느끼고 자신감과 자존감을 키운다. 자기가 직접 뭔가를 하니까 재미도 있고, 자기만 바라보고 믿어 주는 사람이 옆에 있으니까 약간 모험도 해볼 수 있다. 그러다가 차츰 어른을 의지할 일이 줄어들면서 아이는 독립을 획득하기에 이른다.[45]

어른은 진행을 촉진하는 사람, 친절한 길잡이가 된다. 그는 아이의 말을 듣기 위해 시간을 충분히 들여 아이의 눈높이에 자신을 맞춘다. 피타고라스는 〈아이를 도와주기 위해 무릎 꿇을 때만큼 사람의 키가 큰 때는 없다〉고 썼다. 그렇지만 어른은 아이를 안전하게 보호하고 방향을 잡아 주는 틀이라면 엄격하게 적용하는 것도 마다하지 않는다. 그래서 집단생활의 수칙은 아주 분명히 알려 주고, 건설적이지 못한 행동은 바로 그만두게끔 가르친다. 만 2세 아이들을 대상으로 한 연구는 친절한 뒷받침과 단호함이 결합된 이 태도에 교육적으로 가장 좋은 성과가 있음을 보여 주었다. 이러한 태도는 아이의 자율성을 긍정하면서도 아주 확실한 지표를 준다. 이때 아이는 개인적 균형, 주위 사람들과의 원만한 관계, 뛰어난 학업 성적을 나타낸다.[46]

어른은 아이가 어떤 활동에 쏟아붓는 집중력을 보호한다. 아이가 어떤 일을 좋아하고 주의 깊은 관심을 지속하는 동안 그 아이의 내면에서 무언가가 일어난다. 수백만 개의 시냅스로 옮겨질 수 있는 무엇이. 어른은 이 내적 형성이 중단되지 않도록 잘 살펴야 한다. 헝가리 출신 심리학자 미하이 칙센트미하이[47]는 고도의 집중을 낳고 대개 깊은 만족이 따르는 〈최적 경험optimal experience〉을 〈몰입flow〉 상태라고 보았는데, 어른은 바로 이 몰입, 이 창조적 두뇌 활동을 지켜 줘야 한다.

어른이 아이를 친절하게 뒷받침하면서 행여 무의식적으로 아이에게 〈투사〉를 하고 있지는 않은지도 돌아봐야 한다. 그러한 투사가 자기실현적 예언이 될 수도 있기 때문이다. 그 점을 입증한 로젠탈과 야콥슨의 연구[48]는 이미 대단히 잘 알려져 있다. 1960년대 말에 두 연구자는 사회경제적으로 낙후된 환경의 초등학교 한 곳을 연구 대상으로 선정했다. 이 학교 학생들은 모두 학년 초에 지능 지수 검사를 받았다. 그들은 검사 결과를 조작하여 무작위로 선발한 학생 20퍼센트에게 평균보다 매우 높은 지능 지수를 매겼다. 그러고는 이 〈가짜〉 검사 결과를 교사들에게 알렸다. 한 학년을 마무리하면서 학생들의 지적 향상을 알아보기 위해 다시 한번 지능 지수 검사를 했다. 지능 지수를 높게 책정받았던 20퍼센트의 아이들은 다른 아이들에 비해 눈에 띄는 발전을 보였다. 교사들이 이 아이들이 보통 아이들보다 머리가 월등히 좋다고 믿었기 때문에 그들을 대하는 태도도 은연중에 달라졌고, 교사의 달라진 태도가 아이의 지적 향상에 영향을 미쳤던 것이다. 요컨대, 우리의 투사에는 창조의 힘이 있다. 투사가 현실에 상당한 영향을 미친다. 투사가 긍정적으로 작용할 수도 있다. 이것을 〈피그말리온 효과〉라고 한다. 반대로 투사가 부정적으로 작용할 때에는 〈골렘 효과〉라고 할 수 있겠다. 그러므로 아이들 한 사람 한 사람에 대하여 건실하고 평온한 믿음을 최대한 유지하는 것이 중요하다.

학교에서도 가능하다면 한 교사가 여러 해에 걸쳐 아이를 보살피는 것이 중요하다. 아이가 자기를 잘 실현하려면 어른하고든 또래 친구들하고든 튼튼하고 안정적인 사회적 관계를 확보해야 한다. 해마다 헤쳐 모여를 할 게 아니다. 여러 해 연속으로 동일한 〈학급 집단〉의 혜택을 입는다면(해마다 소소한 변동은 당연히 있겠지만), 아이는 더욱 지속적인 관계들을 맺고 인지 능력과 사회성을 잘 계발할 수 있을 것이다.

최초의 자율적 행위들

아이들은 자유롭게 행동할 수 있는 이 환경 안에서 독립을 획득하는 법을 배워야 한다. 어른은 아이들이 이러한 방향으로 잘 들어설 수 있도록 최초의 자율적 행위들을 확실하게 보여 줘야 한다. 젠빌리에 유치원에서 우리 교사들은 간단한 시범을 반복적으로 보여 줌으로써 새로 난 뉴런의 경로를 강화했다. 우리는 늘 개인적으로, 정확하고 논리적으로, 말은 삼가고 시범을 보였다. 동작의 전달에 언어적인 군더더기가 끼지 않는 편이 낫다고 생각해서였다.

아이들이 아침에 혼자 실내화로 갈아 신는 법, 신발을 제자리에 정리하는 법, 활동 교구가 쏟아지지 않게 조심조심 장에서 꺼내는 법, 다 쓴 교구를 가져다 놓는 법, 매트를 말거나 펴는 요령, 교실에서 다른 아이들에게 방해되지 않게 사뿐사뿐 걷기, 자리에서 일어난 다음 의자 집어넣기, 조용조용 말하기, 화장실 다녀올 때 쾅 소리 나지 않게 문을 여닫는 법, 얌전하게 코 풀기, 어른이 다른 일에 열중해 있으면 조심스럽게 어깨에 손을 얹고서 눈을 마주친 다음에 말 걸기, 집에 갈 때 혼자 신발로 갈아 신고 실내화 정리하기 등을 우리는 몸소 시범을 보이면서 가르쳤다. 3세 아이들이 처음 유치원에 왔을 때부터 우리는 이런 것부터 제대로 가르치려고 시간과 공을 들였다.[49]

우리는 필요하다면 몇 번이라도 주저 없이 다시 시범을 보이거나, 너무 간섭하지 않는 선에서 아이들이 좌절하기 전에 잘 안 되는 부분을 조심스럽게 바로잡아 주었다. 아이가 막다른 골목에 부딪혔을 때마저 방해하지 않는다는 핑계로 혼자 내버려 둔다면 대단히 큰 잘못이다. 아이는 감당하기 힘든 어려움과 불안에 휩싸일 것이다. 결국 좌절한 나머지 그 활동을 멀리할 것이다.

그래서 마리아 몬테소리는 이렇게 썼다.[50] 〈아이가 자신의《중요한 일》에 푹 빠져 있을 때는 교사가 집중력을 존중해 주어야 하고 칭찬이나 비판도 방해만 될 뿐이니 삼가야 한다. 그런데 이 원칙을 아주 피상적으로 적용한 교사들이 참 많았다. 그런 교사들은 교구를 나누어 주고 멀찌감치 물러나 무슨 일이 일어나든 꿈쩍도 하지 않았다. 그래서 교실이 심하게 어수선해지곤 했다. (……) 한번은 아이들이 교구를 엉터리로 활용하면서 난장판을 만들고 있는 모습을 봤다. 그 학급 교사는 스핑크스처럼 입을 꾹 다문 채 조용히 교실을 왔다 갔다 하고만 있었다. 그래서 나는 그 교사에게 어린아이들을 정원에 나가서 놀게 하는 게 낫지 않겠느냐고 제안했다. 그러자 교사는 한 아이에게 다가가 뭐라고 귓속말을 하고, 또 한 아이에게 가서 귓속말을 하는 것이었다. 《지금 뭐 하시는 건가요?》 내가 물었다. 《아이들에게 방해가 될까 봐 조용히 말하는 건데요.》 그 교사는 심각한 잘못을 저지르고 있었다. 질서를 수립하려고 애쓰기는커녕 무질서를 방해할까 봐 걱정을 한단 말인가. 오직 질서만이 아이의 개인 활동을 돕는다.〉

아이가 어른의 시범 동작을 딱 한 번 보고 그대로 잘해 내지는 못할 것이다. 새로 생긴 신경 연결이 충분히 강화되어 그 동작들이 자동화되기까지는 어느 정도의 시간과 빈번한 관찰과 부단한 실천이 필요할 것이다. 카트린 게갱 박사는 이렇게 말한다. 〈경험이 반복된다는 조건 하에서 두뇌 회로와 시냅스가 강화되기까지는 5달에서 6달이 걸린다.〉[51] 요컨대, 키워드는 끈기와 내려놓기다. 어른이 시범을 보이면 아이가 금방 곧잘 따라할 거라는 생각을 내려놓아라. 아이가 잘 따라하지 못해도 짜증내지 마라. 당연한 거다. 우리가 아이에게 전달하고 싶은 태도는 — 의자를 조용히 밀어 넣는다든가, 자기 차례를 기다려 말을 한다든가 — 한 번, 두 번, 세 번 만에 획득되지 않을 것이다. 반복적인 경험과 관찰로 아이는 그러한 태도를 익힌다. 따라서 아이에게는 〈원래〉 반복적으로 시범을 보일 필요가 있다. 중요한 것은 시범을 얼마나 오래 보이느냐가 아니라 얼마나 〈자주〉 보이느냐다. 아이를 두 시간 내내 붙잡고 한 가지 요령을 가르쳐 봤자 사람만 지치고 남는 게 없다. 반면에, 잠깐이라도 다정하게 〈이렇게 하는 거야〉라고 자주 시범을 보여 주면 아이는 그 동작을 익히고 나중에는 어른의 개입 없이도 스스로 연습을 할 수 있다. 젠빌리에 유치원 교실에서 우리는 아이들이 필요로 하면 열 번, 백 번이라도 이런저런 동작들을 시범해 보여 줬다. 한 번만 알려 줘도 충분한 아이들이 있는가 하면, 그렇지 않은 아이들도 있었다.

일상적인 행위들을 이미 완벽하게 터득한 큰 아이들은 동생들 앞에서 시범 보이기를 지겨워하기는커녕 몹시 뿌듯해하고 즐겼다. 그 광경은 못내 감동적이기도 하고 우습기도 했다. 지금도 기억난다. 큰 아이들은 대부분 동생들 앞에서 열심이다 못해 자못 심각하게 시범을 보였다. 간단한 동작도 잘 못하는 어린 제자들을 가르칠 때면 큰 아이들이 놀랄 만큼 인내심을 발휘했던 것도 기억난다. 어떤 동생들은 친절한 형의 관심을 받고 싶어서 일부러 동작이 잘 안 되는 척했다. 그러면 형은 그런 수작을 까맣게 모른 채 또 친절하게 가르쳐 주었다. 서로 나이가 다른 아이들끼리의 상부상조는 학습에 아주 이롭다. 아이들이 더 빨리 자율을 획득하거니와, 잘 안 풀리는 부분이 있으면 언제나 비슷한 눈높이에서 가르쳐 주는 25명의 꼬마 교사들을 동원할 수 있다. 어른 한 사람이 25명 이상의 아이를 혼자 다 맡아서 수시로 한 명씩 붙잡고 시범을 보여 주기는 어렵지 않은가.

어린아이가 혼자 힘으로 앞치마를 벽에 걸거나 매트를 말기 힘들어할 때 우리는 좀 더 능숙한 친구들에게 싹싹하게 도움을 청하라고 권했다. 그러면 아이는 형들에게 쭈뼛쭈뼛 다가가 다 기어들어 가는 목소리로 겨우 말을 건네곤 했다. 이 때문에 처음 몇 번은 어른이 아이와 함께하면서 도움을 청하는 요령을 가르쳐 주어야 했다. 우리는 도움을 구하는 태도가 싹싹하고 세련되고 다정한 것이 되게끔 주의를 기울였다. 「술레이망, 나 매트 정리하는 것 좀 도와줄래? 혼자서는 잘 못 하겠어.」 처음에 동생들은 어색해서 몸을 비비 꼬다가 손가락으로 매트(자기 혼자 감당하기 힘든 물건)를 가리키는 게 고작이었다. 그러면 큰 아이들은 선생님이 곧 제대로 똑똑히 부탁하는 법을 가르쳐 주겠구나, 짐작한다는 듯이 빙그레 웃었다. 물론 아이가 그것을 할 수 있다면 말이다. 우리는 아이가 부탁을 아직 할 줄 모르거나 굳이 부탁하고 싶어 하지 않으면 절대로 강요하지 않았다. 시간, 자신감, 친절이 쌓이고 쌓여 나중에는 분명히 할 수 있을 터였다.

정돈된 공간

아이들이 공간 안에서 자기 위치를 파악하고 방향을 잡을 수 있어야 자율성이 수월하게 자리를 잡는다. 그렇기 때문에 어른은 아이들에게 정돈된 공간을 제공할 소임이 있다. 어른은 아이들이 사용할 공간을 순리에 맞게 정비해야 한다. 젠빌리에에서 우리는 언어, 수학, 지리, 감각 발달, 조형 예술 및 조형 활동에 걸맞게 공간을 분리할 필요성을 느껐다. 공간을 그렇게 배치하는 것이 아이들에게 적합하고 이 환경을 이해시키기에도 편리했다. 우리는 각 영역에 키 작은 장을 두고 활동 교구는 반드시 제자리에 비치했다. 또한 활동 교구는 난이도가 낮은 것에서 높은 것 순서로 정리했다. 왼쪽 끝에 가장 기초적인 활동 교구들이 있었고 오른쪽으로 갈수록 활동이 복잡해졌다. 따라서 교구가 놓여 있는 자리만 봐도 활동 난이도를 쉽게 예측할 수 있었다. 아이들도 자기가 교실 전체 공간에서 어느 영역에 있는지, 또한 그 영역 안에서는 어디쯤 있는지 금세 파악했다. 자기가 선택한 활동이 다른 활동에 비해 난이도가 어떠한지도 바로 알 수 있었다.

그다음으로는, 교실에 비치되는 활동 교구들은 꼭 필요한 것만 남기려고 애썼다. 꼭 필요하지 않다 판단되는 활동 교구는 바로 치웠다. 이러한 명료성은 수행 과제의 신속한 이해, 활동을 마친 후의 교구 정리, 좀 더 자율적인 태도에 두루두루 도움이 되었다. 우리는 명료하게 정돈된 환경이 자율성뿐만 아니라 아이들의 정성이나 질서 감각과도 직결된다는 것을 알았다. 청결하고 순리에 맞게 정돈된 아름다운 환경을 제공하면 아이들도 그 환경을 잘 지키고 싶은 마음이 우러난다.

질서는 논리적 사고력, 기억력, 계획 능력, 인지 유연성 계발에도 도움이 된다(이 기본적인 능력들은 이 책 3장에서 자세히 다룬다). 아이들은 사물과 그것의 위치를, 사물과 그에 관련된 활동을 함께 〈기억〉해야 한다. 또한 순서가 헝클어지지 않게 행동하기 위해서 〈계획〉을 해야 하고, 혼란이 빚어졌을 때에는 〈모든 것이 제자리로 돌아가게끔〉 행동을 〈재편〉해야 한다.

교사들에게 가장 논리적이고 가장 정리된 상태를 찾을 때까지 교실의 배치를 몇 번이고 바꿔 보라고 권하고 싶다. 설령, 학년이 진행되는 중이라고 해도 필요하다면 바꿔야 한다. 젠빌리에에 부임한 첫해에는 아이들이 귀가한 후 교실 배치를 수정한 날만 열흘쯤 되는 것 같다. 우리는 가장 적합해 보이는 교실 상태를 찾을 때까지 그렇게 했다. 낮 동안에 아이들의 움직임과 행동을 관찰하다 보면 이 물건은 저쪽으로 옮겨야겠구나, 저 물건은 치워야겠구나, 하는 식으로 공간 개편에 요긴한 정보들이 생겼다. 교실은 필요하다면 언제라도 재배치되었다.

우리는 고도로 뛰어난 밑 배선을 타고나는 까닭에 세계 최고의 인공지능 개발자들도 감히 흉내 못 낼 강력한 학습 메커니즘을 활용할 수 있다. 그러나 우리는 생물학적 관점에서도 고도로 뛰어난 존재들이기에 우리의 지능 발달은 우리가 살아가는 환경에 조건화된다. 우리가 한창 세상을 자양분 삼아야 할 시기에 세상과 격리된다면 우리가 타고난 자질은 환경적 요인들에 부딪혀 나가떨어진다. 학습이 프로그래밍되어 있는데도 중대한 인지 행동 결핍 상태에 처하고 마는 것이다.

아이들과 그들이 내는 결과에만 주목하는 자세를 버리자. 그보다는 아이들이 성장하는 환경을 평가해 보자. 주변 환경이 과연 한창 발달해야 할 인간 정신에 충분히 자양분이 될 만한가? 열광, 의욕, 너그러운 태도를 유발할 만한 환경인가? 환경이 적절한 뒷받침을 제공하고 인간적인 만남, 의미, 휴식, 호의에 이롭게 작용하는가? 구체적이고 통합적이며 구미를 당길 만한 방식으로 인류의 문화를 접하게 하는가? 아침부터 저녁까지 일관되게, 정확하고 명쾌하며 세련된 언어를 접하게 하는가? 어린아이를 둘러싼 환경이 정말로 꿀벌 유충에게 주어지는 로열 젤리에 비유할 만한가? 이런 물음들을 제기해 보는 것이 중요하다. 세상에 태어난 지 얼마 안 된 인간의 뇌가 지닌 엄청난 가소성은 크나큰 기회인 동시에 크나큰 약점이다. 아이의 지능은 세상과 더불어 형성된다. 긍정적 경험이든 부정적 경험이든, 경험은 매번 중요하다. 그래서 사회적 명령이 필요하다. 아이들이 가급적 최선의 환경에서 자라고 최악의 환경은 피할 수 있게끔 어른들이 책임을 져야 한다.

그동안 우리의 교육 프로그램은 어설프게 아이들에게 지식을 주입하려 했을 뿐, 환경의 중요성도 아동의 지능 형성을 지배하는 자연 법칙도 고려하지 않았다. 하지만 이 법칙은 우리에게 가장 중요한 것을 드러낸다. 아이를 우리가 정말로 〈가르칠〉 수는 없다. 아이가 독자적 경험으로 자기 지능을 혼자 만들어 나가는 것이다. 우리는 이 지능 형성을 옆에서 보조할 수 있을 뿐이다. 따라서 〈능동적 교육〉이라는 말은 중복 표현에 지나지 않는다. 교육이라고 부를 만한 〈교육〉 중에서 아이가 〈능동적으로〉 참여하지 않아도 가능한 것은 어차피 없기 때문이다. 사람은 내적 동기에서 스스로 참여한 활동으로 배운다. 이런 면에서 학교는 길을 잘못 들었다. 갈릴레이의 동시대인들이 내키지 않는 마음으로 천문학의 기초를 돌아보고 결국은 지동설이라는 성가신 진실을 받아들여야만 했던 것처럼, 우리는 지금 아동에 대해서 밝혀진 진실들을 기반 삼아 우리의 교육 모델 전체를 다시 돌아보아야 한다. 이 사안은 긴급하다. 지금도 빼어난 재능을 타고났으나 경험과 지식에 목마른 세대들이 우리가 알지 못하는 다른 시대에서 유래한 이 성소들 안에 갇혀 있기 때문이다. 지금도 그들은 너무 좁은 교실에서 지루해하면서 작은 창으로 현실 세계를 바라보고 역동적이고 살아 있으며 복합적인 탐색을 꿈꾼다.

2
아이의 배움을 어떻게 도울까

아이는 뛰어난 가소적 지능 덕분에 감각 경로를 통하여 엄청난 양의 정보를 축적한다. 따라서 감각 지각에 정확성을 높이는 효과적인 활동들을 아이에게 제안해 주면 매우 도움이 될 것이다. 시각, 후각, 청각, 미각, 촉각이 좀 더 예리해지게끔, 또한 자기가 감지하는 모든 것을 〈명명할〉 수 있게끔 이끌어 주자. 서로 다른 색감들, 서로 다른 성질들 (두껍다/얇다, 길다/짧다, 작다/크다 등), 서로 다른 질감(우툴두툴하다, 매끄럽다, 비단결 같다, 보드랍다 등), 서로 다른 소리(저음/고음, 선율을 이루는 음표들), 다양한 냄새와 맛을 구분하고 표현하게 하자.

우리 반에서도 감각 교구를 이용한 활동을 많이 했다. 그러한 교구 중 일부는 프랑스 의사 장 이타르가 고안한 것으로, 그의 제자 에두아르 세갱의 손에서 좀 더 발전되었고 다시 마리아 몬테소리를 통해 보완되었다. 몬테소리는 1946년 런던 강연[1]에서 이렇게 말했다. 〈빨간 막대 자체는 5000년도 더 된 것입니다. 내가 연구를 시작하기 100년 전에도 쓰였고요.〉 그녀는 또 이렇게 말한다. 〈분홍색 탑 모양도 내가 실험을 시작하기 50년 전부터 인지 검사에 활용되었습니다. (……) 내 힘으로 이런 훈련을 고안한 게 아닙니다. 나는 기존에 있던 것을 취하여 어린아이들에게 시험해 보았습니다. 아이들이 장시간 상당한 관심을 유지하면서 이 교구를 사용하는 모습을 볼 수 있었습니다.)[2]

이 감각 교구는 아주 단순하고 아이에게 적합한 색상과 크기를 지니기 때문에 아이의 관심을 건설적인 활동으로 유도하기에 용이하다. 그렇지만 비슷한 조건을 제공할 수 있는 여타 활동도 많이 있을 것이다. 따라서 아이의 관심을 유발하고 세상을 이해하는 데 도움이 될 만한 조건들을 망라하는 다른 활동이 있으면 그쪽을 선택하는 것은 자유다. 여러분의 관심을 우리가 여기서 간략하게 소개하는 교구들에만 — 꼭 그럴 필요가 없음에도 불구하고 — 한정하지 않도록 주의해야 한다. 마리아 몬테소리가 그러했듯이 이러한 교육적 유산을 그 자체가 목적인 양 생각하지 않고 흥미로운 출발점으로 삼는 것이 중요하다.[3] 요컨대, 그러한 유산을 얼마든지 우리 시대에 맞게, 우리가 상대하는 아이에게 맞게 조화시킬 수 있다. 교구는 〈수단〉일 뿐이다. 중요한 것은 아이, 아이의 성격, 아이의 리듬, 아이의 욕구다.

두뇌의 민감도가 아주 높은 이 시기에 지리, 음악, 기하학, 수학, 읽기와 쓰기 등 〈문화적인 앎을 명확히 할 수 있게〉 기회를 마련해 주는 것도 중요하다. 아이들은 이미 직감하고 있는 이러한 앎을 어른들 옆에서 살아가면서 조금씩 계발할 것이다. 우리도 교실에서 읽기-쓰기 활동은 물론, 수학, 음악, 지리 관련 활동을 제안했다. 이 분야에서도 나는 장 이타르, 에두아르 세갱, 마리아 몬테소리가 수십 년에 걸쳐 계발한 교구와 활동을 선택했다. 그러한 교구와 활동이 실제로 아이의 주의력을 집중시키고 효과적으로 유도하는 조건들을 마련하여 분명하고도 구체적인 진전, 야심적이면서도 긍정적 자극이 되는 진전을 끌어낸다고 판단했기 때문이다.

1 감각 지각 다듬기

내가 선택한 감각 교구에는 활동에 따라서 탐구하고자 하는 성질을 하나씩 〈분리해〉 살필 수 있다는 장점이 있다.

예를 들어, 길이의 차이를 파악하고 구분할 때 사용하는 교구는 빨간 막대다. 길이만 서로 다른 빨간 막대 10개가 한 묶음이다. 가장 짧은 막대는 10센티미터이고 가장 긴 막대는 1미터다. 이 막대들은 색깔만 똑같은 게 아니라 질감도 똑같다. 그때그때 달라지는 변수는 막대의 길이밖에 없다. 따라서 아이의 주의력은 길이의 차이로 집중·유도되고 다른 감각적 변화에 방해를 받지 않는다.

마찬가지 맥락에서, 색깔 학습용 교구는 아이의 주의력을 오로지 색깔의 변화에만 집중시킨다. 색판은 색깔만 빼고 질감이나 크기는 다 똑같기 때문이다. 도, 레, 미, 파, 솔, 라, 시, 도 소리가 나는 여덟 개의 작은 종도 동일한 원칙을 바탕으로 구상되었다. 모든 종은 모양과 크기가 비슷하면서 서로 다른 음이 난다.

이렇게 감각 발달 활동들은 대개 한 번에 한 가지 특질만 부각시킨다. 이 인지적 명료성은 근본적으로 중요하다. 그 이유는 현재 뇌가 한꺼번에 두 가지 정보를 처리하지 못한다는 사실이 알려져 있기 때문이

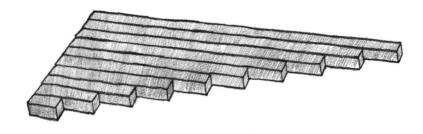

빨간 막대들이 아이의 주의력을 길이의 차이에 집중시킨다. 아이는 막대 길이에만 신경을 쓰면 되기 때문에 구별 능력을 방해받지 않고 이중 과제를 수행하지도 않는다.

다. 한꺼번에 여러 정보가 도달할지라도 뇌는 이것들을 하나하나 처리하는데, 뇌의 정보 처리 속도는 갈수록 느려지고 심하게는 변질된다. 주의력 분산이나 이중 과제를 미연에 방지하는 교구의 〈인지적 명료성〉은 최적 학습 경험의 조건들 중 하나다.[4] 따라서 이러한 인지적 명료성을 고려하여 활동과 교구를 선택하는 것이 중요하다.

짝짓기와 단계 구분하기

지각 능력을 연마하려면, 다시 말해 더 잘 보고 더 잘 듣고 더 잘 느끼는 방향으로 나아가려면, 아이들이 감각을 두 방향으로 사용할 수 있어야 한다.

1. 〈단계적 변화〉를 실감할 수 있어야 한다. 가령, 빨간 막대들의 길이 비교 활동이 그렇다. 만약 아이들의 색깔 교구 활동을 선택한다면(그리고 그 색깔이 파란색이라면) 가장 흐린 파란색에서 가장 진한 파란색까지 단계적으로 배치하게 될 것이다. 단계 구분하기 활동은 아이들이 시각적 관찰을 더욱 섬세하게 연마하고 외부 세계를 〈더 잘 보게〉할 것이다.

2. 교구에 따라 다르겠지만 사정이 허락한다면 아이가 단계적 변화를 파악하기 전에 〈짝짓기〉부터 해보게 하자. 동일한 성질을 가진 요소들을 두 개씩 모아 보는 활동이다. 단계적 변화는 좀 더 섬세한 구분 능력을 요하기 때문에 그 사전 단계에서 아이의 지각 능력을 발달시키기에는 짝짓기 활동이 안성맞춤이다. 가령, 색판 교구로 짝짓기를 하면 어떨까. 아이는 기본색(빨강, 파랑, 노랑) 색판을 두 개씩 모으는 것부터 시작해서 주황, 초록, 보라, 갈색, 회색, 검정, 흰색 등의 다른 색깔들로 차츰 나아간다. 색판은 크게 9가지 색으로 나뉘지만 아이는 농도 단계가 서로 다른 63개 색깔을 다 익히게 될 것이다. 이때 아이는 126개 색판으로 63쌍을 만들 수 있다.[5]

지각의 명명은 3단계 학습으로

색깔 놀이처럼 어떤 활동들이 자연스럽게 새로운 어휘를 끌어들일 때, 우리는 에두아르 세갱의 3단계 학습 원리라는 형식에 입각하여 그런 어휘들을 가르쳤다. 교사라면 누구나 이 3단계 학습 원칙을 알아야 한다. 이렇게만 하면 아이가 새로운 낱말 두세 개를 배우자마자 좀체 잊지 않게 되기 때문이다. 색상명을 예로 들어 보겠다.

1. 첫 단계는 〈이름 부르기〉다. 어른이 손가락으로 색깔을 가리키면서 색깔 이름을 말해 주고 아이에게 따라하게 한다. 우리는 빨간색 색판을 가리키면서 〈빨강〉이라고 했고 아이는 〈빨강〉 하고 따라했다. 그다음에는 파란색 색판을 가리키면서 〈파랑〉이라고 했고 아이가 〈파랑〉이라고 할 때까지 기다렸다. 〈노랑〉도 같은 방식으로 색깔 이름을 알려 주었다. 이렇게 아이가 지겨워하지 않게끔 잠시 동안만 반복적으로

삼원색의 이름을 부르게 한다.

2. 두 번째 단계는 〈지시하기〉다. 우리가 아이에게 〈노란색이 어느 거야?〉 하고 물어보면 아이는 노란 색판을 손가락으로 가리켰다. 그러면 우리가 〈맞아, 그게 노란색이야〉 하고 그 색깔의 이름을 다시 한번 확인해 준다. 그다음에 또 잠시 놀이하듯이 이미 이름을 가르쳐 준 다른 색깔들을 차례로 짚어 보게 한다. 이 단계에서 아이는 스스로 어떤 사물 혹은 개념을 명명하지는 못할지라도 이미 그 지시 대상과 이름을 연결하기 시작한다. 이 두 번째 단계가 첫 단계나 마지막 단계보다 조금 길어야 새로 배운 어휘가 아이의 기억 속에 잘 남는다.

3. 마지막 단계는 〈확인하기〉다. 아이에게 빨간색 색판을 가리키면서 〈이게 뭐야?〉라고 물어본다. 앞의 두 단계가 충분히 잘 진행되었다면 아이는 신이 나서(때로는 거의 고함지르는 수준으로) 〈빨간색!〉이라고 대답할 것이다. 다른 두 색깔도 같은 방법으로 확인한다. 새로운 어휘가 습득되었다는 판단이 설 때까지 책상 위의 색판을 바꿔 가면서 (그래야 재미있고 덜 지루하다) 이 세 번째 단계를 반복한다.

이 세 단계의 연장선상에서 아이들과 재미있게 놀아 보아도 좋겠다. 아이들 중 한 명에게 눈을 감으라고 한다. 그사이에 책상 위의 색판들 중 하나를 감춘다. 아이에게 눈을 뜨라고 한 다음 〈내가 뭘 감췄게?〉하고 물어본다. 그러면 아이는 진지한 얼굴을 하다가 문득 환한 얼굴로 대답한다. 「빨간색! 셀린이 빨간색을 숨겼어!」 나중에는 세 가지 색판을 늘어놓고 아이에게 아는 색깔 이름들을 말해 보라고 했다. 바로어제 3단계 학습으로 삼원색 이름을 다 배웠지만 아이는 그중 두 개밖에 기억이 안 날 수도 있다. 그러면 잊었던 이름도 기억하는 두 이름과 함께 짚고 넘어갈 기회가 생긴다. 아이들은 자발적으로 이 색판 숨기기 놀이를 친구들과 함께 하곤 했다. 그래서 우리가 굳이 시키지 않아도 자기들끼리 색깔 이름을 익힐 기회가 많았다. 색깔 이름을 아직 모르는 아이들이 이 놀이를 하는 모습을 본 적이 있다. 이 아이들은 어떤 색판이 없어졌는지는 눈을 뜨자마자 단박에 알았지만 색깔 이름을 몰라서 대답을 못 했다. 그러면 아이는 약이 올라서 친구에게 물어본다. 「네가 지금 감춘 색깔 이름이 뭐야?」 친구가 답을 가르쳐 주면 아이는 바로 그 낱말을 써서 대꾸했다. 「초록색! 그래, 너 초록색 감췄어!」

가끔은 전체 모임 시간에 아이들에게 주요한 색깔들의 이름을 물어보기도 했다. 한두 번 묻고 끝나는 짧은 시간이지만 나는 이런 기회를 수시로 가졌다.[6] 나는 아이들에게도 분명히 말해 두었다. 「여러분이 색깔 이름을 전부 알았으면 좋겠어요. 이건 아주 중요한 거예요.」 그래서 아이들은 색깔 이름을 배울 때 진지하게 집중했다. 내가 이런 식으로 어느 한 요소의 중요성을 강조하면 아이들은 더 빨리 배웠다. 실제로 내가 구사하는 말투가 아이들을 격려하면서도 평소보다 자못 진중해지면 아이들은 내 말투로부터 〈여기엔 집중해야 한다〉라는 공공연한 사회적 신호를 포착했다. 이렇게 아이들이 중요성을 의식하는 요소는 기억에도 더 잘 남는다. 이 책 1장에서 이런 유의 분명한 사회적 신호(음성, 눈빛, 가리키기)가 없으면 아이들이 환경 속에서 중요하게 배워야 할 요소를 눈앞에 두고도 놓치게 된다고 설명했다.[7] 반대로 내가 신경 써서 제시하고자 했던 것과 같은 명백한 지표가 있으면 아이들은 중요한 요소를 더 잘 받아들인다. 물론, 나의 강조점이나 아이들의 주의력이 퇴색될 위험도 있기 때문에 전체 모임 때마다 이런 식으로 뭔가에 힘을 주지는 않았다. 그래서 우선적으로 강조할 필요가 있는 요소들을 선별해야 했고, 때로는 기존에 학습한 것이 충분히 소화될 때까지 몇 주씩 기다렸다가 아이들의 주의력을 새로운 요소로 끌어당기기도 했다.

더 잘 보기

우리는 아이들이 그들의 눈으로 세상을 좀 더 섬세하게 지각할 수 있도록 다양한 활동을 제안했다. 색판 활동, 빨간 막대 활동도 이 범주에 들어가기는 하지만 우리가 이러한 목적에서 2세 반~3세 아동에게 맨 먼저 제안하는 활동은 〈원통 끼우기〉였다. 이 활동은 〈기계적〉 실수 통제를 제안하고 아동의 주의력과 시각의 정확성을 높여 주기 때문에 실수를 바로바로 깨닫고 통제하기 힘든 (빨간 막대 활동을 비롯한) 다른 활동들보다 먼저 하는 것이 좋다.

　원통들을 홈에 끼우게 되어 있는 상자가 4개 한 세트다. 이 4개의 상자는 각기 10개 원통의 단계적 변화(지름의 크기, 원통의 높이)를 나타낸다. 핵심은 아이가 홈에서 원통을 꺼내 보아야만 원통과 홈의 상관관계를 알 수 있다는 것이다. 이 활동의 목표는 어린아이들이 미묘하게 다른 크기들(지름, 높이)을 정확히 지각하는 능력을 계발하여 그들을 둘러싼 세상도 더 〈잘 보게〉 하는 것이다. 이로써 아이들의 눈은 예리해진다. 우리는 상자를 한 개만 골라서 홈에서 원통을 하나씩 빼면서 아이에게 보여 주었다. 홈에서 뺀 원통들을 탁자에 한데 놓아두고 아이에게 그것들을 다시 홈에 끼워 보라고 했다. 혼자 힘으로 상자하나를 다 끼울 수 있으면 ― 4개 중 어느 상자인가는 별로 중요치 않다 ― 그다음에는 상자 2개의 원통들을 다 빼서 한데 섞었다가 다시 끼우게 했다. 이때 아이는 서로 다른 20개의 원통과 20개의 홈을 제대

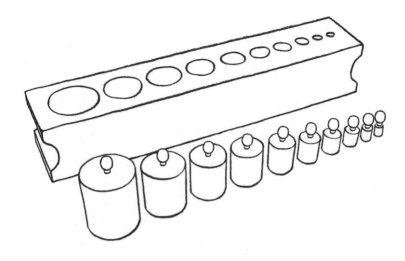

원통 끼우기 활동. 원통들은 크기 차이가 미미해서 이 활동은 상당한 섬세함을 요한다.

로 연결 지어야 한다. 세 살 아이에게는 결코 만만찮은 활동이다. 이 활동도 잘할 수 있게 되면 상자를 3개로 늘린다. 이제 30개의 원통을 30개의 홈에 제대로 끼워야 한다. 마지막으로, 4세 전후의 아이는 자연스럽게 상자 4개짜리 활동에 도전하여 40개 원통을 40개 홈에 제대로 끼우려고 노력할 것이다.

4세 아이라고 해도 이 과제가 엄두가 안 나서 좌절하는 경우가 있을 수 있다. 하지만 이런 아이들도 조금만 도와주고 격려해 주면 자신감을 되찾을 것이고, 결국은 마지막 원통까지 홈에 끼우고 나서 자랑스럽게 미소 지을 것이다. 어떤 원통들은 크기 차이가 아주 조금밖에 나지 않기 때문에 이 활동은 상당한 섬세함을 요한다. 나조차도 이 교구를 정리하다가 원통을 엉뚱한 구멍에 끼우는 실수를 곧잘 할 정도니까. 자동적으로 원통들을 주르르 끼울 수 있는 게 아니라서 어른인 나도 정신 차리고 크기를 잘 살펴야만 했다. 그러니 다섯 살짜리 아이들에게는 꽤 어려운 도전 과제가 아니겠는가.

그렇지만 목표를 아주 높게 잡았던 세 살배기 남자아이도 있었다. 그 아이는 상자 한 개 끼우기도 아직 못하면서 처음부터 상자 세 개, 네 개를 다 꺼내 놓고 원통 끼우기를 하고 싶어 했다. 그래서 허구한 날 매트에다가 상자 두세 개의 원통들을 한꺼번에 뽑아서 흩어 놓곤 했다. 나는 그 아이에게 자주 이렇게 말했다. 「있잖아, 내 생각에는 먼저 한 개를 성공시키고 그다음에 두 개에 도전하면 좋을 것 같아.」 그러고 나서 내가 원통 끼우기 상자를 한 개만 남기고 나머지는 교구장에 가져다 놓았더니 아이는 실망한 표정을 지었다. 잠시 뒤 아이는 내가 눈을 떼자마자 다시 상자를 더 가지러 갔다. 나는 그 모습을 보았지만 잠시 내버려 두고 지켜보았다. 하지만 홈에 끼우지 못한 원통들이 제멋대로 굴러다니는 바람에 다른 친구들이 넘어질 뻔했으므로 나는 다시 상자를 정리하려고 일어섰다. 그때, 이러한 사정을 며칠째 지켜보고 있었던 안나가 나에게 가만히 있으라고 신호를 보냈다. 나는 아이가 자기 수준에 맞지 않는 난이도를 선택했기 때문에 그대로 내버려 두는 것은 아이에게 도움이 안 된다고 생각하고 있었다. 그런데 웬걸, 그게 아니었다. 상자를 빼앗으면 아이가 심하게 저항할 것 같았고 안나도 나에게 잠시 지켜보라고 했기 때문에 나는 일단 아이를 내버려 둔 채 원통이 매트 밖으로 굴러가지 않는가만 살폈다. 아이는 자기 하던 일에 다시 열중했고, 그 상태가 3주간 매일 아침 이어졌다. 드디어 진전이 보였다. 하루는 그 아이가 매트에 원통 끼우기 상자 4개를 가져와서 40개의 원통을 다 뽑아 놓더니 자신 있게 하나씩 쓱쓱 도로 끼우지 않겠는가. 나는 그 연령대 아이가 상자 4개를 그렇게 쉽게 해결하는 모습을 한 번도 보지 못했다! 다시 한번 말하지만 그렇게 만만한 활동이 아니다.

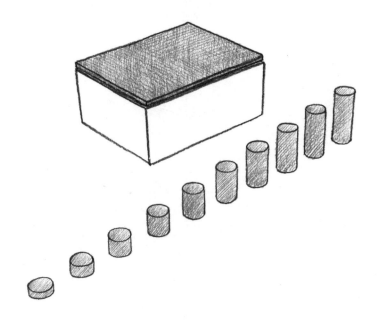

단계적으로 배치한 원통들. 아이는 이렇게 원통을 한 줄로 쭉 세울 수도 있고 탑처럼 수직으로 쌓을 수도 있다.

이 일화가 나에게 일깨워 준 것이 두 가지 있다. 일단, 교사는 겸손한 자세를 지키면서 아이가 스스로 정한 목표를 존중해 주어야 한다. 그 목표가 우리 눈에는 터무니없어 보일지라도 말이다. 아이가 손을 놓으면 모를까, 끈질기게 자기 야망을 밀고 나가는 동안은 우리도 아이가 끝까지 갈 수 있게 내버려 두어야 한다. 둘째, 우리가 유치원 아이들에게 일반적으로 권하는 활동, 가령 몇 조각 되지도 않는 퍼즐 맞추기나 말뚝에 고리 걸기 등은 아이들의 지능을 심히 과소평가하고 있는지도 모른다.

앞에서 언급했듯이 이렇게 보는 눈을 키우는 활동에는 〈기계적〉 실수 통제력을 길러 준다는 장점이 있다. 아이가 만약 원통을 원래 끼워야 할 홈보다 큰 홈에 끼우면 틈이 조금 남아 헐겁기 때문에 바로 실수

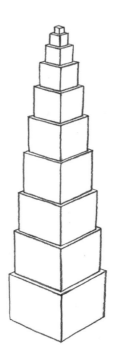

단계별로 쌓아 올린 분홍 탑.

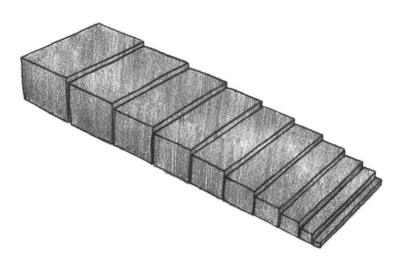

열 개를 단계별로 붙여서 완성한 갈색 계단.

를 깨닫고 다른 홈으로 이동시킬 것이다. 이 실수를 바로 깨닫지 못하더라도 나중에 홈보다 큰 원통이 하나 남으면 자기가 수행한 과정에 실수가 있었음을 알 수 있다. 아이는 인상을 쓰겠지만 조금만 끈기를 발휘하면 스스로 어디가 잘못됐는지 알아차릴 것이다. 이렇게 기계적으로 실수를 통제할 수 있기 때문에 아이는 자신의 잘못된 예측을 바로잡고 그 활동을 어른의 도움 없이 완벽하게 해낼 때까지 반복할 수가 있다.

아이가 시각적 분별력을 충분히 연마했다 싶으면 상자 없이 원통들만 가지고 단계 구분하기 활동을 해도 좋다. 이때에는 홈에 끼워 확인하는 절차 없이 자신의 관찰력만으로 실수를 알아차려야 한다. 아이들은 이 활동을 꽤 좋아할 것이다.

그다음에는 세 가지 교구 ― 분홍 탑, 갈색 계단, 빨간 막대 ― 로 아이의 아직 여물지 않은 시력에는 다소 까다로운 단계 구분하기 활동을 난이도를 달리해 가면서 할 수 있다. 여기서의 실수 통제는 시각적인 것이다. 아이는 교구를 가지고 놀다가 차츰 저 혼자 실수를 깨닫게 된다. 바로 그 점 때문에 이 세 가지 교구는 크기가 제법 되고 크기 차이도 눈에 잘 띈다.

정육면체 모양의 분홍 탑은 어느 면을 보더라도 크기 차이를 지각할 수 있기 때문에 활동하기가 쉽다. 정육면체들은 별로 다르지 않지만 크기가 조금씩 다르다는 것만은 쉽게 인지된다.

갈색 계단은 분홍 탑보다 조금 어렵다. 계단의 가로에 해당하는 길이의 변화가 없기 때문이다. 따라서 계단의 높이와 각 단의 폭이라는 두 측면만 달라지는 이 도형들의 차이를 아이들은 빨리 알아차리지 못할 수도 있다.

마지막으로, 빨간 막대 단계 구분하기는 어린아이들에게 상당히 어려운 활동일 수 있다. 막대들의 밑면은 모두 일정한데 오로지 길이만 다르기 때문이다. 어른은 이 활동이 더 쉽다고 생각할지 모르지만 놀랍게도 아이들은 실제로 길이라는 한 가지 측면의 차이만 있는 이 교구 활동을 (분홍 탑이나 갈색 계단보다) 어려워한다.

우리는 아이들과 이러한 교구 활동을 하면서 가로, 정육면체, 막대, 길다, 짧다, 넓다, 좁다, 높다, 낮다 등의 정확한 명칭과 형용사를 사용하려고 노력했다. 1장에서도 재차 강조했듯이 정확한 언어 사용은 우리가 모든 활동과 대화에 적용하는 일반 원칙이었다. 사물들과 다양한 개념들이 최대한 적확하게 명명되게끔 신경을 썼다. 아이들도 의외로 이런 언어를 좋아할 것이다. 세상을 더 제대로 명명하고 소통하려는 아이들의 욕구를 〈유식한〉 어휘가 채워 준다고나 할까.

더 잘 듣기

우리는 아이들의 청각적 지각을 연마하는 활동들도 제시했다. 처음에는 빨간색과 파란색 소리상자를 이용하여 서로 다른 소리들의 배열을 동일하게 두 번 들려준다(소리상자 안에는 고운 모래, 아주 작은 돌, 혹은 다양한 종류의 곡물 알갱이들이 들어 있다). 아이들은 처음 들었던 소리 배열과 두 번째 듣는 소리 배열에 〈숨겨진〉 같은 소리를 찾아서 짝을 지어 본다. 그다음에는 소리상자를 한 개만 써서(빨간색이나 파란색) 강한 소리에서 약한 소리 순서로(혹은 역순으로) 단계 구분하기 활동을 한다.

아이들은 두 세트의 다장조 음계에 해당하는 작은 종들을 가지고 청각을 좀 더 예리하게 다듬는 활동도 했다. 두 세트의 종들을 한데 뒤섞

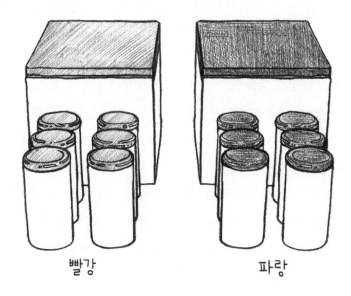

빨강　　　　　　　　파랑

아이들은 〈귀로〉 소리를 듣고 빨간색 상자 속의 소리와 파란색 상자 속의 소리를 같은 것끼리 짝짓기할 수 있다.

어 놓는다. 〈도〉 음이 나는 종 2개, 〈레〉 2개, 〈미〉도 두 개…… 이런 식이다. 그 후 종을 흔들어 소리를 듣고 같은 음이 나는 종끼리 짝을 짓는다. 아이들은 한 세트의 종 8개를 매트 위에 아무렇게나 섞어 놓고 〈도, 레, 미, 파, 솔, 라, 시, 도〉 음계를 재구성하는 활동도 아주 좋아했다. 이 활동은 가장 낮은 음에서 가장 높은 음까지 단계적으로 배열하기에 해당한다.

　그렇지만 반드시 〈도〉를 먼저 찾아서 시작해야 할 필요는 없다. 이 단계에서 중요한 것은 아이가 어떤 음을 듣고 그 음과 같은 음을 감지해 내는 훈련이다.

촉감으로 더 잘 느끼기

아이들은 교구 활동으로 촉각도 단련했다. 눈을 안대로 가린 채 어떤 직물 조각을 손으로 만져 보고 촉감만으로 매트에 놓여 있는 천 조각들 중에서 가장 비슷한 것을 찾는 활동이다. 아이들은 이 활동을 재미있어했고 두 명씩 짝을 이루어 자기들끼리 하기도 했다. 한 명이 천 조각들을 매트에 흐뜨려 놓으면 다른 한 명은 안대를 하고 손으로 더듬어 촉감이 같은 천 조각 한 쌍을 찾아냈다. 우리는 아이들에게 실크, 면, 마, 망사, 라이크라, 펠트 모직 등 다양한 직물 명칭도 가르쳐 주었다. 서로 다른 재질이 붙어 있는 작은 판들을 가지고 촉각 발달 활동을 해도 좋다. 한 아이가 판들을 뒤섞어 놓으면 다른 아이가 눈을 가린 채 손가락으로 판 표면을 문질러 보고 같은 재질끼리 짝을 지어 준다. 이 활동도 금속, 코르크, 유리, 함석, 펠트, 나무 같은 재료명을 배우는 기회가 되었다.

더 잘 냄새 맡고 더 잘 맛보기

우리는 아이들이 후각과 미각을 계발하는 활동을 좀 더 〈살아 있는〉 방식으로 제안했다. 전체 모임 시간을 다양한 맛과 냄새를 경험할 기회로 삼은 것이다. 예를 들어, 나는 라벤더를 유치원에 가져가서 아이들에게 냄새를 맡게 했다. 〈라벤더〉 향이라는 명칭을 가르쳐 주고 아이들에게 혹시 예전에 그 향을 맡아 본 기억이 있는지 물어보기도 했다. 그 후 라벤더는 그전에 후각 계발에 사용했던 다른 재료들과 함께 한동안 교실에 비치되었다. 아이들은 하루 중 아무 때라도 그쪽에 가서 냄새를 확인할 수 있었다. 교실에 비치된 이 재료들을 이용해서 전체 모임 시간에 아이 한 명이 눈을 감고 무슨 향인지 알아맞히는 즐거운 놀이를 벌이기도 했다.

아이의 감각은 사용할수록 다듬어진다

3세 아이들은 대부분 정육면체 모양의 탑, 사각 기둥 형태의 계단, 막대 등을 단번에 단계적으로 배열하지 못한다. 이 연령대 아동에게는 동일한 질감이나 색감을 찾아내어 짝을 지어 주는 활동도 그리 만만치 않다. 이 아이들은 직접 활동을 하면서, 또한 친구들이 어떻게 하는지 구경하면서 지각 능력을 점차적으로 발전시킨다. 따라서 처음에는 아이가 너무나 명백한 실수를 저지르는 모습도 보일 것이다. 그런 게 정상이다. 어떤 아이들은 우리가 옆에서 주의력을 약간 유도해 주는 것만으로도 자기 실수를 알아차린다. 하지만 또 어떤 아이들은 우리가 잘못된 부분이 있다고 슬쩍 눈짓을 해도 뭐가 뭔지 모른 채 우리를 쳐다보며 본인은 아주 만족해한다. 이 아이들은 식별 능력이 아직 다 발달하지 않아서 그렇다. 그들은 규칙적인 연습을 통해서만 전에 보지 못했던 것을 볼 수 있다. 며칠 전만 해도 아무렇지 않았던 명백한 실수가 드디어 그들의 눈에도 거슬리게 될 것이다.

이상의 활동들은 아이의 식별 능력을 길러 주는 데 그 목적이 있다. 따라서 아이가 당장 짝짓기나 단계 구분하기를 하느냐 못 하느냐는 큰 문제가 아니다. 아이가 식별 능력을 단련할 수 있게끔 오히려 충분히 난이도가 있는 활동을 제안하는 것이 중요하다. 아이가 어떤 활동을 실수 한 번 없이 쉽게 수행했다면 지나치게 난이도가 낮은 활동을 한 것이다. 그 아이는 그 활동으로 식별 능력을 연마할 수가 없다. 이 경우, 난이도를 높이든가 아예 다른 활동을 제안해야 할 것이다.

우리가 소개한 감각 발달 교구 활동은 대부분 — 분홍 탑, 갈색 계단, 빨간 막대, 색판, 소리상자, 직물 상자 등 — 실수의 기계적 통제가 불가능하기 때문에 아이들은 원통 끼워 맞추기 활동보다 더 어려워한다. 아이는 눈, 귀, 촉각이 여물어 가면서 자신의 실수를 조금씩 더 잘 깨닫게 된다.

지각을 다듬고 세상을 재발견하도록

교구 활동은 감각 지각을 명명하고 날카롭게 다듬어 줌으로써 아이가 세상을 〈더 잘 보게〉 한다. 유치원에 들어올 때까지도 프랑스어를 못 했던 카빌리아 출신 남자아이가 생각난다. 나는 색깔 교구를 이용하여 그 아이에게 빨강, 노랑, 파랑이라는 삼원색 이름부터 가르쳐 주었다. 아이는 색깔 이름 배우기에 푹 빠졌다. 내가 전혀 다른 얘기를 하고 있을 때에도 내 블라우스를 손가락으로 가리키면서 서툰 프랑스어로 〈이거 무슨 색이에요?〉라고 물어볼 정도였다. 한창 얘기가 오가는 중에 갑자기 멈칫하다가 어떤 사물을 가리키면서 〈빨간색! 셀린! 빨간색!〉 하고 고함을 지르기도 했다. 아이는 순식간에 색깔 이름을 아주 많이 배웠다. 조금 큰 아이들이 — 그 아이가 귀찮을 정도로 매달리고 물어보는데도 — 몇 번이고 반복적으로 색깔을 보여 주고 이름을 가르쳐 주면서 많이 도와줬다. 그 아이는 프랑스어도 깜짝 놀랄 만큼 빨리 늘었다.

감각은 세상과 아이 사이의 매개다. 우리는 이 매개에 해당하는 감각을 연마함으로써 아이의 지능과 세상에 대한 이해도 잘 벼려 줄 수 있다고 생각했다.

여기서 소개한 교구와 활동은 아이가 감각적 지각에 정확성을 기하고 그 지각을 언어로 표현할 기회를 제공하는 다른 교구나 활동으로 얼마든지 대체될 수 있다. 따라서 여기 나온 특정 교구에 얽매이지 말고 여러분이 기존에 나와 있는 교구들을 두루 탐색해 보기를 바란다.

중요한 것은 감각 발달에 적합하고, 불필요한 혼란을 야기하지 않으며, 아이의 관심을 끌 수 있는 교구를 고르는 것이다. 자신감을 가지고 활동들을 자유롭게 선택해도 좋다. 아이들이 그 활동들에 얼마나 관심을 보이고 집중하는지 살피다 보면 자연스럽게 선별될 것이다.

이 활동들은 보충 자료일 뿐이다

교구는 다채롭고 풍부한 〈실제의〉 삶을 보충하려고 개발된 것이다. 맨발로 모래 위와 카펫 위를 걸어 보면 될 일이다. 나무를 만져 보고, 그림을 그리고, 찰흙으로 만들기를 하고, 물놀이를 하다 보면 감각은 절로 발달한다. 가령, 아이가 모닥불을 피우는 어른을 돕기 위해 잔가지만 골라 온다 치자. 아이는 자연스럽게 나뭇가지들의 굵기나 길이를 비교하게 될 것이다. 과일 샐러드를 준비하면서 여러 가지 색깔 이름을 알아볼 수도 있고, 숲속에서 새들이 지저귀는 소리를 들으면서 어느 새가 어떤 울음을 우는지 찾아볼 수도 있겠다. 가을에 낙엽을 주워서 관찰할 수도 있고, 정원에서 고수 향이나 장미 향을 맡을 수도 있다. 산다는 것, 이 세상에 온전히 임하여 살아간다는 것이 중요하다.

소박하고도 자연스러운 이 감각적 경험들이야말로 한창 자라는 아이의 가소적 지능을 키워 주는 자양분이다. 이 경험들은 무엇으로도 대신할 수 없다. 교구는 아이에게 내용을 제공하지 않는다. 현실에서의 경험이 내용이고, 교구는 그 내용에 〈질서〉를 제공할 뿐이다. 세상에서 이미 받았던 어떤 인상들을 교구 활동을 통해서 조직적으로 파악하고 명명할 수 있게 되는 것이다. 따라서 아동의 감각 발달에서 진짜 핵심은 이러한 교구 활동들 바깥에서 이루어진다. 〈생〉을 원활하게 하는 것이 핵심이고, 교구 활동은 보완적인 것이다. 교구 활동의 역할은

생이 아이에게 제공하는 감각 정보들을 조직적으로 파악하고 자기 것
으로 삼을 수 있게끔 보조하는 것이다.

2 지리·기하학·음악:
명쾌하고 점진적으로 문화를 제시하라

지금부터 간략히 소개하려는 교구도 이타르, 세갱, 몬테소리의 연구에서 나온 것으로, 아이들에게 전달하기가 쉽지 않은 지리, 기하학, 음악, 수학의 추상적 개념들이나 알파벳 부호를 생생하고 구체적인 방식으로 이해시킨다는 장점이 있다. 이 단원에서는 지리, 기하학, 음악만을 다루고 수학과 언어는 따로 한 단원씩을 할애하여 3단원과 4단원에서 살펴볼 것이다.

여기서 다루는 문화 교구도 뇌의 작동 원리를 존중하여 절대로 두 가지 과제를 한꺼번에 제시하지 않는다는 장점이 있다. 뇌는 두 가지 일을 동시에 하지 못한다. 두 가지 목표를 동시에 달성할 수 없고, 두 요소를 동시에 기억하지도 못한다. 앞에서 간략히 살펴보았던 감각 발달 교구가 아이가 탐색해야 할 〈성질〉을 따로 분리해서 제시한 것처럼 문화 교구도 한 번에 한 가지 〈지식〉만 습득하면 되게끔 유도한다. 지식 하나를 얻으면 다음 단계 교구를 활용하여 또 다른 지식을 추가해나가는 식이다.

지리

우리는 아이들에게 행성(지구), 땅, 물, 대륙, 대양, 나라라는 지리의 기본 지표들을 제시했다. 이 다양한 개념들을 소개하기 위하여 일단 두 개의 지구본을 활용했다.

처음에는 모래 지구본만 아이들에게 보여 주었다. 3세 아이에게 이 공 모양이 우리가 사는 행성 지구를 나타낸다고 말해 주고 아이의 관심을 기본적인 두 가지 요소로 유도했다. 「이것 보렴, 지구는 땅과 물로 덮여 있단다.」 우리는 아이가 〈땅/물〉이라는 어휘를 잊지 않게끔 3단계 학습법(155~156면 참조)을 활용했다. 그러고 나서는 아이가 자유롭게 지구본을 만져 보고, 땅 모양과 바다 모양을 살펴보고, 빙글빙글 돌려 보도록 한동안 내버려 두었다. 하루는 한 아이가 한참 지구본을 들여다보더니 나에게 이렇게 말했다. 「셀린, 지구는 아주 많은 물로 뒤덮여 있네요!」 나는 이렇게 대꾸했다. 「맞아, 그래서 지구를 〈푸른 행성〉이라고 부르기도 한단다.」 그러자 아이는 다시 골똘하니 생각에 잠겼다. 그 아이의 두뇌 안에서 시냅스는 전속력으로 활성화되고 있었을 것이다. 이 교구는 매우 명료하기 때문에 교사가 핵심을 전달하면 아이가 자율적으로 탐색을 하면서 통찰력을 발휘할 여지가 있다.

다음 날, 혹은 며칠 간격을 두고서, 우리는 아이들이 전에 알려 준 사항을 잘 기억하고 있는지 확인했다. 아이들이 땅과 물에 해당하는 부분을 잘 알고 있다고 판단되면 두 번째 지구본(색 지구본)을 보여 주었다. 「이것 보렴, 여기가 물이고 여기가 땅이라는 건 그대로야. 그런데 사람들은 땅을 여러 대륙들로 구분한단다. 이것도 대륙이고…… 여기 이것도 대륙이야.」 나는 아이들에게 대륙을 하나씩 손가락으로 가리키면서 설명했다. 「여기 대륙, 또 다른 대륙, 그리고 또 다른 대륙. 한번 말해 볼까? 대륙?」아이는 설명에 몰두해서 〈대륙!〉하고 대답을 했다. 「사람들은 물도 여러 개의 대양으로 나눠서 부른단다. 여기가 한 대양이고 저기는 또 다른 대양, 여기 또 한 대양…….」대양도 하나씩 손가락으로 가리키면서 설명했다. 「네가 한 번 말해 볼래? 대양?」「대양!」아이는 냉큼 신나게 대답을 했다. 새로 나온 어휘들은 역시 3단계 학습법으로 다져 주었다. 그리고 나서 다시 자유롭게 색 지구본을 탐색할 시간을 아이가 원하는 만큼 주고 내버려 두었다.

그 주가 가기 전에 아이에게 한 번 더 색 지구본을 보여 주고 배운 내용을 기억하고 있는지 확인했다. 「이게 뭘까?」「대륙!」아이의 대답은 종종 고함처럼 우렁찼다. 그러면 나는 지구본을 내려놓고 지구를 평면에 나타낸 퍼즐을 꺼내 왔다. 구를 평면에 나타냈기 때문에 〈평면구형도〉퍼즐이다. 나는 이 개념을 단순히 이렇게만 설명했다. 「이것 보렴, 평면구형도란다. 지구본에서는 동시에 모든 대륙을 볼 수 없으니까 납작하게 만들어서 다 볼 수 있게 한 거야. 대륙들을 알아볼 수 있겠니? 여기서 대륙을 하나 짚어 볼래? 대양은?」그러면 아이가 손가락으로 어느 한 지점을 가리키고 〈대륙〉혹은 〈대양〉이라고 불렀다. 아이는 이 단계에서 이미 추상적인 개념들을 감각적으로 파악하고 있는 것이다. 평면구형도가 행성 같은 구형을 평면에 나타낸 것이고, 여기에 여러 대륙으로 이루어진 땅과 여러 대양으로 이루어진 물이 있다는 것도 이미 안다. 여기까지 아이가 무리 없이 이해했다면 대륙 퍼즐 맞추기 활동으로 들어가도 좋다.

젠빌리에 부임 첫해에는 반 전체가 대륙, 대양, 지구, 구, 평면구형도 같은 낱말들을 처음부터 익혔다. 그래서 우리도 의식적으로 이 낱말들을 반복 사용했고 아이들에게도 여러 번 따라할 기회를 주었다. 그렇지만 이듬해부터는 전년에 배우고 그대로 올라온 아이들이 자연스럽게 이 낱말들을 자주 사용했다. 새로 들어온 3세 동생들도 형, 누나 들이 하는 말을 들으면서 이 낱말들을 더 쉽게 익혔다. 한번은 3세 아이에게 모래 지구본을 보여 주고 설명을 했더니 아이가 자존심 상한다는 듯이 이렇게 대꾸할 정도였다. 「왜 그런 걸 설명해요, 셀린? 주마나가 벌써 다 가르쳐 줬어. 이건 땅이고 저건 물이잖아.」 나는 아이가 그 낱말이 의미하는 바를 잘 알고 있는지 확인을 해야 했다. 그래서 지구본을 가리키면서 〈그러면 이게 뭔지 아니?〉 하고 물었다. 「당연히 알지! 지구잖아! 우리가 사는 지구! 난 여기 살아!」 아이가 그렇게 대답하면서 태평양의 한 섬을 가리켰다. 「정확히 여기는 아니지만 잘 알고 있구나.」 나는 웃으면서 대답했고, 옆쪽을 슬쩍 보니 안나도 웃고 있었다. 「땅에서 우리가 사는 곳이 어디쯤인지 알고 싶다면 선생님이 가르쳐 줄게.」 나는 그렇게 말하면서 색 지구본을 꺼냈고, 앞에서 했던 대로 대륙 개념을 가르쳐 주었다. 아이가 〈대륙〉이라는 낱말을 따라 하고 습득한 후에 나는 우리가 색 지구본에서 붉은색으로 칠해진 대륙에 산다고 말해 주었다. 아, 그렇구나! 재미있다! 아이의 눈빛은 그렇게 말하고 있었다.

아이들은 그 후 각 대륙의 대표 동물들에 대해서 배웠다. 우리는 동물 모형을 몇 개씩 묶어서 이름과 주요 특징을 설명한 후, 그 동물들이 주로 분포하는 대륙과 연결시켰다. 어휘력이라는 관점에서 보더라도 이 과정은 유익한 데가 있다. 3세 아이들 중에서 판다, 기린, 다람쥐, 북극곰, 캥거루 같은 동물 이름을 전부 다 아는 아이는 드물었기 때문이다. 앵무새 같은 낱말은 3세 아이들에게 아예 생소했다. (동물에 대해서 더 많이 알고 싶어 하는 아이들을 위해 사자, 아프리카코끼리, 아시아코끼리, 코알라 등의 동물 모형들을 수시로 바꿔 주었다.)

아이가 평면구형도 대륙 퍼즐을 충분히 가지고 놀았다면 — 즉, 한 주에서 두 주 정도 지나서 — 대륙 이름을 가르쳐 주었다. 유럽, 아프리카, 북아메리카, 남아메리카, 아시아, 남극, 오세아니아. 이번에도 세갱의 3단계 학습으로 대륙 이름이 아이의 기억에 잘 남게끔 유의했다. 대륙 이름은 한 번에 세 개씩만 알려 주었다. 그래서 아이들이 대륙 이름을 다 외우려면 며칠은 걸렸다.

  이렇게 며칠에 걸친 3단계 학습으로 대륙 이름이 웬만큼 숙지되었다면 이제 다양한 대륙별 퍼즐을 꺼내서 보여 주었다. 한 대륙에 속하는 국가들이 각각의 조각에 해당하는 퍼즐이다. 우리는 아이에게 대륙은 더 작은 땅 조각들로 나뉘는데 그 조각 하나하나가 〈나라〉라고 알려 주었다. 그리고 우리에게 친숙하거나 자주 듣게 되는 나라 이름도 — 역시 3단계 학습으로 — 조금씩 가르쳐 주었다. 프랑스, 모로코, 알제리, 세네갈, 중국, 에스파냐 등등. (아이들은 안팎으로 적절한 도움을 받으면서 대륙별 퍼즐을 맞출 수 있다. 처음에는 퍼즐이 완성된 모습 사진이나 여타의 참고 자료가 필요할 것이다.)

4세 전후의 아이들은 이 단계에서 이미 글을 읽을 줄 알기 때문에 완성도에 나와 있는 나라 이름을 스스로 읽고 머릿속에 담아 두기도 했다. 5세에는 지구, 대륙, 대양, 국가에 대한 심상이 이미 뚜렷하게 자리를 잡았음을 확인할 수 있었다. 부임 첫해에 어떤 어머니가 방과 후에 일부러 나와 얘기할 시간을 만들었던 적이 있다. 「아이가 토고가 어쩌고

베냉이 어쩌고 하더니 그 나라들은 아프리카에 있다고 하는 거예요. 남아메리카, 북아메리카 얘기도 하면서 남아메리카에는 앵무새가 많고 북아메리카에는 곰이 산다고 하더군요. 아이가 그걸 다 유치원에서 배웠다고 했는데 저는 믿지 않았어요. 아이는 자꾸 유치원에서 배웠다는 말만 하고, 저는 도무지 믿기지가 않아서 선생님께 직접 여쭤 보고 싶었어요.」나는 지금까지의 학습 과정을 충분히 시간을 들여 그 어머니에게 설명했다. 아이가 괜히 지어 내서 한 얘기가 아니고 실제로 잘 배웠다는 것을 알게 된 어머니는 몹시 감격했다. 그러면서 이렇게 속내를 털어놓았다. 「믿기지가 않네요. 겨우 4살인데!」

내가 볼 때 믿기지 않는 일은 따로 있다. 4살 아이들이 이렇게 간단하고 명료한 지리적 지표들을 아예 접한 적도 없는 경우가 허다하다니, 그게 더 믿기지 않는다. 새로운 장소에 진입하면, 가령 남의 집을 방문한다든가 하면, 그곳에 머무는 동안 불편하지 않게끔 대략이라도 공간을 파악해야 한다. 그래서 으레 누군가가 화장실은 여기 있다, 주방은 저기 있다, 식으로 안내를 하게 마련이다. 왜 아무도 어린아이에게 그 아이가 숨 쉬고 살아가는 지구가 어떻게 이루어져 있는지 ─ 심지어 아이는 궁금해하는데도 ─ 가르쳐 주지 않는가?

교실에서 지리 영역 교구장으로 달려가거나 대륙별 퍼즐이나 평면 구형도 퍼즐을 꺼낼 절호의 기회를 놓쳐선 안 된다. 여름방학을 마치고 돌아온 아이들은 자기들이 여행 갔던 나라가 어느 대륙에 있는지 으레 확인하고 싶어 했다. 한 아이가 〈포르투갈은 유럽이야! 난 유럽에 다녀왔어!〉라고 외치자 다른 아이가 〈하지만 우리 나라도 유럽이잖아. 봐, 프랑스와 포르투갈은 같은 대륙에 있어〉라고 대꾸했다. 포르투갈에 다녀온 아이는 조금 실망한 듯 〈아하〉 소리를 뱉었다. 알제리에 다녀온 아이는 자기가 다른 대륙에 갔다가 돌아왔다는 사실을 뒤늦게 깨닫고 놀라워했다. 그 아이는 자기가 비행기를 타고 바다를 건너갔다는 사실을 실감 못 했던 것이다. 그렇지만 모두의 부러움을 한 몸에 산 아이는 뤼카였다. 뤼카는 엄마가 일본 사람이라서 여름방학에 일본에 다녀왔던 것이다. 그렇게 먼 곳까지 다녀온 아이는 뤼카뿐이었다.

우리는 여기서 다시 한번 문화 교구가 아이들의 생생한 현실 경험을 보완하고 떠받치는 역할밖에 하지 않는다는 점을 확인한다. 교구는 아이들이 실제로 체험한 바와 만날 때 온전히 의미를 지닌다. 살아 있는 맥락과 동떨어져 교육을 위한 교육의 도구로 전락한 교구는 어린아이들의 흥미를 별로 자극하지 못한다.

기하학

우리 주위의 모든 것, 건물이나 사물 대부분이 기하학적이다. 아이들이 자기가 지각하는 형태의 이름을 알고 그 성질을 이해할 때마다 세상을 좀 더 정확하게 관찰하는 새로운 계기가 마련된다. 아이들에게 가장 흔히 발견되는 기하학적 평면도형과 입체도형을 가르쳐 주기 위해서 우리는 역시 단순하지만 구체적인 방법을 사용했다.

파란색 기하 입체 교구를 이용하여 아이들은 구, 원뿔, 정육면체, 달걀형, 타원체, 사각기둥, 정사각형을 밑면으로 하는 피라미드, 정삼각형을 밑면으로 하는 피라미드, 원기둥 따위를 자유롭게 만져 보고 관찰한다. 3단계 학습을 반복하면서 특히 생소한 단어들을 가르칠 때 조금만 더 성의를 쏟아 주면 아이들은 이 입체도형들의 명칭을 금세 숙지할 것이다. 〈타원체〉나 〈정사각형을 밑면으로 하는 피라미드〉처럼 어려운 단어를 접할 때 아이들의 눈은 되레 더 반짝반짝한다.

용어 습득이 끝난 아이들은 이 입체도형들이 들어 있는 주머니를 가지고 놀이를 한다. 두 아이가 주머니를 하나씩 차지하고 제3의 아이가 〈사각기둥 먼저 찾기!〉라고 외치면 얼른 주머니를 뒤져 그 도형을 찾는다. 둘 중 한 아이가 금세 사각기둥을 찾아내 의기양양하게 흔들어 보인다.

3세 아이들은 여러 개의 서랍들로 이루어진 기하학 서랍 상자를 이용하여 다양한 평면 도형들을 관찰하고 탐구한다. 한 서랍에는 다양한 크기의 원반과 사각형이 들어 있고, 또 다른 서랍에는 여러 가지 삼각형이 들어 있고, 그다음 서랍에는 다양한 사변형(사다리꼴, 평행사변형, 마름모)이 있다. 다음 서랍은 오각형, 육각형, 칠각형, 팔각형, 구각형, 십각형을 보여 주고, 가장 마지막 서랍은 그 밖의 단순하면서 규칙적인 평면도형들을 보여 준다. 아이들은 자기 마음대로 서랍을 뽑아서 평면도형들과 받침판을 매트에 올려놓고 도형을 받침판에서 뺐다가 꽂았다가 할 수 있다. 우리는 그때그때 조금씩 아이들에게 3단계 학습법으로 도형 이름을 숙지시켰다.

이러한 활동 역시 아이들이 교실에서 교구를 가지고 놀면서 외부세계를 더욱더 섬세하고 정확하며 식견 있게 이해하게 된다는 데 의의가 있다. 그러한 의식은 아주 갑자기, 마치 아이들의 머리 위에서 작은 불빛이 번득이듯 떠오른다. 교실 창문은 직사각형이고, 달걀은 입체 교구 주머니에 들어 있는 달걀형이고, 1960년대 스타일 의자의 발은 사다리꼴이고…… 물론 우리 교사들도 아이들이 이 같은 세부 사항에 눈길을 줌으로써 주변 사물과 기하학적 도형의 상관관계를 깨닫도록 도와주었다. 그렇지만 어떤 아이들은 그러한 상관관계를 스스로 알아내고는 아주 기뻐했다.

음악

아이들이 다장조 음계를 충분히 숙지하고 작은 종들을 이용하여 연속적인 음의 배열을 만들 수 있게 되면 우리는 그러한 배열을 간략하게 악보에 표시하는 법까지 알려 주었다. 그러면 아이들은 단지 음 몇 개에 불과할지언정 악보를 보고 연주할 수 있었다. 아이들은 작은 종 한 세트를 앞에 놓고 악보에 표시된 순서대로 울려 보곤 했다. 아이들은 그렇게 해서 얻은 멜로디를 몇 번이고 다시 연주하면서 자연스럽게 악보 읽는 법을 자동화했다. 또한 자기가 사용할 수 있는 8개의 종으로 짧은 멜로디를 만들고는 친구에게 가르쳐 주기도 했다. 이렇게 멜로디 창작 활동을 할 때에는 빈 악보판과 바둑알처럼 생긴 음표 표시용 알을 사용했다.

다른 아이들에게 방해가 되지 않도록 음악실을 따로 마련할 수 있다면 더욱 좋겠다. 아이들은 그러한 음악실에서 다양한 악기를 접할 수 있을 것이다. 어른이나 악기 연주를 할 수 있는 아이가 종종 지도를 맡아 준다면 꼬마 음악가들의 출발점으로는 더없이 좋지 않을까 생각한다.

우리는 지금까지 지리, 기하학, 음악 분야만 간략하게 살펴보았지만 식물학, 생물학, 그 밖에도 아이의 흥미를 끌기에 적합한 교양 과목이라면 그 무엇이든 이처럼 감각적이고 점진적인 방식으로 제안할 수 있을 것이다.

3 수학: 자연스러운 발전을 도와주라[8]

믿기 힘든 얘기겠지만, 태어난 지 얼마 안 된 핏덩이들도 수에 대한 대략적인 감각이 있다는 것을 아는가? 연구자들은 갓난아기들에게 4개 음 또는 12개 음의 배열을 반복적으로 들려주었다.[9] 그러고 나서 이 아기들에게 4개의 점 또는 12개의 점으로 이루어진 이미지를 보여 주었다. 놀랍게도 4개 음을 반복 청취한 아기는 점이 4개인 이미지를 더 오래 바라보았고 12개 음을 반복 청취한 아기는 점이 12개인 이미지를 더 오래 바라보았다! 이 실험은 갓난아기조차도 양(量)을 지각할 수 있는 데다가 이 지각이 〈청각〉과 〈시각〉, 양쪽 모두로 가능하다는 것을 보여 주었다! 게다가 아기들이 이 두 유형의 지각을 연결할 수 있다는 것도 애초의 기대를 벗어난 결과였다. 귀로 들은 음의 수를 눈으로 본 점의 수와 연결할 수 없다면 그런 실험 결과가 나올 수 없을 테니까. 물론, 이 단계의 아기들이 점 네 개와 다섯 개, 점 열 개와 열두 개를 구분할 수는 없다. 그들의 식별 능력은 아직 섬세하게 다듬어지지 않았다. 그럼에도 불구하고 수(數) 인지 전문가들은 앞서 소개한 것과 같은 유형의 실험들을 거쳐 아직 계발되지 않은 수학적 직관과 능력은 갓난아기에게도 분명히 있다는 결론을 내린다. 이 선천적 직관 덕분에 아직 말도 못 하고 걷지도 못하는 생후 4개월 아기들도 덧셈이나 뺄셈에서의 터무니없는 오류는 알아차린다![10] 연구자들은 아기들 앞에 불투명한 상자를 가져다 놓고 그 안에 어떤 물체를 넣는 모습을 보여 주었다. 그러고 나서 다시 똑같은 물체를 하나 더 넣어 보였다. 상자를 열어 보여 주는데 안에는 그 물체가 하나밖에 없다(혹은, 엉뚱하게 세 개나 있다)! 아기들은 눈으로 보고도 믿을 수 없다는 듯 깜짝 놀라는 표정을 지었다. 요컨대, 아기들은 직관적으로 하나에 하나를 더하면 둘이 되어야 한다는 것을, 하나 혹은 셋이 될 수는 없다는 것을 〈안다〉. 두 개의 물건이 든 상자를 보여 주고 여기서 한 개를 꺼냈는데 안을 들여다보니 여전히 두 개가 그대로 남아 있는 경우에도 아기들은 놀라는 표정을 지었다. 아기들은 둘에서 하나를 빼면 하나만 남아야 한다고 이미 알고 있는 듯했다.

유치원 최고 연령인 만 5세 아이들을 대상으로 양을 대략적으로 파악하는 감각을 시험한 연구도 있다. 그들은 자기가 계산할 줄 모르는 덧셈, 뺄셈에 대해서도 그 결과가 맞는지 틀리는지 정도는 선천적 수 감각만 발휘해서 판단할 수 있었다. 실험자는 이 아이들에게 이런 문제를 냈다. 〈사라는 사탕이 21개 있습니다. 여기에 30개를 더 받았습니다. 존은 사탕이 34개 있습니다. 사탕을 더 많이 가진 사람은 누구입니까?〉 두 자릿수의 덧셈을 할 줄 모르는 5세 아이들도 대부분 누가 더 사탕을 많이 가졌는지 정도는 맞힐 수 있었다.[11]

수에 대한 이 선천적 직관은 어디에서 비롯될까? 우리는 어떤 양을 지각할 때마다 활성화되는 신경 회로를 태어날 때부터 가지고 있다. 이 회로가 〈교육에 앞서 존재하는〉 고도의 직관 능력을 우리가 상상하는 것보다 훨씬 더 일찍부터 책임지는 것이다. 따라서 학교가 아동의 수학적 능력을 〈무(無)〉에서부터 〈만들어 나갈〉 필요는 없다. 유치원에 입학하는 아이는 수에 대한 선천적 감각이 있을 뿐 아니라 그 감각을 계발할 시간이 이미 3년이나 있었다. 이 정보를 제대로 고려하는 것이 중요하다. 앞에서 언급한 만 5세 아동 대상 실험은 우리가 아이들의 능력을 너무 과소평가한다는 사실을 드러낸다. 아이들이 〈아무것도 모른다〉고 가정하고 수학을 가르치면 아이들이 지루해하고 수에 대한 흥미를 잃을 위험이 있다. 수 인지 연구에 따르면 아이들의 이 대략적인 수 감각을 기반으로 삼되 차츰 정확성을 길러 주는 접근 방식이 필요하다.

인간은 양을 〈헤아리고dénombrer〉* 상징(수)과 연결시키는 방법으로 수에 대한 인지 능력을 키워 나간다. 아이가 5와 7처럼 차이가 그리 크지 않은 수들까지 차츰 구분하게 되는 것도 이 과정을 통해서다. 연구에 따르면 이러한 식별 능력은 양을 〈다룸으로써〉, 다시 말해 덧셈과 뺄셈을 해보거나 숫자들을 작은 것에서 큰 것 순서로 〈위치시킴으로써〉 향상시킬 수 있다고 한다. 아이가 양(量)의 선형 증가를 이해하면 어떤 수보다는 그다음에 오는 수가 항상 1(단위)만큼 크다는 것도 이해할 것이다.

우리도 젠빌리에에서 이런 방식으로 수학을 가르쳤다. 우리는 아이들이 수를 직관적으로 잘 알고 있으므로 양을 헤아리고 그에 해당하는 정확한 상징(수)을 기억하게 함으로써 정확성을 키워 준다는 자세를 견지했다. 그와 동시에 아이들에게 점점 더 큰 수를 다루거나 수를 숫자 체계 속에 위치시킬 기회를 제공했다. 아이들의 가소성이 뛰어난

• 정확히는, 양을 구성하는 단위의 수를 헤아린다는 뜻이다.

지능을 충족시키려면 바로 제법 큰 수로 넘어가야 했다. 우리 반 아이들은 수를 100 이상까지, 심지어 1,000까지도 막힘없이 셀 수 있었고 네 자릿수 덧셈과 뺄셈도 어느 정도 할 수 있었다. 그렇게 큰 수까지 학습을 신속하게 진행한 것이 되레 아이들이 타고난 수학적 지능을 만족시키기에 적당한 것처럼 보였다.

이런 식으로 학습한 아이들은 수학을 편안하게 생각했고 대단히 좋아했다. 젠빌리에 실험 두 번째 해에 전문가에게서 받은 보고서를 여기에 일부 발췌해 보겠다.*

숫자 부호에 대한 전반적이고 통합적인 이해:
검사 결과를 보건대, 모든 아이가 숫자 부호를 확실하게 파악하고 있다고 볼 수 있겠다. 두 번의 시험에서 최고점을 얻지 못한 아이는 단 두 명이었다. 숫자를 보고 빨리 그 이름을 대는 검사는 5세 아이 전원과 4세 아이 1명이 통과했다. 그런데 이 검사는 CE2(초등학교 3학년) 표준검사다. 이 검사에서 12점 만점에 12점을 획득한 아이들은 자기 연령대는 물론 초등학교 3학년 기준으로도 최고점을 받은 셈이다.

수의 비교:
여기서도 우리는 모든 아이가 연령에 비해 큰 수도 상당히 잘 다룬다고 짐작해도 좋을 만큼 두 가지 시험을 잘 치르는 모습을 보았다.

---

* 아이들의 수학적 능력에 대한 검사들은 마뉘엘라 피아자Manuela Piazza가 맡아 주었다. 검사와 데이터 분석, 보고서 작성은 인지심리학 박사 브누아 샤를리외Benoît Charlieux가 맡아 주었다. 행정적으로 공식 허가가 나지 않은 까닭에 이 검사는 유치원 외부에서, 15명의 아이들만을 대상으로 이루어졌음을 다시 한번 밝혀 둔다.

수학적 검사 결론:

일부 아이들은 연령 기준 최고점을 뛰어넘는 우수한 성과를 얻었다. 이 현상은 수를 인지하는 검사와 수들을 비교하는 검사에서 확실히 두드러졌다. 아이들은 자기 연령대에서 최고점을 받았을 뿐 아니라 CP(초등학교 1학년) 완성 수준에 도달했다. 특히 5세 아이 세 명은 초등학교 3학년 기준으로도 최우수 그룹에 들어갈 정도다.

여기서는 자세한 교육 진행 상황이나 우리가 사용한 교구 전부를 소개하지 않고 아이들의 선천적인 수 감각을 길러 주는 주요 단계들만 밝혀 두겠다.[12]

우리는 수학 교육에도 세갱 박사와 몬테소리 박사의 교구를 활용했다. 〈수 헤아리기〉, 〈상징과 연결하기〉, 〈실재하는〉 양을 〈다뤄 보기〉에 주안점을 둠으로써 선천적 수 감각에 섬세함, 명료함, 엄정함을 더해 준다는 취지에 적합한 교구이기 때문이다. 각각의 교구는 주의력을 흐트러뜨리는 부수적인 장식이 없으며 한 가지 어려움만 분리하여 한 번에 한 가지 목표만 제시한다. 그래서 아이도 자기가 습득해야 하는 능력에 초점을 맞추고 빨리 목표를 달성할 수 있다.

나는 다른 어떤 교구에서도 이처럼 수학적 감각을 정확하게 계발하고 양을 기막히게 구체화하는 장점을 찾아볼 수 없었다. 이렇게 단순하면서 이렇게 효과적인 교구도 달리 보지 못했다. 그러므로 내 입장에서는 유치원 교사들과 초등학교 교사들이 이 교구에 관심을 가져주기를 권할 수밖에 없다. 몬테소리 수학 교구는 아주 구체적이고 점진적이어서 어른조차도 이 교구 활용법을 배우다 보면 ― 수학과 사이가 별로 좋지 않은 어른일지라도 ― 이 과목과 차츰 화해할 수 있을 정도다.

아이들은 이 교구를 보충하는 자료로 200 이상까지 나타나 있는 숫자표를 활용했다. 아이들은 숫자표를 통하여 늘 더 큰 수까지 세어 보고 싶은 욕구를 충족하는 동시에, 숫자의 이름과 모양에 익숙해진다. 또한 숫자표 덕분에 선형 진행이라는 개념을 감각적이고 간접적인 방식으로 익힐 수 있다. 앞에서도 말했지만 아이들은 수의 증가가 선형을 이룬다는 개념을 익힘으로써 한 수와 그다음 수의 차이가 1(단위)이라는 것을 이해한다. 이로써 아이는 양들을 식별하는 선천적 능력을 크게 향상시키게 될 것이다.

하나에서 열까지 양 나열하기

우리가 맨 처음 제안한 것은 수 막대 활동이었다. 3세 아이는 서로 다른 길이의 막대 10개를 가지고 1부터 10까지 세는 법을 배웠다(단위가 달라지면 막대의 색깔도 달라진다). 게다가 아이들은 이미 빨간 막대 활동을 하면서 막대의 길이 차이에 주목하는 습관이 들어 있었다.

수 막대 활동에서 하나, 둘, 셋, 넷, 다섯, 여섯, 일곱, 여덟, 아홉, 열이라는 양은 각기 하나의 막대로 나타나 있다. 단위가 구분되어 보이지 않고 한 단위로 한 덩이, 두 단위로 한 덩이, 이런 식으로 〈뭉쳐〉 있는 것이다. 아이들에게 수 개념을 이런 식으로 제시하는 것이 매우 중요하다. 아이가 〈아홉〉이라는 양을 나타내는 수 막대를 손에 쥔다고 치자. 이때 수 막대는 아이에게 수 개념을 아주 뚜렷하게 심어 준다. 〈셋이란 단위 세 개가 합쳐져 있는 거구나.〉〈넷은 단위 네 개가 합쳐져 있는 거구나.〉 우리는 아이들이 수 막대를 가지고 놀면서 하나부터 열까지 헤아리게끔 유도했다. 어떤 아이들은 수 막대 활동으로 하나부터 열까지 숙지하는 데 몇 주나 걸리기도 했다. 하지만 이들은 어느 한 단

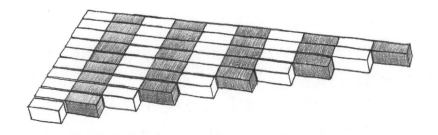

가장 짧은 수 막대(10센티미터)가 〈하나〉라는 양을 나타내고 가장 긴 수 막대(1미터)는 〈열〉이라는 양을 나타낸다. 수 막대들은 10센티미터 단위로 점점 길어진다.

위도 〈건너뛰지 않고〉 수 개념을 파악했고, 〈하나, 둘, 셋〉 입말을 하거나 〈숫자 노래〉를 부르면서 손가락으로 수를 세기도 했다.

수 막대를 이용한 수의 이해는 간단하면서도 효과적이다. 아이가 수를 하나의 전체로 지각할 뿐 아니라 수 막대의 길이 차이를 통해서 서로 다른 수들을 자연스럽고도 구체적으로 비교하게 되기 때문이다. 〈열〉이라는 양은 1미터 막대로 나타나지만 〈하나〉라는 양의 막대는 10센티미터(한 단위)밖에 안 되기 때문에 한눈에도 확 차이가 난다. 아이가 이렇게 큰 차이를 눈으로 보면서 재미있어하면 그뿐, 설명은 필요가 없다. 〈셋〉과 〈다섯〉이 어떻게 다른지 전혀 몰랐던 3세 아이도 수 막대들의 단계적 차이에 계속 노출되고 〈하나, 둘, 셋……〉을 반복적으로 헤아리기만 하면 불과 몇 주 만에 그 두 양이 어떻게 다른지 안다. 아이의 선천적 능력이 명료하고 구체적인 교구 활동을 통하여 — 일반적으로 볼 수 있는 것보다 훨씬 빨리 — 영민해진 것이다. 이러한 수학적 능력 계발은 아이들 자신에게도 생생한 기쁨과 평온한 자신감을 안겨 준다.

하나에서 열까지의 양을 상징과 연결하기

아이들이 양을 충분히 잘 헤아릴 수 있게 되면 수 막대에 숫자 카드를 위치시키는 방법으로 각각의 양을 어느 한 숫자(1, 2, 3, 4, 5, 6, 7, 8, 9, 10)와 대응시켰다.

아이들이 상징/양 연결을 하기에 앞서 표면이 거칠거칠한 〈모래 숫자〉를 이용하여 일단 1부터 10까지의 숫자를 가르쳐 주었다. 아이들은 이 교구 덕분에 숫자 모양을 손으로 직접 따라가면서 숫자 이름을 접할 수 있었다. 이 같은 다중감각 놀이가 학습을 돕는다. 실제로 뇌는 우리가 시각, 촉각, 청각 등의 다양한 감각을 동시에 한 정보에 집중시킬 때 더 잘 배운다.[13] 다중감각 접근이 모든 아이에게 유익할 뿐 아니라 학습 장애가 있는 아이들에게는 특히 도움이 된다는 연구 결과도 있다.[14] 아이들은 이런 식으로 숫자를 통합적으로 기억했다. 숫자는 상징인 동시에 (특정 방향으로 그려지는) 선의 자취이자 이름이다. 교실에서도 숫자 이름이 잘 기억나지 않아 곤란해하는 아이에게 숫자를 그려 보이기만 하면 금방 다시 기억을 해내는 경우가 많았다. 그래서 아이가 숫자 이름을 기억 못 하면 우리는 늘 〈어디 한번 그려 볼까? 그러면 생각이 날지도 몰라〉라고 했고 대개의 경우 이 방법은 통했다. 그럴 때 아이들은 더러 요란하게 기쁨을 표시하기도 했다.

이렇게 수 막대는 아이들에게 양을 명증하게 지각시킬 뿐 아니라 각각의 양을 숫자라는 부호와 연결시키는 데에도 도움이 된다. 숫자는 양을 추상적으로 〈약호화〉함으로써 덧셈, 뺄셈, 곱셈, 나눗셈 등에 용이하게 쓰인다는 점에서 매우 중요하다. 이 같은 추상화는 우리의 수학적 능력에 날개를 달아 준다.

아이들이 읽기와 쓰기를 배울 때 어떤 소리가 시각적 상징(문자)으로 표시된다는 것을 이해하듯이, 아이들은 수가 한데 모인 단위들의 전체이며 이 〈전체〉도 시각적 상징(숫자)으로 표시될 수 있다는 것을 이해한다. 숫자는 양을 약호화하고 문자는 음가를 약호화한다. 이것을 이해하면 그때부터 수학을 쉽게 생각하고 실행할 수 있다. 그렇지만 아이들에게 말로 구구절절 설명할 필요는 없다. 아이들이 사물을 있는 그대로 〈보게〉 할 수만 있다면 그것으로 충분하다. 아이들에게 수학을 단순화되고 정제된 방식으로, 지적인 방식으로 제시하는 것이 중요하다. 그러면 나머지는 〈착착〉 아이들의 작은 뇌 안에서 자동으로 해결된다. 물론, 어떤 아이들에게는 그때그때 뒷받침이 필요하기도 하지만 말이다.

일례로, 우리가 수 막대들을 어떤 방식으로 배열해 놓기만 해도 아이들은 9 더하기 1이 10이라는 것을 이해한다. 8 더하기 2도 10, 7 더하기 3도 10, 6 더하기 4도 10이라는 것을 굳이 설명할 필요가 없는 것이다.

예를 들어 〈하나〉라는 양(量)을 〈아홉〉이라는 양과 나란히 놓으면 이 두 양의 합이 〈열〉이라는 양과 같다는 것을 알 수 있다. 마찬가지로 〈둘〉이라는 양과 〈여덟〉이라는 양을 나란히 놓으면 아이는 (앞의 경우와 분명히 다른) 이 두 양의 합도 〈열〉이라는 것을 안다. 〈일곱〉과 〈셋〉, 〈여섯〉과 〈넷〉도 마찬가지다.

한 단위에서 열 단위까지의 양 구성하기

아이들이 양을 헤아리고 숫자와 연결할 수 있다면 다음 단계에서 〈방추형〉 교구 활동을 제안해 보자. 이제 아이들은 스스로 어떤 양을 구성하고 그 양을 숫자라는 상징과 연결할 것이다.

따라서 활동의 난이도는 높아지지만 아이는 좀 더 적극적이 될 것이다. 아이는 봉을 여러 개 모아 1, 2, 3, 4, 5, 6, 7, 8. 9, 0이라는 숫자가 적혀 있는 칸에 집어넣는 방법으로 〈하나〉에서부터 〈아홉〉까지의 양을 자기 마음대로 결정하고 구성한다. 겨우 4세인 아이들이 이렇게 양을 제대로 파악하고 구성하기란 쉽지 않은 과제다. 4세 중에서도 몇몇은 생일에 따라 아직도 유치원에서 가장 막내다. 사실, 따로 떨어져 있는 단위들을 헤아리는 것이 한 덩어리로 뭉쳐 있는 단위들을 헤아리는 것보다 어렵다. 방추형 교구를 다루는 아이는 자기 손에 쥐고 있는 봉의 수를 기억하면서 여기에 봉을 한 개씩 추가해 자기가 원하는 양을 만들어야 한다. 책상에 단위(봉)들이 널려 있는 상황에서 이 정보를 기억하고 있어야 하는 것이다! 우리는 늘 아이들에게 원하는 양이 맞는지 〈다시 세어 보라고〉 권하곤 했다. 활동을 진행하다 보면 중간에 하나씩 빼먹는 아이들이 꼭 있다. 4까지 잘 헤아렸던 아이가 봉을 하나 더 집으면서 깜박 잊고 5를 건너 뛴 채 6으로 가거나 4를 두 번 세곤 했다.

우리는 아이들에게 원하는 양만큼 봉을 모았으면 고무줄로 묶게 했다. 이게 사소한 부분 같지만 〈양〉 개념을 감각적으로 이해하는 데에는 중요한 도움이 된다. 이 X개의 단위들 〈전체〉가 양을 이룬다는 것을 구체화하는 방식이기 때문이다.

이 단계에서 아이들은 이미 양을 지각하는 선천적 능력을 효과적으로 연마했다. 그들은 겨우 4살이지만 한 개에서 열 개까지 양을 구성할 수 있고, 서로 다른 양의 차이를 금방 알아챘으며, 어떤 양을 숫자와 연결할 수도 있었다.

오른쪽 세갱 숫자판은 아이들이 〈열하나, 열둘, 열셋…… 열아홉〉까지의 숫자 이름을 배울 때 사용한다. 이때에도 아이들이 이름을 잘 기억할 수 있도록 3단계 학습을 활용한다. 숫자 이름을 숙지한 아이들에게는 그 숫자에 해당하는 양을 구성해 보게 했다. 왼쪽 세갱 숫자판으로는 아이에게 〈46〉에 해당하는 양을 구성해 보게 했다. 앞으로 살펴볼 활동들이 제대로 이루어졌다면 아이는 십의 자리에 위치한 4가 4개 단위가 아니라 40개 단위를 뜻한다는 것을 이해한다.

10 이상의 수를 세고 나열하기

하나에서 열까지의 양과 수를 완벽하게 익힌 후에는 열을 넘어가는 양에 대한 지각을 발전시켰다. 이때에도 수를 헤아리고, 상징과 연결하고, 양을 직접 다뤄 보게 한다는 기본 방침 그대로 가면 된다.

11부터 99까지에 해당하는 양을 명명하고 구성할 때에는 에두아르 세갱이 고안한 두 가지 숫자판을 활용했다.

200 이상까지 나와 있는 기다란 숫자표도 아이들이 숫자 이름과 두 자릿수를 파악하는 데 도움이 되었다. 반 아이 전체가 이 숫자표를 돌려 가면서 보았다.

아이들은 자연스럽게 하루에도 몇 번씩 이 숫자표를 보고 수를 세는 연습을 하곤 했다. 서로 더 큰 수를 세겠다는 승부욕 때문에 모두가 비약적인 발전을 볼 수 있었다. 아이들은 하루에도 몇 번씩 숫자 노래를 부르거나 두 자릿수 이름을 연습하면서 자연스럽게 수에 대한 지식을 증강했다.

아이들은 이 숫자표를 대단히 좋아했다. 그들은 친구와 함께 수 읽기 연습도 하고 실력이 충분히 쌓였다 싶으면 선생님 앞에서 자기가 몇까지 셀 수 있는지 자랑스럽게 시연하기도 했다. 우리는 그때마다 느긋하게 아이의 도전을 지켜봐 주었다. 한 아이가 1부터 150까지 세는 동안 차분하게 귀를 기울여 주려면 때때로 상당한 인내심이 필요했다! 우리는 이렇게 한 번도 틀리지 않고 자기가 목표한 수까지 세는 데 성공한 아이는 숫자표 아래에 사진을 붙여 주었다.

이런 유의 활동은 아이들도 좋아하거니와 집에서도 얼마든지 할 수 있다. 숫자표는 수 이름 외우기, 수 이름이라는 이 어휘를 상징과 연결하기, 수를 일직선상에 위치시키기 등 여러 모로 아이들에게 도움을 준다. 수 인지에 대한 연구도 이런 표를 교육의 보조 자료로 활용하는 것이 아동의 수학적 능력을 증진시킨다고 밝힌 바 있다.[15]

십진법 제시하기

우리는 일찍부터 아이들에게 — 아이들이 10까지 셀 수 있게 되자마자 — 일반적으로 통용되는 십진법을 잘 나타낸 교구를 활용하여 〈백〉이나 〈천〉 같은 양의 개념을 심어 주었다. 이 교구는 한 단위, 열 단위, 백 단위, 천 단위를 아이들이 구체적으로 파악하게 해준다. 우리는 아이들이 1이라는 단위가 열 개 모여 10이 되고, 10이 열 개가 모여

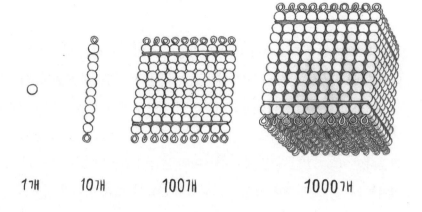

1개   10개   100개   1000개

100이 되며, 100이 열 개가 모여 1,000이 된다는 점에 주목하게 했다. 이렇게 해서 아이들은 4살 때부터 제법 큰 양들을 구체적이고 물리적인 방식으로 나타내고 헤아릴 수 있었다. 아이들은 어렴풋이 직관적으로만 아는 커다란 양을 구체적으로 알게 됐을 때 종종 대단한 기쁨을 드러낸다. 아이는 으레 어른에게 이렇게 묻지 않는가. 「100이 얼마만큼이에요? 1,000은 얼마만큼 큰 거예요?」 내가 실제로 아이들에게 100과 1,000을 제시해 보일 때 그들이 어떤 표정을 짓는지 여러분도 봐야 한다. 「자, 보렴. 이게 백이란다. 그리고 여기 이게 천이야.」 천을 구성하는 단위 하나하나가 한눈에 보이지 않는데도 아이들은 으레 당장 달려들어 정말 백 개가 맞나, 천 개가 맞나 세어 본다. 우리는 이 활동의 연장선상에서 아이들에게 새로운 어휘를 습득할 기회도 마련했다.[16]

　다음 날 우리는 아이들에게 어제 접했던 다양한 양에 상응하는 수(1, 10, 100, 1,000)를 보여 주었다. 대부분의 경우, 아이들은 이미 이 양 개념을 잘 숙지하고 있었으므로 숫자라는 상징을 거기에 연결시키기만 하면 되었다. 평소 자기보다 한두 살 많은 친구들이 이미 이렇게 큰

수를 다루는 모습을 자주 보았기 때문에 생소해하거나 어려워하지도 않았다.

우리는 이 다음 단계에서 1,000이라는 상징이 천이라는 양을 나타내면 3,000이라는 상징은 세 개의 천을 나타낸다고 가르쳐 주었다. 마찬가지로, 100이 백을 나타내면 600은 백이 여섯 개 뭉친 것을 나타낸다. 십의 자리도 하등 다를 것 없다. 10이라는 상징이 단위 열 개를 가리킨다면 70은 그 단위 열 개로 이루어진 묶음이 일곱 개 있는 것이다. 아이들은 이런 설명을 조금도 어려워하지 않았다. 그래서 금방 십이 X개, 백이 X개, 천이 X개라고 하면 그 수가 어떻게 표시되는지 바로 알아맞혔다.

큰 양 다루기

아이들은 동일한 교구를 가지고 아주 구체적인 방식으로 덧셈을 배울 수 있었다. 두 아이가 각자 하나씩 쟁반을 차지하고 여기에 어떤 양을 올려놓는다. 가령, 한 아이는 자기 쟁반에 천 단위 하나, 백 단위 두 개, 십 단위 다섯 개, 일 단위 네 개를 올려놓고 여기에 해당하는 수(1,000, 200, 50, 4)도 차례로 올려놓는다. 양과 그에 해당하는 상징을 잘 연결했다면 아이는 자릿수를 맞추어 1,254라고 읽을 수 있을 것이다. 이 아이의 짝은 마찬가지 방식으로 2,422에 해당하는 양을 선택했다 치자. 이제 두 아이는 1,254와 2,422라는 숫자 카드만 잘 남겨 두고(덧셈의 두 항을 기억해야 하므로) 두 쟁반 위의 단위들을 합친다. 그러면 제 3의 아이가 와서 단위들을 헤아리는 방법으로 이 덧셈의 〈합〉을 구한다. 우리는 아이들이 덧셈의 결과를 지칭할 때 반드시 〈합〉이라는 용어를 쓰게끔 지도했다. 합을 구하러 온 아이는 일 단위는 일 단위끼리,

십 단위는 십 단위끼리, 백 단위는 백 단위끼리, 천 단위는 천 단위끼리 모아 놓고 각각의 양에 해당하는 상징 3,000, 600, 70, 6을 찾아서 3,676이라고 읽는다. 아이들은 덧셈 식을 어떻게 말로 읽는지도 조금씩 배웠다. 그리고 큰소리로 〈1,254 더하기 2,422는 3,676입니다〉라는 식으로 읽기를 좋아했다.

아이들은 허구한 날 숫자표를 보면서 수를 읽어 댔기 때문에 십의 자리까지 읽는 것은 일도 아니었다. 그래서 선생님이 조금만 도와주면 금세 이렇게 큰 수도 거뜬히 읽을 수 있게 되었다. 덧셈에서 한 자릿수를 올려야 하는 경우에도 선생님이 잠시 개입해서 요령을 가르쳐 주어야 했다. 「너 지금 열 개까지 세었지? 자, 보렴.」 우리는 이렇게 말하고 그 열 개를 십의 단위로 이동시켰다. 「일의 단위가 열 개 모였으니까 십의 단위 하나가 되는 거야. 그러니까 이만큼은 십의 단위 자리로 보내야 한단다.」 그러면 아이는 잘 알아듣고 그 새로운 십의 단위를 다른 십의 단위들과 함께 헤아렸다. 우리는 아이가 십의 단위들을 셀 때에도 그 단위가 열 개 모이면 백의 단위 하나가 된다고 다시 한번 주지시켰다. 우리는 십의 단위들을 나란히 놓아서 실제로 그것들이 열 개가 모이면 백의 단위 하나와 같은 크기가 되는 것을 〈눈으로〉 보여 주었다. 마찬가지로, 백의 단위는 한 장씩 쌓아서 그 단위 열 개는 천의 단위 한 개와 똑같은 정육면체 모양이 된다는 것을 보여 주었다.

덧셈 개념을 익힌 아이들은 곱셈 개념으로 나가는 것도 아주 쉬웠다. 덧셈의 항을 계속 동일한 양으로 선택하기만 하면 되었으니까. 1,254를 예로 들자면, 1,254+1,254+1,254를 앞에서와 같은 방식으로 헤아려 보면 된다. 우리는 아이들에게 〈곱셈〉은 특별한 유형의 덧셈이라고 알려 주었다. 「매번 같은 양을 계속 더해 준다고 생각해 보렴.」 아이들은 역시 숫자 카드는 따로 잘 놓아두고 답이 얼마인지를 헤아렸고 이때 우리는 〈곱〉이라는 용어가 바르게 쓰이는지 주의를 기울여 지도했다. 「3 곱하기 1,254는 3,762입니다.」

아이들은 이렇게 단순하면서 구체적인 방법으로 뺄셈과 나눗셈도 했다. 뺄셈을 할 때에는 한 아이가 어떤 양(예를 들자면 4,843)을 구성하면 다른 아이는 그 아이에게서 〈가져오고〉 싶은 양(예를 들자면 378)을 숫자 카드로 표시한다. 실제로 그만큼의 양을 빼낸 후에 나머지를 헤아려 뺄셈의 〈차〉를 구한다. 나눗셈을 할 때에는 한 아이가 제법 큰 양을 준비한 후에 그 양을 두 친구, 혹은 세 친구에게 똑같이 나눠주라고 했다. 그러고 나서 아이들은 한 사람 앞에 단위가 얼마씩 돌아가는지, 나눠 주지 못하고 남는 단위는 얼마나 되는지 함께 확인했다.

우리 반 아이들은 수에 대한 선천적 직관을 갈고 닦으면서 수학의 기초를 탄탄히 다졌다. 다섯 살 아이들은 대부분 여러 자릿수의 덧셈, 곱셈, 뺄셈, 나눗셈을 이해하고 실제로 할 줄 알았다. 또한 자기보다 어린 동생들에게 사칙연산을 어떻게 하는지 설명할 수도 있었다. 게다가 대부분은 제법 큰 수도 암산으로 다룰 줄 알았다. 두 아이가 덧셈을 하면서 〈4,000 더하기 3,200은?〉 하고 큰소리로 물어보는데 저만치서 만다라 도안을 색칠하던 아이가 자기도 모르게 〈7,200!〉 하고 외치는 바람에 본의 아니게 산통을 깨곤 했다.

자연스러운 발전에 힘을 실어 주는 법

수학적 직관이 교육적 접근 방법에 미치는 영향을 간략히 정리해 보자. 연구자들에 따르면[17] 아이들은 (점점 더 큰 수까지) 헤아리고, (점점 더 많은 숫자가 포함된) 상징을 양과 연결하고, (점점 더 큰) 양을 구체적으로 다뤄 봄으로써 양에 대한 선천적 감각을 계발하고 탄탄한 수학적 기초를 쌓는다. 아이들에게 필요한 것은 이게 전부다! 어린아이가 〈엄마, 30은 얼마만큼 커요? 100보다 큰 거예요? 1,000보다도 커요?〉라고 물어본다면 이 아이는 수에 대한 선천적 직관을 다듬기 위해 어떤 기준을 찾고 있는 것이다. 그 기준을 구체적으로 마련해 주는 것이 우리 어른의 몫이다. 그러한 수들이 각기 어떤 양에 해당하는지 실제로 보여 주고, 실제로 수를 다뤄 보고 비교하게끔 이끌어 주고, 필요하다면 벽에 붙여 놓은 숫자표에 표시해 주기도 해야 할 것이다. 일상 언어에서 흔히 쓰이는 접속법의 암묵적 규칙은 굳이 가르치지 않아도 아이가 이해하듯이, 수에 대한 직관적 이해를 다듬고 벼리는 활동은 아이에게 전혀 어렵지 않다. 아이는 언어를 충분히 잘 구사할 자질도, 수에 대한 감각도 신경 회로와 함께 타고난다. 접속법은 너무 어려우니까 아이 앞에서는 접속법이 들어가는 표현을 쓰지 않겠다고 할 수 없는 것처럼, 아이가 수에 대해서 흥미를 보이는데 〈우리가〉 설명하고 이해하기 어려워 보인다는 이유로 수학이라는 문화의 전면을 아이에게 은폐해서는 안 될 것이다.

아이들이 선천적으로 양을 직관할 수 있고 우리의 젠빌리에 실험도 수학이라는 과목에서 놀라운 성과를 거뒀다지만 나는 분명히 말해 두고 싶다. 나는 유치원에서부터 아이들을 수학 신동으로 키워야 한다고 주장하려는 게 아니다. 내 생각에, 4세나 5세 아이들 모두가 네 자릿수를 한 자릿수로 나눌 수 있다고 해서 행복한 미래가 보장되지는 않을 것 같다. 아이마다 소질이 다르고 관심사가 다르다. 그러므로 모두가 모든 영역에서 동일한 수준에 도달해야 할 필요는 없으며, 모두가 같은 시기에 그래야 할 이유는 더욱더 없다. 오히려 우리가 얻어 낸 결과에서 주목해야 할 것, 요컨대 내 메시지의 핵심은 우리가 지금까지 어린이들의 학습 능력, 특히 수학적인 직관 능력을 지나치게 간과해 왔다는 것이다. 만약 아이가 학교에서 수학을 싫어한다면 그 이유는 아마 우리가 아이에게 지나치게 어려운 과제를 내어 주어서가 아니라 아이의 능력에 걸맞은 과제를 아이에게 적합한 방식으로 내어 주지 못해서일 것이다. 아이는 흥미도 없고 자기 지능에 어울리지도 않는 과제들을 수행하느라 진이 다 빠진다. 모든 아이가 일찍부터 그렇게 대단한 성취를 이뤄 내지는 못할 것이고, 그래도 괜찮다. 그렇지만 모든 아이가 우리 어른들이 으레 제안하는 것보다는 훨씬 더 높은 곳을 바라본다.

우리 반 아이들은 유치원에 도착하면 적어도 한 번씩은 돌아가면서 숫자표를 보고 200, 300, 나아가 1,000까지 읊어 대곤 했다! 아직도 그 역량을 다 파악하지 못한 아이들의 살아 있는 지능에 충분한 자양분을 대야 한다. 아이들의 이 자연스러운 열의가 사라지지 않도록 지켜 줘야 한다. 여기에 아이들의 가장 귀한 보물과 우리 어른들의 가장 무거운 책임이 있다. 물론, 사칙연산은 나중에 해도 된다. 하지만 나중에는 그저 어른을 기쁘게 하기 위해서, 자기가 뭘 하는지도 모른 채 기계적으로 문제를 풀 것이다. 구속당하는 기분으로, 힘을 들여 가면서 할 것이다. 〈자기가 좋아서〉, 자부심과 기쁨으로 눈을 빛내면서, 세 번, 네 번, 열 번 연달아 하지도 않을 것이요, 자기보다 어린 동생들에게 신나게 가르쳐 주는 일도 없을 것이다. 우리는 그 과정에서 정말로 중요한 것을 잃고 말리라. 내면에서 비롯되는 이 역동적이고 생생한 힘, 이 힘이 인류의 위대한 위업들을 이끌어 왔다. 이제 막 걸음마를 배워서 세상 구경에 여념이 없는 생후 12개월 아이에게 〈기다려! 일단 발 근육을 긴장시켰다가 이완하는 훈련부터 해야 해. 그리고 첫해에는 한꺼번에 30보 이상 걷지 않는 걸로 하자. 내년부터 본격적으로 걷는 게 좋겠어〉라고 강요할 수는 없다. 그러한 주장은 아이의 운동 능력에 심하게 역행한다. 생명이 세상을 두루 살피고 정복하라고 아이를 부추기는데 우리가 뭐라고 감히 막는단 말인가? 도대체 무슨 권리로? 무슨 명분으로? 교육 프로그램?

우리의 우선순위를 돌아볼 때가 됐다. 우리가 개인의 소질과 열의에 부적합한 기존 프로그램을 명분 삼아 아이에게 제약을 가한다면 이때 짓눌리고 제한당하는 것은 아이 자체가 아니라 이 내생적인 에너지, 이 자부심 어린 기쁨, 해낼 수 있다는 자신감과 역량이기 때문이다. 이 에너지, 이 힘이 아이의 지능을 형성하고 우리 사회의 가장 위대한 혁신들을 이뤄 낸다. 우리가 마주하는 이 아이들은 〈제자〉나 〈학생〉이 아니다. 우리가 마주하는 이 아이들은 우리가 미처 알지 못하는 고도의 지식과 생생한 내면의 힘에 따라 움직이는, 재능 있고 살아 있는 〈인간〉이다. 외려 우리가 배우는 입장에 있다. 우리는 아직도 지능 계발을 가장 잘 돕기 위해서 어떻게 해야 하는지 잘 모른다. 그러니 관찰하고 연구하는 자세를 늘 견지하면서 아이를 이끌고자 힘쓰자. 겸허한 자세를 잃지 말자. 우리는 아직도 아이의 능력과 그 능력이 계발되는 방식에 대해서 잘 모른다.

아무리 여러 번 말해도 지나치지 않을 것이다. 우리는 인간의 잠재력을 다 알지 못하고, 사실 지금까지는 알려야 알 수도 없다. 어긋난 집단적 신념이 그 잠재력의 계발을 제한해 왔기 때문이다. 나는 사회적으로 취약하고 낙후된 지역에서 이 실험을 진행하면서 바로 그 점을 보여 주고 싶었다. 이제 정말 아이라는 이 경이로운 존재를 세상에서 가장 겸손한 자세로 바라볼 때가 됐다. 우리는 아이에게 이렇게 말을 건네야 할 것이다. 〈난 네 눈부신 존재에 어떤 비밀들이 숨어 있는지 모른단다. 이제 겨우 네가 어떻게 살아가는지 조금 알 것 같아. 그래도 너에게 힘 있고 조리 있고 번득이는 지능이 있다는 건 알지. 내가 너를 이끌어 주고 네가 지닌 소중한 것이 결코 짓밟히지 않도록 잘 지켜볼게. 난 네가 뭘 지녔는지도 모르지만 네가 그걸 끌어내고 보여 줄 때까지 네 곁에서 도와줄 거야.〉

또 하나 분명히 말해 두고 싶은 것이 있다. 나는 이 책에서 간략히 소개한 교구들을 추천하기 위해서 우리 반 아이들의 성취도를 언급한 게 아니다. 분명히 알아 두자. 아무리 절묘하게 고안된 교구도 열의 없이 무미건조하고 냉담하게 활용된다면, 서로 다른 연령대 아이들이 자연스럽게 주도하는 상호작용이 없다면 유의미한 효과가 없다. 우리 반 교실에서도 이 교구는 — 다른 모든 교구와 마찬가지로 — 보조적 역할밖에 하지 않았다. 아이들의 도전적인 지능을 자극하면서 즐거움도 있는 활동을 제안하는 도구였을 뿐이다. 물론, 아주 영리하게 개발된 도구라는 점은 인정한다. 그럼에도 불구하고 교구는 핵심이 아니다. 우리 아이들이 그토록 명랑하게 타고난 자질을 꽃피울 수 있었던 결정적 비결은 아이들 사이의 긍정적이고 협조적인 관계, 친절과 신뢰가 넘치는 관계였다. 아이들은 피차 사랑과 배려와 존중을 받고 있다고 느꼈기 때문에 용감하게 그 모든 것을 할 수 있었다. 그랬기 때문에 감히 물어보고, 기꺼이 공유하고, 서로 가르쳐 주고 배우기 위해서라면 얼마든지 시간을 들일 수 있었다. 이 인간적인 요인이 커다란 차이를 만들었다. 우리네 교실에 가장 시급하게 들여야 할 것은 최신 교구나 교재가 아니라 삶, 사랑, 믿음, 자유, 열의다. 이 비옥한 토양이 마련된 후에 새로운 활동들도 차차 도입될 수 있을 것이다. 현장에서의 교수법과 교육 활동을 죄다 뒤엎기 전에 교사가 자기네 교실에서 사람과 사람의 긍정적 만남이 이루어지도록 힘쓰는 자세가 먼저다. 그러한 만남이 바로 젠빌리에 실험의 성공을 떠받친 기둥이었다. 자율적이고 협조적이며 우애가 깊은 다연령 학급이 받쳐 주지 않는다면 거금을 들여 교구를 구입해 봤자 그 결과는 유감스러울 것이다.

4 읽기와 쓰기의 첫걸음

우리가 말을 하기 위해 사용하는 단어들은 연속된 소리들로 이루어져 있다. 우리 선조들은 음성 언어의 자취를 보존하고 전달하기 위하여 경이로운 위업을 세웠으니, 곧 문자를 발명함으로써 서로 다른 소리를 종이 위에 표시하고 고정시킨 것이다. 이리하여 우리는 글을 쓰기 시작했고 ─ 소리를 시각 기호로 코드화했고 ─ 반대로 시각 기호를 소리로 해독하는 행위, 즉 글을 읽는 행위도 하게 되었다. 이러한 소리와 시각 기호의 상응 체계가 바로 알파벳 부호다.

입말은 생물학적 자질에 힘입어 자연스럽게 습득이 되는 반면, 알파벳 부호 처리, 다시 말해 읽기와 쓰기에 전적으로 특화된 신경 회로는 따로 존재하지 않는 것 같다. 지금까지의 인지신경과학 연구에 따르면 우리가 글을 읽을 때에는 원래 다른 용도로 쓰이는 뇌 영역이 〈재활용〉된다고 한다. 우리가 글자를 배울 때 원래는 안면 인식이나 사물 인식을 관장하는 영역이 그러한 글자들을 코드화한다. 그 덕분에 우리는 나중에 글자들을 한눈에 알아보고 줄줄 읽어 내릴 수 있는 것이다. 그래서 이 영역은 차츰 문자의 코드화, 나아가 수많은 단어들의 코드화에 잠식당한다. 그렇지만 우리가 환경 안에서 만나는 사람들의 얼굴을 잊어서는 안 되기 때문에 뇌는 대뇌피질의 다른 영역에 안면 인식 회로를 따로 마련하는 방향으로 재조직된다. 자연의 자율성과 지능이 실로 매혹적이지 않은가?

읽기는 뇌를 재조직한다

그렇지만 이 같은 회로의 재활용은 몇 가지 제약을 낳는다. 인지신경과학자들, 특히 스타니슬라스 드앤과 뉴로스핀Neurospin 연구소 팀은 이 제약들을 이해하기 위하여 굉장히 많은 사람들의 뇌를 MRI 촬영하고 비교했다. 아이와 어른, 글을 읽을 줄 아는 사람과 글을 모르는 사람, 프랑스어 사용자와 비(非)프랑스어 사용자, 유복한 환경에서 태어난 사람과 경제적으로 열악한 환경에서 태어난 사람 등의 뇌 영상을 자료로 남겨 문제의 신경회로가 점차 어떻게 변하는지, 그 작동 메커니즘은 어떤 것인지 알아보려 한 것이다. 물론, 이 연구는 아직 더 전개되고 검증을 거쳐야 하지만 이미 우리에게 소중한 정보를 제공하고 있다.

그중 중요한 발견은 〈소리와 문자의 연결이 명시적이어야 한다〉는 것이다. 실제로 우리가 어떤 사람과 지하철에서 곧잘 마주친다고 해도 아무도 그 사람을 우리에게 소개하지 않는다면 그 사람 이름을 부를 수 없다. 눈이 마주쳤을 때 인사 정도를 할 수도 있겠지만 그 사람을 어떤 이름과 연결하려면 그냥 보는 것만으로는 안 되고 누군가가 그 사람 이름을 알려 줘야 한다. 마찬가지 맥락에서, 아이가 수시로 어떤 글자를 본다면 그 글자를 알아볼 수 있겠지만 그 글자가 어떤 〈소리〉가 나는지는 누군가가 가르쳐 줘야 한다! 따라서 아이에게 단어와 문장을 외우게 함으로써 아이 스스로 문자의 음가를 발견하게 하는 방법은 잘 통하지 않는다. 어떤 사람을 군중 앞에 자주 세우고 군중의 얼굴을 하나하나 잘 보라고 강요해 봤자 그들의 이름까지 알 수는 없지 않은가. 그가 몇몇 이름과 몇몇 얼굴을 연결할 수 있다면, 그래서 얼굴은 낯익지만 이름은 모르는 수많은 사람들 앞에서 그나마 조금 덜 당황하게 된다면 그는 분명히 예전에 그들의 이름을 들은 적이 있는 것이다. 아이가 단어와 문장을 외우는 방법으로는 읽기를 배울 수 없다는 말은 아니다. 하지만 이 방법은 힘들고 괴롭고 상당한 인내심을 요한다. 그나마 아이가 공부를 할 때 부모가 옆에서 〈이 글자는 이런 소리가 난단다〉라고 가르쳐 주면 그게 큰 도움이 될 것이다. 아이는 환경에서 규칙성을 발견하려는 정신적 노력을 어마어마하게 쏟아붓고 나서야 자신에게 명시적으로 주어지지 않았던 문자와 소리의 상관관계를 겨우 찾아낼 것이다. 이 아이의 읽기 능력은 분명히 매우 미진할 것이고, 부모는 자기가 아이에게 요구했던 노력에 대해서 달갑지 않은 기억만 남을 것이다. 이제는 부모도 그런 식의 읽기 교육법이 뭐가 좋다는 건지 이해가 가지 않을 테니까. 아이는 아이대로 읽기에 반감만 갖게 될 확률이 높다. 〈교실에서의 읽기 교육 실험으로 이 사실은 확인되었다. 글자와 소리의 상응 관계를 명시적으로 배운 아이들은 스스로 알파벳의 원리를 발견해야 했던 아이들보다 읽기를 더 빨리 익혔고 글에 대한 이해력도 높았다〉고 스타니슬라스 드앤은 밝힌다.[18]

뉴런의 재활용이 어린아이들에게 몇 가지 소소한 불편을 끼친다는 점도 알아 두자. 유치원생들의 경우, 읽기에 관여하는 뇌 영역은 아직 완벽하게 문자 식별 기능으로 〈재활용〉되지 않았다. 그 영역이 여전히 사물과 안면 인식에 활용되고 있다는 얘기다. 이렇게 과도기적으로 두 기능이 공존하면서 가벼운 충돌을 빚곤 한다. 사실, 우리가 어떤 사람의 왼쪽 옆얼굴과 오른쪽 옆얼굴을 볼 때 그 두 얼굴이 한 사람이라는 정보를 의식에 전달하는 것이 바로 이 영역이다. 그래서 이 과도기에 아이는 인쇄체 소문자 p와 q를 잘 구분하지 못한다. 문제의 뇌 영역이 아이에게 그 두 문자가 같은 것이라는 〈잘못된〉 정보를 보내기 때문이다. 따라서 아이의 혼동은 완전히 정상적인 현상이다. 연구자들은 이러한 혼동이 5세에서 6세 사이에 가장 심하다고 지적한다. 우리 반 아이들의 경우는 4살에서 4살 반 즈음에 그러한 혼동을 보였다. 우리 반 아이들은 4살에 벌써 읽기에 들어갔기 때문에 신경회로의 특화도 보통 아이들보다 일찍 일어난 것으로 보인다.* 그러므로 아이들은 거울에 비친 상처럼 좌우만 반전된 형태의 문자들은 전혀 차이를 인지하지 못할 확률이 높다. 글씨를 쓸 때에도 오른쪽에서 왼쪽으로 〈거울 쓰기〉를 하는 아이들이 많지만 걱정할 필요는 없다. 이러한 혼동은 정상이다. 아직까지는 그들의 뇌가 좌우 반전된 형태를 원래의 형태와 완전히 똑같은 것으로 보기 때문이다.

거울 쓰기와 좌우 혼동 현상은 문제의 회로가 문자 인지 쪽으로 특화되어 감에 따라 자연스럽게 사라질 것이다. 따라서 이 과도기에 아이를 도와줄 필요는 있지만 걱정할 필요는 없다. 단지 아이의 혼동이 너무 오래 가지 않도록 지켜보면서 적절하게 보조를 해야 할 것이다.

읽기의 주요 원리

알파벳 부호는 아이들에게 분명하게 가르쳐 줘야 한다. 이것이 읽기 학습의 으뜸 원리다. 어떤 글자는 어떤 소리가 난다고 확실하게 가르쳐 줘야지, 아이 혼자 그 원리를 깨닫게 내버려 두어서는 안 된다.

* 글을 읽을 줄 아는 우리 반 아이들을 MRI로 검사한 결과, 읽기에 관여하는 회로가 보통 아이들에 비해 최소한 1년 이상 빨리 자리 잡은 것을 확인할 수 있었다. 스타니슬라스 드앤은 이 검사의 초기 결과들을 콜레주 드 프랑스 강의에서 이미 공개했다. Dehaene, S., 《L'apport de sciences cognitives á l'école: quelles formation pour les enseignants?》, 13 novembre 2014.

그렇지만 읽기에 대한 연구는 문자 부호의 소리를 가르치기에 앞서 아이가 단어들 속에서 〈소리를 듣게〉 해야 한다고 우리에게 알려 준다. 아이가 모국어를 구성하는 가장 작은 소리의 단위들, 즉 음소(音素, phonème)를 구별할 수 있어야 한다는 얘기다. 예를 들어 〈말cheval〉이라는 단어에는 [ʃ], [ə], [v], [a], [l]이라는 다섯 개의 음소가 있다. 〈고양이chat〉라는 단어는 [ʃ]와 [a]라는 두 개의 음소로 이루어져 있다. 이렇게 단어를 구성하는 음소를 듣는 것을 〈음소 인식〉이라고 한다. 아이의 음소 인식 능력은 미래의 읽기 능력을 예측하는 데 있어서 가장 중요한 지표다.

전통적으로 음소 인식 능력은 일단 음절 구분이라는 단계를 거친다. 〈cheval[슈발]〉이라는 단어는 〈슈-발〉 두 음절이다. 〈pantalon[팡탈롱]〉이라는 단어는 〈팡-탈-롱〉 세 음절이다. 유치원 아이들은 단어에서 음절을 구분해 듣고 어떤 단어가 몇 음절로 이루어져 있는지 셀 수 있다. 그러다가 차츰, 보통은 유치원 과정 마지막 해에는, 한 음절에 포함된 음소들까지 구분할 수 있게 된다. 젠빌리에 유치원에서 우리는 음절 구분 단계를 먼저 거치는 대신, 아이들이 곧바로 음소 구분으로 나아갈 수 있게끔 유도했다.

내가 부촌과 낙후 지역, 프랑스어권 지역과 비(非)프랑스어권 지역을 두루 다니면서 — 프랑스 국내외 몬테소리 유치원들을 중심으로 — 여러 아이들에게 실제로 가르쳐 본 결과, 아이들이 음절 구분을 먼저 거치고 음소 구분으로 넘어가야 할 필요는 없는 듯했다. 아니, 오히려 음절만 구분하는 단계는 알파벳 부호 습득에 거치적거리기까지 했다. 유치원에서 3년 가까이 음절을 구분해 듣는 데 익숙해지다 보면 음절을 나눌 수 없는 한 덩어리로 생각하게 되고 이 때문에 음절보다 작은 단위를 문자 부호와 연결시켜야 하는 상황에서 곤란을 겪는다. 우리는 읽기라는 대문까지 아이들을 확실하고 안전하게 데려가고 싶었다. 그런데 음절 구분부터 익히게 하면 우리가 교육이라는 통로에서 아이들을 놓칠 위험이 있다. 아이들의 뇌는 모국어의 소리 단위를 분석하고 여기에 특화되게끔 타고났다는 점을 잊지 말자. 아이들은 이미 세상에 태어난 첫해부터 자연스레 그렇게 해왔으므로 정식으로 가르칠 필요는 없다. 따라서 아이들의 주의력을 — 그들의 지능이 이미 분석하고 코드화하고 있는 — 소리의 가장 작은 단위로 끌어당기고 그 단위를 인식시키는 것이 중요하다.

나는 이 방법으로 아이들을 이끌면서 그들이 열광하고 재미있어하는 모습을 볼 수 있었다. 아이들이 단어를 음절로 나눌 때에는 그런 모습을 좀체 볼 수 없었는데 말이다. 아이들에게는 소리를 그렇게 꼼꼼하게 뜯어 듣는 일이 의미가 있는 듯했다. 평소에 듣고 말하는 단어가 소리의 작은 단위들로 이루어져 있다는 것을 이해했을 때, 아이들은 정말로 핵심 개념을 찾아낸 것처럼, 〈유레카!〉라도 외칠 만한 언어적 대발견을 한 것처럼 기뻐했다. 어른 입장에서는 이렇게 바로 음소를 파악하는 것이 음절 구분보다 어렵게 느껴질지 모른다. 그래서 지적으로 조금 쉬운 것부터 접하게 하고 그다음에 어려운 것을 가르쳐 주자 생각하는 것도 당연하다. 하지만 인정할 건 인정하자. 결과를 보면 아이들이 어느 쪽을 더 쉽게 여기는지는 자명하다. 무엇보다도, 이 시기 아이의 지능이 고도로 복잡다단하게 기능한다는 사실을 잊어서는 안 된다. 앞에서 언급했듯이, 최근의 연구들은 우리가 오랫동안 생각해 왔던 바와는 정반대의 진실을 드러냈다. 아이들의 모국어 학습은 선형적이지 않다. 가장 쉬운 수준에서 점점 어려운 수준으로 나아가는 게 아니라, 모든 수준이 처음부터 아이의 두뇌에 흔적을 남기는 것이다. 아이가 언어를 한창 습득하는 이 시기에 우리가 아이 눈높이를 생각한답시고 처음에는 음절만 들려주고, 그다음에는 단어를 들려주고, 그후에야 비로소 문장을 들려준다고 상상해 보라……. 그 아이는 세 살이 되어도 말을 제대로 할 줄 모를 것이다. 단어를 구성하는 소리를 듣는 것이 모국어의 문법적, 통사론적 규칙을 아무 설명 없이 직관적으로 파악하는 것보다 더 어렵지도 않다. 아이들은 아직 미숙해 보이기 때문에 그래도 되는 걸까 싶겠지만, 아이들의 조그만 뇌에는 그 무엇에도 비견할 수 없는 고성능 학습 메커니즘이 숨겨져 있다. 그러한 메커니즘 덕분에 아이들은 방대하면서도 미묘한 세상을 온전히 포용할 수 있는 것이다. 우리는 아이들을 편하게 해준다고 생각하지만 그들의 수행 과제를 더 어렵게 만들고 있는지도 모른다.

〈소리와 문자의 상응관계를 확실히 가르칠 것〉과 〈음소 인식 능력 계발〉이라는 이 두 원리에 의거하여 학습법의 효율성을 살펴본 연구들은 매우 많이 있다. 이 연구들도 모든 아이들에게 — 난독증이 있는 아이들에게나 아무런 학습 장애가 없는 아이들에게나 — 그러한 학습법이 단연 효과적이라고 말한다.[19]

읽기에 대한 과학적 연구가 밝혀 낸 또 하나의 중요한 원리는 지능적으로 새로운 난관들을 제시함으로써 완만하고 점진적인 학습이 이루어지게 해야 한다는 것이다. 가령, 처음에는 쉬운 단어부터 읽게 하고 차차 묵음과 도구어(전치사, 접속사 등)가 들어가는 어려운 단어들을 조금씩 접하게 하는 것이다.

젠빌리에에서 사용한 교수법

〈단어를 구성하는 소리를 듣게 한다. 그다음에는 그 소리에 상응하는 부호(문자)를 확실하게 가르쳐 준다. 읽기의 난이도는 점진적으로 높인다.〉 우리는 아이들이 알파벳 부호를 잘 배우고 읽기를 즐겁게 접할 수 있도록 이 세 가지 원리를 정확히 적용했다. 그러기 위해서 마리아 몬테소리 박사가 고안한 교수법을 활용하되 프랑스어의 특수성에 알맞게 조정을 하려고 애썼다. 사실, 마리아 몬테소리는 그녀의 모국어인 이탈리아어에 알맞게 교재를 개발했기 때문이다. 그렇지만 교재는 하나의 도움, 아이들의 도약을 떠받치는 도구에 지나지 않았다. 아이들이 알파벳 부호를 자동화하는 과정을 가장 효과적으로 보조하는 교육 수단은 양질의 인간적 뒷받침, 친절하고 규칙적인 일대일의 뒷받침이다. 이 때문에 나는 아이들에게 유치원에서 두 학년 동안 제안하는 교육 활동은 대여섯 가지 정도로 제한하고 그 두 해에 걸쳐 서서히 읽기 활동으로 이끌었다(그중에서 일부는 필수 활동조차 아니었다). 5세가 되면 아이들은 대부분 그림책을 줄줄 읽었다. 3세와 4세 아이들은 계속 교구를 가지고 활동을 했다. 우리는 이렇게 활동의 가짓수를 제한함으로써 따뜻하고 개인적인 인간관계를 통하여 읽기 능력을 전달한다는 본질에 충실할 수 있었다.

첫해의 검사 결과는 4세 아이 15명 중 9명과 3세 아이 1명이 읽기 학습이 되어 있다고 알려 주었다. 검사 보고서에는 〈전체적으로 아이들의 음소 인식 능력이 평균을 훨씬 상회한다〉[20]고 기록되었다. 실제로 우리 반 아이들은 우리가 음절을 따로 가르치지 않았기 때문인지 초등학교 1학년에게도 뒤지지 않을 만큼 섬세하게 잘 발달된 음소 인식 능력을 보여 주었다.

두 번째 해에는 5세 아이들 전원과 4세 아이들의 90퍼센트가 읽기 학습이 되어 있었다. 아이들은 어린이책을 열광적으로 읽어 댔다. 우리가 2주에 한 번씩 공공 도서관에서 어린이책을 50권씩 빌려와 학급에 비치해야만 겨우 아이들의 독서욕을 달랠 수 있었다. 아이들은 집에서 조용히 읽고 싶다면서 매일 책을 한 권 이상 빌려 갔고 부모님들은 아이가 텔레비전이나 게임보다 책을 더 좋아하는 모습을 보면서 신기해했다. 우리는 이 독서욕이 어휘 면에서나 통사론적으로나 언어 구사력을 향상시키는 모습을 하루가 멀다 하고 목격했다. 두 번째 해 검사 보고서는 〈아이들이 방금 읽은 본문에 대하여 적어도 CE1(초등학교 2학년) 수준은 되는 이해력을 보인다〉고 했다.

세 번째 해에는 글을 읽을 줄 아는 아이들만 스타니슬라스 드앤의 연구소에서 MRI 검사를 받았다. 이 검사 결과, 이미 완전히 정상적인 읽기 회로가 일반적인 경우보다 1년 반 정도 일찍 자리 잡은 것을 알 수 있었다.[21]

으뜸 원리: 소리를 들어야 한다

너무 세세한 부분까지 들어가지는 않으면서 우리가 아이들의 음소 인식 능력을 계발하기 위해 사용한 방법을 소개해 볼까 한다. 우리는 상자를 하나 준비해서 장난감 가게에서 살 수 있는 여러 가지 물건을 넣었다. 자전거 모형, 실, 가방, 코끼리 인형, 모자, 곰 인형, 나사, 치마, 아기 인형, 사다리, 색소폰, 피아노, 장난감 트럭, 의자 모형, 요람 모형, 파인애플, 고양이 인형, 토끼 인형 등등. 아이들이 싫증 내지 않도록 상자 안에 들어가는 물건은 수시로 바꿔 줬다. 우리는 이 방법으로 아이들이 첫소리(첫 번째 음소)와 끝소리(마지막 음소)를 〈최대한 다양하게〉 접할 수 있도록 고려했다.

나는 아이들에게 이 물건 상자를 책상이나 매트로 가져오게 했다. 대개의 경우, 이 활동을 구경하는 아이들이 두세 명은 있었다. 그래서 그 아이들도 비공식적으로 함께 공부하는 셈이 되었다. 처음에는 아이들이 첫소리에만 신경을 쓰게끔 유도한다. 처음부터 난이도가 너무 높으면 안 되니까 입술 모양이나 혀의 위치를 고려할 때 뚜렷하게 차이가 감지되는 첫소리들을 고른다(고양이chat[샤], 침대lit[리], 파인애플ananas[아나나]). 나는 이렇게 고른 것들을 하나씩 책상에 놓으면서 첫소리를 아이가 뚜렷이 인식하게끔 다소 과장된 발음으로 하나하나 명명했다(〈chhhhhhhat〉, 〈llllllllllllit〉, 〈aaaaaaaananas〉). 내가 하는 말을 아이도 나처럼 과장된 방식으로 따라하게 함으로써 자연스럽게 소리와 입술 위치를 인식시켰다. 소리를 잘 못 알아듣는 아이들을 지도할 때에는 곧잘 어떤 동작과 소리를 연결시켰다. 가령 〈케이크 gâteau[갸또]〉의 첫소리 [g]를 알려 줄 때에는 손가락을 입 안에 넣어 [g] 소리가 울리는 지점을 가르쳐 주곤 했다.[22] 이러한 다중감각적 접근은 어려운 소리들을 구분하고 따라 하는 데 큰 도움이 된다. 특히 프랑스어가 모국어가 아닌 아이들에게는 더욱더 그렇다. 우리는 세 개의 물건을 책상에 내려놓고 아이들이 첫소리에 민감해지게끔 그것들의 이름을 한 번 혹은 여러 번 힘주어 발음했다.

그다음에 아이에게 묻는다. 〈[ʃ] 소리로 시작하는 이름의 물건을 찾을 수 있니?〉 앞에서 말한 것처럼 정확하고 〈과장되게〉 발음을 하고 아이들에게도 따라하게 한 경우에는 대개 바로 답이 튀어나온다. 그다음에는 〈[l] 소리로 시작하는 이름의 물건을 찾을 수 있니?〉, 〈[a] 소리로 시작하는 물건을 찾을 수 있니?〉라고 물어본다. 다른 물건들의 이름

첫소리도 이런 식으로 가르쳐 주면서 조금씩 난이도를 높여 간다. 다시 말해 첫소리가 확 구별되지 않는 단어들, 〈치마jupe[쥐쁘]〉, 〈모자 chapeau[샤뽀]〉, 〈양동이seau[쏘]〉를 구분하게끔 유도하는 것이다.

며칠, 혹은 몇 주 후에 아이가 모든 단어들의 첫소리를 잘 구분하게 되었다면 이제 끝소리에 주목하게 했다. 가령 〈나뭇가지rame[람]〉라는 단어를 언급하면서 [m] 소리에 힘을 주는 식이다. 이때에도 처음에는 구분이 확 가는 단어들을 택했다(〈oursssssss〉, 〈motoooooooo〉, 〈chaaaaaaat〉). 그다음에는 그렇게까지 구분이 쉽게 가지 않는 단어들로 넘어간다(〈caggggggge〉, 〈hachhhhhhhe〉, 〈chaissssssse〉). 여러 아이들을 상대하다 보니 매일같이 하루에도 몇 번씩 이렇게 단어를 발음해 보이곤 했다.

이 같은 음소 인식 첫걸음 활동은 아이들이 유치원에 들어오는 3세 때부터 이루어졌다. 어떤 아이들은 첫날부터 좋아라 하며 잘 따라왔고 그 밖의 아이들은 좀 지나서야 열의를 보이기도 했다. 어쨌든 음운 놀이에 들어가려면 구어를 충분히 또렷하게 구사할 수 있어야 한다는 생각은 일반적이다. 그런데 구어를 아직 그렇게 잘 구사하지 못하는 아이들, 말을 더듬거나 소리 구분을 잘 못하는 등의 언어 장애가 있는 아이들, 심지어 프랑스어를 모르는 아이들조차도 이런 활동은 쉽게 여기고 좋아했다. 처음에는 나 자신도 선입견에 사로잡혀 있었기 때문에 이런 유의 활동이 아이들의 인내심을 요할 거라 지레짐작했다. 하지만 실제로 며칠 활동을 해보니 아이들이 스스로 물건 상자를 형이나 누나에게 가져가서 같이하자고 할 만큼 반응이 좋았다. 그래서 나는 선입견을 버리고 아이들이 원하는 대로 하게끔 내버려 두었다. 지금 돌아보니 그렇게 하기를 참 잘했다. 이 아이들은 아직은 그들의 뇌가 — 나아가 (프랑스어를 모국어로 삼지 않기 때문에) 다른 언어에 이미 특화된 뇌가 — 일상 언어 속에서 뚜렷이 파악하지 못한 음성학적 주요 원리들을 밝혀 주는 이 같은 소리 위주의 접근법을 톡톡히 누렸다. 특히 입 모양과 입술 위치의 변화를 뚜렷이 파악함으로써 언어를 이루는 소리들의 지각과 발음에 정확성을 기할 수 있었다. 우리가 보통 생각하는 바와 달리, 이렇게 가볍고 허물없는 발음 듣기, 발음 연습이 아이들의 능숙한 언어 구사에 직접적으로 이바지했다.

그와 동시에, 나는 유치원에서 가장 큰 아이들에게는 으레 이렇게 묻곤 했다. 「야스민, 〈팡탈롱〉 하면 무슨 소리들이 들리니?」 그러면 아이는 〈[p], [ã], [t], [a], [l], [ɔ]으로 들려요〉라고 대답을 하면서 손가락으로 그 소리들을 하나하나 꼽았다. 「6개! 소리는 모두 6개예요!」 우리는 이런 대화를 그냥 놀이처럼 여겼고 길어 봤자 하루 3, 4분을 넘기지 않았다. 이런 식으로 우리는 아무것도 아니란 듯이, 힘들이지 않고 음소 인식을 조금씩 더 섬세하게 다듬어 나갔다. 사실, 그 아이들은 단어를 소리로 분해하는 것을 당연하게 여겼다. 여러분은 어떻게 5세 아이들의 음소 인식이 그렇게 정확할 수가 있는지 의문을 품음 직하다. 그렇게 되기까지는 다음과 같은 활동들이 있었다.

알파벳 부호 제시

아이들이 단어의 첫소리와 끝소리를 구분해서 인지할 수 있게 되었을 때부터 우리는 바로 그 소리들의 시각적 기호, 즉 그에 해당하는 알파벳 문자나 문자의 조합(ou, in, oi, ch, on , an, gn, ai)도 가르쳐 주었다. 실제로 이러한 복합자digramme는 프랑스어에서 알파벳 문자 하나로 나타내지 못하는 소리를 약호화한다. é처럼 악상이 붙는 문자도 당연히 가르쳐 줬다. 우리는 이런 식으로 프랑스어에 존재하는 모든 소리를 알파벳 문자로 표시해 주었다. 그리고 모든 문자는 필기체 형태로 큼지막하게 샌드페이퍼로 잘라서 나무판에 붙여 주었다.

나는 아이들에게 이렇게 가르쳤다. 「너 〈오토바이moto[모토] (mmmmmmoto라고 첫소리에 힘을 준다)〉에서 [m] 소리 기억나니? 그래, 기억하고 있구나. 그럼 이걸 봐, [m]을 어떻게 쓰는지 가르쳐 줄게.」 그러고서 아이에게 m자가 붙어 있는 나무판을 보여 준다. 내가 먼저 까끌까끌한 샌드페이퍼를 손가락으로 훑으면서 글자 모양을 따라 쓰고 [m]이라고 발음도 한다. 그러면 아이도 나를 따라 글자를 손가락으로 쓰면서 발음한다.

오늘날 여러 연구와 현장 실무는 아이가 글자의 쓰기와 읽기를 동시에 수행할 때 글자의 모양과 소리 양쪽 모두를 더 잘 기억하게 된다고 알려 준다. 스타니슬라스 드앤이 책임 편집한 『읽기 학습Apprendre à lire』에도 〈발음과 모양 따라 쓰기를 결합하는 것은 대단히 좋은 방법이다〉라고 나와 있다. 특수 학습 장애 전문가들도 이 부분에 대해서는 의견이 일치한다.[23] 학습은 다중 감각적일수록 효과적이다.

대개는 한 번에 세 개의 소리와 그 기호만 가르쳐 주었다. 각각의 문자는 3단계 학습으로 제시되었다. 그러니까 아이들은 한 번에 문자 세 개, 혹은 문자 두 개와 복합자 하나를 배우곤 했다.

우리는 문자를 가르쳐 주면서 (동일한 문자가 여러 가지로 소리 날 수 있는 경우라면) 그 문자가 가장 자주 나타내는 소리를 알려 주었다. 가령, c의 소리는 〈citron(레몬)[씨트롱]〉에서와 같은 [s]가 아니라 〈camion(트럭)[까미옹]〉에서와 같은 [k]로 알려 줬다. 프랑스어에서 c

는 [s]보다 [k]로 발음될 때가 더 많기 때문이다.

이 단계에서 알파벳 부호의 이름은 아이들에게 알려 주지 않는다는 점을 기억하기 바란다. 사실, 문자의 〈명칭〉과 그 문자가 나타내는 〈소리〉는 함께 가르쳐 주지 않는 편이 읽기의 오류를 줄일 수 있기 때문에 훨씬 더 바람직하다. 실제로 아이가 p를 〈페〉라고 읽고 c를 〈쎄〉라고 읽고 s를 〈에쓰〉라고 읽는 데 익숙해지면 〈pic[pik]〉를 속으로는 〈페이쎄〉라고 읽거나 〈sac[sak]〉을 〈에싸쎄〉, 〈fil[fil]〉을 〈에피엘〉로 읽을 수도 있다. 우리는 이런 혼동을 덜어 주기 위해서 아이에게 오로지 문자의 소리만 가르쳐 주었다. 우리는 이 원칙을 매우 엄격하게 고수했다. (소리를 가르쳐 주기 전에) 문자의 명칭부터 가르칠 때 아이들이 어떤 어려움들을 겪는지 경험을 통해 잘 알고 있었기 때문이다. 젠빌리에 부임 첫해에 우리 반에 들어온 4세 아이들은 이미 기존의 일반적인 유치원 교육을 1년 받고 올라온 아이들이었다. 프랑스 유치원에서는 아이들에게 알파벳 부호 이름부터 가르치기 때문에 이 아이들도 각 부호가 나타내는 소리보다는 각 부호의 이름에 더 익숙했다. 이 아이들은 읽기가 한창 탄력을 받을 즈음 이 잘못 끼운 첫 단추에 발목이 잡히곤 했다. 〈벽mur[my:R]〉 같은 단어를 읽어 보라고 하면 〈에뮈에르〉라고 하는 식이었다. 평소 들어 본 단어인데도 발음이 잘못됐으니 당연히 무슨 뜻인지 알 수가 없고, 무슨 말인지 모르는데 읽기가 재미있을 리 없다. 이 아이들은 m이라는 문자가 나타내는 소리 자체는 〈엠〉이 아니라 [mmmmm]이라고 깨닫기까지 시간이 다소 필요했다. 알파벳 부호 명칭은 그들이 본격적으로 읽기를 시작할 때 도움이 되기는커녕 되레 거치적거렸다. 안타깝게도 일부 아이들은 알파벳 부호 명칭이 이미 머릿속에 단단히 뿌리를 내린 상태였다.

아이들이 읽기를 배우고 나면 알파벳 명칭쯤은 〈알파벳 노래〉 덕분에 자연스럽게 외운다. 하지만 읽기가 어느 정도 자동화되고 난 후라야 명칭과 소리를 혼동할 위험이 없다. 우리는 아이가 유창하게 책을 읽을 정도가 되지 않는 한 절대로 그 아이 앞에서 알파벳 명칭을 언급하지 않았다. 읽기를 다 떼지 못한 아이에게는 〈자, 이건 [ffff] 소리가 나는 《에프》란다〉라고 말하지 않고 항상 〈자, 이게 [ffff]란다〉라고만 했다.

우리는 이런 식으로 알파벳에 포함된 모든 문자, 악상이 붙은 문자 (é), 복합자(ou, in, oi, ch, on, an, gn, ai)를 아이들에게 가르쳐 주었다. é와 복합자를 가르치는 방식도 다를 게 없었다. 「너 〈고양이chat[샤]〉에서 [ʃ] 소리 기억나지? 자, 보렴, 그 소리는 이렇게 쓰는 거야.」 이렇게 말하고서 까끌까끌한 샌드페이퍼로 오려 내어 나무판에 붙인 ch를 아이에게 보여 준다. 내가 먼저 소리를 힘주어 발음하면서 샌드페이퍼를 따라 글자를 써본다. 그다음에 아이에게도 입으로는 발음을 하면서 손가락으로 글자를 따라 쓸 기회를 준다. 아이들은 복합자 중에서도 프랑스어에 자주 나오는 〈ch〉나 〈ou〉를 특히 좋아했다. 우리는 이런 복합자도 일찍부터, 때로는 아예 처음부터 알려 주었는데 아이들은 쉽게 받아들였다. 복합자는 아이들에게 좀 어렵지 않을까, 낱자부터 다 끝내고 가르쳐야 하지 않을까 생각할 수도 있겠지만 뛰어난 언어학자이자 CNRA 명예연구소장인 릴리안 슈프렝어샤롤도 이 방법을 적극 추천한다. 슈프렝어샤롤은 아이들에게 복합자도 낱자와 똑같이 하나의 표기 단위로서 가르치라고 권한다. 그래서 우리는 그렇게 했다.

〈h〉에 대해서는 이렇게 설명했다. 「이 글자는 소리가 안 나. 아무 소리도 없는 글자야.」 그래서 h를 손가락으로 따라 쓸 때에는 입을 꾹 다물거나 손가락으로 입술을 막는 시늉을 했다.

아이들은 상자 속 작은 물건들을 활용해 지각한 소리를 샌드페이퍼 문자와 복합자를 통하여 다분히 구체적인 방식으로 익혔다. 문자를 〈눈으로 보고〉 손으로 〈만질〉 수도 있었으니까 말이다. 물론 우리도 귀로 들어서 쉽게 구분 가는 소리, 아이들이 쉽게 따라할 수 있는 소리부터 시작하려고 신경을 썼다. 그래서 주로 a, i, o, m, ch, ou, s, l로 시작을 했다. 그리고 이 소리들을 강조한 나머지 뒤를 너무 끌어서 〈~으〉 소리가 되지 않도록 주의했다. 〈mmm〉, 〈chhh〉, 〈ssss〉 소리를 길게 빼면 〈므으으〉, 〈슈으으〉, 〈스으으〉처럼 들리기 십상이다. 이 발음에 신경을 쓰지 않으면 아이가 〈mur[my:ʀ]〉 같은 단어를 〈뮈르〉보다는 〈므위르〉에 가깝게 읽는 문제가 생긴다. 이 경우에도 잘못된 발음이 의미 파악에 걸림돌이 되고 결국 아이의 읽기에 지장을 초래한다. 자음을 끝에 [ə]를 붙이지 않고 발음하려면 약간의 훈련이 필요하지만 교사가 마땅히 노력해야 할 부분이다. 우리가 정확성을 기하지 않으면 아이들이 읽기 학습에서 굳이 겪지 않아도 될 어려움을 겪는다는 점을 명심하자.

아이들끼리의 전달

아이들은 자기보다 어린 동생들에게 글자를 가르쳐 주거나 함께 따라 쓰기를 좋아한다. 가령, 어느 한 문자를 골라서 함께 손가락으로 쓰면서 입으로는 소리를 내는 식이었다. 이 수평적 학습이 놀라운 효과를 발휘했다. 아이들은 누가 시키지 않는데도 하루에 몇 번씩 그렇게 문자를 가지고 놀았고…… 굉장히 빨리 배웠다. 수직적이고 통제적인 가르침으로는 절대로 그 정도 효과를 못 낸다. 나는 3세에게는 굳이 문자를 가르치지 않지만 아이가 3세라고 해도 가르쳐 달라고 조르면 어쩔 수 없이 가르쳐 주는 때가 더러 있다. 이 경우, 아이는 대개 준비가 되어 있지 않아서 음소를 잘 인식하지 못한다. 그러면 나는 아이에게 다른 활동을 권유한다. 그래도 아이는 괜히 글자를 배우는 다른 아이들 주변을 맴돌거나 함께 손가락으로 글자를 따라 써보면서 소리를 낸다. 그러다 몇 주 후에 내가 그 아이에게 가보면 벌써 〈혼자〉 터득한 글자와 소리가 제법 많아서 깜짝 놀랄 때가 한두 번이 아니다.

선생님이 글자를 알려 주는 시간들 사이사이에도 마찬가지 현상이 일어났다. 내가 월요일에 글자 세 개를 가르쳐 주었다 치자. 다음 날 또 다른 글자 세 개를 가르쳐 주려고 보면 그 하루 사이에 아이가 친구들과 글자 놀이를 하면서 아직 선생님에게 배우지 않은 글자까지 익혀 오는 경우가 다반사였다! 좀 더 극단적인 경우로는 젠빌리에 부임 첫해에 3살이었던 일리에스가 생각난다. 일리에스는 자기도 선생님에게 글자를 배우고 싶다고 졸랐다. 4살 아이들이 대부분 어린이책을 즐겨 읽으니까 자기도 빨리 그렇게 되고 싶었던 모양이다. 솔직히 나도 실험 첫해였기 때문에 일리에스는 글을 배우기엔 너무 어리다고 단정 짓고 있었다. 그래서 읽기 못지않게 중요하면서 일리에스의 연령에 더 적합할 만한 다른 활동들을 권유했다. 나는 3세 아이가 문자의 소리를 다 익힐 수 없으리라 지레짐작하고 아예 시도조차 해보지 않았던 것이다.

일리에스는 서너 번 나에게 글을 가르쳐 달라고 조르더니 내가 자기 부탁을 들어 주지 않자 자기 혼자 글공부를 시작했다. 어느 날 아침, 아이는 샌드페이퍼 문자들을 매트 위에 가지런히 늘어놓았다. 그러고는 글자 하나를 골라서 4세 형에게 쪼르르 달려가 그 글자는 어떻게 소리가 나는지 물었다. 4세 아이는 글자를 손가락으로 쓰면서 입으로 소리를 가르쳐 주었다. 일리에스는 매트로 돌아가 또 다른 글자를 들고 형에게 달려갔다. 나는 그 광경이 귀여워 보였지만 여전히 글을 가르치기엔 아이가 너무 어리다는 생각을 하고 있었다. 그래도 아이가 그러고 노는 것을 막지는 않았다.

불과 이틀 후, 나는 일리에스가 이미 문자와 소리를 아주 잘 연결하고 있다는 것을 알았고 그 아이의 읽기 학습 과정을 촬영해 두기로 결심했다.[24] 그건 아주 좋은 아이디어였다. 일리에스는 3주 만에 단어를 무리 없이 읽을 수 있을 만큼 진전을 보였으니까. 아이가 충분히 준비가 되었을 때 〈미션 카드〉 활동을 했다(카드에 쓰여 있는 미션을 빨리 읽고 그대로 수행해야 하는 이 읽기 활동은 원래 5세 아이들을 대상으로 하는 것이다). 나는 일리에스의 엄마에게 아들의 자랑스러운 도전을 보여 줄 생각에 카메라를 들이댔다. 하지만 일리에스가 카드에 쓰여 있는 글을 정말로 읽는 순간 내가 얼마나 충격을 받았는지! 카드에는 〈노래해Chante!〉라고 쓰여 있었다. 복합자 두 개가 연달아 있는데도(ch와 an) 아이는 아무렇지도 않다는 듯 읽었다. 「노…… 노래해. 노래해!」 일리에스는 의기양양하게 외쳤다. 아이의 얼굴이 자부심과 기쁨으로 빛났다. 일리에스는 그렇게 카드에 쓰여 있는 지시를 읽고 시키는 대로 노래를 불렀다. 그러고 나서는 또 다른 미션 카드들을 하나하나 해치웠다. 그때 나는 결코 잊을 수 없는 교훈을 하나 얻었다.[25]

대부분의 아이들은 일리에스처럼 샌드페이퍼 글자 활동 다음에 곧바로 읽기로 넘어가지 못한다. 그래서 다음 단계 활동이 필요할 때가 많다. 하지만 일리에스와의 경험에서 나는 읽기 학습에 정해진 규칙은 없다는 것을 배웠다. 중요한 것은 아이들 한 사람 한 사람이 내면에서 우러나는 흥미와 의욕을 계속 추구할 수 있도록 돕는 것이다.

문자 이해의 심화

아이가 문자 부호를 웬만큼 익히면 〈이동 가능한 문자와 복합자〉 활동으로 스스로 단어를 만들어 보게 했다. 이 활동의 목적은 알파벳 부호를 적극적으로 가지고 놀면서 더 효과적으로 자기 것으로 받아들이게 하는 데 있다. 이 나이에는 아직 자기 손으로 글자를 쓰기가 힘든데 그러한 쓰기 부담이 없는 활동이라서 더 좋다. 처음에는 우리가 음소 분석을 할 때 활용했던 상자 안의 작은 물건들부터 단어로 만들어 본다. 예를 들어 〈가방sac〉이라는 단어 만들기를 도와준다고 치자. 우리는 일단 첫소리를 잘 듣고 그에 해당하는 문자를 매트에 가져다 놓으라고 했다. 그러면 아이는 〈s〉를 가져왔다. 그다음에는 [a] 소리를 듣고 〈a〉를 가져온다. 마지막으로 끝소리 [k]를 듣고 〈c〉를 가져오면 끝이다.

아이는 이렇게 가져온 문자들을 소리 순서대로 나열한다. 이때 글은 왼쪽에서부터 오른쪽으로 쓴다는 라틴 문화의 규약을 준수해야 한다. 우리는 그러한 관습을 당연시하지만 어린아이들이 처음 글을 배울 때에는 그렇지 않다. 어쨌든 아이들은 한 번 가르쳐 주면 잘 알아들을 것이다.

처음에는 상자 안의 자그마한 물건들을 활용할 수 있었다. 그렇지만 우리는 아이가 특별히 흥미를 두는 〈분야〉가 있으면 그 분야의 단어 혹은 단어쌍을 만들어 보게 했다. 그런 식으로 색깔 이름, 동물 이름, 공룡 이름, 가족 이름 등을 다양하게 만들어 보게끔 유도했다. 이 단계에서는 철자법의 정확성 여부가 별로 중요하지 않다. 어차피 아이가 구성한 단어를 그대로 가르칠 일은 없기 때문이다. 진짜 핵심은, 아이가 소리를 문자로 약호화하는 〈재미〉를 느끼는 것이다. 〈가방〉을 〈sac〉이 아니라 〈sak〉이라고 한 아이도 이 활동의 목표는 충분히 성취한 셈이다. 그 아이는 단어를 구성하는 음소들을 하나도 빼놓지 않고 다 들었고, 그 음소를 약호화하는 문자들을 순서대로 놓았으며, 왼쪽에서 오른쪽으로 배치해야 한다는 규칙도 지켰다! 따라서 〈가방〉을 〈sak〉이라고 한 4세 아이는 세 가지 기본을 다 지켰다. 단, 우리는 완성된 단어가 철자법상 아무 문제가 없을 때에만 아이에게 다시 읽어 보게 했고 그렇지 않은 경우는 바로 다른 단어 만들기로 넘어갔다.

읽기의 자연스러운 촉발

며칠에서부터 몇 주까지 개인차가 있지만 이렇게 아이가 움직일 수 있는 문자와 복합자를 가지고 놀다 보면, 차츰 소리의 약호화가 자동적으로 이루어진다. 그리고 아이도 소리를 문자로 옮기는 게 별로 힘들지 않을 즈음이면 자연스럽게 자기가 방금 완성한 단어를 읽어 보게 마련이다. 아이가 〈말〉, 〈양동이〉, 〈인형〉, 〈토끼〉, 〈엄마〉 하고 큰소리로 단어를 읽는 모습을 보게 될 것이다. 아이는 이처럼 자연스럽게, 자기도 모르는 사이에 글을 읽기 시작한다. 이 과정이 너무 자연스러워서 어른들이 아이가 글을 깨쳤다고 호들갑 떨면 오히려 아이는 놀랄 것이다. 젠빌리에 부임 첫해, 아이들이 자기가 만든 단어를 자연스럽게 다시 읽어 보는 모습을 보면서 나는 늘 감격에 젖었고 어쩌면 읽기가 이처럼 쉽고 자연스럽게 시작될 수 있을까 늘 새삼 놀라곤 했다. 내가 더 신이 나서 아이에게 〈너 글을 읽을 줄 아는구나!〉 하면 아이는 이해가 안 간다는 듯이 나를 빤히 보곤 했다. 아이는 자기가 자연스럽게 한 일에 선생님이 왜 그렇게까지 좋아서 펄쩍펄쩍 뛰는지 알 수가 없었던 것이다. 아이들은 아마 자기네들이 읽기를 시작했다는 의식조차 없었으리라. 그들은 말할 때가 된 아이가 처음 입 밖으로 어떤 단어를 내뱉듯 아주 자연스럽게 그렇게 했던 것이다.

　하루는 어떤 아이와 매트에 앉아서 그 아이가 좋아하는 단어를 함께 만들었던 기억이 난다. 아이는 자기 형제자매들의 이름을 만들고 싶어 했다. 그런데 유네스라는 4살 아이가 우리 옆을 지나가면서 매트 위에 완성된 단어들을 큰 소리로 읽었다. 나는 깜짝 놀라서 얼른 뒤를 돌아보았다. 나는 그때까지 유네스가 글을 읽을 줄 안다는 것도 모르고 있었다. 그해에 나는 유네스의 어머니에게 아이가 글을 꽤 잘 읽을 뿐 아니라 같은 유치원 다른 반에 있는 쌍둥이 형제 야민에게 글을 가르쳐 준다는 말을 들었다. 유네스도 야민에게 알파벳 부호의 핵심, 즉 문자의 소리를 가르쳐 주는 것 외에는 딱히 아무것도 하지 않았다. 어머니는 유네스가 집에서 책을 많이 읽으니까(그 아이는 특히 웃기는 책들을 골라 읽기 좋아했다) 야민도 글을 빨리 배우고 싶어 한다고 말했다.

　나는 이렇게 자연스럽게 읽기로 넘어가는 광경을 처음 목격했을 때 감격해서 말이 나오지 않았다. 〈글 읽기가 어렵거나 두려워해야 할 만한 과정이 될 이유는 전혀 없다.〉 아이처럼 재능을 충분히 타고난 존재에게는 아주 〈쉬운〉 또 하나의 정복일 뿐이다. 아이들이 읽기를 어려워한다면 아이들의 능력이 아니라 우리가 그들에게 읽기 학습을 제안하는 방식에 문제가 있는 것이다. 나는 이 소식에 안도하는 교사들을 얼마나 많이 만났는지 모른다. 내가 많은 아이들에게 지겹고 재미없고 효과 없는 학습과 훈련을 덜어 줄 수 있었다는 점이 기쁘다.

　나는 어떤 아이가 이제 글을 읽을 수 있겠구나 싶을 때(특히 아이가 단어 구성을 자동적으로 척척 해낼 때) 쟁반에다가 메모지 몇 장, 연필, 스테이플러를 준비한다. 이 쟁반을 책상에 올려놓고 그 앞에 아이와 나란히 앉는다. 나는 종이에다가 음성학적으로 단순한 단어(예를 들어

mur, vis, lavabo)*를 하나 써서 아이에게 건네면서 이렇게 말했다. 「자, 선생님이 너에게 비밀 쪽지를 하나 썼는데 혹시 읽을 수 있니?」 그러면 아이의 얼굴이 환해진다. 아이는 종이를 소중히 가져가 자기 혼자 몰래 보면서 그 단어를 해독하려 애쓴다. 「나…… 나사!」 나는 아이가 문자를 충분히 이해했다는 것을 확인하면서 다시 이렇게 말한다. 「좋았어! 그러면 내가 비밀로 쓴 것을 교실에서 찾아와서 쪽지 옆에 가져다 놓을래?」 아이는 신이 나서 껑충껑충 뛰어가 저쪽에서(소리 분석 활동에 쓰이는 작은 상자 안에서) 나사를 찾아온다. 같은 방법으로 비밀 쪽지에 쓴 물건 찾아오기 활동을 네다섯 번 더 한다. 마지막으로 비밀 쪽지들을 하나로 묶어 스테이플러로 찍어 주면 아이는 그 쪽지들을 자랑스럽게 집에 가져갔다.

아이들은 이 쪽지들을 전리품처럼 소중이 여기고 자기 혼자서, 혹은 가족들 앞에서 큰소리로 읽곤 했다. 집에 가서 부모님께 비밀 쪽지 놀이를 하고 싶으니까 종이에 뭔가 써달라고 조르는 아이들도 있었다. 부모님들은 아침에 유치원에 아이를 데려다주면서 우리에게 이렇게 말하곤 했다. 「어제 저녁 내내 비밀 쪽지 놀이를 했어요. 애가 도무지 그만하려고 하질 않아서요.」

이렇게 생생하고 재미있게 읽기를 접한 아이들은 문자(혹은 문자들의 묶음)를 소리로 바꾸는 마법의 주문을 발견하기라도 한 것처럼 즐거워했다. 상대가 입도 벙긋 안 했는데도 무슨 생각을 했는지 쪽지만 보고 알 수 있으니 마법이라면 마법이다. 가령, 내가 어떤 아이에게 처음으로 비밀 쪽지를 써줬다 치자. 나는 아무 말 없이 내가 생각하는 물건을 종이에 적기만 했다. 그러니 아이 입장에서는 새로운 소통의 문

* 모든 문자가 음가를 갖는 단어를 말한다. 프랑스어는 그렇지 않지만 스페인어에는 이런 단어들이 많다. 이런 단어에서 한 문자는 반드시 어떤 소리를 나타내므로 읽기의 〈함정〉이 없다.

을 여는 진짜 마법을 발견한 거나 진배없다. 나는 읽기와 쓰기가 〈있는 그대로〉, 다시 말해 기발한 소통 수단으로서 제시될 때 — 인간관계와 의미에서 괴리된 채 주어지는 과업이 아니라 — 아이들이 이 수단을 흥미진진한 정복 대상으로 삼는다고 자신 있게 말할 수 있다. 어떤 아이들은 일단 이 마법을 발견하고 나면 쉬지 않고 며칠을 꼬박 거기에만 매달렸다. 친구들에게 계속 비밀 쪽지를 써달라고 조르거나, 자기가 뭔가 끼적이고서 친구에게 읽어 보라고 건네주거나, 자기보다 어린 친구를 붙잡고 이 마법을 전수하려고 낑낑대거나. 그럴 때면 동생뻘 아이는 뭐가 뭔지 영문도 모르면서 귀를 기울였다. 이렇게 아이들이 문자를 머리로 습득하는 동안 운동 능력이 향상될 시간은 충분히 있었다. 족히 몇 달은 샌드페이퍼 문자를 따라 쓰고, 여기저기 이동할 수 있는 문자를 가지고 놀았기 때문에 이제 미리 마련되어 있는 문자를 활용하지 않고 자기 손으로 쓸 수 있었다. 이 단계에서 아이들은 단어를 〈소리 나는 대로〉 쓴다. 그렇지만 일단 읽기가 궤도에 오르고 아이들이 수시로 책을 읽게 되면 프랑스어 맞춤법에 차츰 익숙해질 것이다. 지금은 말문이 처음 터질 때처럼, 다시 말해 자꾸 실제로 해보고 싶은 마음으로 읽기에 진입하는 것이 중요하다.

이제 글이란 글은 다 해독 대상이 된다. 광고판, 시리얼 상자, 샤워하다가 눈에 띈 샴푸통, 부모님 휴대전화에 들어온 문자 메시지까지. 아이들은 닥치는 대로 읽고 문자들에 숨겨진 메시지를 알아내고 싶어 한다. 그전까지 제시된 적이 없는 문자들이라고 해도 상관없다. 그들은 마치 자기가 지니고 있는 지식에 비추어 상형문자를 해독하려는 고고학자 같다.

자기가 만든 단어를 다시 읽어 보면서 글을 깨쳤든, 쪽지 놀이를 하면서 글을 깨쳤든, 아이들이 자연스럽게 읽기에 진입한 시점에서 12개의 읽기 봉투 활동을 차근차근 제안해 본다. 이 12개의 봉투는 복합자가 포함되지 않은 짧은 단어 모음 봉투 4개(이 중 2개 봉투에는 묶음이 포함된 단어들이 있다. 묶음은 회색으로 표시해 주었다)와 복합자(ou, in, oi, ch, on, an, gn, ai)가 포함된 단어 모음 봉투 1개로 구성되었다. 각각의 봉투에는 12개의 그림 카드와 12개의 단어 카드가 들어 있는데 아이는 그림과 단어를 보고 알맞게 짝지어야 한다. 예쁘고 선명한 그림이나 사진을 활용할 것, 단어는 대부분 아이가 아는 것으로 선별할 것, 이 두 가지가 교재 준비의 핵심이다. 그래야만 아이들의 관심을 모을 수 있기 때문이다.

아이들은 이 읽기 봉투 활동을 통하여 비밀 쪽지 활동에서와 동일한 과제를 수행한다. 형식은 다르지만 단어를 읽고 지시 대상과 연결시키는 활동이기 때문이다. 읽기 봉투 활동은 실제 사물이 아니라 이미지와 연결을 시켜야 한다는 점에서 약간 더 추상적이지만 아이들은 이미 〈생생하고〉 구체적인 사전 단계를 거치고 이 활동에 이르렀기 때문에 어려울 것이 없다. 읽기 봉투 활동은 이미 진짜 인간관계를 통하여 학습한 내용을 〈받쳐 줄〉 뿐이다. 이 활동은 진짜 교육 활동에 해당하지 않는다. 교육이 이루어지는 순간은 우리가 일상 속에서 인간 대 인간으로서 기쁘고 신나게 함께하는 순간이다. 요컨대, 읽기 봉투 활동은 보완물에 불과하므로 단독으로 쓰일 때에는 그다지 유익이 없을 것이다.

실제로 나는 읽기 봉투 활동이 진행되는 중에도 매일 아이들에게 개인적으로, 그 아이의 수준을 고려해서 이런저런 단어를 써주곤 했다.

만약 어떤 아이가 복합자 ch는 아주 잘 읽지만 on이 나올 때마다 머뭇 댄다면 선생님이 비밀 쪽지 쟁반을 가져와 일부러 on이 들어가는 단어를 써주는 것이다. 이렇게 하고 난 다음에는 아이 혼자서도 복합자 on을 포함하는 읽기 봉투를 활용하여 실력을 다질 수 있다.

이를테면 안나는 한 4세 아이에게 복합자 on이 들어가는 단어를 써주었다. 아이에게 단어를 10여 개 써주고 나서 — 아이가 원하면 그 이상이라도 — 나중에 쪽지를 한데 모아 스테이플러로 찍어서 아이에게 주었다. 이렇게 개인 맞춤형 활동을 하고 나면 아이는 혼자서도 복합자 on이 포함된 읽기 봉투를 가지고 실력을 갈고닦을 수 있다.

해독에서 자동화로

아이들이 읽기를 처음 시작할 때에는 상당한 주의력을 쏟아 가면서 문자를 해독하는 단계를 거친다. 〈가방sac〉처럼 쉬운 단어도 처음에는 문자 s와 소리 [s]를 연결하고, 다시 a를 [a]와 연결하고, 마지막으로 c를 [k]와 연결하는 과정이 필요하다. 하나하나 얻어 낸 음가들을 쭉 이어 〈싸아아아크!〉 하고 소리 내어 발음하고 자기 소리를 귀로 듣고서야 비로소 아이는 그 단어를 인지한다. 이처럼 읽기의 첫걸음은 〈해독〉이다. 이 첫 단계는 아이의 의식적인 노력과 상당한 주의력을 요한다. 그렇지만 해독이 차츰 자동화로 넘어가면서 별다른 노력 없이도 글을 술술 읽을 수 있게 되는 것이다.

〈이미 읽었던〉 단어를 몇 주 후에 다시 볼 경우, 아이의 뇌는 크게 의식적인 노력을 요구하지 않고도 문자와 소리의 연쇄를 빨리 처리한다. 따라서 아이가 글을 많이 읽으면 읽을수록 이전에 접했던 단어 비중이 높아지기 때문에 뇌가 읽기를 처리하는 속도도 빨라질 것이다. 이것이 읽기의 〈자동화〉 혹은 〈직통 경로〉다. 우리 어른들처럼 글을 읽을 때 문자를 하나하나 해독한다는 느낌 없이, 바로 단어의 의미에 접근하게 된다는 얘기다. 여러분이 지금 이 책을 읽는 동안에도 자동화는 이루어지고 있을 것이다. 여러분은 눈으로 낱말들을 쭉 따라가면서 바로바로 의미를 파악할 뿐, 문자를 해독한다는 기분은 들지 않을 것이다. 그렇지만 연구 결과에 따르면 여러분이 글을 읽을 때에도 해독은 분명히 이루어진다. 단지 여러분의 뇌는 해독을 아주 빠르게, 자동적으로 하고 있을 뿐이다. 뇌는 단어들을 통째로 인지하지 못한다. 뇌는 다소 반복해서 단어들을 해독한다.

낱말 읽기

해독은 신경 회로가 읽기라는 기능으로 재활용되고 특화되는, 수고롭지만 중요한 단계다. 그리고 아이에 따라서 개인차가 있지만 읽기가 자동화될 때까지는 통과해야 할 과정에 불과하다. 아이가 좌절하지 않고 다음 단계로 빨리 넘어갈 수 있도록 돕기 위해서 나는 매일 아이의 개인 수준에 맞게 쪽지를 써주었다. 읽기의 진전과 자동화를 지원하고 격려하기에는 그만 한 방법이 없었다. 나는 안나에게도 글을 읽기 시작한 아이들에게는 매일 쪽지를 써주라고 말해 두었다. 이 중간 과정을 최대한 즐겁고 효율적으로 보조하는 것은 젠빌리에 실험에서 최우선 과제에 해당했다. 더러 힘이 들 수도 있는 단계일수록 우리는 완전히 개인에게 맞춰 주려고 노력했다. 아이들 한 사람 한 사람의 욕구, 성격, 이해 수준을 최대한 고려해서 그에 맞게 보조하려고 신경을 썼다. 학부모들도 대부분 아이들이 문자 해독 단계에서 이런저런 도움을 요청할 때마다 기꺼이 응해 주었다.

나는 매일같이 하루에도 몇 번씩 아이와 비밀스러운 공모라도 하듯이 쪽지를 10여 개씩 건네곤 했다. 난이도를 조금씩 높이려고 신경을 썼고, 아이가 읽은 쪽지는 한데 모아 스테이플러로 묶어 주었다. 낱말에 묵음이 포함될 경우에는(프랑스어에는 특히 묵음이 많다) 그냥 밑줄만 그어 줬다. 아이는 밑줄이 그어진 문자는 발음하지 않는 것으로 이미 알고 있었으니까(예를 들면, barre, vis, mur, vélo, jupe, tapis, sol, pot, sac, cube, chaton). 아이들은 선생님과의 이 다정한 한때를 자주 갖고 싶어 했다. 거듭 말하지만 나는 아이와의 일대일 만남을 최대한 재미있고 신나게 만들기 원했다. 유쾌하고 인간적인 만남 속에서 매일매일 읽기를 접하는 이 규칙성에 힘입어 아이들은 해독 단계를 빨리 통과하고 본격적인 읽기에 들어갔다.

나는 낱말 읽기를 철저하게 개인 수준에 맞추어 진행했지만 아이들은 그런 줄도 몰랐다. 아이들은 자기들이 어떤 교육 과정을 따라가고 있다는 자각조차 없었다. 그냥 선생님이랑 재미있게 놀면서 새로운 것을 해낸다는 느낌밖에 없었을 것이다!

큰 아이들도 글씨를 써달라고 귀찮을 정도로 매달리는 동생들에게 아주 으쓱해하면서 기분 좋게 쪽지를 써주곤 했다. 「아야, 나 비밀 쪽지 써주면 안 돼? 한 개만! 한 개만 써줘, 제발!」 물론 큰 아이가 정말로 쪽지 한 개만 써주고 끝내기는 쉽지 않았다.

읽기에 재미를 붙인 아이들은 대륙, 여러 가지 도형, 교실 비품 등 주제별로 정리되어 있는 서랍장을 활용하기도 했다. 우리는 서랍마다 10여 개 낱말을 적은 종이들을 넣어 두었다. 아이들은 낱말을 읽고 그 부분만 잘라서 그 낱말이 지시하는 사물에 스카치테이프로 붙였다. 또 어떤 서랍에는 우리 반 아이들의 이름이 적힌 종이도 있었다. 아이들은 이 종이를 잘라서 친구의 팔이나 가슴에 이름표처럼 붙여 주기를 좋아했다. 어느 서랍에는 동물 이름만 쭉 들어 있어서 자그마한 동물 모형에 붙일 수 있게 되어 있었다.

젠빌리에 우리 반에는 장학사, 연구자, 기자 들이 자주 방문했다. 아이들은 이 방문객들의 치마나 바지나 가방에도 종이 쪼가리를 붙였다. 방문객들은 언제 그런 게 붙었는지 모를 때도 있었다! 어떤 이들은 집에 돌아간 후에야 자기들이 교재 아닌 교재 노릇을 했다는 것을 깨닫고 즐거워하면서 나에게 깜짝 메시지를 보내 주곤 했다.

문장 읽기

(3음절 정도의) 낱말 읽기를 충분히 자동화한 아이들에게는 짧은 문장으로 쪽지를 써주었다. 주로 어떤 행동을 요구하는 명령문이었기 때문에 아이가 문장을 제대로 이해했는지 그렇지 않은지 바로 확인이 가능했다. 그리고 쪽지 건네기가 거듭될수록 문장은 조금씩 복잡해졌다. 〈웃어!〉, 〈굴러 봐!〉, 〈셋이라고 말해 봐!〉, 〈종을 쳐봐!〉, 〈매트 위에서 굴러 봐!〉, 〈친구에게 인사해!〉, 〈천장을 쳐다봐!〉, 〈교실 저쪽에 가서 문을 열었다가 도로 닫아!〉

아예 인쇄해서 코팅해 놓은 짧은 문장 카드들도 교실에 비치되어 있었다. 그래서 아이들은 선생님 없이도 혼자서, 혹은 친구와 함께 이 카드를 가지고 문장 읽기를 할 수 있었다. 이 과정에서 아이들은 차차 문자가 묶음으로 처리될 때의 규칙을 깨달았기 때문에 우리가 일부러 강조하거나 가르칠 필요도 없었다. 인쇄된 문장 카드들에도 묶음은 회색으로 표시해 주었지만 아이들이 점점 더 긴 문장을 읽게 되면서부터는 그런 표시도 필요 없었다. 심지어 더러는 자기들끼리 문장을 쓰고 놀면서도 무조건 소리 나는 대로 글을 쓰는 게 아니라 소리 안 나는 문자까지 넣어서 쓰는 모습을 볼 수 있었다. 하루는 교실 바닥에서 〈나에게 뽀뽀해 줘Fais moi un bisoue〉라는 쪽지를 발견하고는 깜짝 놀랐다. 이 아이는 소리도 안 나는 s를 제대로 넣어 썼을 뿐 아니라 〈뽀뽀bisou〉라는 단어에도 e를 붙이는 편이 논리적으로 더 맞는다고 생각했던 것이다. 아이들의 뇌는 이렇게 언어의 규칙성을 감지하게끔 타고났다. 실제로 〈뺨joue〉, 〈바퀴roue〉, 〈진흙boue〉 같은 단어들은 교실에서도 자주 접할 수 있는데 모두 ou라는 복합자에 소리 안 나는 e가 결합한 형태를 띤다. 아이는 여기서 어떤 암묵적 규칙을 발견했기 때문에 〈bisou〉가 아니라 〈bisoue〉라고 써야 할 거라 짐작했던 것이다.

읽기 봉투도 그렇고, 낱말 카드나 문장 카드도 그렇고, 지금까지 사용한 교재는 모두 (문자와 문자를 연결해 쓰는) 필기체 소문자로 되어 있었다. 아이들에게 소통 수단으로서의 문자, 사람이 실제로 쓴 문자를 먼저 제시해야 했기 때문이다. 그런데 이유와 방법은 아직 알려지지 않았지만 어쨌든 학자들의 연구에 따르면 읽기가 자동화되고 문장을 쉽게 읽을 정도가 되면 아이들의 뇌가 모든 종류의 서체를 자연스럽게 받아들이고 처리한다고 한다. 실제로 우리 반 아이들도 필기체 문장을 읽을 즈음에는 우리가 따로 가르치지 않았어도 (대문자, 소문자가 모두 포함된) 인쇄체 문장까지 무리없이 읽었다. 그리고 일단 이 단계까지 온 아이들은 따로 시키지 않아도 학급문고에서 글이 아주 적은 그림책 정도는 혼자서, 혹은 친구와 함께 읽으려고 했다. 아이들은 이렇게 차츰 인쇄체 문자를 스스로 — 혹은 자기보다 나이 많은 친구의 도움을 받아서 — 해독하는 훈련을 했다. 아이들은 어떤 문자 혹은 문자쌍을 잘 모르겠다 싶으면 바로 나에게 책을 들고 와서 물어봤다.

「셀린, 이게 뭐야?」 내가 답을 알려 주면 아이들은 금방 또 자기 자리로 돌아가 책을 마저 읽었다.

쉬운 책부터 자연스럽게 읽기 시작하는 이 단계에서 아이들 눈에는 인쇄체 ph, eau, au, est, et가 낯설게 보인다. 아이들은 이미 이 문자들이 표시하는 음가를 알고 있지만 그때는 문자 모양이 좀 더 단순했다. 따라서 아이들에게 이 동음homophone 문자들을 알려 줄 필요가 있기는 했다. 우리가 이러한 목적에서 하는 활동이 하나 있었다.[26] 하지만 나는 젠빌리에 3년 동안 이 활동을 다 합쳐도 서너 번밖에 하지 않았다. 아이들이 책을 읽으면서 은연중에 인쇄체 문자들을 잘 파악했기 때문에 굳이 여러 번 활동을 제안할 필요가 없었기 때문이다.

이때부터는 특별한 교재나 교수법이 딱히 없었다. 읽기의 토대가 잘 놓였다 싶으면 우리는 학급문고 운영과 관리에 에너지와 주의력을 몽땅 쏟았다. 우리는 다양한 수준과 주제의 어린이책을 마련함으로써 아이들 한 사람 한 사람의 독서욕을 만족시키려고 무척 애를 썼다.

책 읽기

우리는 매주 한 번 공공 도서관에 책을 빌리러 갔다. 책을 고를 때에는 교육적 가치만 따지지 않았다. 나는 오히려 우리 어른들이나 우리 구역 장학사보다는 아이들이 정말로 재미있어 할 만한 책을 고르라고 말하고 싶다. 그게 진짜 중요하다. 사실 아이들이 해독 단계를 통과했어도 책이 아이들의 관심과 흥미를 유발하지 못하면 자동화는 잘 이루어지지 못한다. 심지어 기껏 성취한 문자 해독력마저 퇴보할 확률이 높다.

젠빌리에에서 읽기의 자동화에 가장 효과가 높은 책은 아이들이 깔깔대고 웃으면서 보는 책이라는 결론을 얻었다. 정말로 재미있는 책은 아이들이 열 번, 스무 번 되풀이해서 읽고 자기들끼리 배꼽을 잡고 웃어 댄다. 알랭 르 소의 〈파파〉 시리즈와 스테파니 블레이크, 마리오 라마 같은 작가의 그림책은 아주 인기가 좋았다. 그렇다고 아이들에게 그런 유의 책만 보여 주라는 얘기는 물론 아니다. 오히려 개인의 관심사에 부응하는 다양한 주제, 다양한 삽화, 다양한 정서를 제공하는 것이 중요하다. 아이들의 열광적인 반응은 아동문학이라는 망망대해에서 우리를 인도하는 등대 구실을 했다.

학급문고는 금세 우리 교실의 핫 플레이스가 되었다. 아이들은 여기서 서로 독서욕을 자극받았고 함께 웃고 대화를 나누며 인간관계를 발전시켰다. 우리는 아이들이 책을 읽는 이 공간이 널찍하고 볕이 잘 들고 편안하면서도 정갈하기를 바랐다. 책이 너무 적으면 아이들의 호기심을 충족시키기 어렵고 책이 너무 많으면 선택하기가 힘들고 금세 무질서해지므로 장서의 수에도 늘 신경을 썼다.

나도 여기서 으레 아이들에게 재미있는 이야기책을 읽어 주곤 했다. 이 시간은 뭘 가르친다기보다는 〈살아 있는〉 독서의 시간이었다. 나는 연극을 하듯이 흥을 내며 책을 읽었다. 아이들은 홀린 듯 내 입술만 바라보았고, 그러는 동안 아이들의 마음속에서 책을 읽고 이야기에 푹 빠지고 싶은 욕구는 무럭무럭 커졌다. 페이지를 넘길 때마다 아이들이 이해를 잘 했는지 확인하느라 책 읽기를 멈추는 일은 없었다. 물론, 아이들의 반응을 확인해야 할 때도 있었다. 그러나 가장 중요한 목표는 책을 읽으면서 신기한 세상, 다른 세상으로 떠나는 느낌을 아이들에게 알려 주는 것이었다.

가끔은 내가 화자 역할을 하고 인물의 대사는 안나에게 연기하듯이 읽어 달라고 부탁하기도 했다. 아이들은 이런 식의 낭독을 자연스럽게 보고 배워서 자기들끼리 책을 읽을 때에도 역할을 나눠 맡곤 했다. 한 명은 화자를 맡고, 또 몇 명은 인물을 맡고 하는 식이었다. 아이들은 그렇게 책을 읽으면서 깔깔대고 웃었고 가끔은 자기가 읽을 대사를 친구가 가로챘느니 어쩌니 하면서 실랑이를 벌였지만 모두들 빨리 다음을 읽고 싶어 한 탓에 흐지부지 넘어가곤 했다. 책 읽기를, 책의 발견을 더불어 나눈다는 것은 얼마나 신나고 기운 나는 일인지! 어떤 아이들은 유치원에서 하루 종일 책을 읽고 집에 가서도 책을 손에서 놓지 못했다. 부모님들은 아이들이 텔레비전을 찾지도 않는다고 놀라워했다. 아이들은 이제 부모님에게 도서관에 책을 빌리러 가자고 졸랐다. 우리가 찍은 동영상 속에서도 한 어머니가 증언을 한다. 「도서관에 가면 10권을 빌려 오는데 아이가 그날로 10권을 다 읽어 버려요. (……) 오빠가 CM2(초등 5학년)인데 오히려 얘가 더 책을 잘 읽어요!」 어떤 아버지도 이렇게 말한다. 「잠들기 전에 엄마가 애한테 책을 읽어 주는 게 아니라 애가 엄마에게 책을 읽어 줍니다!」

혼자서나 두세 명이서 스스로 읽기를 준비해서는 전체 모임 시간에 낭독을 하고 싶다고 하는 아이들도 있었다. 거의 매일같이 한 명 이상의 아이가 같은 반 친구들 앞에서 상황과 인물에 맞는 어조를 구사하면서 낭독을 했다![27]

다시 한번 정리하자면 우리 반 아이들을 유치원 3년 동안 이 수준까지 이끌면서 활용한 교재는 대략 6가지다. 음소 분석에 쓰이는 작은 물건 상자, 까끌까끌한 질감의 샌드페이퍼 문자, 단어 만들기에 쓰이는 이동 가능한 문자, 읽기 봉투 12종, 스카치테이프로 붙일 수 있는 낱말 및 문장 카드, 〈동음〉의 인쇄체 문자를 가르쳐 주는 수첩 몇 권(이 마지막 교재는 거의 쓰이지도 않았다). 교재의 진정한 핵심은 〈인간적인〉

것이었다. 내가 생생하고 개인적이며 역동적인 뒷받침을 제공했고, 여기에 안나의 뒷받침도 힘을 실어 주었기 때문에 그 아이들은 그처럼 즐겁게 글을 깨치고 매주 우리가 빌려 오는 수십 권의 책에 매달렸던 것이다. 저명한 인지심리학자이자 읽기 학습 전문 연구자인 스타니슬라스 드앤도 학습의 이론적 토대를 다룬 2015년도 콜레주 드 프랑스 강의에서 교육의 틀을 취하지 않는 이 생생한 접근이 중요하다고 확인해 준다. 그는 교사들이 처음에는 문자 부호를 가르치는 데 초점을 맞추되 그 학습이 충분히 이루어진 후에는 교육적인 활동을 이것저것 시키지 말고 아이가 적극적으로 책을 읽을 수 있는 환경을 조성함으로써 독서욕을 고양하는 데 집중하라고 말한다.

사람이 남의 말을 듣고 자기도 말을 하면서 입말의 불규칙성을 자연스럽게 배우고 소화하듯이 남이 읽어 주는 글을 듣고 자기도 글을 많이 읽으면 글말의 불규칙성은 아무 문제가 되지 않는다.

쓰기로의 자연스러운 이행

샌드페이퍼 문자와 복합자는 쓰기 활동을 직접적으로 준비시킨다. 아이가 손가락으로 까끌까끌한 표면을 따라 써보는 동안, 이 동작은 아이의 뇌에 자연스럽게 입력이 된다. 이 때문에 문자와 복합자를 처음에는 손글씨에 가깝게, 필기체로 제시한 것이다. 이로써 아이는 힘들이지 않고 은연중에 자기 문화권의 글씨 쓰기를 준비한다. 다 같은 알파벳처럼 보여도 문화권에 따라서 손글씨는 다르다. 가령, 영국인들은 글자와 글자를 연결하는 식의 필기체를 잘 쓰지 않는다. 따라서 영국인 아이들은 처음에 그런 서체로 문자를 접해 봤자 아무 유익이 없다.

지금도 프랑스 유치원은 아이들에게 문자를 하나하나 떼어 인쇄체

처럼 쓰게끔 가르치기는 한다. 그렇지만 아이가 앞으로 실제로 쓰고 읽을 서체는 그런 형태가 아닐 것이다. 그 증거로, 기껏 3년을 가르쳐 놓고 결국 학교에 들어가면 그렇게 쓰지 말라고 하지 않는가. 아이는 힘들게 썼는데 때로는 싫은 소리까지 듣는다. 그런데도 유치원에서 처음에 그런 서체를 가르치는 이유는 아무래도 둥글둥글하게 연결해 가면서 쓰는 글씨보다 직선적인 글씨가 더 쓰기 쉽다는 생각 때문일 것이다. 그런데 나 개인적으로는 자유롭게 낙서를 하라고 했을 때 가로 세로 직선만 긋는 세 살짜리 아이를 본 적이 없다. 아이들은 으레 빙글빙글 돌아가는 선으로 백지를 채우지 않는가……. 유치원에 갓 들어온 아이들은 대개 아직 가로 세로 직선 긋기를 수월히 할 만큼 운동 능력이나 억제 능력이 발달하지 않았다. 어른들이 단순히 머리로 생각하고 믿는 바가 아이들의 학습을 더 어렵게 만들고 쓰기 능력을 저해한다. 글씨 쓰기가 힘들고 수고롭게 느껴진다면 아이는 이 활동을 외면하게 될 확률이 높다.

아이의 글씨 쓰기를 도와주려면 오히려 손가락으로 필기체 문자를 따라 쓰게 하면서 둥근 선 그리기 동작을 자연스럽게 발전시키는 것이 좋다. 그렇게만 해도 소근육이 충분히 발달하고 운동 능력이 무르익으면 힘들이지 않고 뇌에 이미 입력된 형태를 잘 쓸 수 있다. 필기체 소문자 a만 연달아 열 번, 스무 번 써오라고 과제를 내줄 필요도 없다. 손가락으로 따라 쓰는 것만 많이 해도 만 4세쯤 되어 신체적 협응력이 잘 갖추어지면 알아서 글자를 쓸 수 있다. 그리고 아이들이 문자들을 요렇게 조렇게 배열하면서 낱말 만들기 활동을 할 즈음이면 이미 종이쪽지에 자기 이름, 친구 이름, 혹은 그 밖의 낱말을 필기체로 쓸 수 있었다. 우리는 교실 뒷정리를 하면서 누가 썼는지도 모를 그런 종이쪽지들을 아주 많이 발견했다.

글씨 쓰기가 아이들 사이에 자연스럽게 촉발되면 조금씩 더 능숙하게 쓸 수 있도록 돕는 일만 남았다. 그래서 우리는 공책을 준비했다. 아이들은 공책에 글씨 쓰기를 좋아했다. 두 개의 가로줄 사이에 처음에는 낱자를 쓰고, 그다음에는 낱말을 쓰고, 마지막으로 문장을 쓰는 연습을 했다(주로 자기가 좋아하는 동화책 속의 문장을 베껴 쓰곤 했다). 처음에는 칸이 아주 넓은 공책을 썼지만 차차 글 쓰는 칸은 좁아졌다. 나중에 5세 아이들 가운데 일부는 3밀리미터 간격의 줄공책에도 글씨를 제법 잘 쓸 수 있게 되었다.

부임 첫해에는 공식적으로 글씨 쓰기를 연습시킨 적이 없었는데도 우리 반 아이들은 검사 결과 〈시각-운동 능력의 정확성이 연령 집단 평균보다 매우 앞서 있다〉는 평가를 받았다. 우리가 글씨 쓰기에 도움이 될 법한 〈그래픽〉 활동을 제안한 것이 있다면 만다라 도안을 자유롭게 색칠하기, 도형의 바깥쪽 배경 색칠하기, 점 찍어 표현하기 정도가 다였다. 3세에서 4세 6개월 정도까지의 아이들은 이러한 그래픽 활동을 아주 좋아했다.

어휘의 중요성

아이들은 문자를 해독할 때 음가들을 실제로 입 밖으로 내면서 하나로 연결하려고 노력한다. 〈아아아아아르으므우아아르르〉라고 소리의 조합을 만들어 보고서 자기가 이미 알고 있는 어휘 중에 그런 조합이 있으면 번쩍 깨닫는 것이다. 「아르무아르? 장롱armoire! 알았다, 〈장롱〉이라고 쓰여 있어요!」 아이가 애초에 〈장롱〉이라는 낱말을 모른다면 모든 소리를 제대로 조합했어도 자기가 방금 어떤 낱말을 읽었는지 알

수가 없다. 아이가 읽기의 첫걸음을 잘 내딛으려면 실제로 이 〈연역적인〉 부분이 받쳐 줘야만 하고, 그렇기 때문에 풍부한 어휘력이 중요하다. 낱말을 읽고 의미에 접근할 때 뇌는 그 낱말과 의미를 함께 입력한다. 그러면 다음에 그 단어가 다시 등장할 때는 훨씬 더 빨리 읽게 된다. 반대로, 소리는 제대로 냈지만 단어의 의미에 닿지 못한 아이는 진전이 없을 것이요, 읽기에 아무런 흥미도 느낄 수 없을 것이다. 내가 재차 언급했듯이 우리 반에서 적확하면서도 다양하고 풍부한 어휘 사용은 기본 중의 기본이었다.

아이들이 글을 읽을 수 있게 되면서부터는 독서가 어휘력에 크게 이바지한다. 많이 읽을수록 어휘는 늘어난다. 주위 사람들이 책을 읽어 줘도 마찬가지 효과가 있다. 아이들은 남이 읽어 주는 얘기를 들으면서 새로운 낱말을 많이 접한다. 친구나 형이 읽어 주는 이야기에 푹 빠져 입을 헤벌리고 듣다가도 모르는 낱말이 나오면 — 선생님이 책을 읽어 줄 때에는 그렇게 하기 힘든데 — 다짜고짜 물어본다. 「유네스, 그 말은 무슨 뜻이야?」 이때의 어휘 습득은 생생하고 능동적이다. 아이가 역동적인 상호작용을 바탕으로, 대단히 사회적인 방식으로 어휘를 늘려 나가게 되는 것이다.

인간관계의 중요성

아이들 한 사람 한 사람을 따로 만나 교사의 관심과 호의를 한 아이에게만 몰아주는 시간, 완전히 개인적인 시간을 만드는 것은 값을 따질 수 없을 만큼 소중한 일이다. 우리가 아이와 개인적인 관계를 맺고 의욕과 신뢰를 불러일으킬 수 있다면 그 아이의 지능을 잘 꽃피울 첫 번째 수단, 나아가 가장 중요한 수단은 이미 손에 들어온 셈이다. 교재는 학습을 받쳐 주는 역할만 한다. 교재는 학습을 주요 단계들로 이끌고 그때그때 합당하고 적절한 목표를 제안함으로써 아이들의 활동을 받쳐 주지만 그게 다다. 일단 목표를 성취하고 교육적 도움을 누리고 나면 그때부터 그 교재는 거의 필요 없다. 이 생각을 항상 염두에 두라. 교재는 우리가 아이를 돕기 위해 요긴하게 써먹는 목발 같은 것이다. 그러나 긍정적이고 마음이 통하면서도 서로 존중하는 어른과 아이의 관계는 아이의 지능 실현을 뒷받침하는 바로 그 중심 기둥이다. 이 부분은 나중에 다시 살펴보겠지만 우리가 젠빌리에에서 이 핵심 수단을 무제한 활용했다는 얘기만은 여기서 해두고 싶다. 우리는 시간, 인내심, 존중, 그리고 각자의 개인성과 관심과 리듬을 수용하는 자세에 가장 주안점을 두었다.

읽기와 해방

나는 이 장을 마무리하면서 우리 아이들에게 읽기 능력과 독서 취미를 길러 주는 것이 결코 〈사소한〉 일이 아님을 힘주어 말하고 싶다. 읽기가 조직적으로 생각하는 힘을 키워 주기 때문이 아니다. 읽기가 사회 편입과 직업적인 성공의 열쇠가 되기 때문만도 아니다. 읽기 능력은 자유를 준다. 읽기를 통하여 우리는 어떤 앎에든 자율적으로 다가가고 정복할 수 있는 자유를 얻는다. 능력을 제대로 꽃피우고 싶은데 자기에게 어떤 지식이 부족한지는 자기 자신이 제일 잘 안다. 그리고 읽기는 그 부족한 지식을 끝내 스스로 정복하기에 탁월한 수단이다. 우리의 임무는 아이를 우리가 생각하는 아이의 모습으로 — 혹은 우리가 바라는 아이의 모습으로 — 끌고 가는 것이 아니다. 우리가 아이에게 어떤 부분이 부족할 것이라 가정하고 그 부분을 채워 주는 것도 아니다. 그보다는 아이가 자기 본연의 모습을 지키고 창조적 욕구를 스스로 채울 수 있는 수단을 주어야 한다. 사랑이 그 수단 중 하나요, 읽기도 그 수단 중 하나다. 그러니 우리의 책임이 이만저만하지 않다. 무조건적으로 다정하게 뒷받침을 해주는 것 말고도 우리가 반드시 감당해야 할 과제는 아이에게 자유를 주는 이 문자 체계를 꼼꼼하고 진지하게, 경탄이 절로 나는 세상의 보물을 상속자에게 물려주듯이 전달하는 것이다.

우리는 읽기에 특화된 신경 회로를 타고나지는 않지만 자연이 우리의 대뇌피질에서 원래 안면 인식과 사물 인식에 할애될 만큼 중요한 영역을 이 학습에 양보한다는 것은 그만큼 읽기 학습이 인류의 자기실현과 발전에 근본적인 중요성을 띤다는 뜻이다.

가정에서의 학습

감각 발달 교구 활동, 문화와 수학을 접하게 해주는 교구 활동, 쓰기와 읽기 교구 활동을 교육 기관에서의 학습을 보완할 목적으로, 혹은 아예 학교를 대신하는 홈스쿨링 차원에서, 가정에서 제안해도 되는지 물어보는 사람들이 많다. 나는 이 책이 그런 질문에 대한 답이 되었기를 바란다. 다시 한번 말하지만 — 교육 기관에서든, 가정에서든 — 중요한 것은 교구가 아니라 아이들이 몰입할 수 있는 생생하고 풍부하며 현실적인 경험을 제공할 수 있느냐다. 아이는 성격, 지식, 연령이 각기 다양한 사람들과 더불어 지내고 교류해야 한다. 다양한 말투와 특징을 살려 이야기를 많이 읽어야 한다. 노래하고, 색칠하고, 모양을 빚고, 종이접기를 하고, 그림 그리고, 춤추고, 자유롭게 놀고, 음악을 연주하고, 웃고, 여행하고, 물놀이하고, 동물과 곤충과 자연을 관찰해야 한다. 자유롭게 블록 따위를 쌓으면서 집짓기 놀이도 하고, 숲속에서 진짜 통나무집도 만들어 보고, 그러다가 또 아무것도 안 하고 멍하니 몽상에 잠기는 시간도 있어야 한다.

학교에서든 가정에서든 아이들의 자발성에 기초한 소규모 모둠 단위 활동을 많이 제안하는 것이 이롭다. 두세 명이서 동물을 돌본다든가, 식물을 키운다든가, 그 밖에도 그림, 도예, 조소, 등산, 연극, 노래, 유도, 음악, 특정 악기 연주, 춤, 요리, DIY, 천문 관찰, 자연 탐사, 요가 등을 할 수 있겠다. 학교에서도 외부 강사를 초빙하거나 해당 분야에 전문적 식견이 있는 학부모를 섭외함으로써 이 같은 활동의 장을 마련할 수 있다.

이렇게 든든하고 정겨운 사회성의 틀 안에서 제안되는 역동적인 활동이 아이의 지능 형성에는 더없이 소중하다. 의욕에 넘치는 가소적 지능을 살찌우는 것은 바로 〈그런 활동〉이요, 이 활동은 대체 불가능하다. 그렇기 때문에 우리 아이들이 그런 활동을 한껏 누릴 수 있게끔 우리는 싸워야 한다. 교재는 한낱 보완물에 불과하다. 실제 경험에 흥미와 정확성을 더해 주는 수단이자 보조 장치일 뿐이다.

그러니 가정에서 아이의 학습을 직접 보조할 생각을 하고 있다면 다음을 명심하라. 아이가 세상 안에서 직관을 계발하고 다듬어 나갈 때, 실제 경험을 더 잘 이해하게 될 때에만 아이의 뛰어난 지능이 탄력을 받는다. 〈의미〉와 지능의 관계는 산소와 우리 신체의 관계와 같다. 집에서 제안하는 활동도 반드시 실생활과 관련이 있어야 아이의 지능을 열광시킬 수 있다.

또 하나 고려해야 할 중요한 요소가 있다. 교구 혹은 교재가 〈단 한 명의〉 아이에게만 달랑 주어질 때에는 흥미를 불러일으키기가 어렵다.

그런데 똑같은 교구라도 서로 다른 연령대 아이들의 공동체에 주어지면 비상한 관심을 불러 모은다. 집에서도 목돈을 좀 들이면 좋은 교구는 얼마든지 갖출 수 있지만 〈진짜 중요한 것〉, 다시 말해 교구에 흥미와 깊이를 부여하는 생태계는 쏙 빠지는 셈이다. 여러분의 아이는 동생들에게 뭔가 시범을 보여 주기도 하고 — 그로써 여러분의 아이는 자기가 배운 것을 확고히 다질 것이다 — 자기보다 큰 언니 오빠의 활동을 존경스러운 눈빛으로 구경하고 그들에게 도움을 청하기도 하면서 엄청나게 많은 것을 배울 것이다. 아이들끼리의 사회성이 지니는 학습 촉진 효과에 어른은 감히 명함도 못 내민다. 어른이 한 명, 두 명, 아니 세 명까지 한 아이에게 달라붙어 모든 교재를 구비하고 가르친들 다양한 연령이 섞여 있는 아이들 위주의 집단만큼 교재에 생기를 불어넣고 효과를 끌어내지는 못할 것이다.

요약해 말하자면, 집에서 자기 자녀 한두 명을 데리고 이러한 교구 활동을 하는 것은 사실상 적절치 않다. 몇 년 전에 세 살짜리 아들을 유치원에 보내지 않고 홈스쿨링을 했던 내 친구의 실제 경험도 나에게 그 점을 확증해 주었다. 그 친구는 몬테소리 교구를 모두 구비하고 널찍하고 채광이 좋은 공간을 꾸미느라 거금을 투자했다. 그러나 아이는 엄마가 제안하는 활동에 그다지 관심을 보이지 않았고 그 학습 공간을 거의 이용하지도 않았기 때문에 내 친구는 몹시 실망했다. 이 환경에는 아이들 집단의 촉매 효과가 빠져 있었다. 아이는 또래집단의 건강한 대항 의식 대신 자기에게 아주 많은 것을 가르치고 싶어 하는 엄마의 기대를 발견했다. 그런데 엄마가 아무리 자식을 사랑해 주고 훌륭한 교재를 마련해 줘도 혼자 힘으로는 다양하고 풍부한 사회성의 위력을 제공할 수 없다.

나는 아이들의 개인적 의욕을 떠받치기에 가장 적절한 교구와 활동을 선별하되, 교구 활동은 언제나 활기 있게 돌아가는 사람들의 공동체 안에서, 교육이라는 느낌보다는 풍부하고 복합적이며 직관적인 세상 경험의 보완물로서 이루어져야 한다고 생각한다. 그렇기 때문에 아이들이 자기가 선택하고, 자기가 경험하고, 자기가 실수도 해보게 했다. 아이들이 언제나 아이다운 열광과 기쁨을 길잡이 삼아 따라가게끔 말이다.

3
지성의 기반 능력을 가꿔 주기

1 민감한 시기를 보내는 법

우리는 이 책 1장에서 지능이 경험에 따라 구조를 바꾸는 매우 역동적인 일체라는 것을 알았다. 그 후에 이러한 지능의 가소성이 아동기에 특히 뛰어나고 기본적인 성격을 띤다는 것도 살펴보았다. 이제 3장에서는 아이의 뇌가 전격적으로 성숙해 가는 동안 이른바 〈민감기〉를 몇 번 거친다는 것을 알게 되리라. 이 민감한 시기에 특정 행동이 아이에게 자리를 잡는다. 이 시기에는 특정 회로의 시냅스가 왕성하게 불어난다. 모든 아이가 대체로 비슷한 시기에 말문이 터지고, 아무거나 손으로 만지고, 혼자 일어서고, 자기 힘으로 하겠다고 떼를 쓴다. 뇌는 이 순차적인 발전들 하나하나를 위하여, 아직은 미성숙한 밑배선을 보편적이고 조직적인 방식으로 계발한다. 일례로 아이가 언어 발달에 민감한 시기를 관통할 때는 뇌에서도 언어를 관장하는 영역의 시냅스가 비약적으로 증가한다. 이 시기의 아이는 어른들이 하는 말, 어른들이 구사하는 어휘, 어른들이 흥얼흥얼대는 노래에 매료된다. 언어 회로의 실현에 자양분이 될 만한 외부 정보를 그런 식으로 그러모으는 것이다. 한편, 아이가 감각이 한창 발달할 시기가 되면 〈아무거나 기필코 만져 봐야〉 직성이 풀리기라도 하듯 자신의 감각 기관으로 세상을 탐색한다.

민감기들은 점진적으로 시작되는데 이때에는 몇 달 만에 어느 한 뇌 영역의 시냅스가 폭발적으로 증가할 만큼 가소성의 극치를 보여 준다. 이 전격적인 형성 기간에는 학습이 쉽고 빠르며, 신명나고 탄탄하다. 물론 어디까지나 아이가 자기 지능이 요구하는 특정 경험을 할 수 있다는 조건에서 말이다. 그 후에는 시냅스의 수가 차차 감소하면서 민감기에서 벗어난다. 이제 똑같은 학습을 하더라도 신경 회로의 가소성이 예전만 못하기 때문에 아이는 의식적이고 반복적인 노력, 때로는 강제적인 노력마저 들여야 한다. 따라서 학습도 느려지고 힘들어진다. 따라서 이 민감한 시기들은 우리가 반드시 감지하고 절대 놓치지 말아야 할 기회의 창이다. 아이의 능력이 바로 이 시기들에 이루어진 것을 바탕으로 펼쳐지고 다듬어진다는 연구 결과도 이미 나와 있다. 기초 공사가 잘 되어야 집이 튼튼하게 자리를 잡는 것처럼 이 가소성이 뛰어난 시기에 아이가 형성한 것이 장차 그 아이가 발휘할 능력의 질을 좌우한다.

스타니슬라스 드앤은 뇌의 가소성에 대한 콜레주 드 프랑스 강의에서 이렇게 설명한다. 〈이 이면에서 우리는 환경의 개입이 이루어지는 시기에 따라서 그러한 개입의 효과도 달라진다는 사실을 발견하게 됩니다.〉[1] 따라서 우리는 예민하게 촉각을 곤두세우고 아이의 발달이 요구하는 요소들을 〈적기에〉 제공할 수 있어야 한다. 너무 앞서가도 안 되고, 너무 늦어져서도 안 된다. 적절한 시기가 오기 전까지는 아무리 집중적으로 학습을 해도 효과가 신통찮고, 반대로 이 은혜로운 시기를 놓쳐도 뇌 혹은 지능의 가소성이 떨어져서 학습이 점점 더뎌지고 힘들어진다.

토대가 만들어지는 시기를 바로 알자

지능의 민감기에 가장 눈여겨보아야 할 으뜸은 아이가 어떤 활동이나 기본 개념에 관심을 드러내는가, 그리고 학습이 신속하고 수월하게 이루어지는가이다. 그래서 우리가 지켜보기에 아이가 학습을 열심히 하고 빨리 잘 소화한다 싶으면 그 아이는 잠재력이 한창 형성되는 시기, 따라서 자양분을 잘 대줘야 하는 시기에 있을 확률이 높다.

아이는 내적인 요구와 외부의 호응이 적절하게 어우러질 때 아주 특별한 만족감과 차분한 태도를 보인다. 아이가 뭔가를 열심히 할 때는 빛이 난다. 집중, 몰입, 쉽고 빠른 이해, 명랑한 만족감, 차분함은 아이가 민감기에 있음을 알려 주는 〈긍정적 외부 지표〉다.

생후 일 년 안의 두 민감기

아이는 세상에 태어난 첫해에 중요한 시기를 두 번 맞는다. 바로 언어 회로와 감각 회로가 시냅스를 왕성하게 뻗으면서 급속도로 성숙하는 시기들이다.

아기가 우리가 정답게 건네는 말은 유독 더 집중해서 듣는 것 같다고 생각한 적 있는가? 우리가 하는 말을 알아듣고 기쁜 것처럼 아기가 미소 짓는 모습을 본 적이 있는가? 이 집중적인 관심과 기쁨의 표시는 불과 몇 시간 전에 태어난 아기가 벌써 언어적으로 매우 민감한 시기를 보내고 있다는 증거다. 우리는 갓난아기도 이제 막 세상에 나온 순간부터 언어를 형성하기 위하여 주변 환경에서 언어적인 그 무엇을 〈포착하는〉 중에 있다는 것을 확인할 수 있다. 우리가 갓난아기에게 건네는 말의 음악적인 울림과 소리도 이미 언어와 관련 있는 신경 회로를 〈활성화한다는〉 사실이 학자들의 연구로 밝혀졌다.[2] 게다가 우리 인간이 수천 년 전부터 아이들에게 자장가를 불러 주는 것도 마찬가지 이유에서가 아니겠는가. 아이들도 들어서 즐겁고 우리 어른들도 뭔가를 〈가르친다는〉 의식이 거의 없는 자장가 덕분에 태어난 지 나흘 된 신생아도 모국어 특유의 음악성을 인지하고 다른 언어들보다 선호하게 된다![3]

요컨대, 언어의 민감기는 굉장히 일찍 닥친다. 이 시기는 출생 전에 시작되어 생후 1년 즈음에 정점에 도달한다. 태어난 지 1년이 안 된 아기는 비록 말은 못 하지만 모국어의 규칙과 인상을 무서운 속도로 수용하고 차곡차곡 축적한다. 아기가 처음으로 어떤 말을 입 밖으로 내뱉었다면 이미 이전 몇 달 동안 수집한 정보들이 그 바탕이 됐다는 뜻이다. 눈에 보이지 않는 내면의 활동이 먼저 이루어짐으로써 아이의 태도를 은밀히 예비한다. 이 드러나지 않는 성숙기가 정말로 중요하다. 다행스러운 소식은, 부모들이 대부분 이 성숙기를 무의식적으로 감지할 수 있다는 것이다. 부모라면 굳이 애쓰지 않아도 자기 아이가 생애 첫해에 해내는 모든 일에 탄복하고 칭찬이나 설명을 덧붙인다. 이러한 정보는 흥미롭다. 어른이 본능적으로 취하는 교육적 자세가 곧 아이에게 적절한 뒷받침으로 이어진다는 점을 이로써 다시 한번 확인할 수 있다. 우리가 이미 자연스레 취하게 되는 태도가 바람직한 태도 맞다. 우리는 좀 더 자신감을 가져야 한다.

아기는 생애 첫해에 또 한 번의 민감기를 맞이한다. 이 시기, 즉 감각 발달의 민감기는 심지어 언어 민감기보다 더 빨리 찾아온다. 아기는 주변 세상을 닥치는 대로 탐색하면서 예사롭지 않은 집중력을 드러낸다. 뚫어져라 바라보고, 직접 만져 보고, 입에 마구 가져가고, 귀를 기울인다. 어른들은 이 시기에 아무거나 만지고 아무거나 빨아 대는 아기를

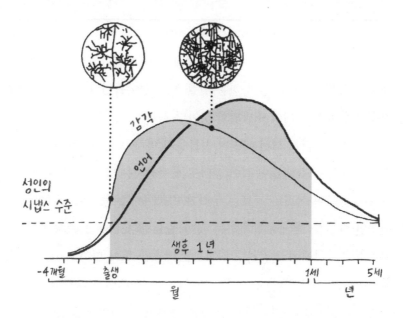

아이는 생후 1년 동안 두 번의 민감기를 거치며 언어와 감각 인상들을 대거 수용한다. 이러한 수용이 이후 지능 발달의 기본 토대가 될 것이다.[4]

말리느라 쩔쩔맨다. 그런데 아기의 이런 행동은 완전히 정상이다. 아기는 자기 지능의 기초 공사를 하고 있는 것이다. 감각 경로를 통하여 방대한 정보를 수집해야만 하는 아기에게 어떤 물건은 못 만지게 하고 또 어떤 물건은 입에 넣지 못하게 해봐야 소용없다. 아기는 한창 발달 중인 지능에 자양분을 대기 위해서 그렇게 감각으로 부딪쳐야만 한다.

언어 및 감각을 구성하는 민감기는 쏜살같이 지나간다. 생후 10개월부터는 시냅스 수가 감소하기 시작하고 만 3세가 되면 시냅스 수는 벌써 어른과 큰 차이가 없다!

따라서 유치원 입학 연령인 만 3세는 언어와 감각의 기초 공사가 〈이미〉 다 놓인 때로 봐도 무방하다. 이제 아이는 그런 능력을 형성하는 단계가 아니라 이미 형성된 것을 갈고닦아야 하는 단계에 있다. 언어와 감각 능력의 토대가 놓이는 폭발적이고 전격적인 시기는 주로 생후 1년간이다. 이 시기에 아이는 뭔가에 쫓기듯 긴급하게 집중하면서 세상을 탐색하고 어른들이 하는 말을 좍좍 빨아들인다. 지능은 이 시기에 마련된 토대 위에서 발달할 것이다.

하지만 그렇다고 해서 아이가 첫돌을 맞이하기 전에 언어 자극이나 감각 인상을 무조건 많이 줘야 한다고 생각하지는 말자. 이 책 1장에서도 언급했듯이 이러한 정보는 우리가 지금까지 본능적으로 아이에게 취했던 태도를 그대로 유지하는 것이 중요하다고 알려 준다. 아이의 자연스러운 탐색이 안전하고 질적으로 우수한 현실 환경 속에서 수월히 이루어지게만 한다면, 아이가 좋아하는 일상적이고 다정한 언어적 상호작용을 소중히 한다면, 그것으로 충분하다. 여기서 무엇을 더 하느냐는 중요치 않다. 우리가 이미 아이에게 일상적으로 자연스레 하는 소소한 것들의 소중함을 깨닫고 그것들을 지켜야 한다.

여러 차례 언급한 바와 같이 우리는 젠빌리에 유치원에서 언어를 무엇보다 중요하게 생각했다. 앞쪽의 그래프만 봐도 언어가 왜 그렇게까지 중요한지 설명이 된다. 3세면 벌써 언어 발달의 가소적 시기가 끝나가는데 우리는 그 시기를 놓치고 싶지 않았다. 물론 그 시기가 지나면 아이들이 언어 능력을 풍부하게 키우지 못한다는 뜻은 아니다. 정도의 차이가 있을 뿐 뇌의 가소성은 평생 가기 때문에 아이들은 언제라도 언어 능력을 끌어올릴 수 있다. 그래도 이 시기에 형성되는 토대는 별다른 노력을 요하지 않으면서도 단단히 자리를 잡는다. 따라서 아이들은 장차 튼튼한 토대 위에서 지능을 계발할 수 있다.

우리 식의 프로그램을 강요하려고 해봐야 소용없다. 자연은 이미 자기 프로그램을 마련해 놓았다. 아이가 타고난 인간의 맹아적 잠재력은

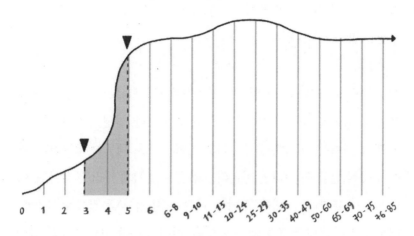

연령에 따른 실행 능력 수준

0 1 2 3 4 5 6 6-8 9-10 11-15 20-24 25-29 30-35 40-49 50-60 65-69 70-75 76-85

실행 능력은 출생 직후에는 그렇게 많이 발달하지 않는다. 그래도 생애 첫해부터 이 능력의 발달을 받쳐 주는 것이 중요하다. 3~5세는 실행 능력이 매우 빨리 성장하는 중대한 기회의 시기다.[5]

자연이 정해 놓은 민감기에 불같이 확 일어날 것이다. 세상 모든 아기가 세상을 열심히 탐색하고 엄마 아빠에게 압수당했던 물건을 기어이 입에 넣고 빨아 본다. 세상 모든 아기가 비슷한 시기에 두 발로 일어서고 모두가 첫돌 전후로 걸음마를 시작한다. 세상 모든 아기가 출생 직후부터 주위에서 들리는 언어에 민감한 반응을 보이고 만 2세 전후로 갑자기 말문이 터진다.

실행 능력의 계발

아기들의 이 같은 성장기는 전 세계 어느 곳에서나 보편적이고 더없이 자명해 보인다. 우리는 아기들이 대개 다 비슷한 시기에 걸음을 걷고 말을 한다는 것을 〈안다〉. 그런데 또 다른 종류의 잠재력, 소위 〈실행〉 능력이 생애 첫해부터 발달하기 시작하여 만 3~5세에 비약적으로 신장된다는 사실은 그만큼 잘 알지 못한다. 그렇지만 이 실행 능력이야 말로 우리 지능의 기반 능력이고 이 능력이 없으면 사람은 아예 사람 구실을 할 수가 없다.

실행 능력이 있기 때문에 인간은 자율적 존재로서 스스로 정한 목표를 계획적, 조직적, 통제적 방식으로 성취할 수 있다. 실행 능력이 한창 발달할 때 아이는 이 능력을 행사하고 싶어 스스로 행동하기 원한다. 아이가 아직 말을 못 한다면 어른의 도움을 매몰차게 뿌리칠 것이고, 이미 말문이 트였다면 〈내가 할 거야, 나 혼자 할 거야〉를 입에 달고 산다. 어른들이 이 욕구를 존중할 줄 안다면, 아이가 아주 어릴 때부터 일상적으로 해야 하는 일을 스스로 하게끔 도와준다면 아이는 자연스럽게 이 중요한 능력을 계발할 것이다. 실제로 앞으로의 전반적 성공, 직업적·사회적 성공을 예측함에 있어서 실행 능력이 지능지수(IQ)보다 더 믿을 만한 지표라는 것을 우리는 보게 될 것이다.

이 기반 능력의 발달을 돕는 것은 젠빌리에 유치원에서 우리의 중요한 관심사였고, 아이들에게 대단히 긍정적인 영향을 줄 수 있었던 핵심 비결이기도 했다.

2 실행 능력을 길러 주기

실행 능력은 본질적이다. 이 인지 능력들에 힘입어 우리가 〈기능하고〉, 조직적으로 행동함으로써 목표를 달성할 수 있기 때문이다. 전문가들은 실행 능력 하면 크게 세 가지를 꼽는다.

1. 작업 기억: 정보를 짧은 시간 동안 잡아 둘 수 있는 능력.

2. 억제력: 스스로를 통제하고 집중할 수 있으며 주의력을 흐트러뜨리는 요소들은 억제하는 능력.

3. 인지 유연성: 자기 실수를 감지하고 바로잡으며 창의성을 드러내는 능력.

우리가 뭔가를 하려고 할 때는 이 세 가지 능력이 어김없이 요구된다. 설거지를 하든, 수학 문제를 풀든, 사랑을 고백하든, 대화를 나누든, 피아노를 배우려 하든, 거창하게는 오염된 바다를 정화하는 시스템을 개발할 때에도 마찬가지다. 우리의 목표가 무엇이든 간에 그 목표에 도달하려면 다양한 정보를 기억하고 조직하기 위해 작업 기억을 동원해야 하고, 집중 상태를 유지하고 충동, 감정, 부적절한 행동을 억누르기 위해서 억제력이 필요하며, 전략이 어긋났을 경우에는 창의성과 융통성을 발휘해 수정해야 하므로 인지 유연성이 요구된다. 이 세 능력은 우리의 행동 지능 전반과 우리가 세계에 미치는 영향력을 떠받친다. 우리 지능이 명령하는 바를 실현하고, 성공적으로 행동하며, 인생이라는 거대한 풀장 안에서 자신 있게 헤엄칠 수 있는 가능성은 이 세 능력에서 나온다.

현장에서 일하는 교사들은 실행 능력이 잘 계발되지 못한 아이들을 자주 만난다. 억제력이 부족한 아이들은 별것 아닌 일에도 집중력이 무너지고 자기 차례가 올 때까지 기다렸다가 말을 하거나 행동을 하는 것조차 힘들어한다. 이 아이들은 감정을 잘 다스리지 못하기 때문에 친구들과 다툼이 잦고 걸핏하면 주먹이 먼저 나가며 끈기가 없다. 작업 기억이 잘 발달되지 못한 아이는 지시 사항을 금세 잊어버리고, 계획적으로 행동하기를 어려워하며, 방금 읽은 글도 무슨 내용이었는지 기억을 못 한다. 인지 유연성이 떨어지는 아이는 행동을 개편할 필요가 있는 상황에서 어쩔 줄 몰라 쩔쩔맨다. 이런 아이가 처음 세운 계획대로 일이 풀리지 않으면 쉽게 좌절하고 자기가 어떤 부분에서 실수했는지 확인조차 하지 않는다. 하버드 대학교 아동발달연구소는 〈실행 능력이 제대로 발달되지 못한 아이가 단 두 명만 있어도 그 학급 전체가 혼란에 빠지고 학습 활동에 쏟아야 할 소중한 시간을 허비하게 된다. 이 경우, 전반적인 학급 분위기가 심각한 타격을 입을 뿐 아니라 교사들도 곧잘 짜증과 번아웃 상태에 빠진다〉[6]고 말한다. 아이들 스스로 자신이 친구들보다 뒤떨어진다고 느낀다. 가령, 친구들과 같이 놀 때에도 규칙이 복잡한 게임은 따라가지 못하기 때문에 결국 또래들에게서 소외되는 면도 있다.

반대로 작업 기억, 억제력, 인지 유연성이 잘 발달한 아이들은 학교

성적도 좋은 편이다. 이 아이들은 커서도 시험을 잘 치르고 좋은 대학에 들어가 만족도가 높은 직업을 얻을 확률이 높다. 이들의 인간관계는 안정적이고, 건강 수준도 높고, 병적인 식습관이나 약물에 중독되는 경우가 드물다. 하지만 그런 결과는 둘째 치고, 정말로 우리의 관심을 끄는 부분은 따로 있다. 실행 능력이 뛰어난 사람은 자기가 원하는 것은 뭐든지 배우고 스스로 정한 인생의 목표를 성취할 줄 안다. 게다가 전문가들은 이러한 능력을 학습의 생물학적 토대로 간주한다. 하버드 대학교 아동발달연구소도 한 보고서에서 이렇게 지적한다. 〈이 같은 실행 기능을 탄탄하게 마련하고 학교에 들어가는 것이 글자나 숫자를 알고 학교에 들어가는 것보다 훨씬 중요하다.〉[7]

학습의 생물학적 토대

실행 능력이 잘 발달한 아이는 정보를 기억하고, 알아서 조직적으로 행동하며, 자기를 다스릴 줄 알고, 자기 실수를 파악하고 바로잡을 수 있다. 이런 아이는 필요하다면 과감하고 혁신적인 해법을 찾아내고, 끈기 있는 태도를 보여 준다. 그렇기 때문에 젠빌리에 유치원에서 실행 능력 계발은 매우 우선시되었다. 우리는 필요하다면 수학이나 언어 교구 활동처럼 〈공부〉 색깔이 짙은 활동을 몇 달씩 미루면서까지 실행 능력 계발에 상당한 시간을 할애했다. 기반 능력이 잘 갖춰지지 않은 아이들은 어차피 공부를 해봤자 남는 게 별로 없을 테니 말이다. 정말로 중요한 것에 집중했으므로 나머지는 좀 미뤄도 괜찮았다.

실행 능력이 일단 꽃을 잘 피우면, 다시 말해 아이들이 어른의 도움을 계속 받지 않고도 스스로 일상을 질서정연하게 꾸려 나갈 수 있게 되면 기본적으로 알아야 할 지식을 쉽고 빠르고 즐겁게 소화할 것이다. 실행 능력 발달 연구의 세계적인 전문가 아델 다이아몬드[8]가 거듭 강조하듯이, 어른이 가르치는 방법에 초점을 맞추기보다는 아이가 지식을 효과적으로 습득할 수 있게끔 실행 능력을 키워 주는 것이 〈공부〉를 잘하게 하는 최고의 방법이다.

IQ보다 확실한 예측 지표

수많은 연구가 개인의 전반적인 자아실현과 성공을 예측하는 데 지능 지수보다 실행 능력 발달 수준이 더 나은 지표라는 것을 보여 주었다. (〈마시멜로 실험〉으로 잘 알려진) 한 연구[9]는 아동기의 억제력 수준과 성인이 되었을 때의 사회적 성공이 어떤 관계가 있는지 밝히고자 했다. 4세 아이 500명이 다음과 같은 실험을 거쳤다. 실험자는 아이 앞에 마시멜로가 하나 담긴 접시를 두고 이 말만 남긴 채 15분간 자리를 비웠다. 〈네가 나 없는 동안 이 마시멜로를 먹지 않으면 내가 나중에 돌아와서 마시멜로를 하나 더 줄게.〉 아이들이 드러내는 인내심의 수준은 천차만별이었다. 어떤 아이는 당장 마시멜로를 먹고 싶은데 실험자가 돌아올 때까지 기다리느라 무척 욕을 봤다. 그런데 이 실험 결과로 우리가 알게 된바, 나중에 더 좋은 것을 얻기 위해 즉각적 쾌감을 유예하고 기다릴 줄 아는 아이들이 반드시 지능 지수가 높은 아이들은 아니었다. 오랜 세월에 걸쳐 추적 조사를 해보니, 4살 때 뛰어난 자제력과 자기조절 능력을 보여 주었던 아이들은 청소년이 되어서도 친구가 많았고, 스트레스를 잘 관리했으며, 자존감이 높았고, 자기 의사를 잘 표현했고, 좋은 대학에 들어갔으며, 어른이 되어서도 만족도가 높은 직업에 종사했다. 게다가 32세 기준으로 조사했을 때 건강 상태도 더 좋았고 술과 약물 문제는 훨씬 적었다. 이러한 결과는 피험자들의 지능

지수와 아무 관계도 없었다.

〈아이들에게 가정에서, 조기 교육 프로그램으로, 그 밖에 아이들이 수시로 접하는 모든 맥락에서 이 능력을 구축할 수단을 제공하는 것은 사회의 가장 중요한 책임 중 하나다〉라고 하버드 아동발달연구소는 설명한다. 〈세간의 믿음과 달리, 아이들이 성장한다고 해서 자제력, 주의력, 정보를 의식적으로 기억하는 능력이 자동으로 길러지지는 않기〉[10] 때문이다. 이 능력은 근본적이지만 우리가 날 때부터 완전히 갖추고 있지는 않다. 언어라든가 우리의 잠재적 능력이 모두 다 그렇지만, 우리는 실제 사용 여부에 따라서 계발할 수도 있고 그렇지 못할 수도 있는 〈가능성〉만 가지고 태어났다.

그래도 거듭 말하거니와, 이 능력을 잘 키워 주기 위해서 우리가 대단하고 거창한 일을 할 필요는 없다고 하니 얼마나 기쁜 소식인가. 우리는 그저 아이의 자발적인 활동을 방해하지 않고 받쳐 주기만 하면 된다. 딴 세상에서 기발한 교육법을 들여올 필요는 없다. 아이가 뭔가 스스로 하고 싶어 하면 우리는 도와주고 격려할 준비를 하는 선에서 그쳐야 한다. 자연스럽게 솟아난 독립 충동은 창조적이고 신속하며 괄목할 만한 〈내적〉 성숙의 〈외적〉 표현이다.

뒤에서 우리가 유치원 3년 동안 이 필수적인 능력을 어떻게 길러 주었는지 자세히 살펴볼 것이다. 그전에 여기서는 내가 남들의 연구를 접하며 〈머리로는〉 진즉에 알았지만 젠빌리에 실험 3년을 통해 진정으로 이해하고 납득하게 된 중요한 사실을 밝혀 두고 싶다. 나는 이게 핵심 정보라고 생각한다. 하지만 나 자신도 젠빌리에 이전에는 이렇게까지 중요한 줄 몰랐던 정보다.

더 나은 사회관계

실행 능력이 잘 갖추어지면 사회적으로도 각성을 한다. 우리는 좀 더 감정을 잘 다스리고, 차분하게 자기 의사를 표현하고, 상황을 분석하고, 스트레스를 관리하고, 갈등 상황에 적절하고 올바른 방식으로 대응하게 된다. 따라서 인간관계가 더욱 조화롭고 안정적이며 명랑하고 지속 가능한 것이 되리라. 학자들의 연구는 이 부분에 있어서 명쾌하기 그지없다. 하지만 젠빌리에 실험 전까지 나는 이 정보를 그냥 지엽적인 것으로만 생각했다. 〈당연한〉 얘기를 왜 하지, 그저 그런 느낌이었다.

그런데 종이에 기록된 글과 실제로 실행 능력을 잘 계발한 3, 4, 5세 아이들과 지내 본 경험은 하늘과 땅 차이였다. 그렇게 어린 아이들이 갈등 상황이나 감정적인 상황에서 한 발짝 물러나 자제력을 발휘한다든가 자기 감정을 차분하게 표현하기란 결코 쉽지 않다. 아니, 그럴 수 있다는 게 더 놀랍다. 나는 그렇게 될 수 있다는 것을 〈알고는 있었고〉 논리적으로 그래야 되는 걸로 여겼지만 그러한 정보의 〈실질적인〉 진가는 가늠하지 못했다. 나도 학부모들만큼이나 아이들의 변화된 행동에 놀랐다. 우리는 사실 아이들의 사회성 함양을 〈추구했다고〉 하기도 뭐하다. 아이들의 사회성은 실행 능력이 잘 발달함으로써 따라 나온 결과들 중 하나다. 하루는 우리 학교 야외 데이케어 센터 원장님이 카메라 앞에서 이렇게 털어놓았다. 「학교에 처음 오시는 강사 분들이 꽤 많은데요. 그런 분들도 운동장에서 아이들이 노는 모습만 보고 〈아, 그 학급 아이인가 보다〉 하고 알아요. 그 반 아이들은 실외에서도 훨씬 차분하게 행동하고요. 그러면서도 선생님을 겁내지 않고 우리와 대등한 자세로 얘기를 하죠. 서로 좀 부딪히는 상황이 되더라도 그때마다 꼬박꼬박 어른을 부르지 않고 자기들끼리 해결을 잘 해요.」

3 일상에서의 자율적 태도

실행 능력이 발달하면 아이들은 뭐든지 〈스스로〉 하고 싶어 한다. 이제 겨우 잡고 일어서는 아이도 자기 힘으로 걷고 싶어 하고, 숟가락도 겨우 잡는 아이가 자기 혼자 먹을 수 있다고 엄마 손을 뿌리치기도 한다. 옷도 자기가 입겠다, 신도 자기가 신겠다, 엄마를 도와 자기가 바닥을 빗자루로 쓸어 보겠다, 세탁기에서 빨래를 꺼내 널어 보겠다 낑낑대고 아무도 시키지 않았는데 수건을 몇 장 서툴게 개어 놓기도 한다. 아이들은 행동 지능을 충분히 동원할 만큼 구체적이고 실제로 쓸모 있는 일을 하고 싶어 한다. 그리고 사실 간단한 일상 행동이나 집안일은 한창 발달하는 실행 능력을 최적화하는 효과가 있다. 아이는 단시간 내에 일련의 행동들을 〈기억하고〉 계획해야만 목표에 도달할 수 있다. 게다가 자기 몸짓, 자기 인내심, 나아가 주의력을 흐트러뜨리는 외부 요소들도 〈통제해야〉 한다. 무엇보다도 실생활에서의 이러한 행동은 실수를 하면 바로바로 드러나기 때문에 아이가 재빨리 애초의 전략을 수정하고 〈유연성〉을 입증하기에 안성맞춤이다. 오른발에 왼쪽 신발을 신으면 바로 실수가 표나기 때문에 대안을 찾아야만 한다. 건조대에서 떨어진 빨래는 바로 눈에 보이기 때문에 다시 널 방법을 찾지 않을 수 없다. 따라서 이러한 활동들은 아이의 작업 기억과 억제력만 단련시키는 게 아니라 인지 유연성도 단련시킨다. 아이들은 꾸중이나 비판을 듣지 않고도 자기 실수를 감지하고 끈질기게 해결책을 구하며 그 과정에서 이따금 기발한 창의성을 발휘한다.

어느 장기적 연구에 따르면 소소한 잡일이나 집안일을 일상적으로 담당하면서 자란 아이들일수록 자율적이고 자기 능력을 잘 실현하면서 살아가는 어른이 될 확률이 높다고 한다.[11] 게다가 이 연구 결과는 아이들이 성장하는 사회적 환경에 상관없이 나타났다. 연구자 마티 로스만은 3세 아동 84명의 생활양식을 연구하고 이 아이들이 10세, 16세, 25세가 되는 시점에서 추적 조사를 실시했다. 3세 때부터 집안일을 도왔던 아이들은 집안일을 돕지 않거나 〈청소년기부터〉 집안일에 참여했던 아이들에 비해 어른이 되어서도 자기관리가 뛰어나고 책임감과 자율성이 발달한 것으로 나타났다. 그들은 가족이나 친구와의 관계도 더 좋았고 학교 공부도 잘 했으며 경제적으로 한결 독립적인 삶을 살았다. 연구자는 그래서 만 3세에 이미 가사 노동에 참여하느냐가 — 지능지수보다 더 확실한 — 성공적인 성년기를 결정 짓는 지표라고 결론 내렸다. 그러니까 세 살짜리가 빗자루를 들고 청소를 하겠다고 하면 기꺼이 맡겨라!

아이에게 특별히 기벽이 있지 않은 한, 이 일상적 잡무는 한창 발달하는 아이의 실행 지능을 북돋아 준다. 3세에서 5세 사이의 아이는 나비가 봄꽃에서 꿀을 찾듯 누가 시키지 않아도 이런 활동을 찾아 나선다. 유치원 교사라면 아이들이 떨어뜨린 연필을 서로 줍겠다고 나서거나, 수업 끝나기 전에 공책 나눠 주는 일을 돕고 싶어 하거나, 낙서가 가득한 책상을 열심히 닦거나 하는 모습을 흔히 보지 않는가? 그 아이들의 행동 지능은 잔뜩 굶주려 있다. 그들은 간식용 종이접시를 나눠 주는 일을 하고 싶어서 거짓말을 하거나 친구와 싸울 준비가 얼마든지 되어 있다. 그러나 학교가 이 아이들을 말도 안 되는 상황에 몰아넣는다. 아이들은 행동 지능이 한창 발달하는 유치원 재학 시기에 적극적이고 실효성 있는 활동을 박탈당했다가 정작 초등학교 입학할 때가 되면 기억력, 계획성, 자율성, 자제력, 융통성, 창의성이 부족하다고 꾸지람을 당한다.

스스로 뭔가를 하고 싶다는 아이의 요구는 변덕스러운 기분이나 고집 탓이 아니요, 우연이나 별난 성격 탓도 아니다. 이것은 실제로 사용되어야만 하는 지능의 요구다. 아이가 지능을 사용할 때 아이 일을 대신해 주려고 해서는 안 된다. 그랬다가는 강력한 저항에 부딪힐지도 모른다. 발달 중에 있는 지능은 생각지도 못했던 힘으로 여러분을 밀어낼 것이다.

지능이 우리에게 저항할 때

그러한 현상을 잘 보여 주는 일화를 한번 소개해 볼까 한다. 우리 반에는 남들이 자기 일을 대신해 주는 것이 몹시 익숙한 세 살짜리 남자아이가 한 명 있었다. 아침에도 이 아이는 복도의 긴 의자에 앉아서 어른이 자기 신을 벗기고 실내화로 갈아 신겨 줄 때까지 멍한 눈으로 몸을 축 늘어뜨린 채 기다리기만 했다. 교실에서도 아이는 정신을 빼놓고 왔다갔다 하면서 의자에 자주 부딪혔고 적절하고 건설적인 활동을 스스로 선택하지 못했다. 스스로 뭔가를 한다는 것에 정말로 흥미가 없었고 조금만 어려움이 생겨도 금세 좌절했다. 그래서 이 아이는 주로 친구들을 귀찮게 하거나 교구를 망가뜨리면서 하루를 보냈다. 어느 날, 나는 아이의 부모에게 정상 등교 시각보다 조금 이르게, 오전 8시 20분까지 아이를 유치원에 데려와 달라고 부탁했다. 나는 아이와 단 둘이서 신발을 벗고 실내화를 갈아 신고 자기 물건을 정리하는 연습을 했다. 부모에게도 내가 왜 이렇게까지 하는가를 충분히 시간을 들여 설명했다. 나는 아이의 자율적 행동을 장려함으로써 교실에서 학습도 더 잘 하고 자제력도 갖게 될 거라고 했다. 아이의 부모는 나를 정신 나간 여자로 보는 것 같았지만 어쨌든 내 부탁을 들어 주었다.

그로부터 며칠간 나는 아침, 점심, 방과 후, 이렇게 하루 세 번씩 그 아이 옆에 붙어서 어떻게 신을 벗고 신는지, 어떻게 자기 물건을 정리하는지 보여 주었다. 그러면 아이도 스스로 해보고 싶은 마음이 들 거라 생각했다. 아니나 다를까, 이틀밖에 지나지 않았는데 아이는 벌써 스스로 하고 싶어 하는 기색을 보였다. 자기 혼자 뭔가를 해보니 즐거운 듯했다. 교실에서의 태도도 차츰 달라졌다. 전보다 차분해졌고, 한두 가지 활동은 스스로 고르기도 했으며, 인내심도 약간은 늘었다. 그 아이의 경우, 민감기 덕을 톡톡히 봤다. 지능의 가소성이 정점에 도달하는 시기에 있는 아이는 모든 것이 가능하고, 뭐든지 빨리 배운다. 교사로서 이 일은 커다란 승리였다. 그 아이는 자기가 하는 활동으로 지능을 계발하게끔 부추기는 내면의 충동을 되찾았다.

그렇지만 셋째 날 점심시간, 그 아이는 서두르는 기색 없이 제 손으로 신을 갈아 신으러 친구들과 함께 복도에 나갔다. 교실에 있던 나는 날카로운 비명 소리를 들었다. 뭐랄까, 아주 원초적인 비명이어서 처음에는 그 아이 목소리인 줄도 몰랐다. 종도 치기 전에 복도에 들어와 계셨던 아이 할머니가 아이 신발을 손수 갈아 신겨 주려고 했던 것이다. 아이는 자기 신발을 끌어안고 학교 현관으로 도망쳤고, 할머니는 아이를 잡으러 쫓아가고 있었으며, 결국 나까지 그 두 사람을 따라잡으려고 추격전에 가세했다. 아이는 할머니에게 또 혼날까 봐 겁이 났는지 끝까지 도망가지 않고 다른 반 교실 옆 긴 의자에 주저앉아 울었다. 할머니는 지체 없이 손자에게 달려가 꾸중을 했다. 「말썽쟁이 녀석! 신발부터 내놔, 할미 시간 없어!」 내가 할머니에게 말씀을 드렸다. 「아이가 스스로 신발을 신고 싶어서 그랬나 봐요. 아이에게는 중요한 일이에요. 할머님께서 그냥 지켜봐주시면 좋겠어요.」 나는 할머니를 가로막고 아이에게 다가가 말했다. 「이제 신발 신어. 할머니가 기다려 주실 거야. 선생님이 여기 있을게.」 아이는 눈물 콧물을 찔찔거리면서도 마음을 추스르고 세상 둘도 없이 진지한 자세로 신발을 신었다. 그동안 할머니는 복장이 터진다는 눈빛으로 손자를 보고 있었다.

우리 어른들이 보기에 아이의 어떤 반응들은 그냥 떼를 쓰는 것 같다. 이 일화는 그런 반응들이 실상은 전혀 다른 성격을 띤다는 것을 보여 준다. 바빠 죽겠는데 아이가 혼자 단추 채우느라 낑낑대는 꼴을 우리는 못 봐준다. 어른이 대신 단추를 채워 주겠다는데 아이가 왜 거세게 저항을 하느냐고? 우리의 사려 깊지 못한 행동에 들고일어난 것은 〈아이〉가 아니라 〈인간의 지능〉이다. 지능이 자기가 좀 뻗어 나가겠다는데 족쇄를 들이미니 노여워하고 역정을 내는 것이다. 이런 식의 저항은 아이가 민감기에 있음을 〈부정적으로〉 보여 주는 지표다. 분명히 해두자. 아무리 부모를 사랑하고 존경하는 아이라 해도 자기가 생물학적으로 따를 수밖에 없는 순리를 따르기 위해서라면 부모와도 온힘을 다해 싸울 것이다.

마리아 몬테소리는 이 격렬한 반항의 시기를 어린아이 특유의 갑자기 열이 오르는 현상에 비유했다. 〈우리가 알다시피, 어른이라면 거의 정상적인 상태를 유지할 수 있는 사소한 신체적 불편이나 피로에도 어린아이들은 체온이 무섭게 올라간다. 이게 꿈인가 싶게 열이 확 올랐다가 떨어질 때도 그렇게 확 떨어진다. 그렇다, 정신적 차원에서도 아이는 대단히 민감한 존재이기 때문에 대수롭지 않은 일로도 몹시 과격한 동요가 일어날 수 있다.)[12]

아이를 방해하지 말라

아이에게 지능 형성의 기반이 되는 실행 능력을 잘 길러 주는 방법은 누구나 실천할 수 있다. 아이가 하고 싶어서 하는 유익하고 창조적인 활동을 〈방해하지 않고〉 오히려 두둔해 주거나 도와주면 된다. 하버드 대학교 아동발달센터도 이러한 입장을 명확히 밝히고 있다. 아동의 실행 능력 발달에 도움이 되는 환경은 일찍부터 아이를 조금씩 더 완전한 자율성으로 이끄는 환경이다. 예를 들자면 옷을 혼자 입고, 자기 생각을 분명하게 표현하고, 스스로 선택하는 태도가 일상적이고, 자기 옷은 자기가 개고, 과일 샐러드 정도는 혼자 준비할 수 있게 하는 환경이다. 동생이 있어서 자기가 도와줘야 하는 환경도 좋다. 물론 이 경우에도 아이는 조금씩 동생에게서 손을 떼거나 뒤로 물러날 수 있어야 한다. 실제로 어른 혹은 연장자가 지나치게 간섭하지 않는 태도를 배우는 것이 중요하다. 실행 지능을 구축할 수 있는 것은 오로지 당사자인 그 아이, 아이 자신의 활동뿐이기 때문이다. 우리 어른들이 〈우리의〉 활동으로 〈아이의〉 지능을 구축해 줄 수는 없다. 단지 우리는 아이가 아주 어릴 때부터 〈스스로 할 수 있는 일은〉 스스로 하게끔 도와줄 수 있다. 처음에는 옆에서 함께해 주고, 격려해 주고, 그러다가 한 발짝씩 뒤로 빠지면서 점점 아이 곁에서 물러나야 한다. 이것으로 족하다.

특출하고 기발한 활동을 찾아낼 필요도 없다. 인생의 초창기에는 일상도 특별하기만 하니까.

나는 바로 이 3장을 집필하는 동안에 이 중요한 시기를 보여 주는 광경을 목격할 기회가 있었다. 하루는 길에서 두 살쯤 된 아이가 할아버지 손을 잡고 걸어가는 모습을 보았다. 나는 어떤 계단을 올라가려는 참이었는데 그들은 마침 계단을 내려오려고 했다. 그러니까 우리는 계단 중간에서 자연스럽게 마주칠 상황이었다. 할아버지는 계단을 한 단 내려와서도 손자가 안전하게 내려올 수 있도록 손을 꼭 잡고 있었다. 그런데 나는 경탄과 의욕으로 반짝반짝 빛나는 아이의 눈만 보고도 이제 곧 저 아이가 할아버지의 통제를 물리치고 자기 행동력을 뽐내겠구나, 하는 감이 왔다. 과연 내 짐작은 들어맞았다. 아이는 할아버지 손에서 제 손을 빼려 했다. 할아버지가 손에 더 힘을 주면서 거부했더니 지능의 명령이 지체 없이 터져 나왔다. 「나 혼자 할 거야!」 아이는 자신만만하게 외쳤다. 할아버지는 조심스럽게, 그러나 아이를 믿고 손을 놓아 주었다. 아이는 안전하게 난간을 잡고서 자기 리듬대로 계단을 한 단 한 단 내려왔다. 할아버지는 아이 옆을 따라가면서 다정한 눈으로 지켜봐 주었다. 평범하다면 평범한 광경이겠지만 나는 두 배로 감동받았다. 자연의 위대한 두 힘이 거기서 빛을 발하고 있었다. 독자적인 활동으로 세상을 파악하려는 어린아이의 〈자발적인 의지〉와 아이의 정복이 끝날 때까지 조바심 내지 않고 기다려 주는 어른의 〈사랑〉이.

교실에서의 일상적 자율성

이 시기의 아이는 어른이 지켜봐 주거나 도와주는 상황에서의 자율적 활동으로 지능의 필수 기능을 구축하기 때문에 젠빌리에 유치원 생활도 무엇보다 아이들의 자율적 행동을 조장하는 방향으로 이루어졌다. 교실 환경 전체와 교사들의 인간적인 뒷받침이 아이들의 자율성을 지원하고 원활히 할 수 있어야 했다.

우리는 아이들이 하루 종일 자율적으로 행동할 수 있게끔 지원하고 격려했다. 일단 (선생님이 제시했던 활동들 중에서) 자기가 그날 하고 싶은 것을 스스로 골라야 했다. 우리도 가급적 아이들이 자기가 고른 활동을 끝까지 자기가 알아서 할 수 있게끔 이끌었다. 물론 아이들은 필요하면 언제라도 선생님을 부를 수 있었다. 그러나 사용한 교구를 정리하는 일은 반드시 아이가 스스로 해야만 했다. 우리는 아이들이 낮잠 시간 후에 스스로 옷을 갈아입게 했다. 바닥에 물을 흘리지 않고 손을 씻고, 화장실에 혼자 가고, 매트를 자기 혼자 펴거나 말거나 정리하고, 꼭 필요할 때만 코를 소리 나게 풀고, 종이 자르기 활동을 하고 난 후에는 바닥에 떨어진 종이 부스러기를 쓸어 내고, 그림 그리기 책상을 닦고, 교구에 쌓인 먼지를 털고, 자기 물건은 자기가 정리하고, 자리에서 일어날 때에는 의자를 소리 나지 않게 집어넣고, 교실을 지나다니면서 다른 친구가 쓰는 매트를 밟지 않고, 문을 열고 닫을 때에도 큰 소리가 나지 않게 주의하고…… 그 외에도 많은 요령을 아이들에게 알려 주었다.

아주 사소한 일상적 행동이라도 아이의 자율성 발달에 도움이 된다면 우리는 시간을 아끼지 않고 투자했다. 아이들이 자율적으로 행동하면, 그들이 다양한 행동을 기억하고 조직할 수 있게 되면, 그들이 자제력과 끈기를 키우고 자기 실수를 어른을 끌어들이지 않고도 바로잡게 되면 성격이 차분해지면서도 사회성이 좋아지고 — 아이들은 더 명랑해진다! — 기본적인 학습은 금세 저절로 따라온다. 우리는 아이들 한 사람 한 사람에게 따로 자율적 생활에 필요한 행동들을 시범 보이고 알려 주느라 엄청난 시간과 정성을 들였다.

문화적인 교구 활동은 급할 이유가 없었다. 특히 젠빌리에 부임 첫해에는 아이들 대부분이 자율성과 거리가 멀었기 때문에 자기가 뭘 하고 싶은지 고르지 못했고 어떤 활동을 자기 혼자 끝까지 한다는 것도 불가능했다. 당시에는 아이들의 집중력과 기억력도 그리 뛰어나지 않았다. 따라서 우선순위는 교구 활동이 아니라 다른 데 있었다. 우리는 여섯 달이 지나서야 처음으로 5세 아이들 몇 명에게 알파벳 문자를 알려 줬다. 아주 활발했던 여자아이 한 명이 생각난다. 이 아이는 말이 많고 잠시도 가만히 있지 못했지만 배운 것을 금방금방 까먹었고 자기 뜻을 그리 분명하게 표현하지도 못했다. 그러다 보니 선생님이 알려 줬던 활동들 가운데 뭘 골라야 할지 모른 채 교실에서 왔다 갔다 부산만 떨 때가 많았고, 일단 뭔가를 시작해도 끝을 내지 못했다. 나는 이 여자아이에게 수학 활동이나 언어 활동을 제안하려고 시도해 보았지만 아이는 아무것도 배우지 못했다. 아이는 또래 친구들에 비해 심각하게 뒤떨어져 있었다. 수를 세는 것도 어려워했고 알파벳은 단 한 글자도 알지 못했다. 솔직히 인정하자면 나도 걱정하고 있었다. 이론으로는 뭐가 우선인지 알면서도 아이가 기본적인 것도 못 배우면 어떡하나, 하는 생각에 처음 몇 주 동안은 계속 언어 활동과 수학 활동 위주로 제안을 했다. 다 허사였다. 활동을 설명하면서 그 아이의 주의력을 끌어당기고 유지하기도 너무 힘들었고 어차피 다음 날 보면 아이에게 남는 건 아무것도 없었다. 그래서 나는 아이의 자율성 발달에 초점을 맞추어 지원을 했고 나머지 학습적인 부분은 그냥 믿고 기다릴 수밖에 없었다.

이 여자아이는 여섯 달 동안 오로지 실생활 활동에만 매달렸다. 식물을 가꾸고, 책상을 닦고, 특히 자기보다 어린 친구들을 돌보면서 시간을 보낼 때가 많았다. 매듭 묶는 법을 배웠고 그림도 더러 그렸는데 다 쓴 그림판을 새것처럼 깔끔하게 닦아 놓곤 했다. 아이의 행동이 조금씩 달라지고 체계를 갖추기 시작했다. 하루는 아이가 나에게 와서 글자를 가르쳐 달라고 했다. 나는 물론 그렇게 했다. 아이는 아직도 다른 친구들에 비해 글자 학습을 어려워했다. 그래서 나도 어쩌다 몇 자씩 알려 주는 정도로만 하고 강하게 밀어붙이지 않았다. 그런데 우리 반에서 이 아이와 가장 친한 다른 여자아이가 본격적으로 읽기에 재미를 붙이자 아이는 자기도 글자를 읽고 싶다고 의욕을 보였다. 그래서 어떻게 됐느냐고? 내 말이 믿기지 않는 독자들도 더러 있겠지만 그 아이는 실제로 며칠 만에 〈혼자서〉 글을 읽을 수 있게 되었고 단짝친구와 책 얘기를 하는 것이 일상이 되었다. 이제 아이는 자기가 정한 목표에 도달할 수 있는 인지적 수단을 다 갖추고 있었던 것이다. 아이는 전혀 〈어려워하지 않고〉 글을 뗐다. 안나와 나는 놀라다 못해 얼떨떨하지 않을 수 없었다. 이 글을 쓰면서 그 아이가 처음에 겪었던 어려움을 돌이켜보고 있노라니 더욱더 감회가 새롭다. 그 여자아이는 나중에 우리 반에서 가장 막힘없이 책을 줄줄 읽는 아이가 되었다. 아이 엄마도 놀라면서 이렇게 증언해 주었다. 「오빠가 CM2(초등 5학년)인데 오히려 얘가 더 책을 잘 읽어요!」

시간이 걸리더라도 분명하게 알려 주자

우리는 아이들에게 자율적 행동을 가르쳐 줄 때, 이를테면 활동용 매트를 펼치거나 도로 말아서 정리하는 시범을 보일 때 아이들이 최적 행동을 〈흡수할〉 수 있게끔 가장 논리적이고 정확한 방법을 천천히 구현해 보였다. 그리고 인지적 간섭을 피하기 위해 아무 말 하지 않고 행동으로만 시범을 보였다. 실제로 행동 시연에 설명하는 말을 덧붙이면 아이 입장에서는 (듣기와 보기라는) 이중 과제가 되기 때문에 행동을 정확히 소화하는 데 방해가 된다. 또한 아이의 주의력이 눈으로 보는 행동보다 귀로 듣는 말에 더 쏠릴 수도 있는데, 교사가 시범을 보이는 목적은 자율성에 도움이 되는 행동을 효과적으로 전달하는 것이다. 물론 우리도 시범을 보이기 전에 말로 알려 줘야 하는 교구 명칭 등은 설명을 하고, 시범을 보이고 난 후에 필요에 따라 아이와 대화를 나누기도 한다. 그렇지만 3세 아이들을 상대할 때에는 말과 행동을 동시에 제시하지 않으려고 각별히 유의했다. 우리는 말을 하든가, 행동을 보여 주든가, 둘 중 하나만 했다. 아주 어린 아이들이 주의 깊게 뭔가를 보거나 들으려면 상당한 노력이 필요하다. 따라서 그 둘을 분리해야만 인지적 충돌을 피하고 아이가 행동은 행동대로, 어휘는 어휘대로 잘 습득할 수 있다.

우리가 입을 꾹 다물고 느릿느릿 시범을 보이노라면 아이는 최면에라도 걸린 듯 우리 행동에 완전히 빠져들었다. 어떤 아이는 우리가 시범을 보이는 내내 눈을 깜박이는 것조차 잊은 듯 입을 떡 벌리고 지켜보았다.

우리는 아이들의 작업 기억과 억제력을 길러 주기 위해서 우리가 하는 행동을 반드시 〈끝까지〉 지켜본 후에 똑같이 해보라고 했다. 「먼저 내가 한 번 보여 줄 테니까 그다음에는 네가 해보렴.」 그러면 아이는 당장 따라해 보고 싶은 마음을 〈억제하고〉 자기가 해야 할 일련의 동작들과 달성해야 할 목표를 〈기억에 잡아 놓아야〉 했다. 아주 사소한 부분이지만 이로써 아이의 억제력과 작업 기억을 효과적으로 훈련시킬 수 있었다.

처음 한두 번으로는 아이들 대부분이 선생님의 동작을 그대로 잘 재현하지 못했다. 그래도 우리는 아이들이 혼자 연습하고 방법을 찾게끔 내버려 두었다. 우리는 아이가 도와 달라고 할 때에만, 혹은 아이가 혼자 하다가 잘 안 되어서 포기하려고 할 때에만 도와주었다. 그 외에는 절대로 교사가 먼저 나서서 도와주는 법이 없었다. 아이들이 스스로 답을 찾기 위해서 애쓰면서 보내는 시간은 언제나 그들의 실행 능력을 — 무섭도록 효과적인 방식으로 — 단련하는 시간이기 때문이다. 아이들은 우리가 보여 준 행동을 단번에 깔끔하고 질서정연하게 재현하지는 못하지만, 약간의 시간, 자신감, 연습, 끈기만 있으면 반드시 해낸다.

우리는 또한 소소한 행동을 한 가지씩 시범 보이기 전에 그 행동의 목표를 알려 주었다. 「매트를 어떻게 마는지 보여 줄게.」 이게 굉장히 중요한 사항이다. 목표가 없으면 아이는 정보를 기억에 담을 필요도 없고, 동작을 계획적으로 조직하거나 자기 전략에 융통성을 발휘할 필요도 없다. 정확히 뭘 해야 하는지도 모르는데 그런 게 무슨 소용이 있나. 그렇지만 착각하지 말자. 이러한 활동들의 가장 중요한 목표는 외적인 것이 아니다. 진정한 목표는 내적인 것이다.

목표는 내적인 것이다

가장 중요한 목표는 매트 말기, 씻기, 물 따르기, 신발 신기, 빨래 개기 따위를 완벽하게 해내는 것이 아니다. 이러한 활동의 으뜸 목표는 행동을 〈실제로 시도함으로써〉 실행 능력을 연마하는 것이다. 닦고, 나사를 조이고, 신발을 신고, 직물을 반듯하게 개어 보려고 노력하는 동안 실행 능력이 자란다. 핵심은 아이들이 우리가 알려 준 목표에 도달하려고 애쓰는 과정 속에서 구축되는 모든 것, 그리고 아이가 쏟는 노력이다. 그렇기 때문에 아이에게는 단번에 해낼 수 있는 활동이 아니라 실제로 상당한 노력을 요하는 활동을 제안하는 것이 중요하다. 그렇다고 너무 어려운 활동을 제안해서 아이가 좌절하고 포기하면 안 되겠지만 말이다. 명심하라, 아이가 어떤 활동을 전혀 어려워하지 않고 단번에 해낸다면 좀 더 난이도가 높은 다른 활동으로 자극을 주어야 한다. 그렇게 조치하지 않으면 아이가 활동에 흥미를 잃고 지루해하든가 다른 친구들을 성가시게 굴면서 방해한다.

게다가 아이가 외적 목표를 달성한 후에도 계속 활동을 반복한다면 말리거나 중단시키지 않는 것이 중요하다. 이미 먼지 한 톨 없이 잘 닦은 책상을 아이가 두 번, 세 번 더 닦더라도, 단추 한 개를 붙잡고 열 번을 끼웠다 풀렀다 하더라도 방해하지 말고 아이가 하고 싶은 만큼 계속하게 하라. 아이는 깨끗한 책상, 잘 채워진 단추 같은 〈목적지향성〉에 자기 능력을 총동원하는 게 아니다. 활동 그 자체가 형성 과정 중에 있는 실행 지능을 행사할 좋은 기회가 된다. 그래서 아이는 어떤 활동을 반복할수록 완전히 그 활동에 푹 빠지는 것처럼 보인다. 유치원에서도 어떤 아이들은 하던 일에 너무 몰두해서 전체 모임을 알리는 소리도 듣지 못하곤 했다. 게다가 그런 상황이 이 연령대 아이들에게는 유독 자주 일어난다. 아이들이 감각 회로가 발달할 때에는 아무거나 직접 만지고 탐색하고 싶어서 주체를 못 하는 것처럼 실행 능력이 한창 발달할 때에는 그 능력을 행사할 수밖에 없는가 보다. 그만큼 이 시기 아이들의 참여도와 집중력에는 놀라운 데가 있다.

우리의 자세

아이들이 스스로 뭔가를 하려 할 때 우리가 가장 책임지고 할 일 ── 우리의 가장 큰일! ── 은 아이가 〈잘 하게끔〉 거들어 주고 싶은 반사적 충동을 억누르는 것이다. 그랬다가는 아이들의 창조적 활동을 우리가 나서서 끊어 버리는 꼴이다. 우리는 사전에 아이들에게 핵심 동작 몇 가지를 보여 주는 데 만족하고 그다음부터는 아이들이 알아서 하게 내버려 두어야 한다. 처음에는 옆에서 간섭하지 않고 지켜보면서 필요에 따라 표 안 나게 도움을 주기도 하다가 서서히 뒤로 빠진다. 이러한 자세를 취하려면 곡예사와도 같은 균형 감각이 있어야 한다. 방향은 잡아주되 구속하지는 않는 도움을 제공해야 하니 말이다. 내 생각에 이러한 성격의 뒷받침은 크게 세 가지로 이루어졌다.

첫째, 핵심 동작을 분명하게 보여 줄 것.

둘째, 아이들이 스스로 연습하고 자기가 안고 있는 문제의 답을 찾게 내버려 둘 것.

셋째, 아이가 좌절하기 전에 표나지 않게 도움(힌트)을 줄 것.

이러한 자세는 약간의 실제 훈련을 요하지만 피해 갈 수 없다. 다분히 역설적인 말로 들리겠지만 아이는 혼자 하는 법을 〈저 혼자서는〉 배울 수 없다. 아이는 독립성을 확고히 쟁취할 때까지 우리 어른의 도움을 필요로 한다. 어른이 먼저 핵심 요소를 주어야만 나중에 아이 혼자 그 요소를 파고들 수 있다. 그리고 아이가 위험을 무릅쓰고 뭔가를 감행하려면 어른이 옆에 있어 주고 지켜봐 줘야 한다. 따라서 어른의 존재는 필수 불가결하다. 그렇지만 아이의 활동을 어른의 존재로 대체할 수 없다는 이 진실을 우리가 아는 것 또한 필수 불가결하다. 우리는 적당히 거리 두는 법을, 조금씩 더 뒤로 물러나는 법을 배워야 한다. 하버드 아동발달센터는 어른이 방법만 알려 주고 차츰 뒤로 빠지면서 아이의 자율성을 격려하고 〈보조할수록〉 아이가 지능에 필수적인 인지 기능을 잘 계발할 것이라고 분명히 말한다.

정확성

우리는 항상 모든 동작을 정확하게 구현해 보였다. 사실, 아이들은 정확한 것을 굉장히 좋아한다. 정확성은 발달 과정에 있는 실행 능력을 여러모로 자극하고 효과적으로 도전 의식을 고취한다. 아이들이 어떤 행동을 선생님이 보여 준 것처럼 잘 해내려면 그 행동을 구성하는 동작들의 순서나 상세한 면을 더 잘 〈기억해야만〉 한다.

집중력이 부족한 아이, 동작이나 감정 제어가 잘 안 되는 아이일수록 우리는 일부러 정확성을 요하는 활동을 골라서 권했고, 과장되게 보일 만큼 정확성을 강조해서 행동 시연을 했다. 정확성은 아이의 주의력을 끌어당기고 완전히 집중시켰다. 어떤 아이들은 행동을 재현하면서 자기 몸놀림을 완벽하게 제어하려고 너무 긴장을 했는지 손을 떨기도 했다.

아이들은 차츰 억제력이 향상되었고 그 결과는 감정 조절과 자율규제로 확실하게 나타났다. 그러한 변화는 충분히 신속했다. 때로는 단 몇 주 만에 아예 딴 아이로 변신한 것처럼 보일 정도로. 부산스럽고 과격하게 놀던 아이, 혼을 내도 소용없고 친구 말이 끝날 때까지 단 몇 초도 기다릴 수 없었던 아이가 한결 차분하고 주의 깊은 모습이 되고 전에는 상상도 못 했던 자제력을 보여 주기도 했다. 첫해에 학부모들이 가장 많이 주목한 변화는 아이들이 집에서도 전과 달리 차분하고 질서 있게 생활한다는 것이었다. 나는 그러한 긍정적 변화가 일상적이고도 실용적인 활동의 실천에서 비롯되었음을 믿어 의심치 않는다.

개인 맞춤형 보조

앞에서 말했듯이 우리는 아이를 늘 한 명씩 맡고 그 한 명을 위해서 행동 시연을 하곤 했다. 왜 그랬느냐고? 그 이유는 3세 아이의 작업 기억과 억제력은 아직 미약한 수준이기 때문이다. 그래서 두세 명을 묶어서 시범을 보이고 직접 해보라고 하면 다른 친구들이 순서대로 동작을 하는 동안 마지막 차례 아이는 벌써 자기가 뭘 해야 하는지 까먹는다. 게다가 자기 앞에서 두 명, 세 명이 행동 재현을 하는 동안 아이가 가만히 기다리지도 못한다. 반면, 선생님이 자기만 붙들고 시범을 보이면 그런 행동이 조금 어려워 보여도 포기할 정도는 아니다. 선생님 행동을 보고 나서 바로 똑같이 하면 되기 때문에 3세 아이도 그 정도 기억력과 자제력은 발휘할 수 있다. 마지막으로, 개인적으로 시범을 보이면 각 아이에게 적합한 도움을 제공하기가 용이하다. 모둠 단위 시범에서는 그렇게 하기가 쉽지 않거나 아예 불가능하다. 우리는 아이를 한 명 한 명 상대했기 때문에 자제력, 단기 기억, 전략을 수정할 줄 아는 융통성에 문제가 있는 아이는 바로 알아볼 수 있었다. 그런 아이들에게는 좀 더 참을성을 발휘했고, 다른 아이들보다 더 격려해 주고 믿어 주면서 실행 능력을 조금씩 계발하고 훈련하고 다듬어 주는 연습을 매일 권했다. 물론, 교사가 이렇게 아이를 한 명씩 붙잡고 있을 수 있었던 이유는 다른 아이들이 유치원 생활을 굉장히 자율적으로 해주었기 때문이다. 학급 전체에 그렇게 자율성이 자리 잡기까지는 상당한 시간이 걸렸다. 젠빌리에 실험에서도 꼬박 한 해는 걸렸던 것 같다.[13]

스스로 개선을 꾀하다

행동 시연에서 또 하나 아이가 주목해야 할 것은 나중에 자율적으로 오류를 정정할 수 있게 하는 요소다. 예를 들자면, 교실에서 어떻게 걸어 다녀야 하는지 시범을 보일 때 나는 절대로 다른 아이들이 사용하는 〈매트를 밟지 않는다는〉 점을 강조했다. 이렇게 해야 아이가 나중에 교실에서 친구 매트를 밟았을 때 곧바로 자기가 잘못했다는 것을 깨닫고 그다음부터 좀 더 조심을 한다. 다른 행동 시연들도 마찬가지였다. 매트를 돌돌 마는 법을 보여 줄 때에는 내가 만 매트는 수직으로 똑바로 세워놓을 수 있다는 점을 거듭 확인해 보여 줬다. 아이가 매트를 다 말았는데 수직으로 서지 않는다면 자기가 잘못 말았다는 것을 바로 알 수 있다(우리가 사용하는 일인용 매트는 매우 부드럽지만 일단 말아 놓으면 똑바로 세워질 정도의 힘은 있었다). 이 경우, 아이는 혼자서도 자기 실수를 감지할 수 있고 굳이 어른을 부르지 않고도 효과적으로 자기 행동을 교정할 수 있다.

이런 식으로 실수를 알아차린 아이들은 이따금 대단한 개선의 의지를 불태운다. 어떤 아이들은 제대로 될 때까지 누가 시키지도 않는데 그것만 되풀이했다. 매트가 똑바로 세워질 때까지 열 번씩 펼쳤다 말았다 하는 아이들을 우리 반에서 한두 번 본 게 아니다. 이때 어른이 해야 할 일은 절대로 이 건설적인 반복을 중단시키지 않고 그대로 내버려 두는 것밖에 없다.

일상적이고 실용적인 활동

우리는 아이들에게 매우 일상적이고 실용적인 활동을 자주 권했다. 특히 아이들 스스로 교실을 관리하고 건사하는 활동이 많았다. 그러한 활동을 위해서 실제로 사용되는 생활용품을 비치했는데, 그러한 용품은 〈깨지거나 부서질 수도 있는〉 재질로 골랐다. 던져도 깨지지 않는 플라스틱과 달리, 깨지는 물건은 함부로 다루면 즉각적으로 어떤 결과가 나타난다. 그래서 아이는 이런 물건을 다루면서 자기 전략을 수정할 수 있고 몸가짐도 좀 더 제어하게 된다. 이렇게 사소한 부분들이 아이가 섬세하고 정확하며 짜임새 있는 동작을 계발하도록 돕는다. 우리는 아이들의 관심과 소중히 다루고 싶은 마음을 불러일으키기 위해 가급적 예쁜 물건을 골랐고 아이들의 신체 크기나 완력에 적합한 물건인지도 신경 써서 살폈다.

이를테면 아이들은 교구장의 〈먼지를 없애는〉 걸레와 먼지떨이를 자유롭게 쓸 수 있었다. 항상 그랬듯이 우리는 청소 도구도 사용법을 몸으로 보여 준 다음 아이들이 알아서 쓰게 했다. 아이들은 일단 청소 도구를 장에서 꺼내어 매트 위에 올려놓았다. 그러고는 먼지떨이로 교구와 교구장 선반을 치우거나 걸레질을 했다. 그다음에는 깨끗해진 선반을 확인하고는 청소가 잘됐다고 좋아했다. 그 후 (미리 기억하고 있던 위치대로) 교구들을 다시 정리했다.

청소처럼 일상적이고 단순한 활동이 아이들의 실행 능력을 한껏 끌어내고 동원한다. 청소에도 여러 단계가 있는데 그 순서를 기억해야 하고, 물건을 제자리에 돌려놓아야 하기 때문이다. 3세 아이에게 청소는 만만찮은 도전이다.

돌이켜 보면, 아이들의 실행 능력이 〈어느 정도 발달했는지〉 한눈에 보여 주는 지표가 있었다. 어떤 아이가 개인 그림판을 썼는데 사용 후에도 그림판이 깨끗하고 완성된 그림이 아이들 작품을 말리고 보관하는 곳에 제대로 가 있다면, 또한 친구에게 물감을 묻히지 않았고 교실 개수대와 행주도 사용 후에 깨끗하게 관리했다면 그 아이는 실행 능력이 탄탄하게 발달한 것이다. 이 상관관계는 놀라운 데가 있었다. 그런 일을 잘 해내는 아이들은 공부도 쉽게 했다. 이 아이들은 행동거지가 차분했고 대부분 교우관계도 안정적으로 오래 갔다. 활동 후 뒤처리는 사소하고 지엽적인 요소처럼 여겨질 수도 있겠으나 우리가 보기에는 상관관계가 명확했다.

우리는 식물을 키우고 관리하는 도구들도 큰 쟁반 하나에 모아 두었다. 아이들은 최근에 물을 준 적이 없는 화분을 하나 골라서 흙 표면을 살짝 긁어 부드럽게 해주고, 죽은 잎을 따고, 행주에 물을 묻혀 잎사귀의 먼지를 닦고, 조심스럽게 물을 주었다. 화분 받침에 물이 너무 많이 고이지 않았는지 확인하고 제자리에 가져다 놓은 후 다른 화분을 들고 왔다. 나는 우리 반에서 키우는 식물 이름을 가르쳐 주기 좋아했다. 스파티필룸, 치자, 무화과나무, 고무나무 등등 식물 이름에 유독 관심이 많은 아이들도 더러 있었다.

아이들은 우리 반 교실 한쪽을 차지한 키 큰 고무나무를 돌보기 좋아했다. 그래서 행주에 물을 묻혀 넓적한 잎사귀를 반짝반짝하게 닦아 주곤 했다. 잘 관리된 식물은 굉장한 만족감을 주었다! 아이들이 언제라도 교실 거울이나 책상을 윤이 나게 닦고, 부스러기를 쓸어 내고, 간단한 바느질을 하고, 사용한 걸레를 빨아서 널고, 잘 마른 걸레는 반듯하게 개어 놓을 수 있게끔 도구와 물품이 비치되어 있었다. 일인용 개인 매트를 관리할 때에는 작은 솔을 사용하게 했다.

3, 4세 아이들은 이 실용적인 활동들을 정말로 좋아했다.[14] 이런 일을 하면서 신속하게 계발할 수 있는 능력들 — 집중력, 조직력, 기억력, 끈기, 자신감, 융통성 — 은 학습의 모든 영역에도 적용되고 발휘된다. 아이들은 자기를 다스리고 방해 요소들을 억제하면서 어떤 과제에 집중할 수 있게 되었다. 그리고 자신감, 자기주도성, 대단한 자율성을 수시로 입증해 보였다. 아이들은 어떤 어려움에 부딪히든 자기가 알아서 효과적이고 타당한 답을 모색했다. 아이들이 선생님에게 도움을 청하

는 일은 당연히 점점 줄어들었다. 아이들이 일상적이고 실용적인 활동으로 주위 환경을 스스로 챙길 때 그들의 실용 기능적인 지능이 공고하게 발달한다.

5세 이상 아이들에게는 ― 우리가 실제로 제안해 보지는 못했지만 ― 뜨개질이나 바느질, 집짓기나 손쉬운 목공, 간단한 옷 만들기 등의 활동이 적당히 난이도도 있으면서 좋은 자극이 될 것이다. 점토를 이용하여 실제로 사용 가능한 꽃병이나 단지를 만들어도 좋겠다. 점토로 직접 벽돌을 빚고 나중에 잘 마른 벽돌로 실외에 작은 집을 만들 수도 있을 것이다.

동작은 훈련되는 것이다

젠빌리에에서 우리는 마리아 몬테소리의 주요한 생각 중 하나를 그대로 이어받았다. 아이들이 때때로 그들 수준에 어려울 수도 있는 활동을 하려면 그전에 이러저러한 동작들을 연습해야 한다는 생각이 바로 그것이다. 구체적으로 말해서, 아이는 식탁에서 혼자 물을 컵에 따라 마시고, 숟가락을 바르게 들고, 혼자 옷을 갈아입고, 빨래를 널고 빨래집게로 고정하고, 식물에 물을 주고, 바닥에 물을 흘리지 않고 행주를 물에 적셨다가 꼭 짜고, 종이를 잘 자를 수 있게 될 때까지 연습을 해야만 한다. 우리가 모든 활동의 정확성, 실용성, 일상성을 중시한 것도 아이들에게 단순한 동작들을 따로따로 연습할 기회를 주기 위해서였다. 그리고 아이들도 이런 훈련을 좋아했다. 아이들이 그런 동작을 얼마나 진지하면서도 신나게 연습하는지 다들 한 번 봐야 한다. 그럴 때 아이들은 확신과 위엄과 자신감으로 빛이 났다. 아이들은 대부분 차분했다. 행동거지가 침착하고 군더더기 없이 정돈될수록 성격도 안정감 있게 변했다. 아이들 내면의 무언가가 한껏 충족되어 잠잠해진 것처럼 말이다.

아이들이 명확한 목표가 있는 짜임새 있는 활동에 참여하여 몸놀림을 자꾸 연습하다 보면 실행 능력을 효과적으로 행사할 수 있게 된다.

여러분이 특히 주목해 주었으면 하는 점이 있다. 실용적 활동은 〈문화 행동〉과 결부된 목표를 제안해야 한다는 점이다. 예를 들자면, 한쪽 컵에 담겨 있는 렌즈콩을 족집게로 집어 다른 컵으로 옮기는 활동, 혹은 주방용 집게로 밤을 집어서 달걀갑에 집어넣는 활동이 아이에게 의미가 있을까? 그러한 활동은 그저 시각-운동 통제력을 훈련한다는 의의가 있을 뿐 아이를 둘러싼 환경의 문화와 아무런 지적 연결고리가 없고 인간 지능의 감수성이나 존엄성에 대한 고려도 없다. 아이에게 제안되는 활동의 목표가 문화적으로 〈의미 있을〉 것, 나는 이게 기본 중의 기본이라고 생각한다. 의미도 와닿지 않는 일로 아이의 지능을 훈련시킨다면 나중에 그 아이가 아무거나 하게 되더라도 당연한 결과 아닐까. 그런 것은 어리석고 인정머리 없는 교육이다. 의미, 사람, 중요성, 깊이를 추구하자.

실제로 쓰는 물건을 다루자

여러분도 아이가 실생활에서 사용하는 물건을 좋아하는구나, 하고 느낀 적이 분명히 있을 것이다. 아이는 감각으로 세상을 탐색하고 싶은 의지도 있거니와, 주위 사람들이 실제로 사용하는 물건을 다루면서 실행 능력을 행사하고 싶어 한다. 신기한 장치로 열리고 닫히는 보석함에 아이가 손을 내밀면 어른은 대개 〈안 돼, 만지지 마〉라고 하지 않는가? 아이가 가구나 문짝 열쇠에 얼마나 홀딱 매료되는지 보라. 자기 방에 장난감이 산더미처럼 쌓였는데 아이가 굳이 주방에 와서 수납장에 들어 있던 주방용품을 몽땅 꺼냈다고? 어떤 장난감도 실제 물건만큼 아이의 흥미를 자극하지 못한다. 플라스틱 상자, 플라스틱 식기 세트, 플라스틱 식재료, 가짜 물건, 가짜 음식, 가짜 악기와 현실을 대체하는 그 밖의 가짜들은 머지않아 망가지고, 짝이 안 맞고, 잊힐 것이다. 아이들은 그런 장난감에 금세 싫증을 내기 때문에 더 알록달록하고 신기하고 뭔가 기능이 추가된 다른 장난감을 또 사줘야 할 것이다. 그렇게 지옥의 쳇바퀴놀음이 시작된다. 장난감을 아무리 사줘도 끝이 없다. 당연하다. 그런 장난감들로는 지능이 제대로 행사되지 않기 때문이다. 흉내 수준의 장난감은 절대로 어른들이 실제로 사용하는 물건만큼 매혹적이지 않다. 게다가 한창 발달해야 할 아이의 실행 지능은 〈시늉만 해야〉 하므로 좌절에 빠진다.

우리는 아이가 실제 물건을 만지지 못하게 하고 이 같은 심심풀이거리를 쥐어 주면서 〈너는 네 장난감 가지고 놀아!〉라고 한다. 그러면 아이는 약이 올라 씩씩대고 소리를 지르고 엉엉 운다. 그렇잖아도 굶주린 지능이 좌절까지 당한 것이다. 그러면 우리는 말도 안 되는 오해에 사로잡혀 아이와 기 싸움을 한다. 아이는 엄마 말에 반항하거나 엄마를 귀찮게 하려고 그러는 게 아니라 〈정신을 함양하고〉 싶은 것이다. 우리가 소중하게 여기는 물건을 아이 손에 맡기기 싫다면 그렇게까지 소중하지는 않지만 실생활에 쓰이면서 흥미를 자극하는 다른 물건을 줘도 되지 않을까?

마리아 몬테소리는 이러한 생각에서 쟁반이나 바구니에 여러 종류의 상자나 실제 물건을 넣어 두고 아주 어린 아이들도 자유롭게 관찰하거나 다룰 수 있게 했다. 작은 바구니 하나에는 열쇠와 자물쇠가 몇 개 들어 있어서 아이가 직접 열쇠를 자물쇠에 꽂고 잠그거나 풀 수 있었다. 다른 바구니에는 볼트와 나사가 들었고, 또 다른 바구니에는 다양한 유형의 병들이 들었다. 열고 닫는 장치가 각기 다른 상자들을 모아 놓은 바구니도 있었다.[15] 아이들이 이런 물건을 가지고 놀면서 자신의 환경이 어떻게 작동하는가를 배우고 이해함에 따라 그들의 신경회로는 활발하게 조직되고 재편된다. 손놀림이나 신체 행동이 능숙해지고 자신감이 붙기 때문에 결국은 자율성에도 도움이 된다. 플라스틱 장난감 놀이로는 절대로 이러한 수준의 솜씨와 활기차고 탄탄한 지능에 도달하지 못할 것이다.

진짜 만족감과 지적인 영양가를 제공하는 〈실제〉 활동을 장려하면 장난감 식기 세트, 플라스틱 음식 모형은 머지않아 찬밥 신세가 될 것이다. 다시 한번 본질을 보자. 우리 아이들은 장난감을 원하기 이전에, 자기들도 어른들의 생활에 받아들여지기를 원한다. 이 욕구를 이해해야 한다. 어린아이가 찾는 것은 기본적으로 심심풀이, 오락거리가 아니다. 아이는 세상을 탐색하고 이해하고 정복하게끔 타고났다. 아이가 짊어진 이 위대한 임무의 수행을 자꾸 훼방 놓지 말란 말이다. 아이가 얼마나 진지하게 그 임무에 몰두하는지 보라. 이것은 개인적인 의지가 아니라 보편적 자연의 충동이다. 자연은 어린아이의 등을 떠밀며 자기 자신의 활동으로 세상과 사회적 집단의 습속을 이해하라고 닦달한다. 그래서 아이는 그러한 활동과 이해의 기회가 주어질 때마다 자기를 초월하는 만족감을 느끼고 기쁨으로 빛나며 제 능력을 한껏 꽃피운다.

아이의 의사 표현을 도와주자

자기 생각의 성공적인 표현은 실행 능력 발달에 매우 중요한 역할을 한다. 아이는 자기 생각을 말로 정리해서 표현하는 동안 〈작업 기억〉

을 동원해야 하고 성급함이나 좌절을 관리하면서 〈억제력〉을 발휘한다. 또한 상대가 자기 의사를 잘 이해할 수 있게끔 그때그때 표현을 달리하는 〈유연성〉도 있어야 할 것이다. 어린아이는 충분히 시간을 들여자기 생각을 정확히 표현하는 것만으로도 지능의 필수 기능을 효율적으로 계발할 수 있다. 그러한 과정에서 작업 기억, 억제력, 인지 유연성이 최적화되기 때문이다.

따라서 아이가 하는 말에 충분히 시간을 들여 귀를 기울이고 아이가 표현이 더뎌도 재촉하지 않고 시간을 넉넉히 쓸 수 있도록 하는 배려가 중요하다.[16] 어른 입장에서는 이런 시간 낭비가 있을까 싶겠지만 이것이 우리가 할 수 있는 최고의 투자다. 과학적 연구도 이 점에 대해서는 이론의 여지가 없다. 말하고 싶어 하는 아이를 잘 받쳐 주는 것이야말로 아이의 실행 지능, 자신감, 논리적 사고, 어휘력을 가장 효과적으로 계발하는 방법이다.

우리 반에서도 이러한 접근법이 중심이 되었다. 우리는 뭔가를 표현하거나 어떤 사건을 이야기하고 싶어 하는 아이가 눈에 띄면 바로 관심을 표시했다. 이럴 때 다른 아이들은 선생님이 그 아이 한 명만 상대하는 시간이기 때문에 우리를 부르거나 방해해 봤자 소용없다는 것을 잘 알고 있었다. 우리가 모든 아이에게 그렇게 한다는 것을 알고 있었으므로 다른 아이들은 이 시간을 존중해 주었다. 그런 문제로 아이들이 선생님에게 섭섭해 한 적은 한 번도 없다. 심지어 중간에 선생님을 부르는 아이가 있으면 다른 아이들이 나서서 한마디 할 정도였다. 「그만해, 윌리엄이 셀린에게 무슨 말을 하려고 하잖아. 좀 기다려!」 참을성을 좀 더 기를 필요가 있는 아이들에게는 이러한 기다림도 억제력 훈련이라는 면에서 이롭게 작용했다.

참고 기다릴 줄 아는 아이

선생님이 다른 아이와 얘기하는 동안 선생님에게 할 말이 있는 아이들에게는 아무 말 없이 선생님 어깨에 살짝 손을 얹으라고 말해 두었다. 이렇게 함으로써 아이들은 선생님을 큰 소리로 부르거나 대화를 방해하지 않고 자기도 용건이 있음을 선생님에게 알릴 수 있었다. 아이들은 선생님이 신호를 포착했으므로 지금 하는 일이나 대화가 끝나면 자기에게 온전히 관심을 쏟아 줄 것이라 믿고 기다렸다. 아이들은 모두 이렇게 실제로 기다림을 겪으면서 자기 조바심을 다스릴 방법을 찾았다. 어떤 아이들은 몸을 배배 꼬았고, 어떤 아이들은 멀찍이서 선생님을 계속 바라보면서 기다렸다. 아예 옆에 와서 선생님과 다른 아이의 대화를 줄곧 듣고 있는 아이도 있었다. 하지만 이런 아이들은 정작 내가 고개를 돌리고 〈그래, 파이살, 무슨 일이니?〉 하고 물어보면 눈만 휘둥그레 떴으니……. 선생님과 다른 친구가 나누는 대화에 정신이 팔려서 자기가 선생님에게 무슨 말을 하려고 했는지도 잊었던 것이다. 아이는 자기가 하던 일로 돌아갔다가 갑자기 기억났다는 듯이 환하게 웃으면서 다시 나에게 오곤 했다. 물론 나는 그 아이가 또 용건을 잊어버리기 전에 바로 시간을 내서 이야기를 들어 주었다.

우리 교사들이 뭔가를 하고 있을 때 어깨에 손을 얹어 용건을 표시하는 방법은 아이들의 실행력 발달에도 매우 이롭게 작용했다. 아이들은 기다리는 내내 인내심뿐만 아니라 다른 일에 정신 팔리지 않고 자기 용건을 계속 기억해 두는 요령까지 배운다. 3세 아이에게 이것은 심하게 복잡하고 까다로운 활동이다. 그럼에도 불구하고 아이들은 차츰 놀라우리만치 끈기 있는 모습을 보여 주었다. 10분간 가만히 기다릴 만큼 끈질긴 아이들도 있었다. 나머지 대부분은 내 얘기가 끝날 때까지 기다리기가 지루해서 스스로 자기 문제에 대한 답을 모색했다. 안 나도 아이들을 한 명씩 지도하느라 바빴기 때문에 아이들은 뭔가 문제가 있으면 같은 반 친구에게 물어보거나 혼자서 곰곰이 생각에 잠겼다. 아이들은 이런 순간에 인지 유연성을 발휘했던 것이다. 교사가 한 번에 한 아이에게만 관심과 시간을 내어 주는 학급 운영 방식은 실제로 모든 아이의 자율성과 실행 기능 발달에 도움이 되었다. 교사가 아이들 한 명 한 명을 개인 맞춤형으로 지도할 수 있어서 좋고, 다른 아이들은 그동안 자제하고 기억하고 인지 유연성을 발휘해야 했으니 그것도 좋았다!

아이들에게 자기 억제력이 중요하다는 것을 보여 준 연구는 마시멜로 실험 말고도 많이 있다. 억제력은 바람직한 사회적 관계의 발달과 유지, 끈기, 스스로 정한 목표의 성취를 돕는다. 게다가 앞에서 보았듯이 어린 시절의 자기 조절 능력은 지능 지수보다 더 확실하게 학업 성공과의 상관관계를 나타낸다. 하지만 공부에 초점을 맞추지 않더라도 내가 생각하기에 억제력은 핵심 능력이다. 아이에게 인내심과 자기를 통제하는 능력을 길러 준다면 정말 큰일을 해주는 것이다. 하지만 다시 한번 명심하자. 이러한 학습은 저절로 이루어지지 않는다. 기본적으로 친절하고 끈기 있는 어른의 도움과 뒷받침이 있어야만 아이도 억제력을 배울 수 있다.

바람직한 억제력 계발

나는 아이들이 억제력을 실제로 사용할 수 있는 간단하고 재미있는 활동을 자주 제안하는 편이었다. 억제력의 긍정적인 효과는 이미 간략하게 살펴보았다. 여러분도 그런 활동을 아이들과 함께 해보라. 대수롭지 않은 활동을 아이들이 얼마나 재미있어하는지 확인할 수 있을 것이다. 실제로 그런 활동은 한창 발달 중인 능력을 더욱 단련시키고 만족과 기쁨이라는 즉각적인 신경 생물학적 반응을 불러온다.

우리는 바닥에 컬러 테이프를 붙여서 커다란 타원형을 그렸다. 그리고 3세 아이들에게 실내화를 벗고 한 발씩 앞으로 내딛으면서 선을 따라 걸어 보라고 했다. 아이들은 선 따라 걷기를 아주 좋아하고 거리에서도 자연스럽게 해보곤 한다. 보도블록들의 연결선을 따라 걷거나, 평균대나 그루터기 위를 걷거나, 보도의 가장자리를 따라 걷거나……. 이런 식으로 아이들은 자기도 모르게 운동 능력과 억제력을 훈련한다. 어떤 아이들, 특히 연령대가 낮은 아이들에게는 곡예 수준의 활동이다! 우리가 보기에는 아주 쉬워 보이는 활동도 어린아이에게는 상당한 억제력을 요구하는 도전 과제다.

아이가 선 따라 걷기 정도는 가볍게 소화한다면 이제 머리에 책 같은 것을 얹고 선을 따라 걷거나 한 손에 작은 종을 들고 그 종이 울리지 않을 만큼 살금살금 걸어 보라고 하자. 이로써 아이들의 섬세함과 억제력을 좀 더 끌어낼 수 있다. 이 활동은 아이들의 도전 의식을 자극한다는 장점도 있지만 자기 실수를 바로바로 자각할 수 있다는 장점도 있다. 머리에 올려놓은 물건이 떨어지거나 종소리가 나면 그 자체가 좀 더 조심스럽게 움직여야 한다는 신호가 된다. 아이들은 타원 따라 걷기를 수없이 반복하면서 이 활동에 점점 더 완벽을 기했다.

나는 전체 모임 시간에 억제력 훈련에 도움이 되는 그 밖의 활동들도 제안했다. 주로 〈운동 억제inhibition motrice〉에 관련된 활동들이었다. 가령, 몇 초간 두 팔을 흔들다가 여기에 머리를 까딱까딱하는 동작을 추가한다. 나는 먼저 시범을 보이고 아이들에게 따라하라고 했다.

그러다가 팔놀림을 멈추고, 조금 있다가 머리 동작도 멈춘다. 이렇게 어떤 동작을 보여 주고 또 어떤 동작은 중단하는 식의 체조를 2~3분 동안 진행한다. 아이들은 이렇게 몸을 쓰기 좋아했고 나 역시 아이들이 지루해하지 않도록 최대 몇 분 이상은 진행하지 않았다.

나는 전체 모임 시간에 〈전신 운동 억제〉 훈련을 하나둘 제안하게 되었고 나중에는 〈자기에게 임하기〉 훈련을 규칙적으로 실시하게 되었다. 아이들이 타원형 대열로 책상다리를 하고 앉으면 나는 모두 눈을 감고 양손을 무릎이나 다리에 올려놓으라고 한 뒤 불을 껐다. 나도 아이들 사이에 자리를 잡고 앉아서 온몸에서 힘을 빼고 움직이지 말라고 지시한다. 아이들의 주의력을 다리에 올려놓은 손에서부터 눈, 코, 입, 귀, 팔, 발 등으로 계속 옮기게 한다. 아이들이 완벽한 부동자세에 들어가면 나는 아이들에게 호흡에 따라 오르내리는 배에 정신을 집중시키라고 말한다. 그렇게 아이들이 평정 상태에 들어가면 우리 반은 쥐 죽은 듯 고요했다. 그때부터 평소에는 들리지 않던 소리가 들렸다. 우리 반 벽시계 바늘 돌아가는 소리, 교실에 날아 들어왔다가 길 잃은 파리 소리, 옆 반 선생님이 수업하는 소리까지도. 나는 아이들에게 그런 소리를 하나하나 가만히 귀 기울여 듣게 했다. 현재 많은 연구자들은 마음 챙김 명상과 흡사한 이런 종류의 훈련이 아이들의 억제력을 크게 신장시키고 일상생활에서 학교 공부나 사회성의 긍정적인 변화를 불러온다고 본다. 아이들이 더 쉽게 학습하고, 주의력도 높아지고, 스트레스와 감정 관리 능력도 좋아지고, 인간관계도 훨씬 더 안정감 있게 변한다는 것이다. 어떤 연구에서는 하루 20분 명상 훈련을 닷새간 실시한 것만으로도 의미심장한 결과를 볼 수 있었다.[17]

실은 우리도 우리 반의 변화를 확인하면서 얼마나 놀랐는지 모른다.

억제력, 주의력, 마음 챙김 훈련을 규칙적으로 실시했더니 차츰 아이들에게로 중심이 옮겨갔다. 아이들은 갈수록 차분해졌고 절도 있게 행동했다. 하다못해 걷는 동작도 우아해졌고, 물건을 조심스럽게 다루었으며, 의자도 소리 나지 않게 움직였고, 사회적 관계도 평탄해졌다. 아이들은 자기 몸가짐과 감정을 다스릴 수 있게 되었고 소음에 민감해졌다. 아이들은 예전에는 들리지도 않았던 것 같은 단순한 배경음에 이제 눈살을 찌푸리곤 했다. 어떤 아이들은 오전부터 불만을 토로하기 시작했다. 「셀린, 지금 너무 시끄러운 것 같아요. 아이들에게 좀 조용히 하라고 하면 안 돼요?」 나는 이럴 때마다 어안이 벙벙했다. 나부터도 소음에 여간 예민하지가 않은데 교실이 그렇게까지 시끄럽다고 느끼지 못했기 때문이다. 그래도 나는 어김없이 아이들에게 이렇게 얘기하고 넘어갔다. 「애들아, 우리 교실에서 무슨 소리가 나는지 한번 들어볼까?」 나는 어린아이들이 발휘할 수 있는 자제력에 깊은 인상을 받았다. 내가 언성도 높이지 않고 이렇게만 말해도 반 전체가 ─ 아직 뭐가 뭔지 모르는 한두 명만 빼고 ─ 하던 행동을 멈추고 귀를 기울였다. 가장 어린 아이 두 명만 다른 친구들이 모두 부동자세에 들어갔다는 것도 모른 채 계속 돌아다니거나 떠들었다. 그러고 나서 나는 아이들에게 각자 하던 활동을 조금만 더 조용히 해주면 좋겠다고 말했다.

〈하나, 둘, 셋, 태양〉*, 〈자크가 말했습니다〉**, 〈예도 안 되고 아니오도 안 돼〉*** 같은 놀이도 아이들이 재미있고 즐거운 방식으로 억제력

* 우리나라의 〈무궁화 꽃이 피었습니다〉와 비슷한 놀이. 술래가 〈하나, 둘, 셋, 태양〉을 외치는 동안만 움직일 수 있고 술래에게 움직임을 들킨 사람은 출발선으로 돌아가야 한다 ─ 옮긴이주.
** 우리나라의 〈가라사대〉 놀이처럼 〈자크가 말했습니다〉라는 말을 붙였을 때에만 지시대로 행동해야 하는 놀이다. 〈자크가 말했습니다〉라는 말을 빼거나 〈장이 말했습니다〉라는 식으로 살짝 다르게 말했을 때 지시대로 행동하면 벌칙을 받는다 ─ 옮긴이주.
*** 말 그대로 〈예〉나 〈아니오〉로 대답하면 안 되는 놀이다. 〈응〉 혹은 〈아니〉가 무의식적으로 먼저 튀어나오기 쉬운 질문이 많을수록 놀이가 재미있어진다 ─ 옮긴이주.

을 훈련하기에 적합하다는 것을 알아 두자.[18] 전 세계 여러 문화권에서 비슷한 연령대 아이들이 이런 놀이를 하면서 자연스레 자기 통제력을 키운다. 그 연령대에 발달하는 인지 능력을 실제로 사용하고자 하는 욕구에 부응하는 활동이라고 하겠다.

비판적인 자율 규제의 등장

스타니슬라스 드앤과 마누엘라 피아자가 우리 학급을 방문했던 그날 오전 수업이 생각난다. 아이들이 자율적으로 활동하는 동안 우리의 대화는 점점 더 열기를 더해 갔고 그러다 보니 우리도 모르게 목소리가 높아져서 평소보다 교실이 시끄러웠던 모양이다. 한 아이가 나에게 그 점을 지적했다. 과연, 교실은 제법 소란스러웠다. 아이들은 행동은 차분했지만 어른들의 목소리에 묻힐까 봐 평소보다 큰 소리로 대화를 나누고 있었다. 그래서 나는 소음 수준을 낮추기 위해 아이들에게 다 함께 하던 일을 멈추고 우리 반에서 무슨 소리가 나는지 들어 보자고 했다. 그러자 모두 당장 하던 일을 멈추었다. 그때 마누엘라의 표정이 아직도 기억난다. 마누엘라는 선생님이 큰 소리도 내지 않고 한마디 했을 뿐인데 그토록 즉각적으로 완전한 〈복종〉이 이루어진다는 사실에 매우 놀랐다. 그렇지만 교사의 요청에 부응하는 이 능력은 〈복종〉에 해당하지 않는다. 나는 명령에 복종하는 자질을 아이들에게 키워 주려고 노력한 적이 없다. 아이들이 군소리 없이 내 요청에 기꺼이 응해 주었던 이유는 크게 두 가지다. 첫째, 우리 반 아이들은 조용한 것을 좋아했고 정숙한 분위기를 느끼기 원했다. 둘째, 우리 반 아이들은 (여러 가지 훈련 중에서도 특히 억제력 훈련이 되어 있었기 때문에) 하던 행동을 중단하고 침묵에 귀 기울이고 싶은 욕구에 부응하는 것이 〈가능했다). 달리 말하자면, 나의 요청은 아이들 자신이 〈바라던〉 바이자 〈능히 할 수 있는〉 바이기도 했다.

그러나 우리 반 아이들이 〈순종적이지는〉 않았다. 나의 요구가 자기들이 보기에도 타당하면 그들은 당장 적극적으로 따라 주었다. 그러나 어른의 요구가 옳지도 않고 흥미롭지도 않고 긍정적이지도 않으면 아이들은 절대로 호락호락하게 굴지 않았다. 어떤 아이들은 예의 바르게 상황을 잘 해결했다. 「지금 다른 일을 하는 중이라서 안 돼요.」 여러분도 짐작하겠지만 장학사들이 방문하는 날이라고 해서 예외는 아니었다. 어떤 아이가 매트를 말고 있으면 장학사는 아이가 어떻게 대답하는지 보려고 이렇게 묻곤 했다. 「자, 지금 뭘 하고 있는 거니?」 물론 아이들 대부분은 당황하면서도 〈내가 쓴 매트를 말고 있어요〉라고 대답을 했다. 그러나 어떤 아이들은 장학사가 자기 대답을 평가할 거라고 눈치 채면서도 그런 질문에 의미가 없다고 생각하면 대꾸하지 않았다. 아이들은 장학사가 진심으로 흥미가 있어서 묻는 게 아니라 자기들을 간단히 시험해 보려 한다는 것을 분명 알았을 것이다. 그리고 아이들은 평가에 연연하지 않았다.

그렇기 때문에 〈복종〉이라는 단어는 전혀 적절하지가 않다. 아이들은 오히려 〈대쪽 같았고〉 옳다고 생각될 때에는 즉각 지지할 준비가 되어 있었다. 그러나 아이들 눈에 타당해 보이지 않는 일을 시키려면 거의 싸우다시피 해도 통할까 말까였다. 그럴 때마다 내 가슴은 묘한 자부심으로 먹먹해졌다. 아이들은 정의로웠고, 중심이 잘 잡혀 있으며, 단호했다. 애들이 이런 걸 어디서 배웠을까? 나도 잘 모르겠다. 그러한 태도는 지능이 자기 법칙대로 발전함에 따라 자연스럽게 부각된 특성들 중 하나였다. 그렇지만 안나와 나는 실행 능력이 발달한 아이일수록 비판적인 감각을 드러낸다는 점에 주목했다. 나는 이 점이 굉장히 특별하다고 생각한다. 아이들은 차츰 〈뭐든지〉 할 수 있게끔 성장하는 동시에 자기가 관찰하는 행위들의 타당성이나 근거를 분류하고 판단하는 법도 배웠다.

내 요청이 처음 거절당했던 때도 기억난다. 3세 아이가 선생님을 찾는데 그때는 나도 바빠서 5세 아이에게 가서 도와주라고 했다. 그 아이는 나에게 이렇게 대답했다. 「셀린, 나도 지금 바쁜데요. 나 말고 다른 다섯 살짜리에게 부탁하면 안 돼요?」 아이의 말투가 어찌나 단호하고 당당한지 갑자기 차가운 물벼락을 맞은 것 같은 기분이 들었다. 그렇지만 정신을 차리고 아이가 무엇을 하는 중인지 살펴보면서 미소를 지었다(아이들이 자율성을 이렇게 표명할 거라고는 사실 나도 생각해 보지 않았다). 그렇다. 아이들이라고 해서 선생님보다 덜 바쁘다고 정해져 있나. 실제로 아이는 상당한 집중력과 사고력을 요하는 수학 활동에 완전히 빠져서 다른 데 신경을 쓸 수 없는 상황이었다. 나는 이렇게 대꾸했다. 「아, 그렇구나, 내가 아까는 못 봤어. 그래, 다른 친구에게 부탁해 볼게.」 아이는 나중에 수학 활동을 마치고 나에게 와서 자기가 뭔가 도와줄 일이 없는지 물었다. 나는 아이들이 그렇게 당당한 모습을 보여 줘서 정말로 뿌듯했다.

어른들은 자기가 뭔가를 부탁하거나 지시했는데 아이가 부정적으로 나오면 기분이 상한다. 그렇지만 우리의 요구가 적절하지 않아서 아이가 그러는 것일지도 모른다. 우리가 그 점을 깨닫고 우리의 요구와 기대를 조정한다면 우리는 아이와 조화로운 인간관계를 맺게 될 것이다.

스스로 절도 있게 행동하는 이 자유는 내면에서 우러나기 때문에 논리적인 설명, 훈계, 처벌을 수단 삼아 외부에서 종용해 봤자 소용이 없다. 아이가 자기 뜻대로 행동하면서 내생적이고 건설적인 충동을 따라 생활할 때, 자기규율은 안에서 밖으로 드러난다.

질서에 대한 욕구를 존중하라

어린아이들이 질서에 아주 민감해지는 시기가 있다. 이 시기에 아이들은 분류에 집착한다. 어떤 물건을 꼭 자기가 정해 놓은 자리에 두고 싶어 하거나 자기가 보기에 비슷한 다른 물건들과 함께 두고 싶어 한다. 혹은, 이건 이렇게 쓰는 거다라고 정해 놓고 다른 방식으로는 쓰면 안 된다고 생각한다. 아이가 인간 지능에 내재하는 논리 감각을 계발하는 데 이 시기가 도움이 되는 것으로 보인다. 질서에 대한 민감성은 두 살을 전후로 최고조에 도달하며 실행 능력 발달에도 영향을 미친다. 만족스러운 논리와 질서 수준에 도달하려면 정보를 조직하고, 선별하고, 때로는 수정해야 한다. 마리아 몬테소리는 아이들에게 이런 시기가 있음을 확인했고 나 역시 어린아이들과 함께 생활하는 사람이라면 누구나 이 시기를 감지할 거라 믿는다.

그래서 어른이 권하지 않아도 어린아이는 세상을 질서정연하고 〈논리적인〉 방식으로 조직하고 싶어 한다. 연구자들은 유아들도 비슷한 점이나 공통점이 있는 물건들은 〈함께〉 정리하고 그렇지 않은 물건들은 따로 떼어 놓는 모습을 관찰했다. 한 연구에서 생후 18개월 된 아이들 앞에 4개의 플라스틱 말과 4자루의 연필을 한데 섞어 놓았다. 실험자는 아무 말도 하지 않고 아이에게 두 손만 내밀었다. 18개월 된 아이들은 약속이라도 한 듯 한쪽 손에는 플라스틱 말만 건네주고 다른 쪽 손에는 연필만 건네주었다! 연구자들은 그중 특히 꼼꼼하고 정확한 것을 좋아하는 한 여자아이에 대해서 부연한다. 이 아이는 연필 한 자루가 심이 부러진 것을 알아차렸다. 아이는 앨리슨(이 실험을 진행한 심리학자 앨리슨 고프닉)의 손바닥을 뚫어져라 바라보더니 자기 엄마 손을 끌어당겨 심이 부러진 연필을 따로 엄마 손바닥에 올려놓았다![19]

이러한 범주화는 자발적이고 보편적이다. 유아기의 범주화는 나중에 톡톡히 써먹게 될 논리적 정신을 구축하는 듯 보인다. 실제로 우리는 인간 지능에 내재하는 이 감각의 자극을 받아서 어른이 되어서도 우리가 하는 모든 일에 질서를 부여하게 된다. 문서 파일을 정리할 때 — 한 파일로 묶을 수 있는 것과 다른 파일로 만들어야 하는 것 — 도 그렇고 주방을 정리할 때 — 냄비들은 모두 여기, 조리 도구는 모두 저기 — 도 그렇다. 왜 반대로 하면 안 되는데? 저마다 자신만의 논리적 연결성이 있다. 이 연결성을 존중해 주어야지, 정리한답시고 함부로 손댔다가는 물건 주인을 혼란스럽게 만들 위험이 있다. 배우자와 그런 문제로 실랑이 한 적 없는가? 〈당신, 왜 뚜껑들을 전부 여기다 놓는데? 뚜껑은 저기란 말이야!〉 혹시 배우자가 이렇게 대꾸하지 않던가? 〈아, 그래? 왜? 이쪽에 놓는 게 논리적으로 더 자연스러운데.〉 이런 말을 들으면 우리는 짜증이 난다. 우리 내면의 조직 감각이 틀어져 버린 느낌이다. 우리는 도처에 — 집, 직장, 하루 일과, 지식, 나아가 사회적 관계에까지 — 질서를 부여한다. 자신의 위치를 파악하고 생각을 구조화하기 위해서 외부 세계를 조직화·범주화하는 것이다.

아이들도 아주 일찍부터 동일한 방법으로 논리 감각을 기르고 정신을 구조화하며 외부 세계를 이해한다. 아이들도 자기 장난감이나 현관에 널려 있는 신발들, 식기들, 자기 손에 닿는 온갖 것을 논리적 관계나 유사성을 따져 정리하고, 줄 세우고, 조직화한다. 그리고 어른들처럼 사물들뿐만 아니라 자신의 일상도 정리하고 체계화한다. 〈아냐! 이 이 야기는 엄마 아니라 아빠가 읽어 줘야 해!〉 아이가 이렇게 말하면서 우리 손에서 책을 뺏어 아빠에게 안겨 준다면 그 책은 아이의 머릿속에서 아빠와 연결되어 있을지도 모른다. 아이는 우리 흉내를 내면서 〈아냐! 그렇게 하는 거 아냐, 엄마! 이렇게 하는 거야!〉 하고는 유치원 담임선생님이나 아빠는 엄마와 어떻게 다른지 보여 준다. 또 어떤 날은 〈아니라니까! 거기가 아니야! 여기야, 여기!〉라고 소리를 지르면서 욕조 가장자리에서 뭔가를 3센티미터쯤 이동시킨다.

이러한 의사 표시를 아이가 제 기분 내키는 대로 떼를 쓴다거나 강박관념이 있다는 식으로 해석해서는 안 된다. 사실은 우리의 지능과 마찬가지로 논리적인 지능이 표현되고 있는데, 아직 그 지능은 형성 단계에 있기 때문에 표현 방식이 미숙하고 노골적일 뿐이다. 그러므로 누구든 이 자연스러운 충동에 초를 치는 사람은 조심하라. 이 시기의 아이에게는 그 논리적 질서가 꼭 필요한 만큼, 그 사람은 거센 반항에 부딪히게 될 것이다.

부모가 이 반항을 아이의 변덕으로 치부하고 아이가 지향하는 목표를 다른 데로 〈옮겨야만 한다고〉 작정한다면 한창 발달해 가는 과정에 있는 아이의 논리적 지능과 힘겨루기를 해야 한다. 부모 눈에 가당찮아 보이더라도 잠시 아이가 하고 싶은 대로 물건을 배치하거나 모으게 내버려 둔다면 아이는 자유롭게 논리적 지능을 계발할 것이다. 물론 논리적 지능이 자연스럽게 표출되는 행동과 그렇지 않은 행동을 구별하는 것은 부모의 몫이다. 가장 확실한 지표 중 하나는 아이가 보여 주는 집중력이다. 아이가 진지하게 사물을 분류하거나 배치하는 활동에 몰두한다면 그건 반드시 존중받아야 할 건설적 활동이라고 믿어도 좋겠다.

여러분 가정에도 어린아이가 있다면 한번 잘 관찰해 보라. 아이가 세 살까지는 이러한 질서 부여하기 의식을 굉장히 중요하게 여길 것이다. 논리적 지능 발달에 대해서 아무것도 모르는 어른이 그런 모습을 보면 아이가 완강한 강박증이나 고집불통이 되려나 걱정스러울 정도다. 그런 걱정은 전혀 할 필요가 없다. 4살 즈음이면 아이는 논리적 지능의 기반을 다 닦고 질서에 과민하게 반응하는 시기를 벗어날 것이고, 논리적 지능은 훨씬 더 조화롭고 ─ 다행스럽게도 ─ 유연한 자취만 남길 것이다. 그렇지만 이 창조적인 민감기에 대해서 미리 보고 들은 바가 없는 어른은 아이가 하는 행동이 당황스러울 수 있다.

내 친구도 아들이 두 살 때는 그랬다. 아이는 〈뭐든지〉 정리를 하려 들었다. 게다가 그 정리 방식이 굉장히 논리정연해서…… 아이는 단순히 줄 세우기 수준이 아니라 색상이나 구체적 유사성 같은 〈논리적〉 기준에 입각해 사물을 분류했다. 내 친구는 정리정돈과는 거리가 먼 스타일이었기 때문에 자기 아들이 왜 그렇게 질서에 집착하는지, 자기 집은 전혀 그런 분위기가 아닌데 아이가 어디서 이런 정리병에 〈걸렸는지〉 이해할 수 없었다. 어쨌든 친구는 놀라움 반 재미 반으로 아들의 작품을 사진 찍어 친구들과의 채팅방에 올리곤 했다. 그러고는 농담 삼아 사진에 이런 부연 설명을 달았다. 〈우리 집에 편집광이 한 명 있어!〉

아무도 친구 아들에게 이렇게 정리해야 한다고 가르친 적 없었다. 내 친구는 그럴 사람이 아니고 친구 남편도 마찬가지다. 실제로 이 아이의 행동은 어떤 가르침이나 모방 과정의 결과가 아니라 형성 과정 중에 있는 〈논리적 정신〉의 표현이었다. 어린아이는 질서와 의식(儀式)을 좋아하는 존재다.

젠빌리에의 모든 아이들에게서 우리는 이 사실을 확인할 수 있었다. 우리 반 아이들, 특히 3세 아이들은 교구 정리에 집착했다. 게다가 정리를 방해하는 장해물이나 중간에 간섭하는 친구가 있으면 분노 발작을 일으키다시피 했다. 아이들은 무질서를 참지 못했다. 무질서가 자기 정신의 질서까지 흐트러뜨리기라도 하는 것처럼, 기를 쓰고 저항했다. 우리 반에서 어느 날 오후에 있었던 일이다. 아이 세 명이 한 매트에서 수학 활동을 함께 하고 있었다. 내처 순조롭게 활동을 풀어가는 것 같더니만 그중 3세 아이 하나가 갑자기 성질을 부리기 시작했다. 그 아이는 자기 자리가 〈반드시〉 세 명 중 가운데라야 한다고 고집을 피웠다. 물론 나머지 두 친구가 이 요구를 들어 주지 않아서 아이는 수가 틀린 참이었다. 아이는 울고불고 난리를 쳤다. 나는 아이들끼리 기 싸움을 했나 싶어서 아이에게 뭘 원하는지 친구들 앞에서 제대로 다시 한번 말해 보라고 권했다. 하지만 두 친구의 반응은 달라지지 않았다. 아이는 또 울음을 터뜨렸다. 내가 보기에도 진짜 절망감에서 솟아나는 눈물이었다. 나는 몹시 놀라서 아이에게 왜 꼭 그 자리에 앉아야 하는지 물었다. 아이는 몇 번이나 〈거기 앉고 싶단 말이에요〉 소리만 되풀이했다. 그런 대답을 듣고 보니 나도 아이가 떼를 쓰는 게 맞구나 싶었다. 그렇지만 아이가 계속 어쩔 줄 모르고 닭똥 같은 눈물을 뚝뚝 흘리는 모습을 보고 질문을 바꿔 물어보았다. 「그런데 〈왜〉 그 자리가 그렇게 중요하니?」 아이가 매트에 놓여 있던 교구를 가리켰다. 「매트에도 내 것이 가운데 있단 말이에요. 그러니까 나도 가운데 있어야 돼요. 야유브 거는 여기 있고 술레이망 거는 저기 있잖아요.」 아이는 손가락으로 다른 친구들 교구를 가리키면서 그 자리에 주저앉아 서럽게 울었다. 아이가 이렇게 설명을 하자 내가 시키지 않았는데도 야유브와 술레이망은 〈제대로〉 자리를 찾아갔다. 질서라는 논거에는 적수가 없다. 질서에는 아무도 토를 달지 못한다.

이 시기에 아이는 내생적인 〈창조적〉 충동에 복종한다. 아이 안에서 뭔가가 만들어진다. 그러므로 이 구축기를 인정하고 존중해 주어야 한다. 잠깐 지나가는 시기, 민감한 과도기에 불과하지만 이 시기가 아이의 논리적 감각을 강화한다는 것을 명심하라. 이 시기가 있기에 아이는 선택을 통하여 자기 환경을 조직하고 행동 능력을 동원할 수 있다. 형성되어야 할 것이 다 형성되고 나면 이 까다로운 민감성은 사라지고 명쾌하고 구조화된 정신만 남는다.

4 자연과 생명은 많이 접할수록 좋다

행동 지능의 실현은 최소한의 자유를 전제로 한다. 아이가 어른이 세운 지침이나 지시들만을 융통성 없이 따른다면 실행 능력을 갈고 닦을 기회가 없기 때문에 그러한 능력이 발달하기도 어렵다. 외부의 틀이 다해 주는데 아이가 뭔가를 조직하고, 선택하고, 자기 실수를 감지할 수 있겠는가. 이 책에서 소개한 실용적·교육적 활동은 모두 이런 이유에서 우리가 시범을 보이거나 핵심 개념만 알려 주고 나머지는 아이들이 알아서 탐색하는 방식으로 진행되었다. 이 방식은 짜임새가 있으면서도 어른의 지도나 인솔을 최소화한다. 이게 정말 중요하다. 원칙적으로 지능의 필수 기능을 충분히 동원하고 훈련시키는 것은 아이의 자유로운 탐구와 활동이기 때문이다. 외부에서 다 차려 놓고 떠먹여 주는 활동을 하면서 아이가 무슨 선택을 하겠는가. 게다가 이 경우에는 아이의 실수도 외부에서 먼저 알아차리게 마련이요, 대개는 어른이 실수를 교정하는 방법까지 일러 준다.

어른이 지도하거나 인솔하는 활동을 줄이고

방과 후에 과외 수업 — 틀에 짜인 피아노 교습, 어른이 지도하는 운동이나 학습 등 — 을 많이 받은 아이들이 방과 후에 자유롭게 뛰어놀거나, 친구나 가족과 시간을 보내거나, 책을 읽거나 낙서를 하면서 노는 아이들에 비해 실행 능력 발달이 처진다는 것을 보여 준 흥미로운 연구가 있다.[20] 어떤 행위의 전개를 아이 본인이 아니라 외부에서 맡아 주는 구조와 통제가 없어야만 아이는 스스로 개인적인 목표를 정하고 그 목표에 도달하는 가장 좋은 방법을 모색한다. 아이의 행동 능력은 이 과정에서 자연스럽게 단련이 된다. 아이들에게 음악이나 체육 활동을 권하지 말라는 얘기가 아니라, 오히려 그 반대다. 음악이나 체육은 아이의 두뇌가 조화롭게 발달하는 데 대단히 중요한 활동들이기 때문이다. 그렇지만 이러한 활동들이 어른의 일방적인 지도에 머물지 않고 아이가 좀 더 주도성을 발휘할 수 있는 방향으로 바뀔 필요는 있다.

여러분의 이해를 돕기 위해 한 가지 일화를 소개해 볼까 한다. 하루는 내 친구네 가족과 저녁식사를 함께하게 됐다. 친구에게는 4살짜리 아들이 있었다. 친구는 딸도 하나 있었는데 동생과 터울이 많이 지는 큰아이라서 그때 벌써 14살이었다. 이 소녀는 몇 년째 일주일에 두 시간씩 피아노 교습을 받고 있었다. 식사를 마치고 후식을 먹고 있는데 어디서 피아노로 치는 멜로디가 들렸다. 큰애가 치는가 보다 생각할 수도 있었지만 그 애는 우리와 함께 식탁에서 후식을 먹는 중이었다. 고개를 돌려 보니 4살짜리 막내가 아무렇지도 않다는 듯 유유히, 리듬까지 타면서 건반을 두들기고 있었다. 나는 깜짝 놀라서 아이에게 방금 뭘 친 거냐고 물었다. 아이는 자기도 모른다고, 그냥 생각나는 대로 쳐봤다고 대답했다. 나는 또 한 번 충격을 받았다. 친구에게 막내도 피아노를 배웠는지 물었더니 아니라는 대답이 돌아왔다. 아이는 그냥 혼자 건반을 두들기거나, 가끔 피아노를 칠 줄 아는 누나나 다른 형제와 건반을 치면서 놀곤 했다나. 요컨대, 아이는 교습 지도는 받지 않았지만 비공식적으로 이 악기를 배우고 있었던 것이다. 누군가가 피아노에 대한 기본 지식을 접하게 해줬고 그다음부터는 아이 혼자 이 악기를 탐색해 왔다. 누나는 몇 년에 걸쳐 열심히 교습을 받았고 기술적으로 훨씬 어려운 곡을 칠 수 있기는 했지만 네 살 동생처럼 유려하고 수월하며 자유롭게 건반을 다루지는 못했다. .

나는 늘 타인이 간섭하지 않고 간접적으로 도움을 주는 가운데 〈자기 혼자〉 하는 공부만 한 것은 없다고 믿었다. 그런데 내 신념의 명약관화한 증거를 눈앞에 맞닥뜨렸던 것이다. 이 아이는 어떻게 했는가? 그저 탐색하고 자기 마음 가는 대로 따라가면서 좀 더 완벽하게 해내고 싶다는 내생적 의지를 행사했을 뿐이다. 그러면 어른은 무엇을 했나? 아이가 자기 마음대로 할 수 있게 내버려 두면서 비공식적으로 뒷받침을 해주었을 뿐이다.

더욱이 아이들은 이런 유의 활동에 자연스럽게 참여한다. 그런데 어른들이 이 자연스러운 정복의 순간들을 뭔가 공식적인 것으로 둔갑시키려 하면 아이들은 정색을 하고 하늘을 쳐다본다. 우리가 〈자발적 활동〉이라고 부르는 것도 결국은 원만한 아동 발달을 촉진하는 〈내면의 명령들〉과 비슷하다. 우리의 가장 중요한 과제는 아마도 이 내면의 명령들을 제대로 알아보고 훼방 놓지 않는 것이리라. 그런데 이 일이 굉장히 힘들 수도 있다. 우리 어른도 간섭하고 싶은 마음을 억제력을 발휘해서 다잡아야 한다. 아이들이 타고난 방식대로 생물학적 지시를 따르는 동안, 우리는 그 방식이 우리 방식과는 비교도 안 될 만큼 훨씬 좋은 거라고 믿고 기다려 줘야 한다.

아이가 자기 마음 가는 대로 탐색하고 행동하면서 〈아무것도 배우지 못하고) 순전히 〈놀기만〉 하는 것처럼 보이더라도 거기에 속지 말자. 아이는 분명히 뭔가를 배우고 형성하는 과정에 있으니까. 아이들의 집중력이야말로 내면에서 뭔가가 이루어지고 있다는 증거다. 물론 아직 어린 아이들을 완전한 독학으로 내몰자는 얘기는 아니다. 나는 그런 게 가능하다고 생각하지도 않는다. 이 책 1장에서 언급했듯이 순전히 발견에만 의존하는 교육도 그 한계를 분명히 드러냈다. 아이는 전문가의 뒷받침을 구하고 그로써 배우게끔 뇌에 밑배선을 깔고 나왔다. 따라서 타자의 뒷받침은 학습에 꼭 필요하다. 아이는 그러한 기반 위에서 탐색하고 학습할 수 있어야 한다. 그러므로 아이에게 그때그때 일시적으로 도움을 주거나 방향을 잡아 주되 간섭은 하지 말자. 인지적 노력과 반성적 참여는 아이가 스스로 감당해야 할 몫이다. 우리의 과제, 우리의 가장 큰 어려움은 아이의 창조적 활동을 제대로 인지하는 것, 그 활동과 충돌을 일으키지 않는 것이다.

집중력 얘기가 나온 김에, 컴퓨터 게임이나 디지털 도구 활동에 대해서는 조금 다르게 봐야 한다고 생각한다. 그러한 활동도 분명히 아이의 주의력을 집중시키기는 하지만 여기에는 그리 좋게 볼 수 없는 다른 이유가 있기 때문이다. 컴퓨터 게임이나 동영상 시청은 뇌의 보상 회로에 작용하여 다량의 도파민 분비를 촉진하기 때문에 우리 아이들을 말 그대로 〈중독〉시킨다. 아이들이 원하는 활동은 아이들에게 좋은 활동일 확률이 높지만 게임은 그렇지가 않다. 이 욕구는 내면에서 자연스럽게 솟아오른 것이 아니라 의존성, 즉 중독의 결과일 가능성이 크다. 그러므로 우리가 정신을 바짝 차리고 자연스러운 충동과 의존성에서 비롯된 충동을 구분할 줄 알아야 하겠다. 아이들이 어릴 때는 가급적 디지털 도구를 멀리하게 하는 것이 중요하다. 디지털 도구 활동은 아이들의 주의력 체계를 교란시키고 수면의 질을 떨어뜨리며 정말로 건설적인 활동을 할 기회를 앗아간다. 스마트폰을 붙잡고 있으면 요리, 독서, 노래, 춤, 축구, 연극, 전자회로 만들기, 나무 타기, 통나무집 짓기, 정원에서 찾을 수 있는 것들을 활용한 만들기, 집안일 돕기는 저만치 뒷전이 된다. 그런데 이러한 활동들이야말로 지능에 필수적인 기능을 계발할 뿐 아니라 사회성, 운동 능력, 창의력에도 피가 되고 살이 된다.

자연과 생명은 더 많이 접하게 [21]

아이와 숲에 가서 솔방울, 이끼, 낙엽을 주워 바구니에 담거나 식물도감을 만드는 것만으로도 아이를 능동적으로 만들고 행동 지능을 끌어낼 수 있다. 아이는 적당한 채집 대상을 찾고, 가능성을 모색하고, 선별을 하고, 필요에 따라 기존의 선택을 재고할 것이다. 호숫가에서 잔가지나 조약돌을 물에 던져 보면 물체마다 물에 빠지는 소리가 다르다는 것도 알 수 있고, 뜨는 물체가 있는가 하면 가라앉는 물체도 있다는 것을 알 수 있다. 단순하기 그지없는 활동이 어린아이에게는 반성적 사유와 지능을 사용할 기회가 된다. 왜 그럴까? 우리가 아이들과 이야기를 나누고, 아이들이 하는 말을 듣고, 무슨 일이 일어나고 있는지 한마디씩 거들게 되기 때문이다. 우리는 이렇게 하면서, 즉 아이들이 생각을 표현하고 관찰을 명명하는 활동을 도와주면서 그들의 실행 지능을 대단히 효과적으로 발달시킨다. 진짜 흙을 밟고 다니면서 미끄러지지 않게 주의를 기울이고, 가벼운 등산을 하고, 바위 위로 껑충껑충 뛰어다니고, 야외에서 자유롭게 뛰어놀고, 나무를 타고……. 이때에도 아이는 스스로 선택하고, 예측하고, 자기 행동을 조직화하고, 어느 정도 위험을 짐작하고 무릅써야만 하기 때문에 실행 능력을 충분히 활용하지 않을 수 없다.

야외에서의 자유 활동은 창의성 발달에도 없어서는 안 될 시간이다. 친구들과 삼총사 놀이나 해적 놀이를 하면서 밖에서 자유롭게 노는 시간이 많은 아이들일수록 문제 해결 능력이 뛰어난데, 그 이유는 이 아이들이 곧잘 틀에 박히지 않은 기발한 방식으로 해결책을 제안하기 때문이다. 자유롭게 계발된 상상력은 창의성과 유연성을 필요로 하는 과제를 수행할 때 진가를 발휘한다. 그러니 아이들에게 막대기, 조약돌, 흙, 잡초, 나뭇잎, 꽃, 나무껍질, 솔방울, 그리고 시간을 내맡겨라. 그들이 놀고, 만들어 내고, 지어 올리고, 굉장한 이야기를 서로에게 들려줄 수 있도록.

5 유해한 스트레스에서 보호하라

이미 1장에서 다루었지만 각별히 중요한 부분인 만큼 여기서 다시 짚고 넘어간다. 아이가 통합적이고도 조화롭게 지능을 계발하기 원한다면 기본적으로 아이의 스트레스 조절을 도와줘야 한다. 또한 아이에게 트라우마가 남을 법한 상황, 신체적으로든 언어적으로든 폭력적이고 굴욕적인 상황은 반드시 피하게 해야 한다.

아이를 폭력에서 보호하라

앞에서 보았듯이 극단적인 스트레스 상황의 반복 또는/그리고 장기화는 아직 덜 자란 아이의 뇌, 특히 실행 능력을 받쳐 주는 신경 회로를 망가뜨린다. 이 회로는 실제로 우리 뇌에서 가장 손상을 입기 쉬운 영역인 전전두피질에 위치한다. 어른들도 스트레스나 질병이나 피로에 시달릴 때, 건강 상태가 좋지 않거나 단순히 운동 부족일지라도, 이 취약한 영역이 관장하는 실행 능력이 피해를 입기에는 충분하다. 우리도 몸이 처질 때는 뭔가를 짜임새 있게 하기가 힘들고 집중력, 끈기, 기억력도 떨어진다. 짜증도 더 쉽게 나고 융통성을 발휘하기도 힘들어진다. 그런데 거듭 말하지만 아이의 뇌는 아직 다 자라지 않았다. 그래서 스트레스가 일시적 문제만 일으키고 지나가지 않는다. 장기간 반복되는 스트레스는 아이의 기본 회로를 직접적으로 망가뜨린다. 아이가 심각한 스트레스 상황에 처할 때마다 아이의 미숙한 지능은 그로 인해 쇠약해지고, 이 상황이 거듭될수록 아이가 어른이 되었을 때의 자기조절 능력, 행동력이 손상당한다. 카트린 게갱 박사는 〈어린 시절의 심각한 스트레스가 전전두피질에 작용하여 뉴런을 파괴할 수도 있다. 이때 뇌는 제대로 성숙하기 힘들고 용적도 줄어든다〉[22]고 말한다. 어릴 때 전전두피질이 잘 활성화되지 못한 탓에 어른이 되어서 감정이나 충동을 조절하기 힘들어지고 스트레스 관리에도 어려움을 겪는 것이다. 뇌 영상 촬영 기법으로 관찰한 결과, 폭력적이고 불안도가 높고 화를 잘 내고 쉽게 욱하는 어른들이 두려운 상황과 맞닥뜨릴 때 그들의 전전두피질은 마치 뇌가 덜 자라기라도 한 것처럼 별로 활성화되지 않았다.[23] 카트린 게갱은 이러한 발달 부진의 원인 중 하나로 피험자들이 아동기에 감내해야 했던 폭력을 지목했다. 어른들이 아이를 보호한답시고 상처가 되는 말을 하거나 체벌을 가한다면, 혹은 아이를 방임하고 무관심으로 일관한다면, 타자와 따뜻하고 긍정적인 관계를 맺게끔 타고난 인간의 어린 뇌는 무참한 손상과 피해를 입는다.

천만다행으로, 인간의 뇌에는 회복 탄력성이 있다.* 뇌가 미처 덜 자랐을 때 입은 손상을 복구할 수도 있다는 — 본인이 의연하게 노력을 하고, 긍정적이고 힘이 되는 인간관계가 받쳐 줌으로써 — 얘기다. 하버드 아동발달센터는 이러한 회복 탄력성은 연령과 상관없이 발휘될 수 있지만 그 시기가 빠르면 빠를수록 좋다고 명시하고 있다. 뇌가 가

* 물리학에서 〈탄성résilience〉은 어느 한 물체가 충격에 저항하여 자신의 원래 구조를 취하려는 성질을 뜻한다. 심리학에서 (주로 〈탄력성〉 혹은 〈회복 탄력성〉으로 번역되는) 이 용어는 개인이 인생의 어려운 고비를 잘 넘기고 역경에도 불구하고 자기를 계발하는 능력을 가리킨다.

소성이 창창할 때에는 회복 탄력성도 쉽게 발휘된다.

회복 탄력성 발현의 가장 공통적인 요인은 부모 중 어느 한쪽, 교사, 혹은 그 밖의 다른 어른과 맺은 〈최소한의〉 안정적 인간관계다. 그러한 관계가 아이에게 맞게 틀을 잡아 주는 개인적 뒷받침, 발달 저해를 방지하는 지원을 제공한다. 게다가 이런 유의 관계는 아이가 역경을 이기고 자기실현을 하는 데 꼭 필요한 능력, 이를테면 자기 행동을 조직하고 통제하고 조절하는 능력을 길러 준다. 힘이 되는 인간관계, 적응력 키우기, 긍정적 경험의 조합은 회복 탄력성의 토대라고 할 수 있다.[24]

요컨대, 과학적 연구의 입장은 아주 명쾌하다. 실행 능력 발달에 이로운 환경은 아이의 자율성을 키워 줄 뿐 아니라 아이가 신체적·언어적 폭력, 호통, 반복적 또는/그리고 장기적 스트레스로 망가지지 않게 지켜 줄 수도 있다. 너무 어릴 때 스트레스 환경에 노출되면 작업 기억, 주의력, 억제력 발달 장애를 겪기 쉽다고 주장하는 연구들은 현재 너무 많이 있기 때문에[25] 이 점에는 의혹의 여지조차 없다.

아이가 자기 감정을 잘 다스리게 하면 아이도 보호받는다

지능의 기반 능력을 보호하려면 아이에게 모욕적인 상황이나 신체적, 정신적 타격을 면해 주어야 할 뿐 아니라 아이가 일상생활에서 스트레스나 혼란스러운 감정을 겪는 상황을 잘 관리할 수 있도록 적절한 지원을 해야 한다. 앞에서도 말했지만 그런 상황에서 일단은 아이의 코르티솔 수치를 빨리 떨어뜨리고 옥시토신 분비를 촉진할 수 있도록 아이를 다정하게 안아 주거나 곁에 있어 주는 것이 중요하다. 우리는 이 방법으로 아이의 지능을 〈보호하는〉 것이다. 그다음에는 아이의 비상 경계 체계를 진정시키기 위해서 아이가 감정을 말로 표현할 수 있게 도와주자. 그다음에 아이가 그 상황에서 한 발짝 물러나 거리를 두고 해결책을 모색하게 도와준다면 아이의 전전두피질 〈성숙〉과 실행 능력 발달에 직접적으로 한몫을 하는 셈이다. 이렇게 전전두피질이 잘 발달한 아이는 과격한 감정이나 스트레스에 점점 더 잘 대처할 것이다.

친구가 자전거를 혼자서만 탄다고 화가 잔뜩 난 아이를 예로 들어보겠다. 아이는 울고불고 난리를 피우거나 당장 달려들 것처럼 주먹을 쳐든다. 얼른 가서 달래 주고 아이가 하는 말을 들어 주는 게 우선이다. 그럴 필요가 있다면 안아 주고 얼러 줘야 한다. 아이가 신체적으로 많이 차분해졌다면 이제 아이의 전전두피질이 활성화하도록 마음을 진정시킬 수 있게 도와주자. 감정의 정체를 파악하고 〈명명하게끔〉 유도하라. 〈서운해서 그래? 분해서 그래? 혹시 피곤해서 그러니?〉 그다음에는 아이가 〈왜〉 그런 감정을 느꼈는지 이해하게끔 도와주자. 〈테오필이 자전거를 너한테 넘겨준다고 해놓고 그 약속을 지키지 않아서 서운했니?〉 여기까지 잘 진행이 됐다면 이제 아이가 감정을 그 친구에게 직접 〈표현하도록〉 이끌어 보라. 〈네가 어떤 기분이었는지 테오필에게 말해 줘야 하지 않을까? 어떻게 생각해?〉 아이가 아직 혼자 힘으로 그렇게까지 하기는 힘들다면 어떻게 말해야 할지 알려 주자. 〈테오필에게 가서 네가 자전거를 넘겨준다고 해놓고서 그러지 않아서 서운했어, 라고 말할 수 있겠지?〉 가능하다면 해결책까지 제안할 수 있도록 이끌어 주자. 이 경우에도 아이 혼자 잘 안 되는 부분은 도와줘도 괜찮다. 〈테오필에게 한 바퀴만 더 타고 자전거를 넘겨 달라고 말하면 어떨까?〉 친구가 또 아이의 제안을 무시해서 — 남의 감정을 알아차릴 줄 아는 아이라면 그러는 일이 드물지만 — 내가 나서야 할 때도 있었다. 〈좋아, 테오필은 마지막으로 한 바퀴만 더 돌고 자전거를 주렴. 알았지, 테오필? 고맙다.〉 자전거를 빌려주기 싫어하는 아이도 앞으로 전전두피질이 좀 더 성숙하면 감정이입 능력과 자기 통제력이 발달할 터이니 걱정할 필요 없다.

그러므로 어른이 보여 줘야 할 것은 인내심과 믿음이다. 이런 사소한 사건들이 우리 어른들에게는 아이의 전전두피질 발달 수준을 상당히 확실하게 보여 주는 지표가 된다. 아이가 갈등 상황에서 자기 의사 표현을 잘 하고 통제력과 창의성을 보여 줄수록 그 아이의 실행 능력은 잘 발달한 것이다. 반대로 아이가 자기 통제가 잘 안 되고 결정을 잘 내리지 못하며 공감 능력이 떨어지고 의사 표현이 미흡하다면 실행 능력 발달이 미비하니 조치가 필요하다는 표시다. 교사 입장에서 아이들의 쉬는 시간은 일종의 실험실, 아이들의 능력 발달을 촉진할 기회를 포착하기에 안성맞춤인 현장이다.

젠빌리에 부임 첫해도 그렇고 새 학년이 시작될 때에는 늘 유치원에 처음 오는 3세 아이들을 대하느라 상당한 인내심과 끈기가 필요했다. 아이들은 감정과 분노와 좌절을 다스리지 못했고 싸움이 났다 하면 — 학년 초에는 걸핏하면 싸움이 났다 — 한 아이가 다른 아이를 때리거나 교구를 내던지곤 했다. 부임 첫해에 어떤 아이가 완전히 이성을 잃고 빨간 막대 교구를 친구에게 칼처럼 휘둘렀던 일이 생각난다. 그런 상황도 놓쳐서는 안 될 특별한 기회, 심지어 없어서는 안 될 기회다. 아이들이 대립 상황을 한 발짝 물러나 차분하게 해결하게끔 도와주기에는 딱 좋은 상황 아닌가. 2011년 학년도의 처음 몇 주간 그런 기회는 우리에게 넘쳐났다. 단 몇 분이라도 한 아이만 붙들고 활동 제안을 하거나 시범을 보여 주기가 힘들 정도였다. 우리가 뭘 좀 해보려고 하면 금세 아이들끼리 실랑이가 벌어지고 여기저기서 요란하게 선생님을 불러 댔다. 그런 상황에서는 누구라도 집중하기가 힘들 수밖에!

자신의 감정을 이해하면 남의 감정도 더 잘 이해한다

아이들이 자기가 느끼는 바를 이해하게 돕는 것은 아이들을 진정시키는 효과가 있을 뿐 아니라 타인의 감정을 헤아리는 능력을 크게 발달시키는 효과도 있다. 과학적 연구는 실제로 타인에게 공감하는 태도가 자신과 자기 감정에 대한 앎에 바탕을 둔다는 정보를 준다. 자기가 느끼는 바의 정체를 확인해야 남들이 느끼는 바도 좀 더 쉽게 이해할 수 있다. 사회 신경과학자 타니아 징거는 이렇게 말한다.[26]

감정이입을 다루는 일련의 실험들이 가르쳐 준 것이 한 가지 있다. 자신의 감정이나 정신 상태를 파악하지 못하는 사람은 감정이입과 관련된 뇌 영역이 잘 활성화되지 못한 것으로 나타났다. 타자에게 공감할 수 있으려면 먼저 자기가 느끼는 감정부터 이해해야 하는 것이다. (……) 따라서 공감 능력 계발은 먼저 정서적 상태들을 인지하고 이해하는 학습으로부터 시작되어야 할 것이다.

6 아이의 독립을 지원하기

우리는 3장 첫머리에서 아이의 실행 능력이 3세에서 5세 사이에 급속도로 발달하기는 하지만 이 발달은 훨씬 이전부터 시작된다고 말했다. 따라서 생후 첫 3년 동안 이미 간섭적이지 않으면서 사려 깊은 어른의 길잡이를 따라 행동할 수 있었던 아이들은 대부분 〈중심〉이 잡혀 있다. 그런 아이들은 실행 능력이 이미 잘 발달해 있어서 다른 아이들보다 자제력이 뛰어났다. 사소한 예로, 그런 아이들은 선생님이 말을 끊지 말고 끝까지 들어 달라고 하면 그렇게 할 수 있었다. 이 아이들은 자신감과 활력이 넘치고, 스스로 목표를 정할 수 있으며, 자기가 감당할 수 있는 선에서 위험을 무릅쓸 줄 알며, 끈기와 창의성을 발휘한다. 이들은 어른을 별로 두려워하지 않으며 새로운 상황에 쉽게 적응한다. 성격이 강인하고 자기가 원하는 것을 잘 알며 자기 역량으로 그것을 획득할 수 있다. 반면에, 3세가 될 때까지 스스로 행동할 경험이 별로 없었던 아이들은 실행 능력도 미비하다. 이 아이들은 자기 몸놀림을 잘 제어하지 못하고, 친구가 말썽을 부리면 쉽게 동조하고 따라한다. 쉽게 좌절하고, 주의력이 산만하며, 남의 말에 자꾸 끼어들고, 자제력이 없다. 이들은 감정 기복이 심하고 부산스러우며 때때로 욱하는 성질대로 행동해 버린다. 또한 자신감이 부족하기 때문에 어른이 항상 옆에서 자신을 지켜봐 주기를 바란다.

그렇지만 이런 아이들도 스스로 행동하는 데 재미를 붙이면 행동과 성격이 〈정상화〉된다. 〈정상화〉는 마리아 몬테소리가 썼던 표현이다. 몬테소리는 아동의 자신감 결여, 부산스러움, 무질서한 행동이 자연스러운 생리적 상태가 아니라 실제로 실행 능력 발달 부진의 〈징후〉라고 보았기 때문이다. 그가 보기에 이런 아이들은 〈기능적으로 병든〉 상태다. 그렇지만 그들에게 행동 지능을 규칙적이고 효과적으로 사용할 기회를 준다면 그들도 차츰 중심을 잡고 빠릿빠릿하게 행동할 수 있다. 아이들에게 의미가 있는 일상적이고 실용적인 활동을 제안함으로써 지능과 신체 운동, 특히 손놀림의 협응력을 키워 주는 것이 주로 그러한 기회가 되겠다. 이로써 아이들은 정신없는 산만함, 의존성, 쓸데없는 모방을 뒤로 하고 자기규율, 질서, 침착함, 독립성, 자신감, 창의성으로 나아간다.

따라서 생후 3년간 이 지능의 기반 능력을 미처 계발하지 못했던 아이들이 유치원 3년 과정으로 만회를 할 수 있도록 유치원이 환경을 마련해 주는 것이 중요하다. 아이들이 자기 손을 쓰면서 지능을 구축하고, 스스로 해보고 싶다는 의욕과 열의를 깨워 주는 실생활 활동에 참여하게끔 — 필요하다면 매우 강도 높게라도 — 장려하는 환경. 이것이 〈유치원〉이라는 교육 기관이 책임지고 감당해야 할 가장 큰 임무다. 유치원은 내적 동기가 부여된 질서정연한 활동으로 아동의 행동 지능 발달을 돕는 것에 우선순위를 두어야 할 것이다.

좀 더 조리 있게 설명하기 위해 부연해 보겠다. 3세 아이는 더 이상 〈모성적 돌봄maternage〉을 찾지 않는다. 물론, 탄탄한 정서적 기반은 여전히 필요하고 유치원이 이 정서적인 부분도 제공할 수 있어야 한다. 그렇지만 이 연령대 아이는 무엇보다 긴급하고 절박하게 독립을 원한다. 아이가 독립을 획득할 수 있게끔 지원하려면 아이에게 자유를 돌려주고 아이의 지능은 아이가 스스로 만드는 것이라고 인정해야 한다. 아이가 자기 마음이 명하는 바를 자유로이 따라가는 것을 용인해야 한다. 단지 그렇게만 하고 우리는 언제라도 도움이 필요할 때 도움을 제공한다는 자세를 견지하면 아이는 알아서 세상 속에서 행동하고 스스로 목표를 쟁취하며 자기 능력을 실현할 것이다. 나는 그로써 이루어질 세상의 경이로운 변화를 단 한 순간도 의심한 적이 없다.

우리가 젠빌리에 실험에 착수했을 때 우리 반 아이들은 대부분 실행 능력이 잘 계발되지 못한 상태였다. 거의 모든 아이가 기억력, 자제력, 주의력이 미흡했다. 아이들은 아주 사소한 계기로도 엉뚱한 데 정신이 팔렸고 끈기라고는 약에 쓰려 해도 찾아볼 수 없었다. 우리의 학급 운영은 아이들이 하루 종일 자율적으로 생활하는 것을 바탕으로 했기 때문에 그러한 실행 능력의 발달 부진이 눈에 확 들어왔다. 어른이 활동을 고르고 지도함으로써 어떤 외적 질서를 부여해 주는 틀도 없었고, 꼼꼼하게 짜여진 시간표에 맞춰 착착 굴러가는 조직도 아니었으니까. 행동 하나하나를 규제하지 않았기 때문에 처음에 아이들은 키잡이 없이 성난 바다를 떠도는 배처럼 갈피를 못 잡았다. 아이들은 우왕좌왕하면서 서로 충돌하고 서로 상처 입혔다. 스스로 규제가 안 되는 아이들이 서로 발목을 잡고 앞서거니 뒤서거니 아수라장에 뛰어들었다. 우리는 허구한 날 공격적 행동, 소란, 눈물바람, 망가지거나 짝이 안 맞는 교구를 보았다. 어른들이 엄청난 에너지를 들여 가면서 유지해 왔던 틀, 아침부터 저녁까지 아이들을 〈휘어잡는〉 틀을 치워 버렸더니 정말

〈모든 것이 무너졌다〉. 우리는 그렇게 현실을 똑바로 마주했다. 빛이 나지 않는 현실을. 우리는 자기 자신에게서 분리된 아이들이 스스로 선을 정하지 못하고 외부에서 선을 그어 주기만 기다리며 세상에서 방황하는 모습을 보았다. 시간, 엄격성, 단호함, 그리고 어마어마한 호의와 믿음을 견지함으로써 우리는 아이들이 이 가파른 비탈길을 오르게끔 도왔다. 이 모험이 힘겨울 때는 참 많았다.[27] 그렇게 인정할 수밖에 없다. 그렇지만 아이들이 하루 종일 우리의 뒷받침을 바탕으로 자유로우면서도 질서정연하게 생활하고 실행 능력을 제대로 행사하게 되면서, 그들이 최대한 정확하고 분명하게 자기 의사를 표현하면서, 그들의 성격 자체가 변해 갔다. 이제 아이들은 빠릿빠릿하면서도 살갑게 굴었고 자기 자신과 다른 사람들을 챙길 줄 알았다. 아이들은 사교적이면서도 차분하고 마음 씀씀이가 넉넉한 모습을 보여 주었다. 심지어 우리 눈에는 아이들의 외모마저 달라 보였다. 모두들 전보다 더 건강해지고 얼굴이 훤해진 것 같았다.

나는 3장을 마무리하면서 아이를 친절하면서도 최적화된 방법으로 보조하려면 우리 어른들부터 실용적이고 탄탄한 실행 능력을 갖추어야 한다는 말을 꼭 하고 싶다. 아이들 한 사람 한 사람에 대한 주요 정보를 기록하려면 우리의 작업 기억이 뛰어나야 하고, 우리의 전략을 각 아이의 필요에 맞게 (곧잘 창의성까지 발휘해서) 조절하려면 우리가 인지적으로 유연해야만 한다. 무엇보다도, 우리 자신이 느끼는 분노, 좌절, 조바심을 관리하고 조절하려면 억제력이 여간 요구되지 않는다. 그런데 주지하다시피 스트레스, 피로, 질병, 슬픔, 사회적 고립, 운동 부족이 실행 능력을 크게 떨어뜨린다는 사실은 과학적 연구로 분명히 밝혀졌다. 우리가 기력이 없을 때는 뭐가 우선순위인지도 잘 모르겠고, 금세 주도성을 잃고 이리저리 휘둘릴 것이다. 인내심은 더 빨리 바닥나고 쉽게 욱하며 감정을 다스리기가 힘들어질 것이다. 이 아이가 어제 이 활동에 흥미를 보였으니까 오늘도 이 활동을 권하면 좋겠다, 저 아이에게는 매듭 묶기에 다시 도전해 보라고 하자, 이렇게 속으로 의도했던 사항들이 하나도 생각이 안 날지도 모른다. 아이들이 뭔가를 어려워할 때 완전히 아이들에게 집중하고 적절하게 대응하기도 힘들 것이다.

그러니까 우리의 건강과 심리 상태를 꼭 챙겨야 한다. 아이를 둘러싼 환경에서 제일 중요한 요소는 바로 우리다. 〈우리〉가 우선이다. 〈우리〉가 아이들과 함께하면서 〈우리의〉 지능과 여력이 닿는 선에서 아이들의 자율적 태도를 집단적으로나 개인적으로나 길러 줄 것이다. 우리 자신을 돌보는 것이야말로 어떤 경우에도 타협할 수 없는 필수 규칙이다. 이것이 우리가 아이들에게 해줄 수 있는 가장 좋은 일이라는 의식이 필요하다. 충분히 쉬자. 건강한 식습관을 기르자. 운동을 하자. 원만하고 명랑하게 사회생활을 하자. 아이들은 자율성을 기르기 위해 우리의 에너지, 우리의 친절, 우리의 반응, 우리의 인내심, 우리의 온전한 존재를 필요로 한다. 우리가 정말 〈실질적으로〉 아이들을 집단으로서나 개인으로서나 자율의 길로 이끌어야만 그들은 그토록 갈망하는 독립을 확고히 쟁취할 수 있다.

더욱이 수업 방식을 바꾸기로 작정한 교사들에게 이 말 외에는 달리 조언할 바가 없다. 조금씩 바꾸어 나가도 된다. 쓸데없이 자신을 압박하지 말고, 여러분의 리듬과 여러분이 쥐고 있는 가능성에 적합한 목표를 세우기 바란다. 스트레스를 피하고 자기 자신을 더 이상 몰아세우지 말라. 나는 이게 정말 중요한 점이라고 생각한다. 우리 아이들을 효과적으로 잘 인도한다는 것은 우리부터 중심을 잡고 〈다시금 우리 자신에게 온전히 충실해진다는〉 전제에서 출발한다.

하버드 아동발달센터의 입장을 여기에 인용한다.

실행 기능 발달을 촉진하려면 개인 맞춤형 가르침과 민감하면서도 적절한 보조가 필요하다. 그러한 보조는 아이가 자기 활동을 스스로 선택하고 영위할 수 있으며 어른이 이에 보조를 맞추어 조금씩 뒤로 물러나는 환경 속에서 이루어져야 한다. 그러한 환경 속에서 어른은 주로 일찍부터 감정 조절을 효과적으로 지원하는 역할을 한다. 더욱이 이 환경은 아이와 어른의 주의력 공유뿐만 아니라 어른의 〈가용성(可用性)〉까지 함축한다. 어른이 과도한 압박감에 시달리는 상황에서는 자기 시간을 내어 주고 아이가 한창 발달 중에 있는 능력을 잘 사용하게끔 도와줄 수가 없다.[28]

4
탁월한 본성의 비결은 사랑

사랑은 학습이라는 주제를 다룰 때 맨 먼저 떠오르는 낱말은 아니다. 이러한 실태는 단단히 잘못됐다. 〈사랑은 인간의 영혼을 움직이는 지렛대다.〉 모두가 그렇게 생각하게 되기를, 학교 건물마다 금빛 글자로 정면에 떡 하니 새겨 놓기를 바란다. 우리는 타자와 따뜻하게 만나고 서로의 감정을 헤아리게끔 타고났다. 우리가 우리 지능이 일러 주는 이 위대한 법칙을 따르면 그때에는 모든 것이 가능해진다. 이건 절대로 순진해 빠진 이상주의가 아니다. 〈순진해 빠진〉 자들은 더 이상 제 마음의 자명한 증거도 느끼지 못하는 사람들이다. 호의 어린 눈길 한 번, 남에게 내미는 손, 미소, 공감 어린 경청으로 우리의 신진대사 전체가 재생의 길에 들어선다. 우리는 신체적으로나 정신적으로 다시 태어난다.

1 연결¹의 힘

〈사람들을 청소년기부터 노년기까지 지속적으로 연구한다면 건강하고 행복한 삶의 비결이 무엇인지 알아낼 수 있을까?〉하버드 대학교 교수이자 정신의학자 로버트 왈딩거는 이런 의문을 제기했다.² 그리고 실제로 그러한 연구에 도전을 했다. 〈하버드 대학교가 실시한 성인발달연구³는 지금까지 성년 생활을 다루었던 연구 가운데 가장 오랜 기간에 걸쳐 이루어졌다. 연구자들은 무려 75년 동안 724명의 삶을 추적했다. 그들은 피험자들의 삶이 어떻게 흘러갈지 모르는 상태에서 매년 피험자들의 직업, 가정생활, 건강 등에 대한 조사를 실시했다. 이런 종류의 연구는 극히 드물다. 비슷한 프로젝트들이 있기는 했으나 거의 다 10년을 못 넘기고 좌초되었다. 많은 연구자들이 중도 포기하거나, 연구 지원금이 끊기거나, 연구자들이 다른 주제로 전향하거나 후임자를 찾지 못한 상태에서 사망했기 때문이다. 그러나 약간의 행운과 수세대에 걸친 연구자들의 집요함이 결합하여 이 연구는 계속되었다.〉

이 연구는 사회 계층이 매우 상이한 두 집단에서 수백 명의 피험자들을 선발하고 수십 년 동안 이들의 삶을 주시했다. 한쪽 집단은 하버드 대학교 재학생들이었고 다른 쪽 집단은 보스턴에서 낙후 지역으로

꼽히는 동네의 청소년들이었다. 75년 후, 이 연구는 확고한 최종 결론을 내렸다. 연구 책임자는 이렇게 요약한다. 〈가장 명백한 메시지는 좋은 인간관계가 행복과 건강의 비결이라는 것이다.〉 부유하든 가난하든, 직업적으로 성공했든 그렇지 않든, 건강하든 그렇지 않든, 〈가족, 친구, 공동체와 사회적으로 가장 잘 연결되어 있는 사람들이 가장 행복한 사람들로 밝혀졌다. 실제로 이런 사람들은 인간관계가 별로 없는 사람들보다 신체적으로도 더 건강하고 오래 살았다. (……) 반면, 고독의 경험은 유해한 것으로 나타났다. 본인이 바라는 것 이상으로 남들과 따로 떨어져 사는 사람은 덜 행복하거니와 중년부터 건강 상태가 급속도로 나빠지는 경향이 있어서 인간관계가 활발한 사람들에 비해 수명이 짧았다.〉 장기적으로 고립감은 〈우리를 죽인다〉고 로버트 왈딩거는 결론 내린다.

또한 이 연구는 사람들에 둘러싸여 사는 사람들의 기억력이 〈오랫동안 날카롭게 유지되는〉 경향이 있고 마음 붙일 데 없이 사는 사람들은 〈기억력의 조기 감퇴〉를 경험한다고 말한다.

연결이라는 감정과 여기서 얻을 수 있는 이점들은 인간처럼 유별나게 사회적인 존재들이 원만하게 제 기능을 하는 데 필수적이다. 그런데 하버드 대학교의 연구는 우리를 안심시킨다. 〈좋은 인간관계라고 해서 늘 매끄럽기만 할 필요는 없다. 우리가 조사한 80대 부부 가운데 일부는 평생 지치지도 않고 싸웠지만 그래도 정말 큰일이 닥치면 서로에게 기댈 수 있다는 것을 알고 있었다. 이런 부부들의 다툼은 그들의 기억에 부정적인 효과를 미치지 않았다.〉

관계에는 사람을 변화시키는 힘이 있다[4]

타자와 너그럽고 따뜻하며 공감 어린 관계를 맺을 때 우리 신체 전체는 놀라운 힘으로 살아나고 제 역량을 톡톡히 발휘한다. 곤경에 빠진 사람에게 내미는 손, 격려의 눈빛, 그것만으로도 정말로 〈전부〉 초록불이 켜진다. 호의를 입는 사람과 호의를 베푸는 사람, 양쪽 모두 심장 박동이 차분해지고 혈압이 떨어지며 면역계가 활성화되고 소화 기능도 좋아진다. 긍정적인 인간관계에 참여하는 사람들 모두의 뇌에서, 특히 기억, 공감, 도덕적 감각, 의사결정을 관장하는 영역에서 새로운 뉴런들이 생성된다. 시냅스가 급증하고 학습 능력이 높아지며 남의 감정을 헤아리고 도덕심을 발휘하여 적절한 의사결정을 내리는 능력이 강화된다. 따라서 우리가 아이를 따뜻하고 친절한 자세로 대할 때(어른을 대할 때도 마찬가지지만) 우리는 아이의 건강과 인지 능력, 사회성, 도덕성에도 대단히 긍정적인 효과를 미친다.

젠빌리에 유치원에서 우리는 이 지렛대를 아낌없이 활용했다. 우리는 짜임새 있게 분명히 선은 정해 놓았지만 그 안에서 따뜻하고 친절하게 아이 마음을 헤아려 주는 자세를 취했다. 내 생각에는 그러한 자세가 우리 반 아이들에게 인지적, 도덕적, 사회적 촉매로 작용한 것 같다.

연결의 화학적 보상

우리의 생물학적 기능 작용 전체가 친절과 연결을 장려한다. 우리가 타자에게 너그럽고[5], 이타적이고[6], 정의롭고[7], 신뢰를 보낼 때[8] 우리 뇌는 도파민 분비로 〈보상〉을 한다. 도파민은 보상 회로에 작용하여 열광, 기분 좋은 충동, 쾌감을 주기 때문에 다음에도 이런 경험을 하고 싶다는 기분을 불러일으킨다. 도파민 분비로 확 살아난 원기는 창의력에도 날개를 달아 준다. 우리는 더 강해진 것 같고 더 많은 것을 〈할 수 있을〉 것 같다.

안나와 나는 우리 반에서 이러한 효과를 여실히 느꼈다. 친절하고 수용적인 자세로 아이들과(혹은 학부모들과) 연결된 이 관계가 말 그대로 우리를 〈받쳐 줬다〉. 우리는 마음에서 우러나는 흥분과 열의, 유쾌하고 기분 좋은 감정을 느꼈다. 우리는 늘 아이들을 만나고 싶어 마음이 급했다. 강력한 내생적 보상은 우리 실험의 행정적, 교수적 절차와 관련된 여러 어려움에도 불구하고 우리가 초심과 열정을 유지할 수 있었던 이유였다.

연결은 우리에게 유익을 끼치고 공감 능력을 높여 준다

우리가 긍정적으로 타자와 연결될 때 우리 뇌는 옥시토신도 분비한다. 이 호르몬은 우리가 믿음, 애착, 행복을 마음 깊이 느끼게 해준다. 연결은 우리에게 〈유익을 끼친다〉.

게다가 옥시토신은 타자의 의도와 감정에 좀 더 주의를 기울이게 만드는 호르몬이기도 하다. 옥시토신은 우리의 공감 능력을 계발한다. 그래서 우리는 더욱더 서로 잘 연결될 수 있다. 이때 우리는 〈공감이 다시 공감을 낳는〉 강력한 선순환에 들어간다. 너그러이 공감하는 자세를 취하면 우리의 감정이입 능력은 더욱 커진다. 뿐만 아니라 타자들의 감정이입 능력까지 우리가 키우는 격이다. 우리가 친절하게 대하는 그 사람의 뇌에서도 옥시토신이 분비되기 때문이다. 그 사람도 〈기분이 좋아지고〉 더 나은 감정이입 능력을 갖게 된다.

우리에게는 이토록 강력한 감염력이 있다. 우리의 호의, 우리의 인간적인 태도가 타자의 뇌 조직 섬유 속으로 파고들어 곧바로 화학적인 효과를 일으킨다. 국제적 명성의 사회학자이자 물리학자 니콜라스 크리스타키스는 한 사람의 친절하고 협조적인 행동이 네트워크 내에서 세 사람 건너에까지 긍정적 영향을 미칠 수 있다고 설명한다.[9] 다시 말해, 따뜻하고 친절한 사람은 자기 행동을 그 친구의 친구의 친구에게까지 — 한 번도 만난 적 없는 사이라고 해도 — 전달할 수 있다. 사랑은 정신을 살찌우고, 지능과 창의성을 고양한다. 그리고 정말 반가운 소식은, 사랑에 대단한 감염력이 있다는 것이다.[10]

정다운 인간관계에서 분비된 옥시토신은 〈엔도르핀〉 분비도 촉진한다. 엔도르핀은 엔도르핀대로 행복감을 고양하고 〈세로토닌〉 수치를 높여 준다. 세로토닌은 우리의 기분을 안정화하고 감정 조절 능력을 더해 준다. 정다운 인간관계로 맺어진 사람들 모두가 이 유익한 일련의 결과들, 즉 행복, 자신감, 공감 능력 발달, 안정적 기분을 누릴 수 있다.

연대감과 이해심에서 우러난 행동은 아무리 사소할지라도 〈이미〉 옥시토신 분비를 유발하고 그때부터 선순환은 시작된다. 도움의 손길을 내미는 사람은 홀가분함과 안정감과 특별한 기쁨을 느낀다. 그리고 이 손을 잡는 사람은 마음이 차분해지고 자신감이 돌아오면서 고통이 옅어지는 것을 느낀다.

분리는 공감 능력 발달을 망치고 제동을 건다[11]

반면에 비사교적 행동은 우리를 서로 갈라 놓는다. 거부, 이기심, 폭력, 판단, 경쟁, 경멸, 무관심, 모욕, 공격성은 고통과 괴로움을 일으키고 의욕을 앗아가며 우울증, 질병, 퇴행을 낳기 쉽다. 내가 읽은 모든 책과 수많은 연구에서 확실히 알게 된 것이 하나 있다면, 연결과 반대되는 이런 행동들은 모든 면에서 유해하다는 것이다. 〈전부, 몽땅 다〉 우리 몸에 빨간불을 켜고 균형을 망가뜨린다.

우리가 스트레스를 받으면 유익한 성분은 분비되지 않고 우리 몸을 비상 경계 체제로 전환하는 〈코르티솔〉이 분비된다. 심장 박동이 빨라지고, 혈압이 높아지며, 면역계 효력은 떨어지고, 소화 기능이 약화된다. 앞에서 보았듯이 이 같은 스트레스 상황이 장기화되면 건강 상태가 악화된다.

더욱이 코르티솔은 우리의 뇌 구조를 공격한다. 새로운 뉴런들의 발달과 시냅스 연결이 저해되거나 중단되는데 특히 기억 회로에서 이러한 양상이 두드러진다. 앞에서 인용한 하버드 대학교의 성인발달연구도 고립감을 느끼며 살아가는 사람들이 〈기억의 조기 감퇴를 경험한다〉고 지적한다. 감정이입, 의사 결정, 도덕심 관련 회로들도 타격을 입는다. 당연히 학습 능력도 떨어지고, 타인의 감정을 헤아리기가 힘들어지며, 도덕적 판단력이나 스스로 결정을 내리는 능력도 흐리멍덩해진다.

고립될 때 우리 몸은 알람 신호를 보낸다

타자와 연결되어 있다는 느낌은 우리의 건강과 지능에 아주 중요하기 때문에 동류 집단에게서 거부를 당하는 경험이 발생하면 우리 몸은 바로 알람 신호를 보낸다. 우리 뇌에서 〈신체적〉 고통을 느낄 때 활성화되는 바로 그 영역이 활성화되는 것이다. 그래서 따돌림을 당하면 정말로 〈아프다〉.[12] 친구 둘이 자기만 빼놓고 논다고 울고불고 자지러지는 세 살짜리 아이는 자기 처지를 과장하거나 엄살을 피우는 게 아니다. 그 아이는 정말로 저 혼자서는 감당할 수 없는 아픔을 겪는다. 그 아이의 신체는 비상 경계 상태에 들어간다.

현대 사회가 우리를 분리시키는 경향이 있기는 해도, 생물학적으로 우리는 그런 경향을 거스를 수 있게끔 태어났다. 우리 자신을 고립시킬 위험이 있는 행동을 할 때, 다시 말해 이기적이거나, 불의하거나, 경쟁적이거나, 개인주의적으로 행동을 할 때 우리 뇌에서는 도파민이 분비되지 않으며 보상 회로도 활성화되지 않는다.[13]

우리의 본성은 현저히 사회적이다. 우리의 신체 전체가 그 점을 부르짖는다. 확신이 가지 않는다면 인터넷에서 〈무표정 실험〉 동영상을 한 번 찾아보기 바란다.[14] 이미 잘 알려져 있는 이 실험은 먼저 부모가 아기를 대하면서 미소 짓고, 말을 걸고, 다정하게 쓰다듬는 일반적인 모습을 보여 준다. 그다음에 이 부모가 완전히 무표정한 얼굴을 한다. 부모는 여전히 아기를 바라보고 있지만 아기가 칭얼대거나 애원하는 눈빛을 보내도 무표정으로 일관한다. 아기는 귀엽게 인상을 쓰기도 하고, 손뼉을 치고, 미소를 짓고, 손가락으로 어딘가를 가리키는 등 어떻게든 부모의 관심을 끌려고 애쓰기 시작한다. 그러다 아무리 애써도 이 전략이 먹히지 않으면 결국 시선을 피하고 울음을 터뜨리면서 아주 불안해한다.

우리는 태어날 때부터 다른 사람과의 연결을 추구한다. 이 접점이 사라지면 우리는 기분이 아주 비참해진다. 세상에 태어난 지 얼마 안 된, 심히 사회적인 이 존재에게 사랑은 선택이 아니라 필수다. 아이에게 사랑은 살기 위해 반드시 충족되어야 하는 욕구다.

젠빌리에 학급에서의 연결

젠빌리에 실험에 들어가기 전에도 나는 사람과 사람의 관계가 여러모로 유익하다는 것을 분명히 알고 있었다. 하지만 그러한 연결이 실제로 어떤 힘을 발휘하는지는 상상하지 못했다. 동일한 환경 안에서 매사를 긍정적인 만남, 협동, 신뢰, 이해, 공감에 도움이 되는 방향으로 고려했더니 아이들은 서로 좋은 관계를 맺고 늘 돕고 나누며 하루 종일 웃으면서 생활했다. 이런 식으로밖에 표현할 수 없어 미안하지만 정말 아예 다른 차원으로 이동한 것 같았다. 우리는 인간이라는 존재를, 인간의 뿌리 깊은 본성을, 인간의 실제 능력을 재발견했다.

놀랐다는 말로는 부족하다. 우리 반 아이들의 변신에 나는 정말로 얼이 빠졌다. 모든 것이 아이들 안에서 활짝 꽃을 피웠다. 인지 능력, 기억력, 공감 능력, 사회성, 기쁨, 열광, 인간관계와 정서의 안정, 창의성, 나아가 자신감과 타인에 대한 신뢰까지도. 첫해에는 자신감도 없고 어른에게 말도 붙이지 못할 만큼 소극적이던 아이들이 몇 달 만에 확 달라졌다. 학부모들도 아이가 아주 야무지게 변했다, 자신만만하고 남들에게도 신뢰를 보여 준다, 개방적이고 활력이 넘친다, 라고 말해 주었다. 아이들이 인사성이 바르다 못해 지나가는 행인 한 사람 한 사람에게 웃으면서 인사를 건네서 나중에는 좀 말려야 할 정도였다. 아이들은 기분이 크게 달라지는 일 없이, 늘 차분하지만 명랑했다. 한 아이의 엄마는 퇴근이 늦은 편이라 내가 하원 시간에 얼굴을 본 적이 없었다. 하루는 저녁 늦게까지 교실 정리를 하고 있는데 그 엄마가 일부러 찾아왔다. 「우리 아이를 어떻게 하신 건가요? 아이가 달라지다 못해 딴 사람이 됐어요. 아이가 너무 차분해지고 침착해졌어요. 자기 일은 스스로 하고 주위 사람들에게도 참 너그러워요. 엄마나 다른 형제들을 많이 도와주고요. 말은 또 얼마나 잘하는지, 자기가 하는 말에 굉장히 신경을 쓴다는 느낌이 들어요. 정말 어떻게 하신 거예요? 저한테 좀 가르쳐 주세요.」그 엄마는 놀라움을 감추지 않았다.

우리는 따뜻하고 공감 어린 인간관계의 강력한 이점을 알았기 때문에 사랑이라는 이 지렛대를 아낌없이 사용했다. 첫날부터 시작해서 그 후 언제든지 아이들 한 명 한 명과 따뜻하고 힘이 되며 편파적이지 않은 관계를 맺는 데 주력했다. 아이를 한 명씩 대하는 동안은 완전히 아이를 개인으로서 받아들이고 그 아이와의 관계에만 집중했다. 우리는 아이들 한 명 한 명을 믿었고 난관에 봉착할 때에는 자기 선수를 훈련시키는 개인 코치와 같은 자세를 취했다. 〈넌 할 수 있어. 당연히 할 수 있지. 필요하다면 내가 계속 곁에 붙어 있을게. 우리는 한 팀이야. 너랑 나는 같이 가는 거야. 우리는 할 수 있어.〉실제로 우리가 며칠을 꼬박 매달려야 했던 아이들도 있다. 그 아이들이 자신감을 잃지 않도록 하려면 그래야 했다. 그들은 우리를 의지할 수 있었고, 우리는 아이들에게 했던 약속은 칼같이 지켰다.

물론 하루하루가 쉽지는 않았다. 우리도 피곤하거나, 서운하거나, 화가 나거나, 속상하거나, 짜증이 날 때가 있었다. 하지만 우리는 우리가 할 수 있는 최선을 다했다. 우리 반 아이들이 전부 다 공교육이 요구하는 학력 수준을 거뜬히 뛰어넘은 것은 아니다. 대부분이 평균을 훨씬 웃도는 수준인 것은 맞다. 심각한 학습 지체가 있었던 아이들도 최소한 평균 수준으로는 올라왔다. 그 정도도 예상을 뛰어넘은 혁혁한 성과이긴 하다. 그렇지만 우리와 학부모들이 가장 주목한 결과는, 신뢰와 정이 있는 개인화된 분위기가 〈모든〉아이들에게 자신감을 되찾아 주었다는 것이다. 우리가 보기에 이보다 더 귀중한 요소는 없었다.

신뢰와 정과 도움을 내어 주는 이 자세는 금세 아이들 사이에 퍼졌다. 나는 실험 초기부터 아이들이 이따금 선생님의 말투나 행동을 그대로 따라 하는 모습을 보고 놀라곤 했다. 어떤 아이가 삐치거나 성질을 내면 — 당연히 남들에게는 불쾌할 수 있는 모습인데도 — 꼭 누군가는 그 아이에게 다가가 손을 잡고 이렇게 말해 주었다. 〈너 왜 그래? 화가 나서 그래? 속상해서 그래?〉 아이들은 우리가 하는 행동을 따라 하면서 자기 것으로 만들었고, 때로는 아주 적절하게 지능과 창의성을 더하기도 했다. 가령, 어떤 아이가 표정이 별로 좋지 않으면 그 아이보다 기껏해야 한두 살 더 많은 아이가 다가가 말을 건넸다. 「너 왠지 슬퍼 보이는데? 무슨 일이 있었니?」 상대가 대답을 하지 않으면 아이는 손을 잡아 주면서 이렇게 말했다. 「내가 옆에 조금 있어 줄게, 네가 괜찮다면.」 하지만 대개의 경우, 질문을 받은 아이는 기다렸다는 듯이 무슨 일이 있었는지 다 털어놓곤 했다. 그러고 나서 아이들은 어떻게 하면 좋을지 함께 고민했다. 안나와 나는 우리 반에서 이런 광경들을 처음 보았을 때 무척이나 감격했다. 우리가 치열하게 불어넣은 애정과 친절이 아이들을 조금씩 사로잡고 있음을 우리 눈으로 확인하고 얼마나 기뻤던가!

아이들은 교사에게도 타인의 감정을 헤아리는 행동을 보여 주었다. 내가 일주일 내내 심각한 스트레스에 시달렸던 적이 있다. 오죽하면 몇 번이나 안나를 껴안고 엉엉 울기까지 했을까. 교육 행정 쪽의 높으신 분들은 우리를 정말 힘들게 했다. 우리 반은 언제라도 폐쇄될 수 있었다. 감독 기관의 위협과 모욕적인 언사가 얼마나 잦았는지 나는 진지하게 정신적 학대로 고소를 할까 생각도 해봤다. 그럴 때마다 아이들은 세심한 배려를 보여 주었고 자잘한 용건은 주로 안나를 통해 해결하는 식으로 나에게 신경을 써주었다. 아이들은 나에게 특별한 애정 표시를 하곤 했다. 내가 좀 풀이 죽어 있으면 아이들은 조용히 다가와 내 손을 잡거나 내 어깨에 가만히 머리를 기댔다.

하루는 정말 다 때려치울까 싶었다. 실험을 애초에 약속된 3년이라는 기간 동안 끌고 나가자면 수업 외적으로 쏟아야 하는 에너지가 어마어마했는데, 무례한 일을 너무 많이 당해 의욕이 하나도 없었다. 그때 한 아이가 나에게 다가왔다. 나는 자율 활동 중이던 아이들 옆에 앉아 생각에 잠겨 있던 참이었다. 그 아이는 나를 안아 주면서 이렇게 말했다. 「셀린, 사랑해요. 알지요? 나한테 하고 싶은 말이 있으면 해.」그 따뜻한 마음에 생각지도 않게 기운이 났다. 나도 아이를 끌어안고 정말 고맙다고 말했다. 남의 마음을 헤아리는 태도, 공감, 진실한 사랑의 아주 특별한 힘을 나 자신이 방금 경험했던 것이다.

나는 〈사랑〉이 젠빌리에 실험의 주춧돌이었다고 말할 수 있을 것 같다. 우리가 아이들에게 보여 준 신뢰, 공감, 믿음은 말 그대로 아이들의 지능, 기억력, 기분, 건강, 사회성, 도덕성에 불을 붙였다. 학력 검사로는 그런 것들을 가늠할 수 없지만 나는 이 성과를 믿어 의심치 않는다.

최근의 연구들은 교사와 학생 사이에 이루어지는 상호작용의 질을 실제로 사용된 교육학적 도구, 학급당 학생 수 등보다 학업 성공을 더 확실히 예측하는 지표로 본다. 핀란드에서 최근에 이루어진 〈첫걸음 연구The First Step Study〉의 초기 결과들도 이렇게 볼 수 있다. 교사가 아이들의 마음을 헤아려 주고 다정하게 대하면 아이들도 열심히 공부를 하고 읽기, 쓰기, 수학 실력이 좋아진다. 이 연구의 데이터는 대단히 믿을 만하다. 수천 명의 아동들을 대상으로 교사와의 상호작용을 10년 이상 추적 조사한 것이기 때문이다.[15]

실생활 활동에 참여함으로써 자양분을 얻은 아이들, 매일 교실에서 사랑과 정을 먹고 자란 아이들은 빛이 나기 시작했다. 믿기지 않을 수도 있겠지만 아이들은 건강까지 좋아진 것 같았다. 다들 인물이 훤해졌다. 아이들은 가정에서도 부모, 형제자매, 친척 들에게 사랑받았다. 가족들도 따뜻하고 사려 깊었다. 그들은 아이들을 잘 키우기 위해서라면 뭐든지 하겠다는 자세를 보여 주었다. 그렇지만 가정보다 더 큰 사회 집단, 나이 차가 있는 서른 명의 아이들이라는 집단 안에서 서로 연결되고 정을 나누는 경험을 병행했다는 점은 크게 작용했다. 더욱이 자기가 하고 싶은 활동을 (자기가 하고 싶을 때) 하면서 아이들은 활짝 피어났다.

관계에 우호적인 틀을 마련해 주자

아이들을 한 공간에 집어넣고 자율성만 이끌어 준다고 사회적 연결이 절로 이루어지지는 않는다. 일단은 〈다연령〉 학급을 구성하는 게 중요하다. 그런데 전통적으로 우리는 출생 연도가 같은 아이들을 한 학급으로 묶는다. 세 살 아이를 자율성, 의사 표현, 억제력이라는 면에서 도토리 키 재기인 세 살짜리 30명과 한 공간에 집어넣는 이 사회적, 정서적 폭력을 상상해 보라…… 그 어린 것이 얼마나 스트레스가 클까? 유치원에 가기 싫다고 울면서 아빠 엄마에게 매달리는 것도 무리가 아니다. 그러므로 자연의 근본적인 규칙을 우선적으로 존중해야 한다. 자연의 섭리는 우리가 다양한 연령대 사람들과 더불어 살고 그들에게서 배우게끔 정해져 있다. 아이는 자기보다 한두 살 많은 언니나 형에게 곧잘 매료되어 행동을 본받으면서 뭔가를 배우고, 자기보다 좀 어린 동생에게는 뭔가를 가르쳐 주면서 또 배운다.

다연령 학급이 중요하기는 하지만 그것도 전부는 아니다. 아이들 사이의 〈만남〉을 촉발하고 떠받치는 〈조건들〉을 만드는 것이 그다음으로 중요하다. 이미 여러 번 언급했지만 이 조건들 중 하나는 아이들끼리의 긍정적 소통과 이해를 끌어내는 어른의 능력이다. 그리고 내가 생각하기에 굉장히 필수적인 또 하나 조건은 안전하고 짜임새 있는 학급 운영을 위하여 분명한 한계를 정하는 어른의 능력이다.

아이들은 자기네들이 자유롭게 행동해도 되는 환경 안에서도 각자의 안전을 존중하고 절대로 남에게 피해를 주면 안 된다는 점을 똑똑히 알아야 한다. 젠빌리에에서도 어떤 아이가 학급의 명명백백한 규칙을 어기는 경우, 가령 친구들을 존중하지 않는다든가 교구를 일부러 파손하거나 하면, 우리는 즉시 단호하게 대처했다. 〈그러면 안 돼. 선생님이 그냥 넘어갈 수 없는 일이야. 네가 그렇게 하면(아이가 심판당한다는 느낌이 들지 않도록 아이가 한 행동을 중립적으로 묘사한다) 친구에게 방해가 되잖아/교구를 쓸 수 없게 되어 버려.〉 그리고 나서 우리는 해결을 요구했다. 〈당장 그만두고 선생님이랑 저쪽에 가자. 네가 뭘 하면 재미있을지 우리가 함께 찾아보자.〉 이렇게 항상 곧바로 아이의 흥미를 끌 만한 활동을 제안함으로써 남아도는 에너지를 아이의 발달에 도움이 되는 방향으로 유도했다. 사실 말썽을 부리는 아이들은 대부분 만족스러운 활동을 찾지 못한 탓에 제대로 쓰이지 못한 에너지를 그런 식으로 배출했다. 어떤 아이들은 새로운 학급에 들어온 학년 초 기간에 자주 말썽을 부렸다. 그 아이들은 약간의 적응기가 필요했다. 자율적으로 행동하는 법을 배우려면 시간이 걸린다.

우리는 그런 상황에서 공정하고 확실하게 권위를 행사했다. 우리는 아이들을 존중했고 매우 상냥했지만 단호할 때에는 단호했다. 그건 아이가 좋아하고 싫어하고의 문제가 아니었다. 필요하다고 생각되면 우리도 언성을 높였다. 하지만 아이들이 실행 능력이 좋아지면서 자기 마음에 맞는 활동에 몰두하게 되자 문제 행동은 차츰 줄어들었고 나중에는 아예 자취를 감추었다.[16]

연결은 의존이 아니다

사랑, 그리고 우리가 이 감정에 부여한 여러 이름들 — 이타주의, 친절, 관용, 신뢰, 너그러움, 공감 등 — 은 교육적으로나 사교적으로 미래에 〈이익을 가져다 주는〉 선택 사항이 아니다. 이러한 가치들은 건강, 지능, 도덕적·사회적 자질, 안정, 감정 지능, 열의, 창의성의 요람이다. 미래의 인류를 야무지고 조화롭게 키우는 과정에 함께하기를 원하는 모든 이에게, 사랑과 그 다양한 표현들은 〈빼놓을 수 없는〉 필수 덕목이다. 서로 분리되고 불화와 반목을 일삼는 환경 속에서는 우리 자질을 제대로 꽃피울 수 없다. 아예 〈생리학적으로〉 불가능한 일이다. 모든 것이 다 갖춰져 있어도 가장 중요한 것이 없으면, 인류라는 거대한 가족 안의 온기와 안전이 없으면 허사다.

　젠빌리에 유치원에서 우리는 〈하나 됨〉이라는 정서를 만들어 보려고 노력했다. 우리 반에는 학생도 없고 스승도 없었다. 단지 아이와 어른이 있었을 뿐이다. 그리고 아이와 어른은 모두 집단적, 개인적 자율의 길을 걸어가고 있었다. 아이들은 나를 〈담임선생님〉이라고 부르지 않았고 나도 아이들을 〈학생〉이라고 부르지 않았다. 우리는 서로 이름을 불렀다. 다른 사람을 판단해도 좋을 권리는 아무에게도 없었고, 어른도 예외가 아니었다. 우리는 자기 식구가 잘 되기를 바라고 그렇게 될 수 있도록 서로 돕는 대가족 구성원들처럼 수평적인 일치 안에서 하루하루 생활했다.

그럼에도 불구하고 이 평화로운 수평적 학급 운영이 하루아침에 뚝 딱 가능하지는 않았다. 특히 이미 〈기존의〉 유치원 학급에서 한 해를 보내고 우리 반에 들어온 4세 아이들은 자기 자신, 자신의 바람, 자신 의 판단이라는 중심을 다시 잡기까지 거의 한 학년이 걸렸던 것 같다. 그 아이들은 어른의 지시와 평가로 학급이 굴러가는 수직적 체계에 이 미 젖어 있었다. 어떤 아이들은 여전히 우리의 판단에 〈집착하고〉 우 리가 지시나 평가를 내려 주기를 기다렸다. 수평적 학급 운영에 다시 적응하려니 되레 힘들었던 아이들도 몇몇은 있었을 것이다. 2013년도 TEDx 강연을 준비하면서[17] 실험 첫해에 나에게 상당한 놀라움을 안 겼던 이 현상을 다룰까 말까 오랫동안 망설였다. 결국은 좀 더 광범위 한 주제를 선택했지만 이렇게 책을 통해서라도 이 일화를 소개할 수 있어 기쁘다. 이 일화는 평가라는 주제와 관련하여 나에게 깊은 인상 을 남겼다.

2011년에 실험을 시작할 때는 우리 반에 3세 아니면 4세밖에 없었 다. 4세 아이들은 모두 전통적인 유치원 3세 반에서 한 해 동안 교육을 받았다. 새 학년이 시작되는 9월, 나는 아이들에게 내가 한 사람씩 따 로 만나 다양한 활동을 알려 줄 것이고 그중에서 자기가 하고 싶은 활 동을 각자 자유롭게 하면 된다고 말했다. 요컨대, 아이들은 자율 활동 을 예고받았다. 물론 나는 4세 아이들이 그래도 3세 아이들보다는 알 아서 잘할 거라 기대했다. 막상 뚜껑을 열어 보고는 깜짝 놀랐다. 유치 원에 처음 오는 3세 아이들은 대부분 자기가 하고 싶은 활동을 골라서 재미있게 몰두도 하고 제법 자율적인 모습을 보여 준 반면, 이미 유치 원이 익숙한 4세 아이들은 도대체 왜 이러는지 모르겠다는 식이었다.

그 아이들은 어른이 〈무엇〉을 하라고 시키지 않았더니 자기네가 뭘 하고 싶은지도 몰랐다. 딱히 어느 것에도 흥미가 없었을 뿐 아니라, 내 앞에서 잘못된 선택을 할까 봐 겁을 냈다. 겨우 활동을 선택한 후에도 자꾸 내 눈치를 봤다. 이 아이들은 자기가 활동을 잘 골랐는지, 자기가 지금 잘하고 있는지 교사가 확인해 주기를 기대했다. 그래서 걸핏하면 쪼르르 달려와 나에게 물었다. 「나 잘했어요, 셀린?」 그들은 외부의 인정을, 〈잘했어〉라는 말을 기대하고 추구했다. 나는 늘 아이들이 스스로 판단하게 했다. 「네 생각은 어때? 재미있게 했어? 계속 하고 싶으니, 아니면 여기까지만 할래?」 나는 아이들이 놀라는 기색을 보았다. 내 대답이 그들에게는 당황스러웠던 모양이다.

어떤 아이들은 처음에는 조금 당황했어도 신속하게 의존의 고리를 끊었다. 그들은 자기는 더 나아질 수 있다는 생각으로 자기 하던 일에 몰두했다. 이런 아이들은 굉장히 오랫동안 집중했고 금세 실력이 늘었다. 내가 아이들에게 그렇게 하라고 요구했다면, 다시 말해 외부에서의 명령으로는, 절대로 그만 한 성과를 얻지 못했을 것이다. 아이들 스스로 실력을 키울 필요를 느꼈기 때문에 그렇게 할 수 있었다. 그들은 그리 오래지 않아 자율적으로 생활하게 되었다. 그 후로도 아이들은 가끔 환하게 웃으면서 자기 작품이나 활동을 나에게 보여 주었지만 나의 판단이나 인정을 구하는 게 아니라 그냥 한번 보라는 식이었다. 나는 그렇게 했다. 진심으로 즐겁게 구경을 했고 내 생각은 늘 중립적으로 말해 주었다. 잘하고 못하고를 따지지 않고 그냥 내 눈에 보이는 대로만 얘기했다는 뜻이다. 「으음…… 만다라 도안을 파란색, 빨간색, 보라색으로 전부 다 칠했구나! 재미있었니?」 그러면 아이들은 고개를 크게 끄덕하면서 함박웃음을 짓고는 얼른 자기 할 일을 계속하러 갔다.

물론, 성장기에 있는 아이들이 잘 자라려면 어른이 바라봐 주어야 한다. 아이들도 대놓고 요구하지 않는가. 「엄마, 보세요! 이거 봐요, 나 그루터기에 올라왔어요!」 그렇지만 아이들이 어른의 판단에 좌우되지 않게 하는 것도 중요하다. 어른의 시선은 〈내가 인정해 주지〉가 아니라 〈그래, 봤어!〉라는 의미로 남아야 한다는 얘기다. 우리는 젠빌리에에서 아이들의 행위를 〈참 잘했어요〉라고 판단하기보다는, 아이들이 즐거워하는 모습을 바라보는 우리의 기쁨을 보여 주고 싶었다. 〈참 잘했어요〉는 금세 아이들을 의존적으로 만든다. 우리는 그런 말 대신에 아이들의 행위를 있는 그대로 기술하는 것으로 성의를 다했다. 〈너 그루터기에 올라갔구나. 균형을 잘 잡고 있네! 와우! 아주 기분이 좋아 보인다? 나도 널 보니까 기분이 좋아!〉 아이의 열광을 지지해 주고 함께 기뻐해 주는 것이 중요하다.

몇 주가 흘렀다. 나는 혼자서도 재미있게 활동하기를 가장 힘들어했던 4세 아이 몇 명이 〈모범생〉 유형이라는 것을 알아차렸다. 그 아이들은 몇 달이 가도록 교사의 평가 없이는 자기가 바라는 바를 중심으로 혼자서 활동에 몰두하지 못했다. 지금도 그 아이들 모습이 눈에 선하다. 그들은 뭔가를 열심히 하다가도 내가 옆을 지나가면 〈잘했어!〉라고 말해 주기를 기대하듯 벌떡 일어나곤 했다. 하지만 나는 절대로 그런 말을 하지 않았다. 어떤 아이들은 내가 자기를 못 본 줄 알고 아예 의자에서 일어나 나에게 찾아왔다. 「셀린, 이 정도면 괜찮은 거예요?」 이 〈모범생〉들을 어른의 전지전능한 판단에서 떼어 내어 그들 자신의 판단에 다시 접속시키기까지는 상당한 시간이 필요했다. 솔직히 그중 몇몇에 대해서는 너무 늦은 게 아닌가 싶기도 했다. 〈교과서적인〉 모범생일수록, 어른의 질문과 요구에 맨 먼저 손들고 대답하는 아이일수록, 스스로 할 일을 고르고 스스로 결과를 판단하기 힘들어했다. 그 아이들은 자꾸 내 표정을 살피고 눈치를 봤다. 나는 한사코 중립적인 태도를 견지했다.

어떤 아이들은 이 상황을 괴로워했다. 정말 그랬다. 여러분에게 감추고 싶지 않다. 지금도 그때를 되돌아보면 솔직히 목이 멘다. 처음 몇 주 동안은 참담하다고 해도 좋을 광경이 펼쳐졌다. 4살밖에 안 된 아이들이 벌써 완전히 중심을 잃고 어른의 자의적인 판단에 휘둘리고 있었다. 이 아이들은 발견과 탐구에서 열심을 얻는 게 아니라, 옆 친구보다 잘해야 한다는 생각, 담임선생님에게 잘 보여야 한다는 생각으로 열심을 냈다. 그러는 동안 3세 아이들을 보았다. 이 아이들은 형, 누나 들의 어려움을 전혀 의식 못한 채 혼자서, 혹은 두세 명이 모둠을 이루어 자기 마음 맞는 대로 오랫동안 활동에 몰두했다. 3세 아이들은 나를 거의 신경도 쓰지 않았다. 그들은 자기 리듬에 맞게 자신의 기쁨, 집중, 탐구를 전개했다.

인정해야겠다. 나는 경제적으로 열악한 환경에 있는 아이들이 기본 학습을 충분히 소화하고 교육 프로그램이 요구하는 것 이상으로 잘해 낼 수 있다고 일말의 의심 없이 믿었지만 몇몇 아이들에 대해서는 재들이 과연 자율성을 배울 수 있을까 의심스러웠던 순간들이 있었다. 이 말을 꼭 하고 싶다. 아이들이 책을 잘 읽고 수를 잘 헤아리더라도 그게 다 본인을 위한 게 아니라면, 완전히 자율적으로 자유롭고 즐겁게 하는 일이 아니라면, 나한테는 관심거리가 아니었다. 우리는 교육 시스템이 앗아간 자유를 아이들에게 돌려주기 위해서 썩 잘 먹힐 것 같은 방법을 한 가지 찾아냈다. 우리는 아이들로 인하여 〈즐거울 수 있는〉 기회를 절대로 놓치지 않았다. 아이들이 활동을 재미있게 하는 모습을 보면 꼭 우리 기쁨을 표현했다. 「이야, 너는 이걸 되게 좋아하는 구나! 네가 좋아하니까 나도 좋아. 네가 재미있는 활동들을 더 많이 찾으면 좋겠어.」 우리는 활동의 난이도에 상관없이 모두의 노력과 성취를 축하해 주었기 때문에 4세 아이들도 차츰 자신을 다른 친구들과 비교하는 습관을 버렸고 그제야 남의 마음을 헤아리는 자연스러운 충동을 제대로 발휘할 수 있었다.

아이들은 일단 자율성을 수립하더니 완전히 달라졌다. 성격이 달라졌고, 우리가 감히 제안하지도 못했던 야심 찬 목표를 자기네가 알아서 정했다. 그들은 자기 자질을 잘 발휘했고 서로를 비교하지 않았다. 그렇게 되기까지 내가 얼마나 열심히 일하고, 버티고, 기력을 쏟아 부었던가! 외적 보상이 없는 새로운 학급 운영 방식에 당황하고 기준을 잃어버린 아이들이 슬금슬금 내 눈치를 볼 때마다, 그들이 내적 보상 체계에 적응을 못 할 때마다 나도 얼마나 괴로웠는지 모른다. 나는 단호함, 결단력, 신뢰, 인내심, 친절을 딱 적절한 비율로 배합해서 처신해야 했다. 그리고 이 말을 꼭 하고 싶은데, 나는 자주 실수를 저질렀다. 하지만 나는 실수를 통하여 아이들을 대하는 가장 적절한 자세와 반응을 여러 달에 걸쳐 파악하고 고칠 수 있었다.

2월쯤이었나, 젠빌리에 실험이 시작되고 다섯 달이 지나서야 4세 아이들도 대부분 내적인 의욕을 되찾은 것으로 보였고 나도 마음이 놓였다. 교실 분위기도 의존의 고리를 끊고서야 비로소 평온하고 수평적으로 변했다. 이제 우리는 서로 진심으로 만날 수 있었고 우리가 하나라고 느낄 수 있었다.

하루는 내가 결근을 해야만 했다. 대체 교사가 없었기 때문에 우리 반 아이들은 다른 여러 학급으로 흩어져 그날 하루를 보냈다. 다음 날 아침, 동료 교사가 나에게 종이 뭉치를 건네면서 말했다. 「받아, 자기네 〈학생들〉이 우리 반에 와서 활동한 거야. 내가 잘못된 부분은 다 고쳐 줬으니까 자기는 그냥 공책에 붙이기만 하면 될 거야.」 동료 교사의 친절한 수고, 〈분명한〉 일 처리에 나는 감사를 표했다. 그러고 나서 그 종이 뭉치를 살펴보았다. 4세 반 그래픽 활동지였다. 아이들은 글씨 쓰기를 연습하는 차원에서 여러 가지 모양을 그대로 옮겨 그려야 했다. 동료 교사는 빨간색 사인펜으로 4세 아이들이 잘못 그린 부분을 고쳐 놓았다. 확실히 해두자. 잘못을 들추어 내는 빨간 펜이 아이들의 실력을 더 향상시켜 주지는 못한다. 뿐만 아니라 동료 교사는 예의 그 예쁜 글씨체로 (가장 잘한) 활동지에 〈브라보, 레아! 참 잘했어요!〉*라고 써 놓기까지 했다. 그 글이 나는 너무 아팠다. 그렇게밖에는 표현을 못 하겠다. 사실 나는 몇 달째 그 여자아이에게 자율성과 다른 아이들을 호의적으로 대하는 태도를 길러 주려고 각별히 신경을 쓰고 있었다. 그런데 지금 〈범죄에 사용된 흉기〉가 내 눈앞에 나타난 셈 아닌가. 내가 그 〈모범생〉 여자아이에게 혼자 해보고 싶다는 의욕과 공감 능력을 돌려주려고 그렇게 오랫동안 애쓰지 않았더라면 빨간 펜으로 쓰여진 단어들 하나하나의 무게도 영영 몰랐을 것이다.

아이들이 사회적 연결을 경험하고 그 이로운 효과를 한껏 누리게 하려면 먼저 이 의존의 고리들을 끊어 내고 아이들이 자기 자신을 되찾게 해야 한다. 이 작업이 이루어졌다면 인지적 관점에서든 사회적·도덕적 관점에서든 자연스럽게 표현되는 바를 받쳐 주기만 해도 된다.

* 이 이름은 실명이 아님을 밝혀 둔다.

2 타고난 사회적 성향의 표현을 받쳐 주자

우리는 사회적 존재로서 서로 연결되게끔 타고났다. 우리는 세상에 태어날 때부터 생겨 먹기를, 타자와 〈공명하면서〉 윤리적이고 정의로운 행동에 더 끌린다. 그렇기 때문에 우리는 어느 정도 조화를 이루면서 함께 살아갈 수 있는 것이다. 실제로 태어난 지 얼마 안 된 인간 존재들도 공감 능력과 예민한 도덕적 감각을 드러내곤 한다. 듣던 중 반가운 소식 아닌가? 그러니까 아이에게 애초에 없던 공감 능력, 도덕심, 이타성을 우리가 〈만들어 낼〉 필요는 없는 것이다. 아이는 그런 것들을 다 가지고 태어난다. 우리는 이 사회적·도덕적 자질들이 잘 계발될 수 있도록 받쳐 주는 역할만 하면 된다. 맨 먼저 할 일은 그 자질들을 알아봐 주는 것이고, 그다음으로 할 일은 그 자질들에 긍정적인 자양분을 공급하는 것이며, 마지막으로 할 일은 그 자질들이 표현될 여지 혹은 기회를 내어 주는 것이다.

타고난 공감 능력
대화 상대의 감정은 우리에게 반향을 일으킨다. 대화 상대가 기분이 좋거나, 신이 났거나, 호의적이거나, 화가 났거나, 슬프거나, 불안하다면 그 영향이 우리에게도 미친다. 과학적 연구는 우리가 다른 사람이 하는 말을 듣기만 해도 우리 뇌와 그 사람의 뇌에서 동일한 영역이 활성화된다는 것을 보여 주었다. 어떤 사람이 몹시 괴로워한다면 그의 뇌에서는 고통과 관련된 특정 영역이 활성화된다. 우리가 그 사람이 괴로워하는 모습을 목격한다면 우리 뇌에서도 같은 영역이 활성화된다. 그래서 나는 나 아닌 다른 사람이 아파하는 모습에 아파한다.

타자의 감정은 기분 좋은 것이든 괴로운 것이든 우리 의사와 상관없이 우리의 두개골 속으로 침입한다. 〈타자의 어떤 것이 우리 안에 있다.〉 이 감정의 공명은 우리가 세상에 태어나는 순간부터 존재한다. 태어난 지 〈하루밖에〉 안 된 갓난아기에게 다른 갓난아기의 울음소리를 들려주었다. 그러자 아기는 다른 아기의 괴로움에 동조하듯 같이 울기 시작했다.[18]

선천적인 공감 능력은 우리를 자연스럽게 이타적 행동으로 이끈다. 우리는 타고나기를 누군가가 아파하면 딱히 우리에게 돌아오는 보상이 없어도 — 누군가를 돕는 기쁨을 제외하면 — 그저 그 사람을 위해 뭔가 해주고 싶다.

자연스럽게 드러나는 이타성

생애 초기에는 남을 돕고자 하는 선천적 의지가 늘 적절하게 표현되지는 않는다. 생후 14~15개월 된 아이들은 누군가를 위로할 때에도 자기 위주로 행동한다. 상대가 무엇을 좋아하는지는 생각하지 않고 자기가 좋아하는 장난감, 혹은 자기가 힘들 때 의지하는 애착 인형을 불쑥 내미는 식이다. 이 나이에는 아직 타자의 욕구가 나의 욕구와 다를 수 있다는 것을 이해하지 못한다. 앨리슨 고프닉은 이런 일화를 들려준다. 그는 실험실에서 끔찍이 힘들었던 하루를 보내고 집에 돌아오자마자 소파에 엎어져 엉엉 울어 버렸다. 아직 두 살이 안 된 아들이 그 모습을 보았다. 아이는 엄마를 위로하고 싶었는지 욕실로 가서 반창고가 잔뜩 든 상자를 가져왔다. 그러고는 엄마에게 여기저기 반창고를 붙여 주었다나.[19]

어쨌든 도움 자체는 적절치 않을지라도 이타적 충동은 이렇게 아주 어릴 때부터 있다. 그렇지만 우리가 수시로 아이의 주의력을 타자의 의도와 욕구 쪽으로 끌어당겨야만, 아이가 타자의 의도와 욕구를 이해하게끔 도와줘야만, 아이는 차츰 세련된 이타적 행동을 할 수 있을 것이다. 다시 말해, 점점 더 상대에게 적절하고 알맞은 도움을 주게 된다는 뜻이다.[20] 그래서 연구자들은 아이의 공감 능력과 이타적 자질을 효과적으로 발달시키기에 가장 좋은 교육은 일단 아이에게 이타적 성향이 있음을 전제하고 그 성향을 받쳐 주는 교육이라고 본다.[21]

펠릭스 바르네켄과 마이클 토마셀로가 실시한 일련의 흥미로운 실험들[22]은 어린아이도 자연스럽게 이타적 행동을 하려는 성향이 있음을 확인해 주었다. 아이는 걸음마를 떼고 제 힘으로 이동할 수 있게 되면서부터 자연스럽게 도움 행동을 보인다. 연구자들은 생후 14개월 된 아이를 전혀 모르는 어른과 한 공간에 집어넣었다. 어른은 아이에게 신경 쓰지 않고 한쪽에서 자기 할 일만 했다. 어른은 글을 쓰고, 빨래를 널고, 책을 책장에 꽂았다. 그런데 어른이 연필이나 빨래집게를 떨어뜨리고 줍지 못하는 척 연기를 했더니 〈이제 막 제 발로 걷게 된〉 아이들이 누가 시키지도 않았는데 당장 어른을 도와주러 갔다.[23] 어른이 책장 문짝을 열지 못해 쩔쩔매는 시늉을 할 때도 마찬가지였다. 연구자들은 아이들의 도움 행동이 어김없이 나타나는 데 놀랐고, 그들의 이타성을 시험하기 위해 과제를 조금 더 어렵게 조정했다. 실험 내용은 바뀌지 않았지만 아이와 어른 사이에 거치적거리는 장애물들을 늘어놓은 것이다. 따라서 걸음마를 뗀 지 얼마 안 된 아이가 어른을 도와주러 가려면 굉장한 노력을 기울여야 했다. 장애물들이 아이의 이타적 충동을 억제했을까? 아니, 그렇지 않았다. 놀랍게도 아이들은 어렵사리 장애물을 넘어가고 피해 가면서까지 어른을 도우러 갔다! 실험자들은 이 결과에 자극을 받아 아이들의 이타적 열의를 좀 더 시험하기로 작정했다. 그래서 아이 옆에 재미있는 장난감, 가령 널찍한 볼풀 같은 것을 마련해 놓았다. 놀고 싶다는 욕망보다 누군가를 돕고 싶다는 욕망이 더 클까? 과연 그랬다. 아이들은 어른의 어려움을 감지하자마자 장난감을 팽개치고 바닥에 널린 장애물들을 그럭저럭 넘어갔다. 그리고 어른을 도와주고 난 다음에야 자기가 하던 놀이로 되돌아왔다.

이 실험에서 아이들은 아무런 부탁이나 요청을 받지 않았다는 점이 인상적이다. 그들은 매번 자연스러운 충동에 따라 행동했다. 불교 승려이자 세포유전학 연구자인 마티외 리카르는 이 주제에 대한 전 세계의 굵직굵직한 연구들을 살펴본 저작에서 이타성은 자연스럽고 보편적인 성향으로 세계 어느 문화권에서나 이 연령대 아이들에게서 관찰 가능하다고 말한다.[24] 따라서 이타성은 문화적으로 학습되는 것이 아니라 선천적 성향이다. 사실 마음으로는 우리도 이미 알고 있지만 이 앎이 과학으로 입증된다는 것은 무척 기쁜 일이다. 그러니까 우리는 뭘 가르치기 전부터 존재하는 이 성향이 잘 표현되도록 〈받쳐 주고〉 키워 주기만 하면 된다.

〈받쳐 주기〉는 대단한 노력을 요구하지 않는다. 아이들은 너그럽게 행동하면서 벅찬 기쁨과 만족을 느낄 테니까! 아이들은 일단 자기부터 기분이 좋아지기 때문에 힘을 모아 줄 만한 상황을 자연스레 추구한다. 우리는 보지 않았는가. 친사회적 행동을 하면 뇌에서 도파민이 분비되고 보상 회로가 활성화되면서 쾌감, 행복, 열광이 솟아난다는 것을![25] 이 내적 보상의 힘을 보여 준 연구가 있다. 두 살이 안 된 아이에게 사탕을 주어 보았다. 이 아이는 사탕을 자기가 가지고 있을 때보다 다른 아이에게 주기로 마음먹었을 때 더 큰 기쁨을 느꼈다.[26]

우리의 친사회적 성향은 차단되어 있다

현대 사회가 우리를 서로에게서 떼어 놓기 때문에 우리는 두드러진 사회적 본성에서 벗어나 개인주의적이거나 부당하거나 경쟁적인 행동을 하게 되었다. 게다가 우리는 그런 행동에 병들어 가고 있다. 그래도 심각한 위험이 대두하면 — 테러, 자연재해, 사고 등 — 우리의 뿌리 깊은 본성이 다시 표면으로 부상하고 우리는 인간 정신의 위대함에 가없는 놀라움을 느낀다. 큰일을 당한 사람들은 오랫동안 감추어져 있던 행동 방식을 반사적으로 드러내는데, 그게 바로 도움 행동이다. 세상에 하나뿐인 연구소[27]가 이런 재난이 발생했을 때 가장 먼저 나타나는 인간 행동을 30년 이상 연구했다. 결론은 확실했다. 이타적 욕구에서 비롯된 행동들이 대대적으로 관찰되었기 때문이다. 언론 매체의 보도에 익숙한 사람들은 믿기지 않겠지만 이기적이거나 공격적인 행동은 극히 주변적이다. 어떤 사람들은 생면부지의 타인을 구하기 위해 목숨을 건다. 또 어떤 이들은 가진 것도 별로 없으면서 돈, 차, 집 등을 기꺼이 남들에게 내어 준다. 이 같은 이타성의 표현은 바라보기만 해도 우리에게 〈유익〉이 있다. 낯선 이의 예기치 않았던 도움을 기록한 동영상이 인터넷 조회 수가 얼마나 높은지만 봐도 알 수 있다. 곤경에 빠진이에게 손을 내밀면 참 묘한 감정이 솟아오른다……. 홀가분하다고 할까, 경이로운 자기 존재감이랄까, 남을 돕는데 나 자신에게 한 발짝 더 가까워진 것 같으니 역설적이고도 놀라운 느낌이다. 그리고 실제로 우리는 우리 자신에게 가까워진다. 타자를 도와주고 호의를 보여 줌으로써 우리는 우리의 뿌리 깊은 본성과 다시 하나가 된다.

하지만 이 자연스러운 친사회적 성향은 어릴 때 싹이 잘려 나갈 수도 있다. 아이의 뇌는 아직 덜 자랐기 때문에 폭력, 특히 반복적인 폭력 — 뺨 때리기, 욕설, 가혹한 판단, 〈닥쳐!〉 같은 모욕적 언사 — 은 칼부림이 되어 뇌의 망상 조직에 흉터를 남긴다. 흉터가 쌓여 깊은 골이 패면, 그 골을 따라서 지능이 자동적으로 작동하기 십상이다. 이 주제를 다룬 연구들이 분명히 보여 주는바[28], 공감 능력의 위축은 개인이 어린 시절에 주위 사람들에게 어떤 대우를 받았으며 주위 사람들이 타인을 대하는 태도를 어떻게 보고 자랐는가와 관련이 있다. 우리는 타인에게 공감할 수 있게끔 태어났지만 고성능 학습 메커니즘도 장착하고 태어났기 때문에 남의 행동을 금방 보고 배운다. 그 행동이 좋은 것이든 나쁜 것이든 말이다.

얼마 전에 파리 시 지하철 안에서 이런 광경을 보았다. 어떤 여자가 세 살쯤 되어 보이는 아들을 데리고 지하철에 탔다. 아이가 엄마보다 먼저 들어와 딱 하나 남아 있던 좌석을 차지했다. 엄마는 아이에게 아주 무뚝뚝한 말투로 자리에서 일어나라고 명령했다. 아이는 피곤했는지 옆자리 승객에게 몸을 바짝 붙여서 엄마도 앉게 해주려고 했다. 그런데 엄마는 버럭 화를 내면서 아이를 억지로 일으키고 모두가 듣는 데서 큰소리로 호통을 쳤다. 「넌 내릴 때까지 계속 서 있어! 버릇을 고쳐 주겠어! 엄마는 앉아서 갈 거야! 너는 끝까지 서 있어!」

「엄마, 엄마 무릎에 앉으면 안 돼요? 제발요.」 아이는 울면서 엄마 무릎에 매달렸다.

그러나 엄마는 아이를 밀어냈다. 「서서 가라고 했지. 네가 힘들든 말든, 나는 상관 안 해.」

아이는 울음을 참으려 했지만 서러운 눈물이 북받쳤던 모양이다. 아이가 느끼는 감정은 슬픔이 아니라 분노였다. 공개적으로 부당하게 모욕을 당한 사람의 분노, 강자에게 무시를 당하고도 찍 소리 못하는 약자의 분노. 완력을 써서 때리고 부숴야만 망가지는 게 아니다. 그런 모욕은 흔적을 남긴다. 상대를 모욕하고 비하하는 행동, 호의라고는 찾아볼 수 없는 폭력적 행동이 아이의 공감 능력을 즉각적으로, 나아가 장기적으로도 떨어뜨린다는 연구 결과도 있다. 그 엄마는 분명히 엄마가 하는 말에는 즉각 복종해라, 타협의 여지는 없다, 라는 메시지를 아이에게 이해시키고 싶었을 것이다. 하지만 그녀는 본의 아니게 전혀 다른 메시지를 전달하고 있었다. 힘만 있으면 모욕을 가해도 된다는 ── 지극히 사랑하는 사람에게조차, 힘들어하고 있는 사람에게조차 ── 그릇된 메시지를 말이다.

타고난 도덕적 직관

아이들은 처음 보는 어른도 뭔가 곤란을 겪는 것 같으면 순순히 돕겠다고 나선다. 그렇지만 과학적 연구가 밝힌 바에 따르면, 도덕성이 시험을 당할 때 이타성은 상당히 선택적으로 나타날 수 있다. 3세부터 아이들은 못되게 구는 사람들보다 친절한 사람들을 더 도우려는 경향을 보인다.[29] 인간은 도덕적이고 윤리적인 직관도 타고나는 걸까? 모든 면을 보건대 그런 것 같기도 하다.

최근의 연구는 우리가 선악에 대한 분별력을 타고나며 본래부터 선에 더 끌린다는 것을 보여 주었다. 아무튼 예일 대학교 인지심리학과 교수 폴 블룸[30]과 아기들을 대상으로 이 주제를 실제로 연구했던 심리학자들이 주장하는 바로는 그렇다. 여러 연구들이 생후 6개월 된 아기들도 선과 악을 분별하고 선을 더 좋아한다는 것을 보여 주었다.

이 아기들은 각자 인형극을 보았다. 인형극에는 이런 장면이 나왔다. 빨간 인형이 판지로 만들어진 언덕을 올라가려고 하는데 잘 되지 않는다. 그때 파란 인형이 나타나 빨간 인형이 언덕을 잘 올라갈 수 있도록 뒤에서 밀어 준다. 그다음에는 장면이 바뀐다. 빨간 인형이 언덕을 올라가려고 끙끙대는 상황은 마찬가지인데 이번에는 노란 인형이 언덕 꼭대기에서 나타나 빨간 인형이 올라오지 못하게 자꾸 아래로 밀어낸다. 실험자는 그 후에 아무 말도 하지 않고 파란 인형과 노란 인형을 보여 주고 어느 게 더 좋은지 물었다. 결과는 자명했다. 생후 6개월 아기들은 거의 100퍼센트가 빨간 인형을 돕는 친사회적 행동을 보여 준 파란 인형을 골랐다.[31] 물론 이 결과는 색상 선호도와 무관하다. 실험자들은 실험을 진행하면서 인형 색깔을 수시로 바꿨지만 아기들은 색깔에 상관없이 항상 〈친절한〉 인형을 선택했다.

이 실험을 조금 다른 시나리오로 다시 실시해 보았다. 이번에는 포근한 천 인형들이 함께 공놀이를 하는 장면을 연출했다. 피험자들의 연령도 좀 더 낮추어, 이번에는 생후 3개월 된 아기들에게 이 장면을 보여 주었다.[32] 이번에도 결과에는 이론의 여지가 없었다. 90퍼센트 가까운 아기들이 싹싹하게 공을 넘겨주면서 함께 노는 인형을 택했고 공을 독차지하려 드는 인형은 외면했다. 세상에 나온 지 석 달밖에 안 된 아기들도 교육에 앞서 존재하는 초보적인 도덕 개념이 있는 모양이다.

아기들도 긍정적이고 협조적인 사람을 좋아하고 이기적이거나 부정적 행동을 하는 사람은 싫어한다. 실제로 이 실험을 인형 대신에 중립적인(착하지도 않고 나쁘지도 않은) 사람과 못되게 행동하는 사람을 등장시켜 진행했을 때에도 아기들은 거의 모두 전자를 택했다! 〈나쁜〉 사람에 대한 아기들의 반감은 대단히 놀랍다.

라이프치히의 막스플랑크 연구소에서 이 실험들을 진행했던 과학자들은 아이들의 도덕심이 생각보다 강력하다는 데 놀랐다. 그래서 이 성향을 시험해 보았다. 이번에는 1세 아이들을 피험자로 모집했고, 인형을 선택하는 마지막 단계에서 착한 인형을 고른 아이에게는 사탕을 한 알 주고 못된 인형을 고른 아이에게는 사탕을 두 알 주기로 했다. 사탕을 먹고 싶은 마음이 도덕심을 이길까? 정말 놀랍겠지만 아이들은 사탕을 한 알밖에 못 받더라도 〈착한〉 인형을 골랐다!

간혹 아이들이 못된 행동을 하는 인형을 선택하는 유일한 이유는 동질감이었다. 아기들은 〈나쁜〉 인형이 자기와 공통점이 있다고 느낄 때에는 그 인형의 손을 들어 주었다. 인형극을 보여 주기 전에 실험자는 아이에게 치리오스 시리얼과 골든그래함스 시리얼 중에서 어느 쪽을 더 좋아하는지 물었다. 그 후 인형극을 통하여 나쁜 인형도 아이가 좋아하는 바로 그 브랜드 시리얼을 좋아한다는 정보를 주었다. 이 경우에는 아이들 10명 중 8명꼴로 〈나쁘게〉 행동하는 인형을 골랐다. 어린 아이에게는 도덕이나 부정적 판단보다 자기와의 공통점들이 중요한 것이다. 이러한 이유에서 우리는 교실에서 싸움이 나거나 의견이 엇갈릴 때에도 아이들이 서로의 공통점을 다시금 기억하게 도와줌으로써 〈분리〉를 피했다. 때때로 그렇게만 해도 즉각적 결과가 나왔다. 공격당했던 아이는 감정을 말로 표현하고, 친구에게 전달하고, 그럼에도 자기들이 어떤 점에서 연결되어 있는가를 환기하고서 다시 사이좋게 놀았다. 싸움은 아무렇지도 않은 일이었다는 듯이 말이다. 나는 그런 모습이 놀라웠다. 때로는 정말 눈 깜짝할 사이에 다툼은 눈 녹듯 사라졌고 아이들은 눈물이 미처 다 마르지도 않았는데 다시 깔깔대고 웃으면서 놀았다. 아이들을 서로 연결해 주는 바로 그것을 탄탄히 하면 아이들 마음에 앙심이나 뒤끝이 남지 않는다.

우리는 아이들에게 선악에 대한 느낌을 알려 주기 위해 상당한 시간과 에너지를 투자했다. 그런데 실험들이 보여 주었듯이 아이들은 이런 앎을 〈타고나기〉 때문에 우리가 무에서 유를 창조할 필요는 없었다. 다만 일찍부터 그러한 자질을 알아봐 주고 아이가 좋은 본보기를 찾을 수 있는 조건을 만들어 줌으로써 뒷받침을 해주는 것이 중요했다. 한 연구에서 입증한 바로는, 유치원 아이들도 때리는 것이 〈나쁜 짓〉인 줄 안다. 게다가 어른이 나서서 이 아이들에게 어쩌다 한 번은 때릴 수도 있다, 폭력이 무조건 나쁜 건 아니다, 라고 주장했을 때에도 아이들의 의견은 바뀌지 않았다.[33] 요컨대, 아이들은 어떤 행동의 옳고 그름을 스스로 알 수 있다. 아이들은 마음으로 안다. 이러한 도덕심은 지각에 강하게 호소하기 때문에 어른이 되어서도 부당하거나 부도덕한 행위를 목격하면 고약한 냄새나 맛을 느낄 때와 똑같은 뇌 영역이 활성화된다.[34]

요컨대, 우리는 애초에 외따로 떨어진 채로, 불의와 몰이해와 개인주의와 부도덕성 안에서 살아가게끔 태어난 존재가 아니다. 우리의 가장 큰 책임 중 하나가 바로 아이에게서 이 정의롭고 정 많은 본성을 제대로 알아봐 주고 잘 받쳐 주고 이끌어 주는 것이다.

보상으로 받쳐 준다?

그렇다면 맹아 상태의 사회적 잠재력은 어떻게 받쳐 주고 키워 줘야 할까? 아이들이 다른 사람을 너그럽게 대하거나 이타적인 행동을 할 때마다 격려 차원에서 보상을 주면 될까?

토마셀로와 바르네켄은 보상이 아이들의 이타적 충동에 미치는 영향을 관찰하기 원했다. 그래서 생후 20개월 아이들을 대상으로 새로운 실험에 착수했다.[35] 실험자들은 이타적인 행동을 한 아이들에게 장난감을 주되, 이 보상을 임의적으로 제공했다. 다시 말해 어떤 아이들은 보상을 받았지만 그렇지 못한 아이들도 있었다. 실험 결과는 대단히 의미심장했다. 예상과 달리 〈보상을 받지 못한 아이들은 이후에도 도움 행동을 계속했지만 보상을 받은 아이는 도움 행동을 훨씬 덜 하게 되었다〉. 외적 보상이 내적 보상에 찬물을 끼얹었다고 할까. 쾌감이 내 안에서 우러나는 것이 아니라 외부에 원인이 있는 것처럼 되어 버렸다. 이 인위적이고 외적인 쾌감은 자연스럽고 내적인 쾌감보다 확실히 약하다. 겨우 그 정도 쾌감으로는 아이들이 이타적 행동을 계속할 만한 원인이 되지 못한다. 이 실험에서 내적 보상 체계가 차단당하지 않았던 아이들은 늘 즐거운 기색으로 기꺼이 곤경에 빠진 어른을 구하러 나섰다.

안타깝게도 학습이 이루어지는 방식 또한 다르지 않다. 자발적인 호기심을 좇아 가며 스스로 배우는 아이는 뇌에서 도파민이 분비되고 만족, 기쁨, 열의를 만끽함으로써 자연스럽게 보상을 받는다. 자연스러운 보상은 아이의 기억력을 높여 주고 스스로 탐구함으로써 이해에 도달하는 자세를 길러 준다. 내적 보상이 날개를 달아 주면 아이는 세상의 모든 수수께끼를 정복할 준비가 되기 때문에 더 잘하라고 따로 보상을 줄 필요가 없다. 아이가 자기 마음이 우러나는 대로 정하는 목표는 얼마나 야심만만한지, 어른들은 감히 제안할 수조차 없다. 그런데 아이가 유치원에 들어가면 대부분의 시간을 내적 보상 체계와 단절된 채 보낸다. 아이는 교육 프로그램이 정해 놓은 리듬과 평가와 점수라는 외적 보상 체제에 자신을 맞추느라 힘들게 배운다. 내적인 길잡이와 그에 따르는 기쁨은 무너진다. 아이는 이제 동기 부여가 되지 않을 뿐 아니라 겨우 어른들이 시키는 것을 잘해 보려는 의욕을 찾는다 해도 외적 보상 때문에 그 의욕을 끌고 나갈 수가 없다.

아무리 아이가 잘 배울 수 있는 자질을 타고나더라도 이러한 조건에서는 학습이 아이의 흥미를 끌 수가 없으며 부담만 된다. 누구라도 공부라면 넌더리를 낼 것이다.

젠빌리에 유치원에서 우리는 아이들의 마음에서 우러나는 의욕을 망치지 않으려고 각별히 조심했다. 일단 우리 반 아이들은 외부에서 미리 정해 놓은 프로그램을 따르지 않고 자기 관심을 좇아 활동할 수 있었다. 그리고 우리 반 아이들은 물질적으로나(카드, 사탕, 점수 등) 언어적으로(긍정적 평가의 말) 보상을 받지 않았다. 우리가 이렇게 했기 때문에 아이들이 내적 보상 체계를 유지하면서 더 빨리 (게다가 더 확실하게) 학습을 할 수 있었다고 나는 내심 확신한다. 우리 반 아이들은 유치원에 다녀야 한다는 의무감 때문이 아니라 자기네가 좋아서, 배움이 좋아서 유치원에 왔다. 아이들이 얼마나 유치원을 좋아하고 즐거워하는지 놀라울 정도였다. 학부모들에게 가장 많이 들었던 말도 — 인터뷰 동영상에도 나오지만[36] — 주말, 공휴일, 방학이나 수업 없는 수요일에는 아이들이 유치원에 못 가서 실망을 하고 기분이 축 처지기까지 한다는 것이었다. 한 엄마는 2월 봄방학 기간 내내 딸아이가 유치원 갈 날만 손꼽아 기다렸다고 전해 주었다. 또 다른 엄마는 공휴일에 아들이 유치원에 가겠다고 성화를 부려서 일부러 유치원 앞까지 데려와 굳게 닫힌 문을 보여 줘야만 했다고 한다. 또 한 엄마는 이렇게 말했다. 「애가 아플 때가 정말 골치 아파요. 애가 푹 쉬어야 하는데 자꾸 유치원 가고 싶다고 졸라 대니까요. 결국 역정을 내게 된다니까요.」 이러한 현상에 놀란 학부모가 한둘이 아니었다. 아, 분명히 해두자. 아이들은 나와 안나가 보고 싶어서 울고불고 한 것이 아니라 우리 반이 좋아서, 친구들과 즐겁게 활동하고 싶어서 유치원에 오고 싶어 했다.

아이의 사회적 기질을 파악하여 그 기질을 긍정적으로 길러 주라

그렇다면 보상을 주지 않으면서 아이들이 타고난 사회적, 도덕적 기질을 잘 길러 주는 방법은 뭘까? 과학적 연구에 따르면 아동의 이타적 행동 발달을 효과적으로 받쳐 주는 데 중요한 자세는 다음과 같다.

- 아이에게 그러한 선천적 기질이 있음을 〈알아봐 주고〉 아이의 이타적이고 공감 어린 행동을 자연스러운 것으로 간주하라. 우리가 그렇게 봐주면 아이들도 자연스레 친절하고 너그러운 행동을 더 많이 보여 준다.[37]

- 우리부터 아이를 대할 때나[38] 다른 사람을 대할 때나[39] 다정하고 친절하며 상대의 마음을 헤아리는 행동을 함으로써 그러한 기질이 〈스스로 잘 자라게끔〉 하라. 실제로 성년기의 관대한 행동 수준은 부모의 관대한 행동 수준과 뚜렷한 상관관계가 있다고 입증한 연구도 있다. 부모가 너그러운 행동으로 모범을 보일수록 아이도 부모를 닮는다.[40]

- 아이가 이타적 행동을 자주 할 수 있는 〈상황을 제공하라〉. 다른 사람이 잘되는 데 자기도 책임이 있다고 느낄 법한 상황은〈자기보다

어린 동생들의 학습을 곧잘 돕게 되는 다연령 학급이 그 한 예다) 이타성 발달에 빼놓을 수 없는 요소다.[41]

이 세 가지 측면은 젠빌리에 유치원에서 3년 동안 아이들 일상의 일부였다. 초기부터 이타적 행동 발달은 눈에 띄게 좋아졌고 많은 학부모들이 그 점에 놀라움을 표했다.

게다가 한 연구는 부모가 공평하고 확실한 선을 그어 주면서 아이의 자율을 존중해 주고 부모의 자율도 존중할 것을 권할 때 아이들의 도덕 의식이 발달한다는 결론에 도달했다.[42] 우리도 학급의 규칙을 준수하고 다른 사람을 친절하게 대해야 하는 틀은 잡아 주었다고 생각한다. 그리고 아이들의 도덕적 품성이 잘 발달한 것으로 보건대, 우리의 노력은 결실을 맺은 것 같다.

우리 반 아이들은 어떻게 됐을까?

내가 굉장히 자주 받는 질문이 있다. 아마도 이 질문의 이면에는 아이들이 초등학교에 들어가면, 다시 말해 전통적인 교육 시스템으로 복귀하면 〈적응을 잘 못하지 않을까〉라는 두려움이 깔려 있으리라. 그 아이들이 외부에서 정해 주는 활동에 적응했을까? 자율성을 제한당할 텐데? 사회성이 그대로 유지가 될까? 여전히 남들에게 공감을 잘하고 너그러울까? 학교 공부는 잘할까?

내가 아이들과 학부모들과 두루 얘기를 나눠 본 바로는, 보통 만 3세에 유치원에 들어가서 처음 경험하는 것들을 우리 반 아이들은 초등학교에 입학하면서 겪은 것 같다. 처음에는 물론 힘들었다. 하지만 차차 새로운 조건에 적응했다. 물론 이러한 적응은 개인차가 컸다. 프랑스에서 초등학교에 입학하는 〈모든〉 아이들이 그렇듯, 어떤 아이들은 어쩔 수 없이 이 악물고 적응을 하고 또 어떤 아이들은 느슨하게 적응한다는 차이가 있다.

일반 초등학교로 진학한 우리 반 아이들은 처음에는 좀 더 자유롭고 자율적으로 생활할 수 있기를 바랐고 유치원에서의 적극적이고 개인적인 학습 방식을 그리워했다. 한 여자아이는 초등학교에 들어간 지 얼마 안 됐을 때 부모님께 이렇게 말했다고 한다. 「전에가 더 재미있었어요. 하루 종일 책상에 앉아 지내지도 않고 놀면서 배웠단 말이에요. 지금은 모르는 게 있어도 담임선생님에게 질문하기가 싫어요. 내가 수업을 잘 안 들어서 이해를 못 하는 거라고 생각할 거 아니에요!」

아이들 대부분은 어른에게 〈밉보이는〉 실수, 어른의 몰이해를 극복해야 했다. 이 때문에 아이들은 갈피를 못 잡기도 했다. 한 남자아이의 경우는 특히 심했다. 「제 아들은 네 살 때부터 글을 읽기 시작했어요. 그때는 아이가 읽기를 좋아하고 쾌활하고 자신만만했지요. 그런데 초등학교 들어가서는 담임선생님 앞에서 실수를 하고 지적당할까 봐 읽기를 겁내게 됐어요……. 그 애는 글을 잘 읽어요. 집에서는 아직도 잘 읽거든요. 그런데 학교에만 가면 읽지를 않아요. 실수를 할까 봐 두렵다는 거예요.」

아이들은 대개 이 초기의 어려움에도 불구하고 성적이 우수한 편이다. 학부모들이 자랑스럽다는 듯이 성적표를 그대로 나에게 보여 주곤 한다. 그러한 자료들은 아이들이 유치원에서 계발한 친사회적 능력이 폭넓게 보존되고 있음을 두드러지게 보여 준다. 우리 반 졸업생들이 초등학교에 가서도 급우들을 잘 돕는다고 성적표에도 나타나 있기 때문이다.

학부모들의 피드백을 여기에 일부 공개한다.

켄자는 초등학교에 아주 잘 적응했어요. 지금도 어려움에 처한 친구들을 잘 돕고 그 덕분에 이번 학년에 CE2/CE3(초등학교 2학년/3학년) 통합 과정에 들어가 오후 시간에는 CE2 친구들의 공부를 도와준답니다. 성적도 좋고 학교에서의 참여도도 우수해요. 여전히 자율적이고 명랑하며 즐겁게 지내지요. 켄자는 학교 가는 걸 아주 좋아해서 솔직히 아이의 학교 생활에는 아무런 문제도 없어요! 저녁에도 다른 형제자매들과 달리 켄자는 제가 숙제를 봐줄 필요가 없어요. 늘 스스로 숙제를 완벽하게 끝내 놓거든요.

유치원 생활 2년은 술레이망에게 매우 긍정적인 효과를 미쳤어요. 덕분에 아이가 자신감을 갖게 됐거든요. 지금은 뭐든 배우기를 좋아하고, 지적으로 확실한 태도가 있으며, 위험을 무릅쓸 줄도 아는 아이가 되었지요. 언제나 스스로 동기를 찾아 자기 잠재력을 실현한답니다. 초등학교 공부도 아주 잘 하고 있어서 언제나 훌륭한 성적을 받아 옵니다.

딸아이는 특기할 사항이 전혀 없을 만큼 매사가 원만합니다. 성적도 아주 좋고요. 그러면서도 항상 즐겁고 명랑하고 자율적이고 자발적입니다. 항상 다른 친구들을 잘 돕는 편이고요.

우리 아들은 아주 잘 지내고 있습니다. 학교 가기를 좋아하고, 친구들하고 즐겁게 잘 지내며, 성적은 더할 나위 없이 좋아요. 그 애가 정말 자랑스러워요. 혹시 성적표 사본이 필요하다면 말씀해 주세요.

초등학교에 들어가서도 교사에게 좋은 평가를 받았고 성적도 잘 받아 왔지만 카밀리아가 그동안 계발한 집단 지향적 성격이 학년 초에 약간 문제가 되긴 했어요. 이를테면 〈다른 아이들을 지나치게 배려함〉 같은 지적을 받곤 했거든요. 그렇지만 학년 말에 가서는 그러한 성격도 친절하고 너그러운 태도로 좋게 인정을 받았답니다.

실제로 어떤 아이들은 사회적 차원에서 적응하기 힘들어했다. 그 아이들은 힘을 보태고 협조하고 싶은 충동을 억누르지 못했다. 하지만 결과적으로 초등학교에서 자기네들이 그렇게 나서면 학급 운영에 방해만 된다는 점을 배워야만 했다.

일부 학부모들이 지적한 초등학교 생활의 또 한 가지 어려움은 〈의미〉와 〈개체화〉의 결여다.

초등학교 입학은 어느 아이에게나 큰 변화입니다만 우리 아이는 그 변화를 아주 잘 파악하고 받아들였어요. 그렇지만 저에게는 딸아이가 학교에서 배우는 것에 진심으로 〈공명〉하지 못하는 듯 느껴졌습니다. 아이가 〈난 이러이러한 것을 하고 있지만 의미는 없어〉라고 생각하는 것 같았다고 할까요. 게다가 예전에 한껏 누렸던 개인적인 실현이나 자기표현은 이제 〈획일적〉 리듬에 떠밀려 뒷전에 가 있는 것처럼 보였습니다.

학교가 개인의 욕구를 맞춰 주지 못한다는 현실이 어떤 아이들에게는 각별히 힘들었다. 특수한 학습 장애나 언어 장애가 있었던 아이들의 경우가 그랬다. 그 아이들은 〈교실 안에서〉 개인 맞춤형 지도를 받지 못하고 자기 지식을 동생들에게 전달하지도 못하게 되자 자신감이 확 꺾였다. 그들은 자기가 남들과 〈다르다고〉 — 〈표준에서 벗어나 있다고〉 — 느끼기 시작했다. 하지만 유치원에서는 모든 아이가 자기 리듬에 맞게 제안된 주제를 혼자서, 혹은 다른 친구들의 도움을 받아서 탐구했기 때문에 모두들 자신은 〈유일무이한〉 존재라고 느꼈다. 그때는 닮음이 아니라 차이가 표준이었다.

3 함께 사는 법은 함께 살아야 배운다

젠빌리에 유치원에서 아이들은 함께 생활하고 협력하고 서로를 정말로 잘 알았다. 아이들은 제각기 성격이 판이하게 달랐지만 자신과 다른 성격을 전혀 문제 없이 받아들였다. 그들은 서로를 비교하고 심판하기보다는 서로를 받아 주고 보호해 주었다. 어떻게 우리는 이 조화로운 상태를 빚어냈을까? 그저 조화가 일어나는 것을 방해하지 않았을 뿐이다. 우리는 아이들에게 함께 살아가는 법을 이론적으로 가르치는 대신, 아이들이 실제로 〈함께 살면서〉 그러한 방법을 배우게끔 내버려 두었다. 아이들은 하루 종일 자유롭게 자기들끼리 활동을 조직하고 서로를 만나며 상호 작용했다. 살아 숨 쉬는 관계를, 관계에서 빚어지는 감정을, 의견 차이를 해소하는 최상의 방법을 이런 식으로 경험한 것이다. 그들은 자기보다 나이가 조금 많거나 조금 적은 아이들과 자율적인 공동생활을 한 덕분에 사회 지능과 감정 지능을 현저히 발달시킬 수 있었다.

물론, 초기 생활은 쉽지 않았다. 어떤 아이들은 세 살밖에 안 됐는데도 매우 폭력적인 행동 모델을 주위 환경에서 습득하고 유치원에 들어온 상태였다. 실수로 자기를 밀친 친구에게도 상스럽고 심한 욕설을 내뱉는 아이가 있는가 하면, 갈등이 불거졌다 하면 주먹부터 드는 아이도 있었다. 이런 상황에서 나는 즉각 단호하게 대처했다. 아이들은 아주 사소하게라도 다른 사람을 멸시하거나 모욕하는 행동을 하면 안 되는구나, 라고 분명히 느꼈을 것이다. 우리는 그 자리에서 당장 아이들에게 감정을 표현하는 다른 방식, 평화적이면서도 상대를 존중하는 방식을 일러 주었다.

때때로 폭력은 어떤 감정의 표현이 아니라 단순한 자동 반응으로 나타났다. 지금도 기억나는 한 여자아이는 그때 겨우 3살이었는데도 걸핏하면 친구들에게 〈야, 너 긴장해〉, 〈너 나 엿 먹이냐?〉라고 내뱉었다. 그 아이는 내가 이렇게 말했더니 아주 놀라는 눈치였다. 「친구들에게 그런 식으로 말하는 거, 나는 용납할 수 없단다. 그런 말은 모욕적이고 불쾌하기 때문이야. 너도 누가 너에게 그런 식으로 말하면 기분이 좋지 않을걸. 가령, 〈미안하지만 나는 혼자서 하고 싶어〉라고 말해도 되잖아. 네가 듣기에도 그편이 덜 불쾌하지 않니?」 그 여자아이는 고개를 끄덕거렸다. 학년 초에는 이렇게 자기 요구를 기존 방식과 다르게 표현하는 법을 가르쳐 줘야만 할 때가 많았다. 아니, 많았다는 말로는 부족할 정도였다. 하지만 시간, 신뢰, 결연함, 호의가 쌓이자 아이들은 변했다. 그런 자동 반응이 부적절하다는 것을 결국은 아이들 스스로 느끼고 함께 좋은 방향으로 변화했던 것이다.

여러분에게 감추지 않겠다. 처음 몇 달은 정말로 힘들었다. 앞에서도 언급했듯이 아이들이 〈자기 자신으로 돌아오게〉 하려면 일단 나부터가 〈자기 자신이 되어야〉 했다. 나는 온전히 〈나 자신에게 임해야〉 했다. 내면의 목소리와 단절된 채 갈피를 못 잡는 아이들을 마주하면서 나 자신이 지표가 되어야 했고 구조가 되어야 했다. 우리가 뿌리를 내리고 올곧게 버티고, 어떤 상황에서나 공정하면서도 신뢰를 보여 줘야 했다. 이 일은 엄청난 자기수양을 의미했으나 절대로 피해 갈 수 없었다. 우리 어른들이 인간적인 생태계 그 자체였으므로 우리가 먼저 변하지 않고는 아이들에게 태도 변화를 바랄 수 없었다.

우리가 교실에서 보이는 행동은 정말로 결정적이었다. 우리가 어떻게 행동하고 어떻게 말하느냐를 아이들은 하루 6시간씩 관찰하고 본보기로 삼는다. 따라서 우리는 아이들의 뇌 구조 발달에 긍정적인 영향을 끼칠 책임이 있었다. 더욱이 아이들의 사회적, 정서적 발달을 긍정적으로 보조하기 원하는 어른이라면 의식적이면서 마음을 읽어 주는 소통이 어떤 것인가를 반드시 배워야 한다. 우리가 우리 생각이나 감정을 표현하는 방식이 부지불식중에, 혹은 본의 아니게, 소통을 저해하고 타자와의 분리를 초래하는 판단을 낳는다. 1970년대에 시작된 이른바 〈비폭력 대화Non Violent Communication〉 운동은 갈등 상황에서도 타자와의 공감의 끈을 놓지 않고 세심한 배려를 담아 자기 의사를 표현하는 노하우를 담고 있다. 나는 모든 이가 대화와 협력에 도움이 되는 이 과정과 친해질 기회를 갖는 것, 그 후에는 아이에게 간접적으로 이 방식을 전달하는 것이 중요하다고 생각한다. 우리는 아이들에게 말을 걸면서, 혹은 아이들이 보는 데서 대화를 나누면서, 이미 아이들에게 우리와 대화하는 법, 다른 사람들과 대화하는 법을 가르치는 셈이다. 이 주제를 좀 더 깊이 파보고 싶은 독자들에게 마셜 로젠버그 박사의 『비폭력 대화, 말은 마음의 창(아니면 벽)』을 권한다.[43] 로젠버그 박사가 자기 책에서 말하고 있듯이 이 소통 방식은 〈혁신적이지 않으며 모든 원리는 이미 수세기 전부터 알려져 있었다〉. 단지 우리가 잊고 있던 것을 다시 의식으로 끌어올림으로써 조화롭고 의식적이며 공감 어린 비폭력 대화를 실천하면 된다.

　이미 수차례나 언급했듯이, 우리는 그와 동시에 아이들에게 불가피한 갈등을 관리하는 도구를 주었다. 우리는 가능한 한 해당 상황을 긍정적으로 타결하게끔 아이들이 서로 이해하고 어떤 해결책을 제시할 수 있도록 도왔다.

인간적인 연결과 친절의 힘은 아이의 온전한 자기실현을 보조하기 원하는 모든 환경이 기반으로 삼아야 할 주춧돌이다. 우리가 어떤 교구를 사용했고 어떤 공간을 제공했느냐는 중요하지 않다. 실제로 차이를 만드는 것은 아이들끼리, 혹은 아이와 어른 들이 맺는 인간관계의 힘과 질이다. 물론 아이들의 자율성과 흥미롭고 자유로운 선택이 이루어지려면 교구와 활동의 종류도 웬만큼 확보되어야 한다. 그렇지만 다시 한번 강조하건대, 일단 그러한 활동들이 마련되어 있다면 아이들에게 우리의 인간미, 우리의 사랑, 우리의 신뢰를 내어 주는 것이 무엇보다 중요하다. 아이들 안에서 우리의 가장 좋은 부분이 울려 퍼지게끔. 이 고매한 감정만큼 인간의 지능을 받쳐 주고 높여 줄 수 있는 것은 없다. 인간이 어린 시절 내내 이 정신적 양식을 받아먹는다면 그가 성년기에 이르렀을 때 이른바 박애, 이타성, 연민은 노력할 필요조차 없는 것, 그의 더없이 자연스러운 존재 상태일 것이다.

나가는 말: 아름답고 빛나는 제 본성을 드러낼 수 있기를

인간 발달을 연구하는 학자들의 발견은 대단히 고무적이다. 나는 그 모든 연구자들에게 가없는 고마움을 느낀다. 그들의 작업이 상기시키는 바는 — 실은 우리도 이미 알고 있는 것이니 〈상기〉라고 해야 하지 않을까? — 어린아이가 사랑과 호의로 똘똘 뭉친 존재라는 것이다. 아이는 선한 것을 무엇보다 좋아하고 추구하며 나쁜 것을 보면 눈살을 찌푸린다. 아이들을 바라보면서 그들이 기쁨, 사랑, 공감으로 이루어진 존재라는 것을 깨닫기 바란다. 아이들은 근본적으로 이타적이고 관대한 충동에 따라 움직인다. 아이들은 세상의 구원자들이요, 약자의 열렬한 옹호자들이다. 우리도 이미 다 안다. 단지 잊고 있을 뿐.

우리가 그 사실을 잊은 이유는, 이 경이롭고 눈부신 존재들이 가소적 지능을 개인적이고 경쟁적인 모델에 끼워 맞추는 시스템 안에서 살고 있기 때문이다. 우리가 억눌렀던 것을 뒤늦게라도 살려 내려고 노력할 수는 있다. 하지만 그때 가서는 얼마나 막대한 노력이 필요할까? 우리가 아주 어릴 때부터 친사회적 행동을 억제하고 우회시켰다는 것을, 그래서 어른이 되어서도 그 꼴을 못 면하고 있다는 것을 모른단 말인가? 우리가 씨를 뿌려 놓고 나중에 가서는 우리가 개탄하는, 이 웃기는 꼬락서니가 〈보이지〉 않는가? 인간이라는 존재는 연결 속에서 자기를 실현하게 마련인데 이 법칙을 따르지 않다 보니 우리는 모두가 공감의 저활성화 상태에서, 뿐만 아니라 인지, 신진대사, 창의성의 저활성화 상태에서 살아간다……. 우리는 우리의 실질적인 잠재력을 모르고 살아간다.

협동, 너그러움, 이타성, 인간적 온기가 이제는 매력적이고 〈숨통을 틔워 주는〉 선택 사항처럼 여겨져서는 안 된다. 이 가치들은 인간의 삶을 받아들이고 꽃피우고자 하는 모든 환경의 주춧돌이 되어야 한다. 타자와의 긍정적 연결은 타협할 수 없는 조건, 개인적·집단적 실현의 요체다. 어떤 교사, 어떤 교재, 어떤 교육 기관, 어떤 교구도 — 아니, 〈그 무엇도〉 — 인간적 연결에서 자연스럽게 솟아난 내적인 힘과 충동에는 비교가 되지 않는다. 이 연결이 기적을 만들고, 자기를 실현시키고, 혁신을 이뤄 내고, 정신을 고양하며 자연스럽게 마음과 마음을 열어 준다.

기발한 교육적 혁신을 잔뜩 만들어 낼 필요가 없다. 오만 가지 방법을 개발할 필요도 없다. 해결책은 훨씬 단순하지만 안타깝게도 우리의 자세를 전면적으로 문제 삼는다. 아이들에게 그들이 요구하는 것을 주자. 풍부한 환경 안에서 적극적으로 행동할 자유를 주자는 말이다. 아이들은 그 환경 속에서 자기들끼리, 또한 우리와 더불어 신뢰와 친절을 주고받으며 살 수 있다. 이것이 인간 정신이 요청하는 전부다. 그러나 아이들은 자주 주의를 받는다. 〈친구하고 떠들지 마.〉 〈아니, 넌 그 친구 옆에 앉으면 안 돼. 그러면 둘이 한 시간 내내 웃고 떠들 거 아냐.〉 〈도와주지 마. 개도 스스로 할 줄 알아야 해.〉 우리는 척박한 환경 속에서도 드러나는 아이들의 사회적 욕구를 짓누르느라 어마어마한 에너지를 탕진하고 있으니, 이는 흡사 골목길 포석들 사이를 비집고 겨우 피어난 예쁜 꽃들을 꺾느라 기력을 쏙 빼는 격이다. 우리는 자연 법칙과 싸우고 있고, 그래서 기력이 딸린다. 이 말도 안 되는 싸움에서 우리가 승리할 확률은 제로다. 우리 아이들이 함께 웃고, 함께 뭔가 만들어 내고, 함께 옥신각신하도록 내버려 두자. 크게 숨 쉬고 우리 에너지는 잘 보존했다가 인간의 생명이 활짝 피어나는 모습을 바라볼 때 쓰자. 우리의 가장 중요한 과업은 〈무엇을 하는 것〉이나 새로운 〈방법〉을 만들어 내는 것이 아님을 명심해야 한다. 아이의 방법을 거스르지 않고 아이의 법칙과 아이 내면의 지시를 존중하는 것이 우리의 본분이다. 어른 된 우리의 역할은 그 법칙을 〈인식하고〉 찬물을 끼얹지 않도록 조심하는 것이다.

게다가 나는 우리가 이 법칙과 쉴 새 없이 타협함으로써 우리의 가장 큰 불행을 자초한다고, 그럼에도 이 법칙은 우리를 평화, 기쁨, 조화, 위대한 지성적·사회적 정복으로 인도하려 한다고 믿어 의심치 않는다. 나에게 슬쩍 멸시와 교만을 담아 이렇게 쏘아붙였던 사람들이 얼마나 많았는지 모른다. 〈아가씨는 순진한 신참이로구먼⋯⋯ 사정이 그렇게 단순하다면 누가 그걸 모르겠어요.〉 아니, 그렇지 않다. 나는 오히려 이렇게 말하련다. 지금이야말로 소매를 걷어붙이고 이 단순한 진실이 빛을 발하도록 힘써야 할 때라고. 우리는 지금도 이 진실을 무시하면서 잘못된 길을 집단적으로 닦고 있다고.

정부가 개혁을 추진할 때까지 기다리지 말자. 정부가 전국 시청에 학교 운동장에 다시 꽃과 나무를 심고, 낮잠을 자고 싶어 하는 아이는 누구든 푹 재우고, 다연령 학급을 설치하라고 지시하기를 기다리지 말자. 기대를 하지 말자. 그냥 우리가 알아서 하자. 교사, 보조 교사, 원장과 교장 들에게 내가 전하는 메시지는 이것이다. 〈여러분〉은 전문가다. 〈여러분〉은 이미 오래전부터 교육 현장을 책임졌다. 〈여러분〉은 이미 직관적으로 우리 아이들을 위하여 무엇을 해야 하는지 〈알고〉 있다. 이 책의 목표는 여러분의 직관이 옳다고, 여러분이 맞았다고, 그러니까 이미 착수한 변화들을 계속 밀고 나가라고 말하려는 데 있다. 우리의 수는 점점 더 불어날 것이다. 전진하자, 각자의 리듬에 맞춰. 조금씩 보태어 보자, 가능해 보이고 필요해 보이는 진전을. 시청이나 지역구와 연계하여 생생하고 역동적이며 모두의 — 아이들은 물론, 교사들까지 포함하여 — 자기실현에 적합한 학습의 장을 마련해 보자.

교사, 보조 교사, 원장, 교장 같은 현장 전문가들이 아이들에게 더 좋다고 생각하는 것을 실천할 수 있게 하라. 이 것이 우리의 학교를 다시 일으켜 세우는 결정적 지렛대가 될 것이다. 바로 〈그들〉이 정부 기관의 도움도 없이 분노의 급류와 고통의 강물을 겨우겨우 막아 내고 있는 경우가 얼마나 많은가. 우리가 이 현장 전문가들을 우애, 온정, 호의로 지원하지 않는다면 우리는 우리가 가진 가장 귀한 것을, 그들의 힘과 생산적인 열의를 잃고 말 것이다.

우리는 아이들을 두고 많은 말을 한다. 그러나 교사들은 기진맥진해 있다. 도무지 끝날 줄 모르는 교육 개혁들, 이 〈명백한〉 자유와 신뢰의 결여를 더 이상 참을 수 없을 지경이다. 교사들도 신뢰를 필요로 한다. 진실하고 〈참여적인〉 신뢰를. 〈네, 좋습니다〉라고 말하고, 지원과 도움과 격려를 동반하는 신뢰를. 나는 지금으로서는 학교를 일으켜 세울 방법을 달리 알지 못하겠다. 교사들이 답이다. 교사들이 답을 현실화할 수 있게 하라. 솔직히, 우리가 잃을 것도 없지 않은가? 솔직해지자. 높으신 분들이 치고받고 싸우는 동안에도 그들은 집을 잘 건사했다. 이제는 인정하고 학교를 교사들 손에 맡겨라. 그들이 학교를 더 아름답게 가꾸어 나가도록. 교사들은 학교를 자기손바닥 들여다보듯 잘 안다. 이 진심 어린 신뢰가 기운을 북돋우고 정신을 고양하여 생각지도 못했던 문들을 열어줄 것이다.

여러분도 이해했겠지만 이 책은 학습과 자기실현의 거대

원리들을 조명하여 교육이 나아가야 할 방향이라는 틀 안에서 여러분의 관심을 본질로 끌어 모으고자 했다. 어린아이가 믿을 수 없으리만치 가소적인 제 지능을 살찌우려면 세상과 접촉하면서 살아야 하고, 자기 의욕에서 우러난 다양한 경험을 짜임새 있는 환경 속에서 자율적으로 실현해야 하며, 자기를 믿어 주고 지원해 주는 다양한 연령의 인간들과 더불어 지내야 한다. 일단 이 거대 원칙들부터 고려하고 나서, 학교 혹은 가정에 따라 다른 우리네 인간들의 제약과 타협을 해야 한다. 이 기준들을 전부 다 제공할 필요도 없다. 이를테면 젠빌리에 유치원에서 우리는 아이들에게 교실 환경만 겨우 제공했을 뿐, 풍부하고 안정된 자연 환경을 접하게 해주지 못했고 그래서 더 많은 자율적 활동을 제공할 기회도 그만큼 제한되었다. 그렇지만 몇 가지 핵심을 잘 지켜 준 것만으로도 아이들의 발달과 자기실현에 대단히 긍정적인 효과를 불러올 수 있었다.

그러므로 이 경험은 쓸데없이 자기 자신을 압박하지 말고 각자의 형편과 여력에 맞게 〈점진적으로〉 나아가라는 격려의 의미로 받아들여야 한다. 명심하라, 중요한 것은 아이들에게 당장 완벽한 환경을 만들어 주는 게 아니다. 스스로에게 가혹하게 굴지 말고 시간을 넉넉히 내어 주면서 조금씩 더 나은 조건들로 나아가면 된다. 완벽에 도달하는 것이 목표가 아니다. 중요한 것은 앞으로 나아가려는 의욕, 의지, 기쁨이다.

무엇보다, 급할수록 돌아가라. 우리가 이 과정 속에서 배워야 할 것들이 너무 많기 때문이다. 우리가 목표에 도달하려고 애쓰는 과정에서 저지르는 실수들, 그 모든 경험은 필수불가결하다. 이 새로운 시스템을 떠받치는 메커니즘들을 배우고 이해하려면 반드시 거쳐야 할 통과 의례라고 할까. 그로써 우리도 아이들처럼 우리 내면의 모델과 신념을 조금씩 재조정하게 될 것이다. 이 과정을 충분히 살아 낼 시간이 필요하다. 허겁지겁 뛰어갈 필요는 없다. 우리는 이미 와야 할 곳에 와 있다. 숨을 크게 들이마시고 그저 한 걸음씩만 내딛으면 된다.

이미 이러한 방향으로 일하고 있는 유치원 교사들은 많다. 어디 유치원 교사들뿐일까. 지난 몇 년간 다연령 학급과 아동의 자율성을 주장함으로써 아동의 자연 법칙에 더 잘 맞고 생리학적으로도 더 나은 학습 조건을 제안하고자 했던 초등학교 교사, 중학교 교사, 고등학교 교사 들은 정말로 많았다.[1]

아직도 망설이는 교사들에게 이 책이 자극이 되었으면 좋겠다. 나의 우정과 더없이 진실한 형제애를 담아 말한다. 아이들이 여러분에게 제 모습을 드러내게 하라. 그들의 빛나는 모습은 놀랍다. 아이들의 창의성, 기쁨, 사랑, 너그러움은 차고 넘친다. 한 아이가 참다운 〈자기 존재〉를, 자신의 보편적 인간성과 개인적 독보성을 꽃피우기 시작하는 모습은 아침놀을 지켜보는 것과 비슷하다. 여러분은 그 모습을 지켜보면서 마음 깊이 감동을 받을 것이다. 이 자유로운 정신의 빛이 〈여러분〉마저 변화시키기 시작할 것이다. 나 또한 그 아이들이 내 안에 이런 흔적을 남길 줄은 상상도 못 했다. 나는 인간이라는 존재와 그 존재를 가로지르는 빛, 사랑, 기쁨을 보았다. 무엇보다도, 나는 근본적으로 깨달았다. 이 모든 것은 가르쳐서 될 일이 아니구나. 우리가 할 일은, 아이에게 자기를 표현할 여지를 남겨 주고 마음에서 우러나는 찬탄과 존중으로 이끄는 딱 여기까지로구나.

이 책을 읽는 부모들은 여러분 아이가 비범하고 똑똑하고 세상에 둘도 없는 존재라고 생각한다. 그 생각이 맞다. 우리 아이들은 천부적이고 비범하며 독보적이다. 우리의 학교가 한쪽 무릎을 꿇고 이제 막 무럭무럭 자라나는 이 인류의 표현을 겸손히 받들지 못한다면 중대한 난관들이 닥칠 것이다. 인간은 더 이상 기다릴 수 없기에, 인간의 잠재력은 지금 해방되고 그 역량을 온전히 발휘해야만 하기에. 우리는 아이에게 이렇게 말해야 할 것이다. 〈너는 추론하고 공감하고 상상하고 창의력과 너그러운 마음씨를 발휘하게끔 태어난 존재야. 내가 네 마음속에 뭔가를 만들어 줄 필요는 없단다. 네 안에 이미 모든 것이 있으니까. 시간이 흐르면 자연의 법칙이 네 등을 떠밀 거야. 너는 태어날 때부터 가지고 있던 그 잠재력을 너의 온힘을 다해 계발하고 싶어질 거야. 걷고 싶어지고, 말하고 싶어지고, 세상을 탐색하고 싶어지고, 다른 사람을 돕고 싶어지고, 친구를 사귀고 싶고, 그러다 때로는 싸우고 싶고, 너만의 계획을 세워서 밀고 나가고 싶어질 거야. 너는 그 모든 일을 혼자 해내고 싶을 거야. 그래, 그렇게 하는 게 맞아. 이 미약한 시작을 견고하고 독보적인 지능으로 변모시키는 것은 너 자신의 경험이니까. 그러나 너라는 한 인간이 인간다움을 획득하는 이 장대한 모험 속에 나는 늘 네 곁에 있을 거야. 내가 너의 지능이 얼마나 위대한지, 그 지능이 무엇을 원하는지 알아봐 줄게. 너의 지능을 존중하고 이끌어 줄게. 넌 믿어도 돼, 필요하면 언제라도 내가 곁에 있어. 나의 가장 큰 소망은 네가 품은 것을 보여 주는 거야. 네 지능이 한껏 피어나 그 아름다움으로 세상을 비추어 주길 바라.〉

젠빌리에 실험은 이 여정의 도착점이 아니라 〈출발점〉이다. 각자 타당하다고 생각하는 부분을 취하고 나머지는 거리낌 없이 잊어도 된다. 아동의 자기실현을 조건 짓는 근본 법칙들을 파악했다면 각자 자신감을 갖고 자기 형편에 맞게 그 법칙들을 응용해서 실천하기 바란다. 교조주의의 함정에 빠지지 않도록 주의하라. 우리는 언제나 우리의 기존 지식을 현실적 실천 방안, 우리의 직관, 인간발달학의 진전에 비추어 전면적으로 재고할 자세가 되어 있어야 한다. 젠빌리에 실험에서 영감을 얻되 그 실험을 모델로 삼지는 말라. 우리의 실험에서 의욕과 자신감을 얻었다면 이제 여러분의 실험을 하기 바란다.

감사의 글

교육부에 몸담고 계신 분들로서 물심양면으로 도움 주신 장미셸 블랑케, 장바티스트 드 프로망, 크리스토프 케레로, 에릭 드바르비외, 카롤린 벨셰프, 마르크 피에르 망셸, 크리스티앙 포레스티에, 올리비에 노블쿠르에게 마음으로부터 감사를 드린다.

건설적이고 생산적인 대화 상대가 되어 주신 뮈리엘 부숑, 코린 부베, 크리스틴 포드뱅, 아멜리 폴랭, 상드린 갈리엔, 크리스티앙 마레샬에게 마음을 담아 따뜻한 고마움을 표하고 싶다. 이분들 덕분에 나는 실험을 신속하게 시작할 수 있었다. 장뤼르사 학교 교무부는 제도적 틀이 마련되지 않은 상태에서도 이 프로젝트를 수용하기 위해 최선을 다해 주었다. 로랑 크로, 프랑수아 타데이, 로랑 비고르뉴, 장폴 델레부아의 지원에 감사를 드린다. 스타니슬라스 드앤, 마누엘라 피아자, 카트린 게갱, 카트린 빌라르, 미셸 파욜, 조엘 프루스트, 자크 르콩트, 릴리안 슈프렝어샤롤에게 뜨거운 감사를 보낸다. 이 과학자들과의 대화는 나에게 큰 도움과 격려가 되었다.

젠빌리에 우리 반 부모님들이 보여 주신 신뢰와 우애와 지원에 가슴 먹먹한 감사를 보낸다. 우리를 정말로 따뜻하게 대해 주셨다. 그분들의 경이로운 자녀들에게, 그 아이들이 나에게 가르쳐 준 모든 것에, 우리가 존중과 애정으로 함께 보낸 모든 순간에 감사한다. 행정적 골칫거리와 관련된 일상의 우여곡절 때문에 내가 아이들 옆에서 온전히 집중하지 못했을 때에도 그들은 놀라운 인내심과 살뜰한 관심으로 내게 힘을 주었다.

이 경험을 널리 나눌 수 있도록 도와주신 아렌 출판사 편집부 전체에 감사한다. 로랑 베카리아와 카트린 메예르가 신뢰와 호의와 특별한 배려를 아끼지 않은 덕분에 나는 이 책을 쓸 수 있었다.

카린, 엘로디, 오드, 파비앵, 미티외, 우사마는 나에게 가치를 따질 수 없는 귀한 도움을 주었다. 그리고 5년이 넘도록 내 곁에서 함께 해주고 있는 안나 비슈에게 고마움을 표한다. 안나가 없었다면 이 책은 세상에 나오기 힘들었을 것이다.

스테펜에게 감사한다. 그가 일상적으로 나를 지원하고 늘 차분하고 평온한 태도를 견지했기에 나 역시 이 실험의 가장 혹독한 시련들을 극복할 수 있었다.

언제나 내게 영감을 주시는 인간미 넘치는 우리 부모님과 우리 자매 비르지니와 에밀리에게 감사한다. 그들이 내 삶에 있기에 내 가슴은 기쁨과 자부심이 넘친다.

나의 시선과 관심을 본질로 끌어당겼던 마리아 몬테소리 박사가 우리에게 넘겨준 이 깐깐하고도 민감한 유산에 감사드린다.

　마지막으로, 오래전부터 일상적으로 우리 아이들을 위해 일하고 있는 수많은 일선 교사들에게 마음 깊이 감사드린다.

부록

셸린 알바레즈와 그 팀이 운영하는 웹페이지 www.celin-ealvarez.org에서 다음과 같은 젠빌리에 유치원의 조직 운영에 대한 정보를 더 얻을 수 있다.

- 전체 모임
- 아이들에 대한 추적 조사
- 일과표
- 어른의 자세
- 보조 교사의 자세
- 교실 환경의 조직
- 시설 마련의 여러 단계들
- 자율의 여러 단계들
- 실제 사용된 교구들의 전체 목록
- 학부모들과의 관계 등

여러분이 시청할 수 있는 동영상들도 다수 올라와 있다.

- 학부모 인터뷰

- 처음 두 해를 간략하게 보여 주는 영상 일기
- 교육 활동들

셀린 알바레즈의 유튜브 채널을 구독할 수도 있겠다. 여기에 셀린 알바레즈의 강연과 활동 동영상이 모두 올라온다.

주

머리말: 배움의 현장을 다시 생각하다

1 2007년도 교육평가위원회 보고서.

2 Mattea Battaglia, Aurélie Collas, 《Classement Pisa: la France championne des inéalité scolaires》, *Le Monde*, 3 décembre 2013.

3 더 자세한 정보는 www.celinealvarez.org를 참조하라.

4 〈학교를 위한 행동Agir pour l'école〉 협회가 작성한 결과 분석 보고서에서 발췌.

5 이 동영상들은 www.celinealvarez.org 혹은 저자의 유튜브 채널에서 볼 수 있다.

6 스타니슬라스 드앤은 우리 실험의 초기 성과를 콜레주 드 프랑스 강의에서도 언급해 주었다. 이 강의는 온라인으로 볼 수 있다(「읽기 학습: 인지과학의 기여Apprentissage de la lecture: apport des sciences cognitives」).

7 www.lamaternelledesenfants.wordpress.com

1 인간 지능의 탁월함

1 Hart, B. & Risley, T. R. (2003), 《The Early Catastrophe: The 30 Million Word Gap by Age 3》, *American Educator*, p. 4-9.

2 Snowling, M., Hulme, C. & Nash, H. M. et al. (2015), 《The Foundations of Literacy Development in Children at Familial Risk of Dyslexia》, *Psychological Science*, 26 (12), p. 1877-1886.

3 Center on the Developing Child (2009), 《Five Numbers to Remember About Early Childhood Development (Brief)》.

4 Shlain, T. (2012), 《Brain Power: From Neurons to Networks》, TED Conferences, LLC.

5 Nelson, C. A., Zeanah, C. H., Fox, N. A., Marshall, P. J., Smyke, A. T. & Guthrie, D. (2007), 《Cognitive Recovery in Socially Deprived Young Children: The Bucharest Early Intervention Project》, *Science*, 318 (5858), p. 1937-1940.

6   Pena, M., Werker, J.-F. & Dehaene-Lambertz, G. (2012), 《Earlier Speech Exposure Does not Accelerate Speech Acquisition》, *Journal of Neuroscience*, 32 (33), p. 11159-11163.

7   하버드 아동발달센터 웹사이트에서 읽을 수 있는 논문(「Brain Architecture」)을 저자가 발췌 번역한 것.

8   Friederici, A. D., Mueller, J. & Oberecker, R. (2011), 《Precursors to Natural Grammar Learning: Preliminary Evidence from 4-Month-Old Infants》, *PLoS ONE*, 6 (3), e17920.

9   Yudhijit Bhattacharjee, 《Les secrets du cerveau des bébés》, *National Geographic*, 16 septembre 2015.

10   Luo, Y., Kaufman, L. & Baillargeon, R. (2009), 《Young Infants' Reasoning About Events Involving Inert and Self-Propelled Objects》, *Cognitive Psychology*, 58 (4), p. 441-486; Stahl, A. E. & Feigenson, L. (2015), 《Observing the Unexpected Enhances Infants' Learning and Exploration》, *Science*, 348 (6230), p. 91-94.

11   Moore, M. K., Borton, R. & Darby, B. L. (1978), 《Visual Tracking in Young Infants: Evidence for Object Identity or Object Permanence?》, *Journal of Experimental Child Psychology*, 25 (2), p. 183-198; Bower, T. G. R. (1978), *Le Déeloppement psychologique de la premièe enfance*, Pierre Mardaga; Baillargeon, R., & Graber, M. (1987), 《Where's the rabbit? 5.5-month-old infants' representation of the height of a hidden object》, *Cognitive Development*, 2, p. 375-392; Spelke, E. S., Breinlinger, K., Macomber, J., & Jacobson, K. (1992), 《Origins of knowledge》, *Psychological Review*, 99, p. 605-632; Munakata, Y., McClelland, J. L., Johnson, M. H. & Siegler, R. (1997), 《Rethinking Infant Knowledge: Toward an Adaptative Process Account of Successes and Failures in Object Permanent Tasks》, *Psychological Review*, 104 (4), p. 686-713; Haith, M. (1998), 《Who Put the Cog in Infant Cognition? Is Rich Interpretation too Costly?》, *Infant Behaviour and Development*, 21, p. 167-179; Meltzoff, A. N. & Moore, M. K. (1998), 《Object Representation, Identity, and the Paradox of Early Permanence: Steps Toward a New Framework》, *Infant Behavior and Development*, 21 (2), p. 201-235. 또한 Alison Gopnik (2005), *Comment pensent les bébés*, Le Pommier, 《Poche》, p. 101도 참조하라.

12   Gopnik, A. (2010), *Le Bébé philosophe*, Le Pommier.

13   Dehaene, S. (17 février 2015), 《Fondements cognitifs des apprentissages scolaires. La mémoire et son optimisation》. 콜레주 드 프랑스에서 한 이 강의는 온라인에서 이용 가능하다.

14   Freeman, S., Eddy, S. L., McDonough, M., Smith, M. K., Okoroafor, N., Jordt, H. & Wenderoth, M. P. (2014), 《Active Learning Increases Student Performance in Science, Engineering, and Mathematics》, *PNAS*, 111 (23), p. 8410-8415.

15   Mayer, R. E. (2004), 《Should There Be a Three-Strikes Rule Against Pure Discovery Learning? The Case for Guided Methods of Instruction》, *The American Psychologist*, 59 (1), p. 14-19.

16   Baldwin, D. A., Markman, E. M., Bill, B., Desjardins, R. N., Irwin, J.-M. & Tidball, G. (1996), 《Infants' Reliance on a Social Criterion for Establishing Word-Object Relations》, *Child Development*, 67 (6), p. 3135-3153.

17   Kuhl, P. K., Tsao, F. M. & Liu, H. M. (2003), 《Foreign-Language Experience in

Infancy: Effects of Short-Term Exposure and Social Interaction on Phonetic Learning》, *Proc Natl Acad Sci USA*, 100 (15), p. 9096-101.

18   《Les secrets du cerveau des bébés》, art cit.

19   Tenenbaum, E. J., Sobel, D. M., Sheinkopf, S. J., Malle, B. F. & Morgan, J.-L. (2015), 《Attention to the Mouth and Gaze Following in Infancy Predict Language Development》, *J Child Lang.*, 18, p. 1-18 Carpenter, M., Nagell, K. & Tomasello, M. (1998), 《Social Cognition, Joint Attention, and Communicative Competence From 9 to 15 Months of Age》, *Monogr Soc Res Child Dev.*, 63 (4), p. i-vi, 1-143.

20   Gopnik A., Meltzoff A. & Kuhl P. (2005), *Comment pensent les béé?*, op. cit., p. 277.

21   Desmurget M. (2012), *TV lobotomie*, Max Milo.

22   Csibra, G. & Gergely, G. (2009), 《Natural Pedagogy》, *Trends Cogn Sci*, 13 (4), p. 148-153.

23   Howe, N., Della Porta, S., Recchia, H., Funamoto, A. & Ross, H. (2015), 《"This Bird Can't Do It 'cause this Bird Doesn't Swim in Water"': Sibling Teaching during Naturalistic Home Observations in Early Childhood》, *Journal of Cognition and Development*, 16 (2), p. 314-332.

24   Rescorla, R. A. & Wagner, A. R. (1972), *A theory of Pavlovian conditioning: Variations in the effectiveness of reinforcement and nonreinforcement*, Classical Conditioning II, Current Research and Theory (Eds Black AH, Prokasy WF), Appleton Century Crofts, p. 64-99.

25   Donato, F., Rompani, S. B. & Caroni, P. (2013), 《Parvalbumin-Expressing Basketcell Network Plasticity Induced by Experience Regulates Adult Learning》, *Nature*, 504 (7479), p. 272-276.

26   Hanscom A., 《The Unsafe Child: Less Outdoor Play is Causing More Harm than Good》, article du 6 mai 2015 pour la passionnante association Children & Nature Network.

27   Pyle, R. M. (2001), *The Rise and Fall of Natural History*, Orion.

28   D'Amore, C., Charles, C. & Louv, R. (2015), 《Thriving Through Nature: Fostering Children's Executive Function Skills》, *Children & Nature Network*; Fjørtoft, I. (2001), 《The Natural Environment as a Playground for Children: The Impact of Outdoor Play Activities in Pre-Primary School Children》, *Early Childhood Education Journal*, 29 (2); Louv, R. (2008, 2005), *Last Child in the Woods: Saving Our Children from Nature-Deficit Disorder*, Chapel Hill, Algonquin Books; Charles, C. & Louv, R. (2009), 《Children's Nature Deficit: What We Know-and Don't Know》, *Children & Nature Network*.

29   Gillet, T., 《Une enfance plus simple pourrait protéger nos petits contre les troubles psychiques》, *Huffington Post*, 12 avril 2016.

30   Fisher, A. V., Godwin, K. E. & Seltman, H. (2014), 《Visual Environment, Attention Allocation, and Learning in Young Children: When Too Much of a Good Thing May Be Bad》, *Psychological Science*.

31   Payne, K. J. (2010), *Simplicity Parenting: Using the Extraordinary Power of Less to Raise Calmer, Happier, and More Secure Kids*, Ballantine Books.

32   Immordino-Yang, M. H., Christodoulou J. A. & Singh V. (2012), 《Rest Is Not Idleness: Implications of the Brain's Default Mode for Human Development and Education》,

Perspectives on Psychological Science, 7, p. 352.

33   Seehagen, S., Konrad, C., Herbert, J.-S. & Schneider, S. (2014), 《Timely Sleep Facilitates Declarative Memory Consolidation in Infants》, *PNAS*; Kurdziel, L., Duclos, K. & Spencer, R.M.C. (2013), 《Sleep Spindles in Midday Naps Enhance Learning in Preschool Children》, *Proc. Natl. Acad. Sci. USA*, 110, p. 17267-17272.

34   Prehn-Kristensen, A., Munz, M., Göer, R., Wilhelm, I., Korr, K., Vahl, W. & Baving, L. (2014), 《Transcranial Oscillatory Direct Current Stimulation During Sleep Improves Declarative Memory Consolidation in Children With Attention-Deficit/Hyperactivity Disorder to a Level Comparable to Healthy Controls》, *Brain Stimulation*.

35   Choi, J. et al. (2012), 《Reduced Fractional Anisotropy in the Visual Limbic Pathway of Young Adults Witnessing Domestic Violence in Childhood》, *Neuroimage*, 59 (2), p. 1071-1079.

36   Choi, J., Jeong, B., Rohan, M. L., Polcari, A. M. & Teicher, M. H. (2009), 《Preliminary Evidence for White Matter Tract Abnormalities in Young Adults Exposed to Parental Verbal Abuse》, *Biol. Psychiatry*, 65 (3), p. 227-234; Teicher, M. H. et al. (2010), 《Hurtful Words: Association of Exposure to Peer Verbal Abuse with Elevated Psychiatric Symptom Scores and Corpus Callosum Abnormalities》, *Am. J. Psychiatry*, 67 (12), p. 1464-1471.

37   Lieberman, M. D. et al. (2007), 《Putting feelings into words: Affect labeling disrupts amygdale activity in response to activity stimuli》, *Psychological Science*, 18, p. 421-428.

38   Teicher, M. H. et al. (2012), 《Childhood maltreatment is associated with reduced volume in the hippocampal subfields CA3, dentate gyrus, and subiculum》, *PNAS*, 109 (9), p. E563-E572.

39   Gueguen, C. (2014), *Pour une enfance heureuse: repenser l'éducation à la lumière des neurosciences*, Robert Laffont.

40   www.celinealvarez.org에서 「여러분의 교실을 다시 꾸며 보세요Réorganisez votre classe」라는 동영상을 찾아 실제 교실의 배치를 볼 수 있다.

41   전체 대화 진행에 대해서 더 알고 싶은 교사들은 www.celinealvarez.org에서 〈전체 모임 Regroupements〉 동영상을 보라.

42   Louv, R. (2008, 2005), Last Child in the Woods: Saving Our Children from Nature-Deficit Disorder, Chapel Hill, Algonquin Books Charles, C., Louv, R. (2009), 《Children's Nature Deficit: What We Know-and Don't Know》, *Children & Nature Network*.

43   Dehaene, S. (3 février 2015), 《Fondements cognitifs des apprentissages scolaires. L'engagement actif, la curiositéet la correction des erreurs》, cours au Collèe de France.

44   우리가 사용한 도표도 참고하기를 원하는 교사들을 위하여 홈페이지에 게재할 예정이다.

45   Winnicott D. W. [1958] (1975), *La Capacité d'être seul*, in *De la pédiatrie à la psychanalyse*, Payot, 《Petite Bibliothèque Payot》, p. 205-213.

46   Crockenberg S. & Litman C. (1990), 《Autonomy as Competence in 2-Year-Olds: Maternal Correlates of Child Defiance, Compliance and Self-Assertion》, *Developmental Psychology*, 26 (6), p. 961-971.

47   Csíikszentmiháalyi, M. (1988), *Optimal Experience Psychological Studies of Flow in*

Consciousness, Cambridge University Press, p. 323.

48   Rosenthal R., Jacobson L. F. (1968), 《Teacher Expectation for the Disadvantaged》, *Scientific American*, 218 (4), p. 19-23.

49   www.celinealvarez.org 에서 《예비 단계préliminaires》라는 동영상을 참조하라.

50   Maria Montessori, *L'Enfant dans la famille* (2007), Desclé de Brouwer, p. 135.

51   Gueguen, C., *Pour une enfance heureuse: repenser l'éducation à la lumière des neurosciences*.

2 아이의 배움을 어떻게 도울까

1   Maria Montessori, 《Education based on psychology》, conférence prononcé le 4 septembre 1946, in *The 1946 London Lectures* (2012), Laren (Pays-Bas), Montessori-Pierson Publishing Company.

2   같은 책.

3   www.celinealvarez.org에서 주요 활동들이 어떻게 진행되었는가를 동영상으로 볼 수 있다.

4   Dehaene, S. (13 janvier 2015), 《Fondements cognitifs des apprentissages scolaires. L'attention et le contrôle exécutif》, cours au Collège de France.

5   64개 색깔들의 짝짓기 활동에는 〈색깔 상자 3번〉이 두 개 필요하다. 이 활동은 마리아 몬테소리의 책 『몬테소리 박사 핸드북*Dr Montessori's own handbook*』에 제시되어 있다.

6   전체 모임 시간에 대해서 더 많은 정보를 원하는 독자는 우리 웹사이트 www.celinealvarez.org를 보라.

7   Meltzoff, A. N., Kuhl, P. K., Movellan, J. & Sejnowski, T. J. (2009), 《Foundations for a New Science of Learning》, *Science* (New York, N.Y.), 325 (5938), p. 284-288 (doi:10.1126/science.1175626); Dehaene, S., 《Fondements cognitifs des apprentissages scolaires. L'attention et le contrôle exéutif》.

8   Dehaene, S. (3 mars 2015), 《Fondements cognitifs des apprentissages scolaires. Fondements cognitifs de l'apprentissage des mathématiques》, conférence au Collège de France; Piazza, M. (20 novembre 2012), 《Le goût des nombres et comment l'acquérir》, colloque Sciences cognitives & Éducation au Collège de France.

9   Izard, V., Sann, C., Spelke, E. S., Streri, A. (2009), 《Newborn Infants Perceive Abstract Numbers》, *PNAS*, 106 (25), p. 10382-10385.

10   Wynn, K. (1992), 《Addition and Substraction by Human Infants》, *Nature*, 358, p. 749-750; McCrink, K. & Wynn, K. (2004), 《Large-Number Addition and Subtraction by 9 Month-Old Infants》, *Psychol. Sci*, 15 (11), p. 776-781.

11   Gilmore, C. K., McCarthy, S. E. & Spelke, E. S. (2007), 《Symbolic Arithmetic knowledge Without Instruction》, *Nature*, 447 (7144), p. 589-591; Gilmore, C. K., McCarthy, S. E. & Spelke, E. S. (2010), 《Non-Symbolic Arithmetic Abilities and Mathematics Achievement in the First Year of Formal Schooling》, *Cognition*, 115 (3), p. 394-406.

12   교재 및 교구 전체 목록은 우리 웹페이지에 나와 있다.

13 국제 난독증 협회도 우리 책의 내용과 비슷한 방향에서 난독증 아이들의 읽기 교육에 대한 흥미로운 전문적 방법을 웹페이지에 제시하고 있다. www.dyslexia-international.org

14 Gentaz E., Colé P. & Bara, F. (2003), 《Évaluation d'entraînements multisensoriels de préparation la lecture pour les enfants en grande section de maternelle: une étude sur la contribution du système haptique manuel》, *L'Année psychologique*, 4, p. 561-584; Bara, F., Gentaz, E., Colé P. & Sprenger-Charolles, L. (2004), 《The Visuo-Haptic and Haptic Exploration of Letters Increases the Kindergarten-Children's Reading Acquisition》, *Cognitive Development*, 19, p. 433-449; Bara, F., Gentaz, E., Colé P. & Sprenger-Charolles, L. (2004), 《Les effets des entraînements phonologiques et multisensoriels destiné à favoriser l'apprentissage de la lecture chez les jeunes enfants》, *Enfance*, 4, (56) PUF; Gentaz, E. & Collignon, H. (2004), 《Apprendre à lire avec les doigts》, *Médecine et Enfance*.

15 Piazza, M., 《Le goût des nombres et comment l'acquérir》, colloque cité.

16 동영상으로 촬영된 활동들은 모두 www.celinealvarez.org를 참조하기 바란다.

17 Dehaene, S., 《Fondements cognitifs des apprentissages scolaires. Fondements cognitifs de l'apprentissage des mathématiques》, cours cité; Piazza, M., 《Le goût des nombres et comment l'acquérir》, colloque cité; Dehaene, S. (2010), *La Bosse des maths*, Odile Jacob.

18 Dehaene, S., Dehaene-Lambertz, G., Gentaz, E., Huron, C. & Sprenger-Charolles, L., *Apprendre à lire:des sciences cognitives à la salle de classe*, op. cit.

19 Dyslexia International-Sharing expertise (www.dyslexia-international.org); Dehaene, S., Dehaene-Lambertz, G., Gentaz, E., Huron, C. & Sprenger-Charolles, L. (2011), *Apprendre à lire:des sciences cognitives à la salle de classe*, op. cit.

20 이 검사는 그르노블 CNRS 소속 연구진들이 맡아 주었다.

21 스타니슬라스 드앤의 콜레주 드 프랑스 강의를 보라(2015년 「학교에서의 학습의 인지적 토대」 강의 중 「읽기의 인지적 토대Fondements cognitifs de la lecture」 편). 이 강의는 콜레주 드 프랑스 웹사이트에서 온라인으로 볼 수 있다.

22 이 언어 활동들을 촬영한 동영상들도 머지않아 우리 웹페이지에서 볼 수 있다.

23 Dyslexia International-Sharing expertise. www.dyslexia-international.org

24 이 동영상은 우리 웹페이지에 올라와 있다.

25 이 동영상은 www.celinealvarez.org 홈페이지와 나의 유튜브 채널에서 찾아볼 수 있다.

26 이 활동들에 대해서 더 알고 싶은 독자는 우리 웹사이트에 올라와 있는 동영상을 참조하기 바란다. 활동 자료 파일도 웹사이트에서 다운로드할 수 있다.

27 이 동영상도 우리 웹페이지에서 볼 수 있다.

3 지성의 기반 능력을 가꿔 주기

1 Dehaene, S. (6 janvier 2015), 《Fondements cognitifs des apprentissages scolaires. Éducation, plasticité cérébrale et recyclage neuronal》, cours au Collège de France.

2 Dehaene-Lambertz, G. (2004), 《Bases céérales de l'acquisition du langage: apport de la neuro-imagerie》, *Revue de psychiatrie de l'enfant et de l'adolescent*, 52, p. 452-459.

3　Mehler, J., Lambertz G., Juszyk, P. W. & Amiel-Tison, C. (1986), 《Discrimination de la langue maternelle par le nouveau-né Comptes rendus de l'Académie des sciences》, séie 3, *Sciences de la vie*, 303, (15), p. 637-640.

4　로슨 파커가 제시한 〈신경 네트워크〉 그래프(《Neural Network》, in 《The First Year》 (janvier 2015), *National Geographic*)를 참조한 도표. 출처: Charles Nelson, Harvard Medical School; Pat Levitt, Children's Hospital, Los Angeles; National Scientific Council on the Developing Child (2007), 《The Timing and Quality of Early Experiences Combine to Shape Brain Architecture: Working Paper 5》; Nelson, C.A. (2000), *From Neurons to Neighborhoods*, National Academy Press.

5　출처는 다음과 같다. Center on The Developing Child (2012), 《Executive Function (InBrief)》.

6　Center on The Developing Child at Harvard University (2011), 《Building The Brain's "Air Traffic Control" System: How Early Experiences Shape The Development of Executive Function, Working Paper 11》.

7　같은 보고서.

8　인터넷에서 아델 다이아몬드의 흥미롭고 진심 어린 강연을 찾아보기 바란다. 특히 다음의 두 강연을 추천한다. Diamond, A. (2014), 《Turning Some Ideas on Their Head》, TEDx; Diamond, A. (2013), 《Cultivating the Mind》, colloque international 《Heart-Mind 2013》.

9　Mischel, W., Ebbesen, E. B., Raskoff Zeiss & A. (1972), 《Cognitive and Attentional Mechanisms in Delay of Gratification》, *Journal of Personality and Social Psychology*, 21, (2), p. 204-218.

10　National Scientific Council On The Developing Child, 《Building The Brain's "Ai Traffic Control" System: How Eearly Experiences Shape The Development of Executive Function: Working Paper 11》, art. cit.

11　Wallace, J.-B. (13 mars 2015), 《Why Children Needs Chores》, *The Wall Street Journal* (en ligne).

12　Montessori, M. (2006), *L'Enfant*, Desclée de Brouwer.

13　아이들의 자율성에 기초한 학급 운영에 대해서 더 자세히 알고 싶은 교사들은 우리 웹페이지를 참조하기 바란다. www.celinealvarez.org

14　우리 웹페이지를 참조하라.

15　우리 웹페이지를 참조하라.

16　Center on the Developing Child at Harvard University, 《Building the Brain's "Air Traffic Control" System: How Early Experiences Shape the Development of Executive Function, Working Paper 11》, art. cit.

17　Tang, Y. Y. et al. (2007), 《Short-Term Meditation Training Improves Attention and Self-Regulation》, *Proceedings of the National Academy of Sciences*, 104, 43, p. 17152-17156.

18　Center on the Developing Child at Harvard University, 《Building the Brain's "Air Traffic Control" System: How Early Experiences Shape the Development of Executive Function, Working Paper 11》, art. cit.

19　Gopnik, A., Meltzoff, A., Kuhl, P., *Comment pensent les bébés?*, op. cit.

20   Barker, J. E., Semenov, A. D., Michaelson, L., Provan, L. S., Snyder, H. R. & Munakata, Y. (2014), 《Less-Structured Time in Children's Daily Lives Predicts Self-Directed Executive functioning》, *Frontiers in Psychology*, 5, 593, p. 1-16.

21   D'Amore, C., Charles, C., Louv, R. (2015), 《Thriving Through Nature: Fostering Children's Executive Function Skills》, art. cit.

22   Gueguen, C., *Pour une enfance heureuse: repenser l'éucation à la lumièe des neurosciences*, op. cit.

23   Coccaro, E. F., Sripada, C. S., Yanowitch, R. N. & Phan, K. L. (2011), 《Corticolimbic Function in Impulsive Aggressive Behavior》, *Biological Psychiatry*, 69, (12), p. 1153-1159.

24   Center on the Developing Child (2015), 《The Science of Resilience (InBrief)》.

25   Lengua, L. J., Honorado, E. & Bush, N. R. (2007), 《Contextual Risk and Parenting as Predictors of Effortful Control and Social Competence in Preschool Children》, *Journal of Applied Developmental Psychology*, 28, (1), p. 40-55; Maughan, A. & Cicchetti, D. (2002), 《Impact of Child maltreatment and Interadult Violence on Children's Emotion Regulation Abilities and Socioemotional Adjustment》, *Child Development*, 73, (5), p. 1525-1542; O'Connor, T. G., Rutter, M., Beckett, C., Keaveney, L. & Kreppner, J.-M. (2000), 《The Effects of Global Severe Privation on Cognitive Competence: Extension and Longitudinal Follow-Up》, *Child Development*, 71, (2), p. 376-390; Center on the Developing Child at Harvard University, 《Building the Brain's "Air Traffic Control" System: How Early Experiences Shape the Development of Executive Function, Working Paper 11》, art. cit.

26   Ricard, M. & Singer, T. (2015), *Vers une société altruiste*, Éd. Allary.

27   www.celinealvarez.org에서 〈자율의 단계들Étapes de l'autonomie〉이라는 동영상을 참조하라.

28   Center on the Developing Child at Harvard University, 《Building the Brain's "Air Traffic Control" System…》, art. cit.

4 탁월한 본성의 비결은 사랑

1   〈연결réliance〉이라는 용어는 벨기에 사회학자 마르셀 볼 드 발Marcel Bolle De Bal이 고안했고 프랑스의 사회학자이자 철학자 에드가 모랭Edgar Morin을 통해 널리 알려졌다. 연결 개념은 연결을 만들거나 자신이 연결되는 행위, 혹은 그 행위의 결과인 〈서로 이어져 있다는 감정 혹은 상태〉를 의미하므로 〈능동적〉이다. 다음을 참조하라. Bolle De Bal, M. (2003), 《Réliance, déliance, liance: émergence de trois notions sociologiques》, *Société*, 2, (80), p. 99-131.

2   Waldinger, R. (2015), 《What Makes a Good Life? Lessons From the Longest Study on Happiness》, TEDxBeaconStreet.

3   Waldinger, R., 《The Study of Adult Development, Harvard Second Generation Study》. 더 많은 정보는 연구센터 홈페이지를 참조하라. http://www.adultdevelopmentstudy.org.

4   이 주제를 다루었던 과학적 연구들을 멋지게 종합하고 있는 다음 저작을 추천한다.

Gueguen, C., *Pour une enfance heureuse: repenser l'éducation à la lumière des neurosciences*, op. cit.

5   Harbaugh, W., Mayr, U. & Burghart, D. (2007), 《Neural Responses to Taxation and Voluntary Giving Reveal Motives for Charitable Donations》, *Science*, 316, (5831), p. 1622-1625; Moll, J., Krueger, F., Zahn, R., Pardini, M., de Oliveira-Souza, R. & Grafman, J. (2006), 《Human Fronto-Mesolimbic Networks Guide Decisions About Charitable Donation》, *Proceedings of the National Academy of Science*, 103, p. 15623-15628.

6   Lecomte, J. (2012), *La Bonté humaine*, Odile Jacob Moll, J., Krueger, F., Zahn, R., Pardini, M., de Oliveira-Souza, R. & Grafman, J., 《Human Fronto-Mesolimbic Networks Guide Decisions About Charitable Donation》, art. cit. Thoits, P. A. & Hewitt, L. N. (2001), 《Volunteer Work and Well-Being》, *Journal of Health and Social Behavior*, 42, p. 115-131 Aknin, L. B., Dunn, E. W. & Norton, M. I. (2011), 《Happiness Runs in a Circular Motion: Evidence for a Positive Feedback Loop Between a Prosocial Spending Happiness》, *Journal of happiness studies*.

7   Tabibnia, G., Satpute, A. B. & Lieberman, M. D. (2008), 《The Sunny Side of Fairness: Preference for Fairness Activates Reward Circuitry (and Disregarding Unfairness Activates Self-Control Circuitry)》, *Psychological Science*, 19, p. 339-347; Tabibnia, G. & Lieberman, M. D. (2007), 《Fairness and Cooperation are Rewarding: Evidence from Social Cognitive Neuroscience》, *Annals of the New York Academy of Sciences*, 1118, p. 90-101; Sanfey A. G., Rilling J. K., Aronson J. A., Nystrom L. E. & Cohen J. D. (2003), 《The Neural Basis of Economic Decision-Making in the Ultimatum Game》, *Science*, 300, p. 1755-1758.

8   King-Casas, B., Tomlin, D., Anen, C., Camerer, C. F., Quartz, S. R., Montague, P. R. (avril 2005), 《Getting to Know You: Reputation and Trust in a Two-Person Economic Exchange》, *Science*, 308, (5718), p. 78-83.

9   Gilman, S., de Lestrade, T. (2015), *Vers un monde altruiste?*, documentaire de 91 minutes, production Arte France, Via Découvertes.

10   Schnall, S., Roper, J. & Fessler, D. M. T. (2010), 《Elevation Leads to Altruistic Behavior》, *Psychological Science*, 21, p. 315-320.

11   Lanzetta, J. & Englis, B. (1989), 《Expectations of Cooperation and Competition in Their Effects on Observer's Vicarious Emotional Responses》, *Journal of Personality and Social Psychology*, p. 543-554.

12   Eisenberger, N. I., Lieberman, M. D. & Williams, K. D. (2003), 《Does Rejection Hurt ? An fMRI Study of Social Exclusion》, *Science*, 302, p. 290-292.

13   Rilling, J., Gutman, D., Zeh, T., Pagnoni, G. & Berns, G. et al., (2002), 《A Neural Basis for Social Cooperation》, *Neuron*, 35, (2), p. 395-405.

14   인터넷에서 〈Still Face Experiments〉를 검색하면 된다. 다음의 다큐멘터리도 참조하라. Tronick, E., Adamson, L. B., Als, H. & Brazelton, T. B. (1975), 《Infant Emotions in Normal and Pertubated Interactions》 (Society for Research in Child Development, Denver, CO).

15   〈첫걸음 연구〉는 아직 진행 중이다. 그러나 이스턴 핀란드 대학교 홈페이지에서 다음 논문

을 찾아볼 수 있다. Siekkinen, M., 《Empathetic Teachers Enhance Children's Motivation for Learning》.

16 아이들이 아직 자율성을 갖추지 못한 이 초창기에 우리가 어떤 식으로 학급을 이끌었는지 더 알고 싶은 독자들은 우리 웹페이지에서 〈자율의 단계들Les étapes de l'autonomie〉 동영상을 참조하라.

17 Alvarez, C. (2014), 《Pour une refondation de l'école guidé par nos enfants》, TEDxIsereRiver, Grenoble.

18 Martin, G. B. & Clark, R. D. (1987), 《Distress Crying in Neonates: Species and Peer Specificity》, Developmental Psychology, 18, p. 3-9.

19 Gopnik, A., Meltzoff, A. & Kuhl, P., Comment pensent les bébés?, op. cit., p. 64.

20 Zahn-Waxler, C., Radke-Yarrow, M., Wagner, E. & Chapman, M. (1992), 《Development of Concern for Others》, Developmental Psychology, 28, p. 126-136; Svetlova, M., Nichols, S. R. & Brownell, C. A. (2010), 《Toddlers' Prosocial Behavior: From Instrumental to Empathic to Altruistic Helping》, Child Development, 81, (6), p. 1814-1827; Hoffman, M. (janvier 2008), 《Empathie et développement moral. Les émotions morales et la justice》, Presses universitaires de Grenoble, coll. 《Vies sociales》, p. 100.

21 Warneken, F., Tomasello, M. (2009), 《The Roots of Human Altruism》, Bristish Journal of Psychology, 100, p. 455-471.

22 앞의 책; Warneken, F. & Tomasello, M. (2006), 《Altruistic Helping in Human Infants and Young Chimpanzees》, Science, 311, p. 1301-1303; Warneken, F. (2013), 《Young Children Proactively Remedy Unnoticed Accidents》, Cognition, 126, (1), p. 101-108.

23 이 실험들 가운데 일부는 하버드 대학교 발달연구실험실에서 동영상으로 공개해 두었다. https://software.rc.fas.harvard.edu/lds/research/warneken/video-clips/

24 Ricard M. (2013), Plaidoyer pour l'altruisme, Pocket, p. 270.

25 Harbaugh, W., Mayr, U. & Burghart, D., 《Neural Responses to Taxation and Voluntary Giving Reveal Motives for Charitable Donations》, art. cit., p. 1622-1625; Moll, J., Krueger, F., Zahn, R., Pardini, M., de Oliveira-Souza, R. & Grafman, J., 《Human Fronto-Mesolimbic Networks Guide Decisions about Charitable Donation》, art. cit., p. 15623-15628; Lecomte, J., La Bonté humaine, op. cit.; Thoits, P. A. & Hewitt, L. N., 《Volunteer Work and Well-Being》, art. cit., p. 115-131; Aknin, L. B., Dunn, E. W. & Norton, M. I., 《Happiness Runs in a Circular Motion: Evidence for a Positive Feedback Loop Between a Prosocial Spending Happiness》, art. cit.

26 Aknin, L. B., Hamlin, J. K. & Dunn, E. W. (2012), 《Giving Leads to Happiness in Young Children》, PLoS ONE, 7, (6), e39211.

27 Disaster Research Center, university of Delaware; Gilman, S. & de Lestrade, T., Vers un monde altruiste?.

28 Gueguen, C., Pour une enfance heureuse, op. cit.

29 Vaish, A., Carpenter, M. & Tomasello, M. (2010), 《Young Children Selectively Avoid Helping People with Harmful Intentions》, Child Development, 81, (6), p. 1661-1669.

30 Bloom, P. (2013), Just Babies: The Origins of Good and Evil., Broadway Books. 앞에서 언급한 다큐멘터리 「이타적 세상을 향하여Vers un monde altruiste」에서 폴 블룸의 인터뷰

도 보라.

31 Hamlin, J. K., Wynn, K. & Bloom, P. (2007), 《Social Evaluation by Preverbal Infants》, *Nature*, 450, (7169), p. 557-559.

32 Hamlin, J. K. & Wynn, K. (2011), 《Young Infants Prefer Prosocial to Antisocial Others》, *Cognitive Development*, 26, (1), p. 30-39; Wynn, K. (2014), 《The Discriminating Infant: Early Social Judgments and the Roots of Good and Evil》(미주리 대학교 심리학부에서 이루어진 강연으로, 온라인에서 시청 가능하다).

33 Helwig, C. C. & Turiel, E. (2002), 《Children's Social and Moral Reasoning》, in *The Wiley-Blackwell Handbook of Childhood Social Development*, p. 567-583.

34 Tabibnia, G., Satpute, A. B. & Lieberman, M. D., 《The Sunny Side of Fairness…》, art. cit., p. 339-347; Tabibnia, G. & Lieberman, M. D. (2007), 《Fairness and Cooperation are Rewarding…》, art. cit., p. 90-101; Sanfey, A. G., Rilling, J. K., Aronson, J. A., Nystrom, L. E. & Cohen, J.-D. (2003), 《The Neural Basis of Economic Decision-Making in the Ultimatum Game》, *Science*, 300, p. 1755-1758.

35 Warneken, E. & Tomasello, M. (2008), 《Extrinsic Rewards Undermine Altruistic Tendencies in 20-Month-Olds》, *Developmental Psychology*, 44, (6), p. 1785-1788.

36 우리의 웹페이지를 보라.

37 Warneken, F. & Tomasello, M., 《The Roots of Human Altruism》, art. cit., p. 455-471; Swinyard, W. & Ray, M. L. (1979), 《Effects of Praise and Small Requests on Receptivity to Direct-Mail Appeals》, *Journal of Social Psychology*, 108, p. 177-184; Kraut, R. E. (1973), 《Effects of Social Labeling on Giving to Charity》, *Journal of Experimental Social Psychology*, 9, p. 551-562; Strenta, A. & Dejong, W. (1981), 《The Effect of a Prosocial Label on Helping Behavior》, *Social Psychology Quarterly*, 44, (2), p. 142-147; Grusec, J. E. & Redler, E. (1980), 《Attribution, Reinforcement, and Altruism: A Developmental Analysis》, *Developmental Psychology*, 16, (5), p. 525-534.

38 Janssens, J. M. A. M. & Dekovic, M. (1997), 《Child Rearing, Prosocial Moral Reasoning, and Prosoial Behaviour》, *International Journal of Behavioral Development*, 20, (3), p. 509-527.

39 Lee, L., Piliavin, J. A. & Call, V. R. A. (1999), 《Giving Time, Money, and Blood: Similarities and Differences》, *Social Psychology Quarterly*, 62, (3), p. 276-290.

40 Lipscomb, T. J., Larrieu, J. A., McAllister, H. A. & Bregman, N. J. (1982), 《Modeling and Chidlren's Generosity: A Developmental Perspective》, *Merrill-Palmer Quarterly*, 28, p. 275-282; Presbie, R. J. & Coiteux, P. F. (1971), 《Learning to Be Generous or Stingy: Imitation of Charing Behaviour as a Function of Model Generosity and Vicarious Reinforcement》, *Child Development*, 42, (4), p. 1033-1038; Bekkers, R. (2007), 《Intergenerational Transmission of Volunteering》, *Acta Sociologica*, 50, (2), p. 99-114; Wilhelm, M. O., Brown, E., Rooney, P. M. & Steinberg, R. (2008), 《The Intergenerational Transmission of Generosity》, *Journal of Public Economics*, 92, p. 2146-2156.

41 Whiting, B. B. & Whiting, J. W. M. (1975), *Children of Six culture. A Psycocultural Analysis*, Harvard University Press Staub, E. (2003), *The Psychology of Good and Evil. Why Children, Adults and Groups Help and Harm Others*, Cambridge University Press,

chap. 11.

42 Kochanska, G. (2002), 《Mutually Responsive Orientation Between Mothers and Their Young Children: A Context for the Early Development of Conscience》, *Current Directions in Psychological Science*, 11, (6), p. 191–195; Kochanska, G. & Murray, K. T. (2000), 《Mothers-Child Mutually Responsive Orientation and Conscience Development: From Toddler to Early School Age》, *Child Development*, 71, (2), p. 417–431; Kochanska, G., Aksan, N., Knaack, A. & Rhines, H. M. (2004), 《Maternal Parenting and Children's Conscience: Early Security as Moderator》, *Child Development*, 75, (4), p. 1229–1242.

43 Rosenberg, M. (2016), *Les Mots sont des fenêtres(ou bien ce sont des murs)*, La Découverte.

나가는 말: 아름답고 빛나는 제 본성을 드러낼 수 있기를

1 다음 지도를 보라. www.celinealvarez.org/carte.

옮긴이 **이세진** 서울에서 태어나 서강대학교 철학과를 졸업하고 같은 학교 대학원에서 불문학 석사 학위를 받았다. 『조안 스파르의 향연』, 『만약에 철학자라면』, 『리오타르, 왜 철학을 하는가』, 『브뤼노 라투르의 과학인문학 편지』, 『니체와 음악』, 『철학, 쉽고 명쾌하게』, 『철학의 다섯 가지 대답』, 『고대 철학이란 무엇인가』 등을 우리말로 옮겼다.

아이의 뇌는 스스로 배운다

발행일 2020년 7월 5일 초판 1쇄

지은이 셀린 알바레즈
옮긴이 이세진
발행인 홍지웅 · 홍예빈
발행처 주식회사 열린책들

경기도 파주시 문발로 253 파주출판도시
전화 031-955-4000 팩스 031-955-4004
www.openbooks.co.kr

Copyright (C) 주식회사 열린책들, 2020, *Printed in Korea.*
ISBN 978-89-329-2037-5 03370

이 도서의 국립중앙도서관 출판예정도서목록(CIP)은 서지정보유통지원시스템 홈페이지(http://seoji.nl.go.kr)와 국가자료공동목록시스템(http://www.nl.go.kr/kolisnet)에서 이용하실 수 있습니다.(CIP제어번호: CIP2020024865)